중·근세 동아시아지역의 해륙 경계분쟁

이 책은 2010년 정부(교육과학기술부)의 재원으로 한국연구재단의 지원을 받아 수행된 연구(NRF-2010-32A-A00007)이며, 수록된 논문들은 『한일관계사연구』 제42집(2012.8)의 '기획논문'에 실린 것을 수정 보완한 것임.

중·근세 동아시아지역의 해륙 경계분쟁

손승철 엮음

景仁文化社

발간사

　이 책은 2010년 한국연구재단 지원 기초과제연구지원사업인 〈전근대 동아시아지역의 해륙 경계인식과 분쟁에 관한 종합적 연구〉의 연구성과물로 발간하는 단행본이다. 이 연구는 근년에 연속되고 있는 한·중·일 삼국간의 경계인식 및 영토 분쟁의 근원을 파악하고자 시도된 공동연구다. 연구의 대주제를 4분야(동아시아 지역 총괄, 한국 지역, 중국 지역, 일본 지역)로 나누고, 이를 다시 17개의 소주제로 세분하여 1차년도에는 경계인식을, 2차년도에는 경계분쟁을 키워드로 설정하여 과제를 수행했다.

　1차년도에는 경계인식 분야에 주력하여 다음과 같이 세분화하여 진행하였다. 먼저 동아시아 지역 총괄 분야는 동아시아 삼국의 해금정책과 동아시아지역의 고지도(한국, 중국, 일본, 서양)를 통해 동아시아 삼국의 경계인식을 비교 검토했다. 한국 지역 분야는 조선의 대마도 및 일본에 대한 경계인식과 울릉도 경영, 일본 막부의 조선과 중국에 대한 경계인식, 왜구의 활동을 중심으로 한 구주, 대마도인의 경계인식의 형성과정과 변화의 추이를 고찰했다. 중국 지역 분야는 중근세 시기 만주지역에서 조청 간 국경설정의 배경이 된 양국의 無主地의 형성배경과 전개, 명의 衛所의 설치 및 山川·城站의 진위 여부를 밝혀 명대 강역과 경계인식을 검토했다. 일본 지역 분야는 에도막부 초기에 '외적인 존재'(＝他)였던 에조치의 '내적인 존재'(＝自)로서의 변화와 평가, 류큐에 대한 일본의 '他'인식과 17세기 이후 '自'로 변용되는 과정을 살펴보았다.

　2차년도에는 1차년도의 경계인식에 대한 연구성과를 바탕으로 경계분쟁이 어떠한 양상으로 나타나는가를 집중적으로 규명했다. 먼저 동아시아지역 총괄분야에서는 '海禁'정책의 변화 양상과 분쟁 발생을 규명하고 고지도를 통한 중근세 해양경계인식의 변화를 파악하고자 했다. 한국 지역 분야는 조일 간의 어업권과 경계분쟁, 왜구의 약탈과 분쟁의 양상, 안용복 사건 등을 키워드로 한 연구를 진행하여 조선의 대일 경계인식과 경계분쟁의 실상을 고찰했다. 그리고 중국 지역 분야는 여말선초 여진 귀속문제와 조·명 간의 요동 쟁탈전을 중심으로 한·중 간의 경계분쟁에 대한 성격규명을 시행하며, 일본지역 분야는 근세 일본의 에조치와 류큐로의 진출과 그로 인한 분쟁 양상을 중심으로 진행했다.

또한 이 연구를 위하여 1차년도에는 2010년 7월 26일부터 31일까지 5박 6일간 일본 규슈지역(후쿠오카, 아이노시마, 야마구치, 오이타, 유후인, 가라츠, 다자이후 등)과 2011년 1월 28일부터 2월 1일까지 4박 5일간 북해도지역(치토세, 노보리벳츠, 삿포로, 네무로, 쿠시로, 하코다테 등)을 답사했다. 2차년도에는 2011년 8월 16일부터 23일까지 7박 8일간 두만강과 압록강지역(블라디보스토크, 훈춘, 방천, 도문, 연길, 용정, 백두산, 송강하, 집안, 단동, 대련 등)과 2012년 1월 27일부터 31일까지 4박 5일간 일본 오키노시마(요나고, 도토리, 마츠에, 오키노시마, 이즈모, 오오다 등)를 답사했다. 이 자리를 통해 일본 현지답사를 안내해 준 佐伯弘次, 伊藤行司, 松尾弘毅, 堀本一繁, 권석영, 橋本 雄, 김영미, 門田眞知子 교수 그리고 중국 현지답사를 안내해 준 金泰國, 金洪培 교수님께 감사를 드린다.

또한 2회의 학술대회를 개최하여 참여연구원 전원이 17개 소주제를 발표하여, 학계전문가의 자문을 받았다. 토론을 맡아주었던 정성일, 장순순, 홍성덕, 이경룡교수님께도 감사드린다.

그리고 연구결과물로서 소주제 17개를 한국연구재단 등재학술지인『한일관계사학회』제39집과 제42집에 특집 기획논문으로 게재하였으며, 이번에 현지답사 기록을 포함하여 이 책으로 발간하게 되었다.

당초 연구계획서에는 모든 소주제 연구는 등재학술지에 게재함과 동시에 조사내용과 관련 자료들은 분류 정리하여, 학술진흥재단「연차보고서」에 수록하며, 연구수행 결과로 획득된 자료(사료의 원문 탈초문과 번역문, 사진, 현장조사 내용)는 모두 DB화하여 홈페이지(가칭「동아시아 삼국의 경계와 분쟁DB」)를 통하여 공개하기로 했으나, DB화 부분은 여건이 원활치 못하여 다음 기회를 기약하기로 했다.

이 책의 발간으로 현재 자행되고 있는 중국의 동북공정과 일본의 독도 망언에 대한 허구성이 드러나고, 동아시아 삼국의 영토분쟁에 대한 집중적인 연구가 더욱 진전되었으면 좋겠다. 그동안 공동연구의 성공적인 수행을 위해 온갖 궂은일을 도맡아 해준, 신동규, 한성주 선생에게 감사드리며, 연구보조를 위해 협력해준 김강일, 김윤순, 서은호, 정병진, 정지연, 황은영, 김수정, 원연희, 이홍권, 장경호, 한동환, 홍을표 선생에게도 고마움을 전하고 싶다.

끝으로 이 책의 발간은 물론이고, 『한일관계사연구』를 비롯하여 『경인한일관계총서』 등 출판물 지원을 아끼지 않는 경인문화사 한정희 사장님과 신학태 팀장을 비롯한 직원 여러분께 감사한 마음을 전한다.

2013년 7월
연구책임자 손 승 철

목 차

발간사 _ v

제1부 주제연구

제1장 동아시아지역 총괄

동아시아 해금정책의 변화와 해양 경계에서의 분쟁 ┃ 민덕기 ┃

  1. 머리말 ·· 3
  2. 明代 해금정책의 이완과 변화 ·· 4
  3. 明代 일본과의 책봉·조공관계의 파탄 ·· 10
  4. 淸代 해금정책과 변화 ··· 16
  5. 明代 조선 서해상에서의 분쟁 ··· 20
  6. 淸代 조선 서해상에서의 분쟁 ··· 26
  7. 맺음말 ··· 34

조·중 간의 경계분쟁과 고지도 ┃ 엄찬호 ┃

  1. 머리말 ··· 39
  2. 조·중 간 경계지대의 형성 ·· 40
  3. 국경의 형성과 고지도 ··· 53
  4. 국경조약회담 ·· 67
  5. 맺음말 ··· 72

제2장 한국지역

17세기말, 안용복 사건을 통해 본 조일 간의 해륙 경계분쟁 ┃ 손승철 ┃

  1. 머리말 ··· 79
  2. 제1차 분쟁과 '竹島渡海禁止令' ·· 81
  3. 제2차 분쟁과 『元祿九丙子年朝鮮舟着岸一卷之覺書』 ······························· 98
  4. 맺음말 ··· 111

조선전기 조일 간 어업분쟁과 해양권의 강화 ▮ 한문종 ▮
　1. 머리말 ··· 117
　2. 일본의 남해안지역 어장요구와 고초도조어금약 ························ 119
　3. 고초도조어금약의 시행과 위반자의 처리 ································ 124
　4. 해양권의 강화와 어업 갈등 ·· 139
　5. 맺음말 ··· 143

제3장 중국지역

麗末鮮初 朝·明 간 女眞 귀속 경쟁과 그 意義 ▮ 유재춘 ▮
　1. 머리말 ··· 149
　2. 女眞 귀속 경쟁의 배경 ··· 152
　3. 조선의 10處 여진인 관할권 확보 ·· 160
　4. 朝·明 간 여진 입속 경쟁의 전환 ··· 173
　5. 맺음말 ··· 183

元末明初 朝鮮·明의 요동쟁탈전과 국경분쟁 고찰 ▮ 남의현 ▮
　1. 머리말 ··· 191
　2. 명의 遼東貢路 폐쇄와 고려·조선과의 갈등 ······························ 194
　3. 鐵嶺衛 설치 좌절과 조선의 압록강 유역 관할 ························· 199
　4. 명의 10處 여진관할권 상실과 변경지대의 변화 ······················· 205
　5. 맺음말 ··· 217

조선 명종대 豆滿江 이북지역에 대한 '鎭' 설치 시도
　- 伊應巨島의 子母鎭 설치와 女眞과의 분쟁을 중심으로 - ▮ 한성주 ▮
　1. 머리말 ··· 223
　2. 伊應巨島의 위치와 子母鎭의 설치 배경 ··································· 226
　3. 子母鎭의 설치 시기 및 便否에 대한 논란 ································ 232
　4. 여진의 西水羅堡 침입과 조선의 草串 征討 ······························ 238
　5. 여진의 조산보 침입과 '鎭'설치에 대한 평가 ···························· 249
　6. 맺음말 ··· 256

제4장 일본지역

중세 왜구의 경계침탈로 본 한·일 관계 ┃김보한┃
1. 머리말 ··· 263
2. 가마쿠라 왜구의 경계침탈과 한·일 외교의 양상 ············· 265
3. 무로마치 왜구의 경계침탈과 한·일 외교의 양상 ············· 273
4. 맺음말 ··· 288

전근대 시기 '釣魚島諸島'에 대한 中·日의 영토인식 고찰 ┃신동규┃
1. 머리말 ··· 293
2. 明代의 釣魚島諸島 인식 ··· 300
3. 淸代의 釣魚島諸島 인식 ··· 311
4. 맺음말 ··· 323

제2부 답사보고서

1. 1차 답사 ··· 333
2. 2차 답사 ··· 367

부록-답사일기

沿海州에서 遼東半島까지 半萬里 踏査日記 ┃홍을표┃ ········· 387

제1부 주제연구
제1장 동아시아지역 총괄

동아시아 해금정책의 변화와 해양 경계에서의 분쟁

민 덕 기*

1. 머리말

　明代 건국 초기부터 시행된 海禁 및 조공무역은 永樂 연간까지는 안정적으로 운영되지만, 이후부터 조공무역이 쇠퇴하자 해금도 느슨하여지고, 해금책을 어기고 바다로 나가는 중국인 海商의 활동이 활발해져간다. 그리고 16세기에는 후기왜구가 활개를 치기에 이른다. 그런 상황에서 연안 해안의 질서재편을 둘러싸고 해금의 존폐논쟁이 행해지지만, 결국은 漳州 月港을 개항하여 중국인 海商이 바다로 나아가는 것을 허락한다.
　한편, 영락제의 아시카가 요시미츠(足利義滿)의 책봉(1404)으로 시작된 明日 양국관계는 책봉관계를 거부한 요시모치(義持) 이후엔 기본적으로 책봉관계였다. 그러나 책봉사의 파견은 물론 책봉 의례도 생략되어 정치적 관계가 퇴색한 양국관계는 조공이라는 탈을 쓴 무역관계로서 유지되었지만, 그것도 일본 내의 호족세력 오우치(大內) 씨와 호소카와(細川) 씨의 對明 무역독점을 위한 각축으로 전개되다가 寧波의 난(1523)으로 폭발하자 무역관계마저 소원하게 되었다. 이러한 明日관계의 변화는 明朝의 해금의 이완 및 변화와 그 궤를 같이하는 것이 아닐까?

* 청주대학교 역사문화학과 교수.

淸代로 들어서자 그 초기에는 해외무역만이 아니라 연안 海運, 연안 어업도 통제하는 엄격한 해금정책이 취해졌다. 이것은 타이완의 明朝 부흥세력 정성공 정권의 고립을 목적으로 한 것으로, 연안지역에의 민중의 출입을 금지한 遷界令과 결부되어 엄격한 해금책을 행한 결과가 되었다. 그러나 연안지역에서의 밀무역은 단절되지 않았고 그 효과도 한정적인 것에 그쳤다. 그 한편으로 해금정책은 대내적으론 銀과 구리의 부족을 초래하고, 경제적으로도 혼란을 일으켰다. 그리하여 타이완의 鄭氏정권의 멸망 이후 해금은 정지되지만 쌀의 해상 유출을 금한다든가 동남아시아로의 도항이 금지되는 등 한정적인 해금은 계속되었다.

明・淸代 해금의 이완과 관련하여 조선과 주로 마찰이 발생한 곳은 한반도 서해안 해역이었다. 중국 어민들이 몰려왔기 때문이다. 또한 서해 북단의 海浪島와 薪島도 문제였다. 이러한 해양 도서지역과 어업 자원 등을 둘러싼 양국 간의 분규는 어떤 것이었고 어떻게 전개되었을까?

본 논문은 이러한 문제들, 즉 明代의 해금정책이 어떻게 이완되고 변화하여 가는가? 明代 일본과의 책봉・조공관계는 어떻게 파탄에 이르는가? 淸代의 해금정책은 어떤 것이었고 어떻게 변모하여 가는가? 明・淸代 서해상에서 조선과는 어떤 분규가 발생하였는가? 라는 것을 중심으로 검토하고자 한다.[1]

2. 明代 해금정책의 이완과 변화

영락제가 사거하고 明朝의 정책이 재정 긴축과 대외적 소극책으로 전환하여 가자 해금정책도 느슨하여져 갔다. 土木堡의 變(1449)으로 상징

---

[1] 이 논문은 동아시아의 중・근세 해금정책에 대해 논한 민덕기, 「중・근세 동아시아의 해금정책과 경계인식-동양삼국의 해금정책을 중심으로-」(『한일관계사학회』 39, 2011)의 연장선상에 있음을 미리 밝혀둔다.

되는 몽골의 위협에 북방에의 방어가 최우선 과제가 되자, 이와 직접적인 관련이 없는 조공무역은 후대정책인 '厚往薄來' 입장에서 국가재정 삭감책이 적용되어 갔다.[2] 즉 무역 규모나 貢期도 통제되고 탑재화물의 매입가격이 억제되고, 15세기 말기엔 關稅까지 징수하기에 이르자, 조공국들이 등을 돌려 조선·유구·일본 등 겨우 6개국으로 감소되기에 이른다.[3] 게다가 1509년부터는 廣州에 외국 상선(주로 서양의 舊敎국가)의 입항이 허용되기에 이르자 조공무역은 더욱 쇠퇴하여 갔다. 洪武期에 민간무역이 금지된 이후 在外중국인인 華僑가 안전하게 무역을 행하기 위해서는 조공무역에의 참여가 필요불가결이었으므로 조공무역은 적잖이 그들에 의해 지탱되어 있었다. 그러나 명조가 관세 수입을 목표로 광주를 개항하자 번잡한 제약을 받지 않고 합법적으로 무역을 행하는 길이 열리게 되었고 화교들은 조공무역으로부터 손을 떼기 시작했다.[4]

조공무역의 쇠퇴와 함께 밀무역이 번창하여 갔다. 15세기 중반부터 해금을 어기고 바다로 나가는 자가 증가하여, 그 후반부터는 鄕紳層이 참여하기 시작하여 조직화도 진척되어 갔다. 또한 출항한 자들의 행동도 흉악하여져 밀무역에 그치지 않고 해적행위도 일으키는 자도 나타났다. 16세기에 들자 중국 연안에서는 상품경제가 급속하게 발전하여 상품작물의 재배나 수공업이 번창하여, 생산된 상품의 다수는 밀무역을 통해 해외로 수출되어 갔다.[5]

해금과 違禁下海律이 일체화하여 일정기간 홍무제·영락제의 통제로

---

2) 한지선, 『明代 해금정책 연구』, 전남대학교 박사학위논문, 2009, 68쪽; 佐久間重男, 『日明關係史の硏究』, 吉川弘文館, 1992, 22·151쪽; 檀上寬, 「明代「海禁」の實像」, 『港町と海域世界』, 歷史學硏究會編, 靑木書店 〈港町の世界史〉, 2005, 164~165쪽.
3) 佐久間重男, 앞의 책, 13~15·21쪽; 檀上寬, 앞의 논문, 148·165쪽.
4) 佐久間重男, 앞의 책, 366쪽; 檀上寬, 앞의 논문, 166~169쪽.
5) 山根幸夫, 「明朝の榮光と暗雲」, 『中國史 4』, 1999, 71쪽; 上田信, 『海と帝國 明淸時代』, 講談社 〈中國の歷史 09〉, 2005, 200쪽.

前期왜구가 진정화 되자, 해금의 主眼은 밀무역 통제에 그 중심이 놓아지게 되었다. 그러나 해금이 이완되어져 가는 가운데 무장하여 바다로 나가는 자가 밀무역에 그치지 않고 때로는 해적행위에도 종사하게 되자, 해금의 海防기능이 강화되어져야 할 필요가 생겼다. 해금의 법적 근거였던 違禁下海律은 원래는 민간무역이 허용되어 海商의 준수해야 할 수속과 위반 시의 벌칙을 정한 법령으로, 왜구 등 해적을 단속하는 법령으로서는 그다지 적절한 것은 아니었다. 그러므로 明朝는 違禁下海律에 벌칙 강화 등의 修正을 가하여,[6] 1500년에 편찬된 明律의 수정조례인 問刑조례에 그 집대성이라 할 수 있는 1조가 수록된다. 거기엔 상인에 그치지 않고 모든 사람을 대상으로 하여 극형으로서 해적행위나 외국과의 무역을 동시에 금지하고, 또한 出海者와의 무역이나 대리인을 통한 무역도 금하고 있다. 이는 15세기 중국 연해안의 상황, 즉 다수의 사회적 계층에 속하는 자가 바다로 나가, 때로는 밀무역을 하며 때로는 해적행위를 하는 밀무역과 해적행위가 불가분의 상황에 대응한 정책으로, 또한 在地하면서 代理人을 통해 밀무역을 행하고 있던 鄕紳層의 동향에도 배려한 것이었다.

明朝는 違禁下海律의 재편과 해금령을 반복 공포하여 밀무역의 억제를 꾀했지만 연안지역에서의 무기나 兵船의 노후화, 군사와 군량의 결핍 등으로 제대로 통제할 상황이 아니었고, 官과 軍의 기강은 해이해져서 대상인이나 향신층과 결탁하여 밀무역에 편의를 꾀하는 등하여 해금정책은 날로 이완되어져 갔다.[7]

嘉靖年間(1522~1566)에 들자 광주에서의 외국 상선 입항이나 明日勘合貿易은 중단되었고 대신 밀무역은 점점 늘어났다. 1522년 屯門島를

---

[6] 明初의 벌칙은 곤장 100대로 해적에 대한 것으로서는 가벼운 것이었지만 15세기 중기인 正統연간에는 正犯은 極刑, 그 친족은 변방 流刑에 처해졌다.
[7] 佐久間重男, 앞의 책, 227쪽; 檀上寬, 「明代海禁槪念의成立とその背景」, 『東洋史硏究』 63-3, 2004, 14~15쪽.

불법점령하고 있던 포르투갈 세력과의 충돌 후 明은 광주무역을 금지시켰다. 이 조치는 1529년 해제되어 무역이 재개되지만 來航상선은 새로이 貢期와 감합의 준수를 요구했기 때문에 입항지를 복건성이나 절강성으로 옮겨 밀무역에 참가했다. 그러다가 1523년 영파의 난이 일어나자 明日勘合貿易은 일시 중지되었다가 1536년 재개되지만 貢期는 대폭 제한되었다. 그것도 1551년 大內氏가 멸망하자 단절되었다. 명조는 영파의 난을 계기로 해금을 강화하고 위반자를 왜구로 간주하여 통제하였지만 바다로 나가는 자는 증가하여 가기만 했다.[8]

明代 中期에 상품경제가 발달하는 중에 物流를 海運으로 지탱되어 가면서 지역 간 분업은 진행되고, 또한 무역을 통한 해외 여러 나라와의 경제적 연관은 돈독해졌다.[9] 그러나 廣州무역과 明日勘合무역의 중단에 더하여 嘉靖연간에 '不許寸板下海'를 슬로건으로 연안교역에도 규제가 가해졌다.[10] 이에 연해안 주민의 생활은 더욱 압박을 받아 바다로 나아가 밀무역으로 내밀렸다.[11]

나아가 16세기 중엽에는 일본 石見(이와미)銀山 등의 광산개발 진행이나 灰吹法의 도입에 의해 일본 銀의 생산량이 급증한다. 이와는 반대로 明 국내에서는 嘉靖 연간에 이르러 만성적인 銀 부족에 시달리고 있

---

8) 한지선, 앞의 논문, 91~92쪽; 熊遠報,「倭寇と明代の「海禁」」,『中世後期における東アジアの國際關係』大隅和雄・村井章介編, 山川出版社, 1997, 113~114쪽; 佐久間重男, 앞의 책, 241・279쪽.
9) 佐久間重男, 앞의 책, 230~238쪽.
10) '國初不許寸板下海'란 洪武期의 해금정책이 한 조각의 널빤지라도 바다로 나아가는 것을 허용하지 않을 정도의 엄격한 것이었다는 明代 중기에 일컬어진 혹평이다. 그러나 대개의 경우, 홍무제의 해금정책은 연안무역을 허용한 것이라고 하여, 이런 혹평도 명대 중기에 엄격한 해금을 실행하기 위해 홍무제의 정책을 과장한 것으로 설명된다. 그러나 근년에는 洪武期에도 한 때는 연안무역이 금지되어 있었으므로, 이 혹평은 명 초기상태를 나타낸 것으로 충분히 근거가 있다고도 지적되고 있기도 한다(檀上寬, 앞의 논문, 22・33~34쪽).
11) 熊遠報, 앞의 논문, 92・96・100쪽; 佐久間重男, 앞의 책, 230~231쪽.

었다.12) 값싼 일본은은 중국인 海商만이 아니라 유럽인에게도 큰 인기가 있었다. 통상 10배 정도였다고 추정되고 있는 明日무역의 이윤은 이 시기에는 100배로 올랐다고 하여, 중국의 연안주민은 家業을 버리고 밀무역에 몰려 어선은 교역품을 싣고 近海에서 밀무역선과 접촉, 大商은 여러 가지 구실로 붙어 大船을 건조하여 바다로 나가고, 鄕紳들은 밀무역선에 자신의 깃발을 걸어 정치력을 방패로 관헌의 간섭을 막았다.13) 다수의 사회적 계층에 속한 자들이 참가하여 밀무역은 급속하게 대규모화하고, 王直이나 徐海 등의 리더가 통솔하는 대세력도 출현했다. 舟山諸島 雙嶼港이나 章州 月港 등의 중국 동남 연해안 지역의 각지엔 밀무역 거점이 출현하여, 하카타 상인이나 포르투갈인들도 입항하는 국제 무역항이 되어 갔다.14)

홍무제가 해금을 도입한 직접적인 목적은 왜구금압에 있었고, 그것은 嘉靖 연간에 있어서도 변하지 않았다. 그러나 외국과의 무역을 희망하여 바다로 나가는 자들을 왜구・海寇로 취급한 해금은, 그 의도와는 반대로 왜구 창궐의 원인이 되어 있었다.15) 이에 嘉靖 연간에 이러한 인식을 가진 識者가 나타나, 연해안을 중심으로 해금 폐지를 희망하는 開洋論이 제창되어 해금 지속 그룹과 빈번하게 논쟁이 벌어졌다. 무역을 허락하는 것으로 밀무역을 억제하려고 하는 해금 폐지 그룹에 대해, 보다 엄격한

---

12) 明朝는 元元銀 유통을 금지하는 대신에 寶鈔를 유통시키도록 했지만, 보초는 市場의 신용을 얻지 못하고 鈔價는 폭락을 거듭하여 1530년대에 이르러 銀 유통금지는 해제되었다. 이후 경제성장이나 銀納制의 진행, 북방 변경의 군사비 증대 등의 영향 때문에 銀의 수요는 확대를 계속하지만 銀 자원이 고갈하여 있던 明 국내에서는 수요를 마련하지 못하고 嘉靖연간에는 만성적인 銀 부족에 시달리고 있다.
13) 佐久間重男, 앞의 책, 262쪽; 熊遠報, 앞의 논문, 104~105, 108~110쪽.
14) 熊遠報, 앞의 논문, 105~107, 107~108쪽; 佐久間重男, 앞의 책, 211~212, 362~363쪽; 檀上寬, 앞의 논문, 21쪽; 上田信, 앞의 책, 200~204쪽.
15) 濱島敦俊, 「商業化―明代後期의 社會와 經濟」, 『中國史4』, 1999, 165쪽; 佐久間重男, 앞의 책, 224・323쪽; 熊遠報, 앞의 논문, 118쪽; 檀上寬, 앞의 논문, 22쪽.

해금을 시행하는 것으로 연해안의 질서를 재구축하려고 하는 해금 지속 그룹에는 홍무제 이래의 祖法 준수를 중시하는 자 이외에 연안지역의 鄕紳층도 가담하고 있었다. 지방관헌에게 영향력을 가진 향신들에게 해금은 무역의 장벽이 아니라, 오히려 경쟁 상대를 배제하여 독점적인 무역을 통해 거대한 이익을 가져다주는 정책이었다. 그러나 浙江巡撫 朱紈의 철저한 단속은 그들에게도 타격을 주어, 향신층은 朱紈을 실각시키고 자살로 몰아갔다. 朱紈 실각 후에는 감히 해금을 주장하는 자도 없어지고 開洋論이 우세해져, 결국 1567년 福建巡撫 塗澤民이 月港의 개항을 上奏하자 황제는 해금을 완화하여 漳州 月港에서 상인의 출항을 허락하였다. 이것이 완전한 해금정책의 폐지는 아니었지만, 戚継光 등의 활약이나 도요토미 히데요시의 '海賊停止令' 등의 영향과 어우러져 후기왜구는 진정되어 갔다.[16]

月港의 개항에 의해 중국의 海商은 呂宋(필리핀) 등 東洋 21항, 暹羅(타이)·舊港(스마트라)·柬埔寨(캄보디아) 등 西洋 22항의 동남아 43항과 타이완 2항에의 도항이 허용되었다. 출국에 즈음해서는 文引이라 불리는 해외도항 허가증의 지참이 의무화 되어, 새로이 설치된 海防館이 출입국 감독에 임명되었다. 문인에는 이름이나 本貫, 탑재화물과 도항지가 기재되어, 도항지마다 연간 발급 건수가 정해져 있었다.[17] 승무원 수도 배의 크기에 알맞게 규정이 마련되고, 출항시기와 귀항의 시한도 설정되었지만 외국에서의 겨울나기는 허락되지 않았다. 여러 종류에 이르는 관세나 문인 발급수수료 등도 징수되었지만 月港에서 출국하는 자는

---

16) 橋本雄·米谷均, 『海域アジア史研究入門』 桃木至朗編, 岩波書店, 2008, 89쪽; 岡本隆司, 「市舶司から海關へ」, 『近代中國と海關』, 名古屋大學出版會, 1999, 47~48쪽; 佐久間重男, 앞의 책, 37·253·293·365쪽; 檀上寬, 앞의 논문, 169쪽; 熊遠報, 앞의 논문, 98쪽; 檀上寬, 앞의 논문, 169·171쪽.
17) 明朝의 文引과는 달리 조선의 문인은 대마도주에게 그 발행권을 부여하고 있었다. 이에 대해서는 한문종, 「조선의 남방지역과 일본에 대한 경계인식」, 『한일관계사연구』 39, 2011, 146쪽 참고.

해마다 증가하여 관세 수입은 개항 첫해의 銀 3,000兩에서 1582년에는 20,000량에 달해 있었다. 목적지는 呂宋이 가장 많았는데, 스페인 측의 기록에 의하면 1575년에는 12~15척이 내항하고 있고, 이들은 주로 멕시코 銀을 가지고 갔다고 한다. 1592년 임진왜란에 의해 일시 정지되었으나 다음해부터 또 재개되었다.[18]

明代엔 기본적으로 일반 중국인의 일본이나 琉球에의 도항이 인정되지 않았다. 그러나 금령을 어기고서라도 對日무역에 나서는 자가 끊이지 않았고, 에도막부가 朱印狀을 부여하여 중국선박을 초청하는 경우도 있어 나가사키에 도항하는 중국선은 연간 70~80척에 이르렀다.[19] 그 후 淸朝가 해금을 취하여 약체화를 꾀한 정씨 세력도 이 對日 밀무역을 행하는 海商세력 속에서 대두한다.

3. 明代 일본과의 책봉·조공관계의 파탄

明代 강력한 해금체제가 유지된 것은 영락제 때이다. 그래서인지 다음처럼 明日관계도 이 시기가 가장 활발하게 전개되었다.

1403년 아시카가 요시미츠가 영락제에 의해 '일본국왕'으로 책봉되었고 이로 시작된 책봉관계는 그 아들 요시모치에 의해 1411년 일시 단절된다. 이 '요시미츠期' 전개된 양국관계는 다음과 같은 특징을 가지고 있었다(〈표 1〉 참고).[20]

첫째, 일본의 왜구 헌납과 明의 이에 대한 恩賞을 중심으로 당시의 양국관계가 전개되고 있다는 점이다. 즉 요시미츠가 포획한 왜구를 조공

---

18) 佐久間重男, 앞의 책, 323~343, 366~368쪽.
19) 佐久間重男, 앞의 책, 368쪽.
20) 이 節의 내용은 주로 민덕기,『조선시대 일본의 대외 교섭』, 경인문화사, 2010, 14~24쪽을 정리한 것이다.

⟨표 1⟩ '요시미츠期'(永樂帝 年間) 일본의 사절파견[21]

회수	중국 入國 年月	正使이름	비고
1	1401(建文3)	祖阿	明 答禮使 道彛과 귀국
2	1403(永樂1).10	堅中圭密	明 답례사 趙居任과 귀국. 金印·永樂勘合 지급
3	1404(영락2).10	明室梵亮	明 답례사 兪士吉과 귀국
4	1404(영락2).11	永俊	明 황태자 冊立축하 명목으로 파견. 上記 使節과 귀국
5	1405(영락3).11	源通賢	왜구를 헌상. 明 답례사 潘陽과 귀국
6	1406(영락4).6	堅中圭密	明의 多額恩賞에 대한 謝恩使로서 파견
7	1407(영락5).5	堅中圭密	왜구를 헌상
8	1408(영락6).5	堅中圭密	왜구를 헌상
9	1408(영락6).11	(未詳)	義滿의 사망을 통보. 明 弔問使節 周全渝와 귀국
10	1410(영락8).4	堅中圭密	明에 사은사로서 파견. 明의 사절 王進과 귀국

사절편에 헌상하고 이에 대해 영락제가 답례사를 통해 후한 은상을 내리는 형태를 기본으로 하고 있다.

둘째, 이와 같은 왜구헌상과 그에 대한 은상의 하사가 거듭된 결과일까, 일본이 조공사를 파견하면 그 귀국에 明使가 답례사로 동행하고, 답례사의 귀국엔 또 일본의 조공사가 파견되는 형태가 반복되고 있다는 점이다.

셋째, 이 시기 일본의 조공사가 외교의례에 부합되는 명목을 가지고 파견되고 있었고, 이에 明도 儀禮외교로 대응하고 있다는 점이다. 즉 일본이 明의 황태자 冊立에 축하사절을 파견했다든가, 謝恩 사절을 파견한 것이 그것이다. 요시미츠가 사망하자 요시모치는 '日本國世子'의 명의로 이를 '告訃'하는 사절을 명에 파견하고 있다.[22] 이에 대해 明도 조공사의 귀국에 답례사를 동반시키고 있다. 더욱이 요시미츠의 사망을 통보받은 영락제는 祭文을 지어 사절로 하여금 지참 渡日케 하여 弔喪하게 하고 요시미츠에게 恭獻王이란 시호를 내리는 한편, 요시모치를 '일본국왕'으

---

21) 佐久間重男, 『日明關係史の硏究』, 吉川弘文館, 1992, 113쪽 참조. 단 제4차·제9차 사절을 추가.
22) 『明太宗實錄』 永樂6年 12月 戊子.

로 책봉하는 등 被책봉국에 대한 책봉국으로서의 의무도 다하려는 자세를 보이고 있다.

넷째, 그러므로 이러한 양국 상호간의 儀禮的인 외교관계는, 적어도 明과 조선·유구·베트남과의 관계에서도 보이고 있으므로 전형적인 책봉관계가 이 '요시미츠期'엔 전개되었다고 볼 수 있겠다.

그런데 영락제의 사망(1424)으로 明朝의 해금정책은 이완되기 시작했고 대외정책도 소극화 되어갔다. 이러한 현상은 일본과의 관계에서도 다음에서처럼 그대로 나타나게 된다.

명과의 관계를 단절했던 요시모치가 죽자(1428) 뒤를 이어 쇼군이 된 그 아우 요시노리(義敎)는, 1432년 5척의 조공선을 편성하고 永樂勘合 5道를 지참하여 중국으로 향한다. 당시 宣德帝는 흔쾌히 이를 맞아 그들의 귀국에 답례사로 雷春 등을 동행시켜 宣德勘合 100道를 보내고 있다. 그러나 선덕제는, 요시노리가 뇌춘의 귀국에 다시 죠츄 츄세이(恕中中誓)를 正使로 6척의 조공선을 편성하고 宣德勘合 6道를 지참하여 조공하여 온 것에 대하여 그 귀국에 답례사를 파견하지 않고 있다. 이후 明朝는 무로마치 막부가 멸망할 때까지 그 어떠한 명목의 使者도 파견하지 않고 있다. 하물며 새로이 취임하는 쇼군에 대해서도 한 번도 책봉사를 파견하지 않고 있다. 이에 선덕제 이후 무로마치 막부와의 책봉·조공관계는 다음과 같은 특징을 보이게 된다(〈표 2〉 참고).

첫째, 조공 주체로서의 막부의 지위가 하락되기 시작하여 끝내는 오우치(大內)씨가 이를 독점 대행하게 된다는 것이다. 즉 '요시미츠期'의 조공선이 모두 막부의 명의로 경영된 것에 비하여 '요시노리 이후期'는 〈표 2〉에 보이는 것처럼 확연하게 변하고 있으니, 제1·제2회엔 막부船 외에 유력 寺院이나 다이묘가 경영자로서 참가하고 있고, 제3회엔 더욱 다양한 세력이 참가하고 있다. 그러나 쇼군 후계문제를 둘러싼 내란인 오닌(應仁)의 난이 발발하는 시기인 제4회부터는 호소카와(細川) 씨와 오우치 씨의 조공선 편성의 이권을 둘러싼 대립이 명확하게 반영되기 시

동아시아 해금정책의 변화와 해양 경계에서의 분쟁 13

〈표 2〉 '요시노리 이후期'(宣德帝 이후) 일본의 사절파견[23]

회수	출발	入明年代	正史이름	파견선	船數	파견인원	持參勘合	受給勘合	비 고
1	1432	1433 (宣德8)	龍室道淵	막부, 有力寺院, 有力大名	5	미상	永樂勘合	宣德勘合	明使 雷春과 귀국
2	1434	1435 (선덕10)	恕中中誓	막부, 有力寺院, 有力大名	6	미상	宣德勘合		永樂勘合 잔여분 반납
3	1451	1453 (景泰4)	東洋允澎	有力寺院・有力大名	9	1,200	宣德勘合	景泰勘合	중국관리 殺傷사건
4	1465	1468 (成化4)	天與淸啓	막부 1척, 細川氏 1척, 大內氏 1척	3	미상	景泰勘合	成化勘合 (大內氏의 일시 강탈)	중국관리 殺傷사건, 宣德勘合 잔여분 반환
5	1476	1477 (성화13)	竺芳妙茂	막부 2척, 相國寺 1척	3	300	景泰勘合		몽고인 구타사건
6	1483	1484 (성화20)	子璞周璋	막부 2척, 朝廷 1척	3		景泰勘合		
7	1493	1495 (弘治8)	堯夫壽蓂	막부 1척, 細川氏 2척	3		景泰勘合 成化勘合	弘治勘合	중국인 殺傷사건, 入京인원 제한
8	1506	1511 (正德6)	了庵桂悟	大內氏 2척, 細川氏 1척	3	600	弘治勘合	正德勘合 (大內氏의 강탈)	景泰・成化 勘合 잔여분 반환
		1509 (정덕4)	宋素卿	細川氏 1척	1		弘治勘合		
9	미상	1523 (嘉靖2)	謙道宗設	大內氏	3	300여	正德勘合		寧波의 亂 발생
	1520	1523	鸞岡瑞佐	細川氏	1	100여	弘治勘合		
10	1538	1539 (가정18)	湖心碩鼎	大內氏	3	456	미상		
11	1547	1549 (가정28)	策彦周良	大內氏	4	637	미상		弘治・正德 勘合 잔여분 반납

작하여, 제8회에 가서는 그 대립이 조공선의 二重 파견으로 선명하게 나타나게 된다. 즉 1506년 료안 케이고(了庵桂悟)를 正使로 한 조공선이 오우치씨 2척에 호소카와 씨 1척으로 편성되어 파견되자, 이에 불만을

품은 호소카와 씨가 별도로 在日중국인 宋素卿을 정사로 1척의 조공선을 서둘러 파견한다. 이들은 明側 환관에게 뇌물을 주어 케이고보다 먼저 조공에 성공하게 된다(1509).

제9회는 오우치 씨가 완전 독점적으로 조공선을 편성하여 겐도 소세츠(謙道宗設)를 정사로 파견한 것이다. 이에 대항하는 호소카와 씨는 막부에 강요하여 이미 무효가 된 弘治勘合 1道를 받아서 란코 즈이사(鸞岡瑞佐)를 정사, 송소경을 부사로 하여 1척의 조공선을 별도로 파견한다. 앞서 출발한 소세츠가 寧波에 도착하여 입항수속을 밟고 있을 때, 뒤에 온 즈이사는 市舶司에 뇌물을 주어 수속을 빨리 마치고 입항했을 뿐만 아니라, 入港場의 연회에서도 소세츠보다 上席을 차지하기에 이르렀다. 이에 분격한 소세츠의 오우치 씨 측은 창고에서 무기를 약탈하여 즈이사를 살해하고 달아나는 송소경을 추격하면서 연변에서 방화와 약탈을 자행하였다. 그리고 이를 制止하는 중국 관리를 살해하고 바다로 도망친다. 이른바 영파의 난이다(1523). 이후 조공선 편성은 오우치 씨에 의해 독점 운영된다. '요시노리 이후期'에 파견된 조공선은 모두 50척이나 막부가 직접 경영한 것은 7척에 불과하다.

둘째, 정치적 관계가 퇴색하고 있다는 것이다. 우선 일본의 조공에 왜구의 헌상과 같은 행위가 수반되지 않고 있다. 또한 '요시미츠期'에 보인 경조사 등을 명목으로 한 사절파견도 보이지 않고 있다. 오히려 表文의 내용에까지 노골적으로 경제원조 요청을 표현하고 있는 점이 돋보인다. 즉 제5회·제6회 조공선이 지참한 표문에는 일본이 내란 때문에 國庫가 텅 비었다고 銅錢의 賜與를 요청하고 있다. 이에 대해 明 또한 제1회 조공사절의 귀국에 동행시켜 답례사를 파견한 것을 제외하고는 어떠한 명목의 사절도 파견하지 않고 있다. 이는 요시미츠의 사망에 시호를 내려 그 죽음을 조문하고 요시모치를 책봉했던 '요시미츠期'의 자세와는 확연

---

23) 宮泰彦, 『日華文化交流史』, 富山房, 1965, 550~553쪽을 참조.

히 차별되는 것이다.

셋째, 일본 측이 무역이윤의 획득만을 목적으로 對明 관계를 전개시킨 것처럼 明도 조공규모를 통제해 갔다는 점이다. 조공행위는 '華'(중국 황제)의 德化에 感化된 夷의 순종이라는 정치적 의미를 중시하므로 明의 조공사절에 대한 대우는 파격적인 것이었다. 국왕의 조공품에 대한 황제의 回賜品, 사절이 개인적으로 지참한 附帶貨物에 대한 官貿易(公貿易)이나 私貿易에 의한 買入, 그 위에 사절의 입항일로부터 北京 왕복기간의 제반비용, 나아가서는 출항일로부터 귀국까지의 비용까지도 부담하고 있었다. 그러므로 일본이 조공사절을 파견하는 경우, 조공품과 부대화물 그리고 영파까지 渡航하는데 소요되는 경비만 마련하면 그것으로 족했다. 일단 入港만 하면 그 때부터의 모든 경비는 明側의 책임이었다. 조공물의 몇 배에 해당하는 회사품과, 부대화물에 대한 면세 매각으로 막대한 이윤이 보장되는 것이었다. 15세기 후반의 일본 측 기록엔 부대화물의 매각만으로도 여러 배 이익을 남겼으니, 예를 들어 생사가 4~5배, 蘇木은 7배 이상, 日本刀는 5~10배에 달했다고 한다.24)

이러한 조공무역의 막대한 이윤에 착목한 일본은 조공무역의 확대를 획책하여 제3회엔 1,200명에 9척의 선박으로 조공사절을 편성 파견하고 있다. 그러자 明은 그중 300명만을 상경시키고, 이후로는 조공규모를 300명 인원에 3척의 선박으로 제한케 하는 '宣德要約'의 조치를 내렸다. 더욱이 제7회의 조공사절에 대해서는 상경인원을 50명으로 축소하고, 영파의 난 이후엔 貢期(朝貢週期)를 10년 간격(10年1貢)으로 제한하고 있

---

24) 柏原昌三,「日明勘合貿易に於ける細川・大內二氏の抗爭(1)」,『史學雜誌』 25-9, 1914, 92~93쪽. 日本刀 한 자루에 시가 800~1,000문이었는데 明朝는 이를 5,000문으로 팔아주었다고 한다. 이에 일본 측은 조공선 파견 때마다 다량의 日本刀을 들여왔는데 많을 때엔 37,000자루나 되었다고 한다. 당시 중국에서 칼은 민간에 매매할 수 없는 무기였기 때문에 전량을 明朝가 사준 셈이 되었다 (한지선, 앞의 논문, 71쪽).

다. 그러나 이러한 조공규모의 통제는 경제적 부담을 줄이려는 의도를 內在하면서도, 표면적으로는 조공사절의 소란사태에 대한 응징이라는 형태로 표현하고 있다. 즉 '선덕요약'이나 50명의 상경인원 제한이 중국인 살상 사건 직후에 가해지고 있고, 10年1貢도 영파의 난에 의해 적용되고 있다. '요시노리 이후期'엔 조공사절이 중국에서 살상·구타사건을 종종 벌이고 있다(〈표 2〉의 제3·4·5·7회). 이는 조공사절의 다양한 편성으로 정사·부사의 사행원에 대한 통제능력이 한계에 부딪친 때문이기도 하겠지만, 무역이윤에만 매달린 사절단이 그 욕구가 충족되지 않자 일으킨 불만표시라고도 볼 수 있다.

넷째, 이 시기에 정치적 관계가 퇴색되고 조공에서도 감합을 지참하여 무역의 이윤만을 추구하는 측면만이 노출되었다고는 하지만, 조공무역이 지닌 최소한의 정치적 측면마저 간과할 수 없다는 것이다. 우선 매번 明에 파견하는 사절이 표문과 방물을 지참하고 있었다는 점이다. 표문에는 '일본국왕'이 '大明皇帝陛下'에게 보내는 문장으로 시작되어 중국연호로 발급일자를 기입하고 방물의 내용도 列記되어 있었다. 또한 중국에 간 사절은 조공을 바치면서 황제가 조공국 사절에게 요구하는 明의 제반 君臣 의례도 거부 않고 행하고 있다는 점 등으로 보아, '요시미츠期'와 같은 전형적인 책봉관계는 아니라 하더라도 최소한의 형식적인 책봉관계는 유지되었다고 말할 수 있겠다.

4. 清代 해금정책과 변화

明朝 멸망을 틈타 북경에 입성한 清朝는 1647년 浙東·福建을 평정하자 일본·琉球 등 해외의 여러 나라에 조공을 권유하였다. 그러나 동남부의 연해안에서는 정성공의 鄭氏정권이 도서지역을 거점으로 완강하게 저항을 계속하였고, 제해권을 장악한 1659년에는 북벌의 형태로 남경에

까지 공격을 가하고 있다.

정씨정권은 明日 밀무역에 종사하고 있던 海商세력으로 대두한 세력이었으며 그 재정기반도 對日무역에 크게 의존하고 있었다. 청조는 入關 당초엔 해외무역을 금지하지 않고 상인의 해외출항을 용인하고 있었지만, 정씨정권의 저항에 직면하여 그 고립화를 획책하지 않을 수 없었다. 이에 1655년에 해금령을 발포하여 허가증을 소지한 자를 제외한 대형선박의 건조나 해외무역을 금지했다. 다음해엔 위반자에 대한 엄벌책을 정비하고, 이어 때때로 해금령을 내려 해금의 엄수를 도모했다. 특히 1661년에는 遷界令에 의거하여 해안지역 주민을 강제로 내륙지방에 이주시켜, 해외무역만이 아니라 연안무역이나 연안어업까지도 금하는 엄격한 해금을 시행하였다.[25] 1668년에는 외국상선의 입항도 금지되어 무역은 조공무역에 한정되었다. 다만 마카오(澳門)에서의 포르투갈과의 소규모 陸上무역이 허용된 이외에, 廣州에서는 네덜란드만이 '조공'무역을 허용받고 있었다.[26] 또한 辯銅무역도 예외였다. 중국에선 明代부터 原銅자원이 고갈하여 明朝는 동전 주조를 절반은 포기하고 지폐의 유통을 시도하고 있었다. 이에 대해 청조는 原銅의 확보에 부심하면서 동전의 주조를 행하고 있었으므로, 이 시기 나가사키에 도항하는 중국선박의 일부는 청조의 묵인하에 파견된 것으로 추정되고 있다.[27]

정씨 세력은 해금에 의해 연해안 주민과의 관계가 차단되자 새로운

---

25) 劉序楓, 「十七,八世紀の中國と東アジア」, 『地域システム』, 溝口雄三・濱下武志・平石直昭・宮嶋博史編, 東京大學出版會 〈アジアから考える [2]〉 1993, 94쪽; 細谷良夫, 「中國支配政權の成立」, 『中國史4』, 1999, 332쪽, 山本進, 「淸代福建の商品生產と台湾米流通」, 『淸代の市場構造と經濟政策』, 名古屋大學出版會, 2002, 136쪽; 上田信, 『海と帝國 明淸時代』, 講談社 〈中國の歷史 09〉 2005, 302쪽.
26) 岡本隆司, 「市舶司から海關へ」, 『近代中國と海關』, 名古屋大學出版會, 1999, 56, 58쪽.
27) 劉序楓, 앞의 논문, 96쪽.

거점으로 네덜란드가 경략하고 있던 타이완을 장악하게 된다. 한편으로 연해안의 官과 軍은 뇌물을 받아 상인과 정씨와의 접촉을 묵인하고, 三藩 통치하의 福建·廣東 지방정부는 관헌까지도 정씨나 네덜란드 및 포르투갈과 밀무역을 행하였다.28) 정씨는 해금령에 의해 일정한 타격을 받았지만 일본·중국·동남아의 삼각무역을 계속하여 당시 동아시아 해상무역은 정씨가 거의 독점한 것으로 보인다.

그러나 해금령은 연해안을 중심으로 중국의 사회·경제에 심각한 타격이 되었다. 海運의 단절은 생활필수품을 省外에 의존하고 있던 복건성을 중심으로 경제적인 혼란을 초래하고, 遷界令에 의해 연해안 주민은 離散과 移住를 강요받아 혈연·지연을 기반으로 하고 있던 지역사회는 커다란 타격을 받았다.29) 銀·銅의 부족은 일종의 디플레이션을 불러왔고, 경제는 한때 파탄 직전까지 몰렸다.

清朝의 해금령은 정씨정권의 糧道차단을 목적으로 한 것이었던 만큼 정씨 세력이 멸망하자 그 역할이 끝나고 정지된다.30) 그해 1683년 遷界令이 해제되고 해안지역으로의 복귀, 즉 展界가 시작된다. 그 다음해인 1684년 해금령은 완전 정지되고 1685년에는 외국상선의 입항도 허가된다.31) 청조는 厦門·廣州·寧波·上海에 海關을 설치하여 외국으로 출항하는 중국 상인이나 입항하는 외국상선으로부터 관세 징수를 행하게 된다.

이렇게 하여 기본적으로 해금은 해제되지만, 청조가 전면적으로 민간인의 해상 이용을 허용한 것은 아니었다. 선박의 건조엔 事前 신고가 필요했고, 출항 시에는 선박의 크기에 상응하여 승선인원의 上限이 정해지고, 승선인원 명부를 신고하여 출항허가를 받지 않으면 안 되었다.32) 허

---

28) 劉序楓, 앞의 논문, 95쪽, 岡本隆司, 앞의 논문, 486쪽.
29) 蔡志祥, 「華南地域社會論」, 『周緣からの歷史』, 1994, 211쪽.
30) 佐久間重男, 앞의 책, 370쪽; 濱島敦俊, 「商業化-明代後期の社會と經濟」, 『中國史4』, 1999, 461쪽; 山本進, 앞의 책, 136~137쪽.
31) 岡本隆司, 앞의 논문, 60~63쪽.
32) 山本進, 앞의 책, 136쪽.

가를 받았다하여도 航路를 벗어나 항해하는 것은 금지되었고, 禁制品目을 설정하여 가지고 나가는 물품에도 제한이 있었다.

이러한 금제품목은 金·銀·銅·武器·군수물자 등이지만, 쌀을 실어내는 것도 금지되었다. 해금 해제 후, 강소성·절강성에서는 복건성으로 쌀이 유출되어 쌀값이 상승한다. 청조는 쌀값 상승을 外洋, 즉 외국이나 해적에의 유출이라고 간주하여, 1708년 미곡 반출 금지를 정하여 미곡류의 해상 出荷를 금지하고 각지에서 선박 검사를 행하게 된다.[33] 이후 쌀의 비축제도가 채택되어 복건성 등에서는 지방정부가 省의 바깥에서 쌀을 수입하고 있다.

이후 18세기에 들어서도 南洋 海禁은 유지되어 동남아시아에의 도항은 금지되고 있다. 해외로 이주하는 중국인은 예부터 존재했지만, 明代 후반의 벼 품종 개량이나 옥수수·고구마 등의 작물이 재배되자 중국 인구가 급증했고, 그렇게 되자 인구 압력에 내밀린 중국인의 해외 진출이 급증한다.[34] 청조는 국외나 타이완에 자국민의 이주를 허용하지 않았지만, 도항하여 그곳에 거주하여 귀국하지 않는 자나 商船에 편승하여 밀항하는 자는 끊이지 않아 南洋華僑의 유출은 계속되었다. 청조는 이러한 해외 유출을 막기 위해 1717년엔 남양에의 도항을 금지한다. 다만 외국 선박의 입항이나 일본·유구·베트남 북부에의 도항은 이전부터 허용되었으므로 한정적인 해금에 머물렀다고 할 수 있다. 이러한 南洋海禁은 福建省 백성의 생활을 위협하는 것으로 여겨져, 1727년에 복건성의 요청을 받아들여 청조는 回航기한에 제약을 붙이는 조건으로 해금은 해제된다. 즉 2년의 회항기한을 넘어 귀국하는 자는 두 번 다시 출항을 불허하지만 1742년에 기한은 3년으로 완화되고 1754년에는 그것도 폐지되었다.[35]

---

33) 上田信, 앞의 논문, 397쪽, 山本進, 앞의 책, 137~138쪽.
34) 松浦章, 「淸代の海洋圈と海外移民」, 『周緣からの歷史』, 174쪽; 濱島敦俊, 앞의 책 463~464쪽.
35) 劉序楓,, 앞의 논문, 97, 112쪽; 上田信, 앞의 논문 399쪽.

그런데 淸朝의 대외체제의 특징의 하나는 廣東무역체제라 할 수 있을 것이다. 이것은 청조 중기로부터 후기(1757~1842)에 걸쳐 중국과 유럽 여러 나라와의 사이에 행해진 무역관리체제를 가리킨다. 유럽 商人과의 교역을 廣州 한 군데로 한정하여 독점적인 상인을 통해 행한 무역체제로, 에도시대 나가사키 데지마(出島)에서의 무역관리체제와 유사하다. 종래 중국의 교역 스타일이었던 '조공'무역의 형태라고 간주하는 경우도 많지만, 실제로는 조공형식의 儀禮를 생략하고 광주 現地에서의 상인끼리의 通商행위를 중시한 '互市' 시스템으로 이해하는 편이 정확하다 하겠다.36)

5. 明代 조선 서해상에서의 분쟁

여기서는 明代 해금정책의 이완 및 변화가 조선왕조에게 어떤 문제를 일으켰을까 실록을 중심으로 살펴보자. 이하는 '荒唐船' '唐船'에 국한하여 검색해 본 결과를 가지고 설명한 것이다.

1540년 황해도 豊川에 '황당선' 1척이 표류해 왔다. 중국인으로 여긴 임금은 "만약 이 사람들이 伐木이나 고기잡이를 목적으로 여기에 왔다면 나머지 선박들도 꼭 찾아내야 한다."고 해당 지방관에게 당부하고 있다. 이들은 사절 편에 중국으로 송환되었을 것이나, 이미 벌목이나 고기잡이를 위해 중국인들이 서해 연안을 횡행하고 있었음을 알 수 있다.37)

1544년, 朝廷은 '唐船'이 조선 해역으로 들어오면 나포하라고 하고 있다. 이미 많은 중국 선박이 조선 境內를 들락거리고 있었음을 알 수 있다. 그런데 전라도의 변방 장수가 적은 군사로 '당선'을 쫓다가 오히려

---
36) 籠谷直人, 「19世紀アジアの市場秩序」 渡辺惣樹, 『日本開國 アメリカがペリー艦隊を派遣した本当の理由』, 草思社, 11쪽.
37) 『중종실록』 35년 1월 19일(임자).

공격당하였다고 한다.[38] 이러한 패배는 수차례 있었던지 판중추부사 송흠은 상소를 통해, 그들 '당선'은 표류한 것이 아니라 도둑질을 하려 한 것으로 걸핏하면 조선인을 해치는데, 배가 견고하고 100여 명을 태울만하게 대형이며 火砲를 비롯한 兵器들도 두루 갖추고 있어 도저히 대적할 수 없다고 평가하고 있다.[39] 그러나 조선으로서는 이러한 '당선'에게 공격보다 생포나 투항 권유의 소극책을 취하고 있었고, 이에 그들의 화포 공격을 받아 조선인이 죽기까지 이르렀다.[40] 전라우수사 민응서는 나주 지역에서 '황당선'과 接戰할 때 패하여 달아났고, 이를 본 '唐人'들이 자신들의 엉덩이를 두들기며 모욕을 주었다고 한다.[41]

1545년 제주에 표류한 '황당선'의 '唐人'들은 326명으로 무역을 위해 일본을 불법 왕래하던 자들이었다. 그들은 "만약 중국으로 귀환시킨다면 여기에서 죽느니만 못하니 배를 제공해 주시오"라고 간청하고 있다. 조정은 전번에 홍양에서 나포한 자들과 합하면 600여 명이나 되어, 육로로 귀환시킴이 事大의 禮에 맞을 수 있겠으나 조선의 人馬가 많이 동원되어야 한다고 고민하고 있다. 이에 제주에 표착한 '당인'들에게 말단관리를 시켜 육로로 송환시키겠다고 말을 흘려 그들로 하여금 알아서 스스로 도망가게 하는 전략을 구사하고 있다.[42] 조정은 또 전라도 馬島에서 해안 가장자리 나무에 편지를 매어놓는 형태로 상륙 여부를 타진하는 '황당선'에 대해서도 상륙을 허가하지 않고 있다. 그들은 일본에 무역하러 왕래하는 '商船'이라고 스스로를 소개하고 있었다.[43] 조정은 황해도 장련현에 상륙한 '당인'들에 대해서도 "너희들은 스스로 당인이라고 하지만 말이 통하지 않으니 어떻게 당인인지 倭人인지 구별할 수 있겠는가?"라

---

38) 『중종실록』 39년 8월 5일(신미).
39) 『중종실록』 39년 9월 8일(갑진).
40) 『중종실록』 39년 9월 27일(계해).
41) 『중종실록』 39년 9월 28일(갑자).
42) 『명종실록』 즉위년 8월 4일(갑오).
43) 『명종실록』 즉위년 8월 10일(경자).

는 구실로 약간의 식량을 주어 스스로 떠나게끔 하고 있다.44)

1546년 경상도 해역에 표착한 '황당선'에 대해서도 비변사는 그들에게, 너희가 중국인이며 우연히 표착한 것으로 여겨져 체포하지 않기로 했으나 굳이 상륙하겠다면 식량은 주겠지만 육로로 송환하겠다, 라고 언질을 주어서 스스로 떠나게 하자고 하고 있다. 그리고 이는 일본을 불법 왕래하는 중국의 무역선들이 수시로 조선 영내에 들어와 식량과 식수를 요청하는 것을 예방하기 위해서라고 하고 있다. 이에 대해 임금은 절박한 상황인 경우에는 그들에게 식량과 식수를 공급하는 것이 좋을 것이라고 말하자 비변사는,

> 그들은 표류에 의하여 이곳에 이른 것이 아니므로 곤궁한 경우에 처해 있지 않음이 이미 분명합니다. 근래 중국의 '法禁'이 해이해진 때문에 일본을 왕래하는 商船이 계속 끊이지 않는 실정인데, 만약 우리 경내에 정박하기를 허용하여 그들의 요구에 응해준다면 그 우환을 감당하기 어려우므로 아예 그 길을 단절시켜야 합니다. 지금 중국인이라 하여 단호히 거절하는 조치를 취하지 않다가는 뒷 폐단이 그지없을 듯합니다. 식수를 공급하는 일만은 해도 무방할까 합니다.

라고 답하고 있다.45) 明의 '法禁' 즉 해금이 해이해져서 일본을 왕래하는 무역선이 끊이질 않는데 이들이 왕래 도중에 서해 연안에 정박하여 식량을 요구할 경우, 이에 일일이 응했다가는 나라에 커다란 우환이 될 것이라고 하여 그들의 상륙을 아예 차단하자고 하고 있는 것이다.

1547년에는 황해도 장연 백령도와 대청도 등에 '황당인' 40여 명이 상륙하여 크게 집을 짓고 대장간을 설치하고 배를 수리하고 있어서 황해

---

44) 『명종실록』 즉위년 9월 24일(갑신).
45) 『명종실록』 1년 7월 17일(신미).

감사 정대년이 체포하여 심문하니 모두 중국인으로 부역을 피해 몰래 온 도망 온 자들이었다. 중국에 압송하여 보내는데, 타국에 포로가 되었다가 도망쳐 온 사람과는 다르므로 단지 식량만 주고 의복은 주지 않았다고 하고 있다.46)

이후 1550년대에도 '황당선'은 몇 건 있으나 이미 이때의 '황당선'은 중국인만이 아니라 일본인을 포함한 후기왜구와 관련 있는 기사라서 언급을 유보한다. 그러면 전술했던 1540년대에 있었던 '황당선' '당선' 기사로 볼 때, 해금의 이완이 조선에 가져온 폐해를 알 수 있다. 즉 해적과 같은 무장 선박이 출몰하여 연안을 약탈하기도 하고, 일본을 왕래하며 밀무역을 하는 자들이 정박하거나 식량을 요구하는 일이 잦아진 것이다. 그 수가 너무 많아 나포하여 육로로 북경으로 압송할 수도 없거니와, 밀무역을 하는 이들이 중국으로 압송되면 처형될 것이 뻔한 일이었다. 그렇다고 식량 요구에 일일이 응할 수도 없는 일이었다. 결국 조선이 택한 방법은 그들이 정박하거나 상륙하지 못하게 近海에서 쫓아내는 일이었다.47)

그러면 이번에는 해금체제 이완기의 서해 北端 해역에 대하여 서인범의 연구를 통해 알아보자.48) 조선시대 서해 북단해역에서 양국은 경계를 넘어 상대국의 영토에 이주하곤 하였다. 즉 조선인은 중국 해역 내에 있는 海浪島(혹은 海洋島)라는 도서에, 중국인은 조선영역인 薪島에 숨어들어 거주하곤 하였다. 한 예로 성종 23년(1492)에 조선인이 해랑도를 왕래하다 발각된 사건을 들 수 있다. 양국 간에 처음으로 해랑도라는 섬

---

46) 『연려실기술』의 「별집 邊圉典故 荒唐船」의 條; 『명종실록』 2년 2월 12일(갑오).
47) 유재춘, 「중·근세 韓·中間 국경완충지대의 형성과 경계인식」, 『한일관계사연구』 39, 2011. 162~175쪽에서 明代 조선과 明의 국경에는 空閑지대라는 일종의 완충지대가 존재하였다는 흥미로운 지적을 하고 있다. 그런데 海上에서도 그런 공간이 설정되어 있었을까? 이에 대한 금후의 연구를 기대하게 된다.
48) 서인범, 「조선시대 서해 북단 해역의 경계와 島嶼 문제-海浪島와 薪島를 중심으로-」, 『명청사연구』 36, 2011.

의 존재가 공식적으로 드러나게 된 것이다.49)

이처럼 해랑도가 明朝와 조선 사이에 분쟁 도서로 대두된 시기가 바로 성종연간(1470~1494) 이후이다. 조선인이 이 섬에 들어가 경작을 하면서 인구가 번성하자 明朝와의 분쟁을 우려한 조선은 이들을 쇄환하는 방침을 세웠다. 동시에 조선의 영토였던 薪島에 중국인들이 들어와 거주하는 문제도 제기되었다. 해역의 경계가 불명확하던 시기 明朝와 조선 백성들에 의한 도서의 개간과 경작은 양국 간 분쟁의 원인으로 떠올랐다. 해랑도와 신도의 문제가 불거진 성종연간은 바로 압록강하구 연안에 잠재해 있던 조선 관할 하의 도서에 중국인들이 몰래 들어와 양국 간에 영토분쟁이 발생하였던 시기와 일치한다.50)

문제는 해역의 경계가 명확하지 않았던 시대에 해랑도가 중국인만의 삶의 터가 아니었다는 점이다. 조선인이 해랑도로 숨어들어가는 주목적은 부역을 피한 것이지만, 이 외에도 해산물의 채집이나 상거래를 목적으로 왕래하였다. 1526년엔 강화도 관할 하의 섬사람들이 해랑도 사이를 왕래하면서 큰 생합을 채취하며 水賊 노릇을 하기도 하였다. 1528년경 중국 사람들 수천 명과 조선인 400~500명이 해랑도에 살고 있었다는 기록도 있다.51)

그런데 신도의 경우, 이미 세종 연간에 중국인들이 배를 타고 들어와 목재 무역에 종사하거나 家屬을 이끌고 거주하기도 하였고, 망명자를 끌어들여 섬에 웅거하면서 때로 육지로 나아가 약탈을 일삼아 그 우환이 왜구보다 심하였을 정도였다고 한다. 1578년에도 요동사람들이 신도에 들어와 거주하자 조선은 遼東都事에게 咨文을 보내 이를 금지해 줄 것을

---

49) 서인범, 앞의 논문, 349쪽.
50) 이와 관련해서는 서인범, 「압록강 하구 연안 도서를 둘러싼 조·명 영토분쟁」, 『명청사연구』 26, 2006.
51) 서인범, 「조선시대 서해 북단 해역의 경계와 島嶼 문제-海浪島와 薪島를 중심으로-」, 『명청사연구』 36, 2011, 365~366쪽.

요청하기도 하였다.52)

그러나 이후에도 신도에는 부역을 피해 도망 온 중국인들이 다수 거주하였다. 조선은 그때마다 거주를 금지시켰지만 그들은 신도를 버린 땅으로 간주하곤 하였다. 매달 세 차례 수색만을 수행하는 조선의 정책을 간파한 중국인들에게 토질이 비옥하고 어물이 풍부한 신도를 쉽게 포기할 수 없었던 것이다. 이에 조선은 때때로 그들의 쇄환을 요동도사에게 요청하고, 요동도사의 대응이 늦어지면 북경의 禮部에 통보하여 해결하겠다는 전술로 압박하여 신도 거주 중국인의 쇄환을 이행케 하곤 하였다. 그러나 중국인들은 여전히 신도에 잠입하여 왔다.53)

이처럼 해금정책의 이완 및 후퇴는 중국 어민들로 하여금 서해에 대거 출몰하는 결과를 초래한 듯하다. 이와 관련하여 서인범은 조선 서해 북단의 섬 해랑도의 賊이 서해에 들락날락하여 30~40년간 조선조정에 깊은 근심거리가 되었다고 지적한 조선후기 실학자 이익의 『성호사설』 권25, 「經史 田霖」을 다음처럼 소개하고 있다. "바다의 선박이 兩西, 즉 황해도·평안도 지방으로 몰려들고 있었는데, 이는 明朝가 산동 지방의 海禁을 풀어 놓은 이후부터의 일이었다. 요동 지방으로 왕래하는 어선들이 犯越하는 상황이 벌어진 것이다. 이들이 兩湖의 漕運을 겁탈해 간다면 조선의 입장에서는 대단히 치명적인 일이다. 실제로 해적이 출몰하여 兩西에서 호남에 이르기까지 노략질하니 그 해를 입지 않는 달이 없었다. 이에 조선은 백령도·安興·馬梁에 鎭을 설치하고 대비하여 그 禍가 조금 잠잠해졌다."54)

---

52) 서인범, 앞의 논문, 357쪽.
53) 서인범, 앞의 논문, 381쪽.
54) 서인범, 앞의 논문, 367쪽.

6. 淸代 조선 서해상에서의 분쟁

　최소자는 淸代 중국인의 경우 그 犯越은 특히 1680년대 이후에 시작되어 18세기에 들어 급증하고 있었다고 진단하고 있다.[55] 범월의 증가에 대해 淸朝 예부에서는 고기잡이배나 무역상인들이 조선으로 가서 때때로 지방을 소요케 하는 일이 있으므로 왕에게 諭示하여 船票 및 사람 숫자와 성명·본적 등을 조사하게 하여 중국의 해당 부서에 보고하게 하고, 이를 원적지 지방관에게 전달하여 범월자는 죄에 따라 다스리게 하였다고 한다. 또한 각 연해의 지방관들에게 명령을 내려, 해상에서 魚探를 하거나 무역을 한다는 명목으로 외국을 왕래하면서 금지된 貨物을 판매하는 행위를 철저하게 금할 것을 엄히 申飭하였는데, 이는 주로 山東·遼東·江浙 등지의 어민을 규제하는 조치였다는 것이다. 그러나 이후에도 경계를 넘어 고기잡이하는 문제는 계속 발생하였는데, 고기잡이 도중에 풍랑을 만나서라기보다는 경계를 넘어 들어와 불법으로 고기잡이를 하던 도중에 사고를 당하거나 잡힌 경우가 더 일반적이었을 것이라고 분석하고 있다.[56]

　최소자의 분석처럼, 淸代에 들어서 서해상에서의 중국과의 분쟁도 타이완의 정씨 세력이 멸망하여 해금령이 해제되는 1683년 以前과 이후가 다르다. 그러면 우선 以前의 시기를 살펴보자. 明代의 분석처럼 이번에도 실록을 중심으로 '荒唐船' '唐船'에 국한하여 검색해 본 결과를 가지고 설명하여 보기로 하자.

　1647년 비변사는, 변방 장수가 '황당선'을 공격해 나포한 복건성 사람들을 일본과 불법 교통한 사실까지 咨文에 넣어 謝恩使편에 송환하려고 하고 있다.[57]

---

55) 최소자, 『淸과 조선』, 혜안, 2005, 38쪽.
56) 최소자, 앞의 책, 39쪽.
57) 『비변사등록』 인조 25년 11월 14일.

1667년 '당선' 한 척이 부서진 채 제주도로 표류해 왔다. 95명이 상륙했는데 '漢人'들이었다. 필담으로 파악하니 '大明' 복건성의 '官商人'으로 일본으로 무역하러 가다가 난파를 당하였다는 것이다. "모두가 머리를 깎지 않고 상투를 틀고 비녀를 꽂았으니, 청나라에 귀속하지 않고 외국과 교통하는 자."라고 평가하고 있다. 이들은 송환되면 처형된다고 바다로의 추방을 애걸하였으나 淸朝와의 관계를 의식한 조정에 의해 북경으로 압송되고 있다.58)

1682년 '황당선' 9척이 海西 椒島에 며칠 간 정박했었다는 사실을 숨기고 보고하지 않았다는 이유로 첨사 장후량을 처형하였다. 배 한척 당 100여 명씩 타고 있었고 10여 일간 머물다 떠났다는 것이었다.59) 이와 관련하여 우의정 김석주는, "무릇 남쪽의 배가 海島에 출몰하는 것은 대부분 '鄭錦'에게 복속한 무리로서 더욱이 중국인으로 논할 수 없다."라며 타이완의 정씨 세력이기 때문에 조선의 경내에 들어오지 않는 한 모른 척하자고 주장하고 있다.60) 여기서 '鄭錦'은 『현종실록』15년(1674) 8월 3일(갑오)조에 의하면 '鄭經'을 가리킨다. 그는 정성공의 장남으로 아버지의 사망(1662)에 이어 淸朝에 저항을 계속하고 있었다.

1683년에도 海西 연변에 내왕하는 '황당선'이 포착되었다. 그런데 이를 잡았다가 만약 변발이 아닌 장발한 사람이라면 그 처리가 곤란할 것이라고 어영대장 윤지완이 우려하자 예조판서 신정은, 예전에 표류한 중국인은 弘光이란 연호까지 지니고 있었으나 지금은 그때와 다르니 걱정하지 않아도 될 것이라 말하고 있다.61) 弘光은 南明政權인 弘光帝 治世에 쓰인 연호로서 1645년 1월에서 6월까지 사용되었다.

---

58) 『현종실록』 8년 6월 21일(갑오), 『현종실록』 8년 10월 3일(갑술).
59) 『비변사등록』 숙종 8년 6월 1일, 『숙종실록』 8년 5월 9일(병진).
60) "凡南船之出沒於海島者, 率多服屬於鄭錦之類, 則尤不可以中華人物論也."(『숙종실록』 8년 6월 23일[기해]).
61) 『숙종실록』 9년 윤6월 16일(병진).

이처럼 해금령이 엄수되었던 시기엔 淸朝에 저항하는 무리가, 특히 타이완의 '鄭錦'세력이 對日무역으로 왕래하며 서해상에 출몰하고 있다. 그러나 反淸的 공감대를 가진 조정은 이들의 출몰을 은닉하고 연안으로 접근해 오지 않기만을 빌고 있었던 듯하다.

그러면 淸朝의 해금이 크게 완화되는 1683년 이후 서해안에서의 분쟁을 보자(〈표 3〉참고).

이 시기 중국인의 서해 연안 출몰은 1700년부터 활발해진다. 〈표 3〉으로 보듯이 1703년 이후 1710년대 이후에 다시 활발해진다. 이후 斷續的으로 이어지나 18세기 말까지 계속되고 있다. 그 규모는 많게는 수백척(1734)에 이르기도 하고 그 인원은 수백 명(1712), 500~600명(1754)이나 되기도 한다.

그들의 출몰 목적은 海西연안의 漁採로 즉 고기잡이다. 그래서 그들은 해서연안의 초도·백령도·소청도·대청도·옹진·풍천·등산진·평신진 등지에 함부로 침입하여 정박하고 이 지역을 횡행하며 어로행위를 벌이고 있다. 〈표 3〉으로 파악되듯이 중국인은 이에 그치지 않고 민가를 침탈하고(1703), 조선 관군의 나포에 칼로 저항하거나 촌락을 약탈하고(1721, 1749), 조선 장졸의 무기를 탈취하고 상해를 입히며 심지어는 불랑기포까지 탈취해 가고 있다(1734), 난동을 부리거나 첨사 등 관리를 구타하고(1735, 1757), 부녀자를 겁탈·탈취해 가고 있다(1737). 사람과 무기를 탈취하고(1742), 연해안 백성들과 내통하고 그들과 밀무역하고 있다(1744, 1753).

〈표 3〉 淸代 海禁 이완기 서해 연안에 출몰한 唐船의 규모와 행위 및 조선의 대응책

연도	전거	출현빈도와 규모	범법 행위	조선의 현황과 대응책
1685	『비변사등록』 숙종11, 5/26	해마다 출몰		전혀 나포 못함을 힐책
	『비변사등록』 숙종11, 6/20	몇달째 출몰		매번 놓쳐 심문마저 허사

연도	출처/일자			
1700	『비변사등록』 숙종26. 7/27	以前보다 倍		唐人 行狀 확보해 淸에 보고
	숙종26. 9/20			椒島에 別將 두어 唐船 왕래 감시
1701	『비변사등록』 숙종26. 9/21	빈번 출몰	椒島 정박	초도 개척과 군영기지화
	숙종27. 3/29			청조, 예부 回咨 통해 犯越 唐人 처벌 허용
	숙종27. 4/20	빈번 출몰		예부 回咨로 唐人 侵海 예방키로
	숙종27. 5/15			9명 나포, 票文만 취하고 바다로 방축
	숙종27. 6/19		깊숙이 침입	조선 허실 탐지해 변란 우려
1702	숙종28. 윤6/20		椒島 경유	초도의 군영기지화
1703	숙종29. 6/27	빈번 출현		50여 명 나포, 票文 압수하고 바다로 방축
	숙종29. 9/21	매월 출현	민가 침탈	禮部에 재차 자문으로 항의
1712	숙종38. 6/10	금년 빈출		예부에 移咨해 항의
	숙종38. 7/20	19척, 수백 명		육로 압송 논의
	숙종38. 8/16			12명 나포, 압송 시도에 애걸하여 2명만 압송하고 나머진 방축
1714	숙종40. 7/16	빈번 출몰		奏聞으로 해금 강화 요청하기로
1716	숙종42. 12/14	매일 출몰		선단 많아 나포·심문·압송 곤란 → 소극적 대응
1717	숙종43. 2/3			12명 나포, 前月에 이어 압송. 압송 폐해 때문에 外洋에 방축
	숙종43. 5/10	32척 출현		수효 많아 정박시에만 압송키로
	숙종43. 8/1	수시 출몰		침해 경계하는 瞭望백성 농사파탄. 급료 지급과 50개월 주기로 교체
	숙종43. 11/22			연해안 군졸 배치, 요망대와 봉화대 설치 필요. 정박시 나포, 채취 해물 압수
1718	숙종44. 6/3	옹진 출몰		백성의 생업 전념에 장애. 예부 回咨 내용 보여 위협
1721	경종1. 6/5	더욱 극심	칼로 저항, 불법체류, 촌락 약탈	
	경종1. 윤6/12			해양에서 총포로 위협해 도주 유도
1729	영조5. 9/25			승려 시켜 요망·추격·나포
1731	영조7. 10/17	더욱 극심		백령도 백성 이주 권장해 唐船 통제
1733	영조9. 11/4			섬 지역으로 도망간 범죄 집단과의 작당 우려
1734	영조10. 5/6	수백 척 출몰	무기 탈취 및 상해	사건 은닉한 관리 처벌

	영조10. 5/25	전례 없이 증가	軍器와 불량 기포 탈취	
1735	영조11. 5/25		풍천 정박, 첨사를 구타	
1737	영조13. 9/14		등산진 침입, 부녀자 겁탈	海防別隊 편성, 무기 위협 방축해야
	영조13. 9/26		부녀자 탈취	사건 은닉한 관리 처벌
1738	영조14. 6/4		평신진 정박	보고 소홀히 한 관리 처벌
	영조14. 6/20			수도방어 위해 兩南 戰船 일부를 海西 水營으로
	영조14. 7/5		조선인과 싸움벌인 唐人 사망	
	영조14. 7/22			병조판서 박문수 대응책 시급 주장
1742	영조18. 8/5		사람과 軍器를 탈취	보고를 소홀히 한 관리 처벌
1744	영조20. 2/21		연해안 백성들과 내통	
	영조20. 2/27	매년여름 출몰	연해 백성들과 밀무역	飛船 20척 만들어 경계, 漁采 이익을 압수
1749	영조25. 3/20		약탈행위	追捕武士 690명 편성. 포구의 백성 동원 개선 시책
1753	영조29. 7/25			唐船 방축한다는 핑계로 그들과 은밀한 밀무역 거래
1754	영조30. 5/30	500~600명	육로 송환 반대 시위	대응이 미진했다하여 水使 처벌
	영조30. 6/11			특별 석방과 재침을 경고
1755	영조31. 6/18	매년春夏 출몰		백령도와 초도 백성의 곤궁
1757	영조33. 6/14		난동부리고 관리 구타	
1771	영조47. 3/7			장산곶을 軍營 설치해 제어
1793	『일성록』정조 17. 4/29	매년 출몰		대청도와 소청도 농민 이주와 軍營설치
1794	『일성록』정조 18. 2/7	10~30척 출현	대청도와 소청도에 唐船 정박해 어채 위한 기지화	백성들로 하여금 추적 나포 담당, 방어군사 100명씩 배정

* 典據 중에 『비변사등록』, 『일성록』으로 명시되지 않은 것은 모두 『조선왕조실록』의 기사.

이에 정부의 대책은 淸朝에 호소하거나 항의하는 것이지만(1703, 1712, 1714), 청조의 回咨는 조선이 구체적으로 보고하면 해당자와 해당자의 출신지역 지방관을 벌주겠다는 선언적인 것이었다(1701). 이 시기 조정은, 청조의 해금정책의 이완이 海西 연안에 중국인의 잦은 침탈현상을 불러왔다고 인식하고 있다.62)

조선은 대응책의 하나로 나포작전을 전개하고는 있으나 상대가 '上國人'이라 적극적이기 힘들었던 모양이다. 즉 '황당선'을 금지해 달라는 일로 1703년 예부에 보낸 咨文에서, "마음대로 국경을 넘어와서 서로 번갈아 가며 출몰하는 것이 빈 달이 거의 없습니다. 그러나 이들은 上國의 백성이기에, 일체 쫓아버리지 못하고, 삼가 각기 해당 지방으로 하여금 식량과 노자를 헤아려 주어서 바로 돌려보냅니다."라고 밝히고 있다.63) '上國의 백성'이라서 함부로 하지 못하고 있는 현실을 파악할 수 있다.

1733년 옹진에 정박한 '황당선'을 쫓아내려한 조선 장수가 '唐人'에게 얻어맞아 상처를 입고 무기도 다 뺏기게 되자 그 소관인 황해병사 민사연이 이를 은닉한 사건이 일어난다. 이듬해 그 사실이 탄로 나자 임금은 그를 파직시키게 된다. 이에 史臣이 말한다.

> 唐人으로 海路를 익히 알고 있는 자들이 해삼을 채취하기 위하여 매

---

62) "이때 荒唐船이 바다 가운데 출몰하였는데 海西지방에 더욱 심하였다. (중략) 所江僉使 이훈이 唐船을 장연·백령도·소청도 등에서 나포했는데 모두 50여 명이나 되었다. 역관을 시켜 그 실정을 묻게 하고 그 票文을 빼앗아서 啓聞하였다. 대체로 그들은 산동의 福州·登州 등지의 사람으로 고기잡이로 직업을 삼으며, 배 안에 실은 것은 의복·그릇 등외에 무기는 없었다고 하였다. (중략) 비변사가 다시 아뢰기를 '唐船은 咨文을 보내어 금하게 한 뒤로부터 절대로 나타나지 않은 지가 거의 수년이 되었는데 이제 다시 이와 같으니, 이는 그들의 海禁이 해이해졌기 때문입니다. 그때 예부의 回咨에 船票와 人數를 조사하여 명백하게 예부에 보고하면, (중국의) 지방관을 엄중히 처벌하겠다고 하였습니다.' (후략)"(『숙종실록』 29년 6월 27일[신축]).
63) 『숙종실록』 29년 9월 21일(갑자).

양 여름과 가을의 계절이 바뀔 때에 海西를 왕래하여 해마다 그렇게 하였는데, 오는 자들이 더욱 많아져서 배가 몇 백 척이나 되는지 알 수 없었다. 지방의 수령과 변장들은 비록 축출하려고 하지만 저들은 수효가 많고 우리는 수효가 적으니, 혹 몰래 술과 양식을 주어서 그들을 달래어 떠나가게 하기도 하였으므로, 識者들이 이를 우려하였다.[64]

매년 여름 가을에 해삼을 채취하기 위해 수백 척이나 되는 배를 끌고 중국인들이 들이닥치니 상대적으로 숫자가 적은 조선의 지방 군사들이 이를 축출하지 못하여 결국 술과 양식을 주어 달래서 떠나게 한다는 것이다.

1754년 5월 백령도에 정박한 '황당선'에서 18명의 '胡人'이 상륙하였고 水使 김사언은 육로로 그들을 송환하려고 하였다. 그러자 갑자기 唐船 10여 척에 500~600명의 '호인'들이 나타나 백령진을 에워싸고 그들 18명의 석방을 강요해 왔다. 그런데 이미 18명 중 7명은 장연으로 이송했기 때문에 11명이 남아있었는데, 이들은 이 11명을 빼앗아가면서 조선인 장교 한 명을 唐船으로 잡아갔다. 이에 대해 좌의정 김상로는, 그들이 육로로 송환되지 않으려 한 것은 환송된 후 淸朝로부터 처벌을 받을 것을 두려워하였기 때문이라고 평가하고 있다.[65] 백령도에서의 '호인'들의 소동은 다음 달인 6월, 선전관으로 파견된 민육에 의해 조선 임금의 특혜라는 명분하에 海上으로 방축하는 형태로 끝이 났다.[66]

설령 이들 중국인들을 나포한다 해도 북경 압송이 불가능할 터였다. 매번 수백 명이나 되는 이들을 압송할 人力이나 수송력이 막대할 것이었고, 나포와 압송 과정에서 病死하기라도 하면 조선의 책임이 추궁될 터였다.

---

64) 『영조실록』 10년 5월 6일(신사).
65) 『영조실록』 30년 5월 30일(무신).
66) 『영조실록』 30년 6월 11일(기미).

이처럼 적극적인 나포나 저항하는 자들에 대한 공격이 행해지지 못하는 한계를 극복하기 위해 조정은 초도·백령도·소청도·대청도 등지를 농민들에게 개방하고 군영기지로 삼는다(〈표 3〉의 1700, 1702, 1731, 1793, 1794년 참고). 여기에 그 한 예로 1717년의 한량 윤필은의 上書를 보자.

> 邊將이 황당선을 쫓아내는 것은 바로 우리나라의 허술한 상황을 황당선에게 보이는 것이 됩니다. 연변 일대에 水卒을 배치하여 특별히 그 곳에 사는 백성들을 비호하게 해야 합니다. 그리하여 候望을 설치하기도 하고 봉화대를 세우기도 해서 급할 적에는 군대를 동원하여 방어하고 급하지 않을 적에는 경보를 울려 위협을 가하게 해야 합니다. 황당선이 와서 정박한 경우에는 몇 사람을 체포하고 그들이 채취한 海物을 빼앗아 물에 던진 다음 쫓아버리게 하소서.[67]

'황당선'을 쫓아내기 위해 水兵을 배치하고 조망대와 봉화대를 설치하며, '황당선'이 정박하면 체포하고 취득한 해산물을 압수하여 바다에 버린다는 것이다. 그런데 체포했어도 역시 바다로 쫓아버리자고 하고 있다. 육로로 압송하는 방법은 고려되지 않고 있는 것이다.

한편 조선 측의 대책으로 1717년 황해감사 김유의 장계를 보면 "황당선을 감시하는 瞭望軍이 장차 농사를 폐기하고 식량을 싸가지고 나가므로 파산하지 않은 이가 없습니다. 청컨대 그중에 오래 근무한 사람을 기록하여 仕路를 許通시켜 주고, 또 詳定餘米로 급료를 지급하게 하여 주소서."라고 하고 있다.[68] '황당선' 감시역이 얼마나 苦役이었으면 벼슬길을 터주자고까지 하였을까 알고도 남음이 있다.

---

67) 『숙종실록』 43년 11월 22일(임신).
68) 『숙종실록』 43년 8월 1일(임오).

그러나 해서지역은 용이하게 서울로 진입할 수 있는 지역인 까닭에 '唐人'으로부터 수도를 방어하기 위한 대책도 제안되고 있다. 1738년 우의정 송인명은, 조선의 海防은 삼남지방에 설치해 놓고 있으나 西海는 王都에 가장 근접해 있는 데에도 오히려 허술하기 짝이 없어, 마침내 '황당선'이 작금에 염려스러운 바가 있으니 兩南지방 各鎭의 戰船이 있는 곳에서 2척씩을 한도로 海西의 水營에 移屬시켜 要害地가 되는 陣에 배치하도록 하자, 고 상신하고 있다.69) 바야흐로 '황당선'은 서울을 위협하는 존재로까지 비쳐지고 있었음을 알 수 있다.

7. 맺음말

해금정책은 海防이나 화이질서의 확립을 추구한 정치·국방 중시책으로, 强權으로 새 질서를 세우려는 왕조의 건국기에는 일정한 의의가 있다고 하겠다. 元末明初의 중국 연해안은 華夷가 혼재해 있는 가운데 明朝 지배가 철저하지 않은 혼란상태에 있었으나, 해금은 연해안에 새 질서를 구축하는데 일정한 도움이 되었고, 민간무역이 정지된 이후엔 조공무역을 보완한 책봉체제의 구축이나 국내경제 시스템의 보강에 공헌했다.70) 淸代 초기에도 해금은 정성공 정권의 약체화에 일정한 공헌을 하고 있다. 그러나 해금은 연해안 지방의 경제발전을 가로막고 또한 稅收를 억제하는, 경제·稅收에 상반되는 정책이었다. 그 때문에 새 질서가 안정기에 들어가자 해금은 반발을 초래하여 사회적 불안정화의 요인이 되었다. 해금을 國是로 한 明朝에 있어서도 최종적으로는 국가재정의 궁핍이나 후기왜구란 형태의 사회적 압력에 굴복하여, 해금을 완화시키지 않

---

69) 『영조실록』 14년 6월 20일(신축).
70) 佐久間重男, 앞의 책, 88쪽.

을 수 없었다.

중국사학회에서는 중국이 서양에 뒤처진 원인이 해금에 있다고 생각하고 있다. 즉 16세기까지의 중국경제 발전은 서양에 대해서 커다란 격차가 없었지만, 국가 간·지역 간의 상호자극을 통해 사회나 경제발전을 촉진시키는 무역이 해금에 의해 억제되자 중국의 성장활력은 감소되어 서양에 뒤떨어지게 되었다고 한다.[71]

그런데 조공무역이 허락된 국가나 정권에 있어서 해금은 독점적인 무역을 약속하고 정치면·재정면에서 은혜를 부여받는 것이었다. 이 은혜를 가장 향유한 국가는 유구왕조였다. 민간무역을 금지한 明朝도 유황이나 蘇木 등 自國에 부족한 물산의 수입이 필요시 되었고 또한 연해안 인민의 바다로 나아가려는 욕구를 달래기 위해서도 무역은 거를 수가 없었다. 그 때문에 명조는 조공국의 入朝를 기다릴 뿐만 아니라, 유구왕조를 특히 우대해주어 중국과 아시아 나라들과의 중계무역을 위임했다. 일반적으로 조공국의 貢期는 3년이나 5년이었지만, 유구왕조는 1년1貢이란 파격적으로 유리한 入朝를 허용하였다. 또한 무역·외교에 종사하는 중국인 閩人36姓이나 대형선박을 하사받아, 明朝의 후원을 배경으로 일본이나 동남아시아 나라들과 활발하게 무역을 행하였다.[72] 그러나 해금의 이완과 함께 그 무역은 쇠퇴하고, 1609년 유구침략에 의해 사츠마의 지배하에 놓이게 된다.

明朝의 해금정책은 영락제 이후 이완되고 조공정책 또한 소극화 되어간다. 그런 점에서 對日 책봉·조공관계도 그와 똑같이 변화해 가는 양상을 보이고 있다. 즉 영락제와 아시카가 요시미츠와의 돈독한 책봉관계는 선덕제 이후 쇠퇴하여 책봉사 파견을 통한 실질적인 책봉관계는 생략된다. 조공관계 또한 중앙정권인 무로마치 막부가 아닌 호족 세력 오우치

---

71) 熊遠報, 앞의 논문, 89쪽.
72) 上田信, 앞의 논문, 160~164쪽.

씨 등에게 장악되어 그 정치적 측면이 퇴색되어간다.
 明·淸代 해금정책의 이완은 조선 서해연안에 중국인이 출몰하여 소란을 일으키는 결과를 가져왔다. 이들 '荒唐船'을 타고 온 중국인들은 麗末鮮初의 왜구처럼 수백 척의 선단으로 수백 명이 떼를 지어 출몰하여 고기잡이를 벌이고 약탈을 자행하고, 나포하려는 조선 관리를 구타하고 칼로 찌르고 도망가곤 하였다. 그러나 조선은 나포와 북경 압송이라는 적극책보다 총포로 위협하여 쫓아버리는 소극책으로 일관하게 된다. 나포 당하지 않으려고 저항하는 이들 '上國人'을 제압하다 다치게 하거나, 압송 과정에서 도망가거나 病死하는 사고라도 발생하면 淸朝의 추궁을 받을 것이기 때문이다. 게다가 강경책으로 나포하고 압송한다 해도 그들을 압송하는데 제공해야 할 人力과 牛馬 및 식량을 도저히 감당하기 힘들었을 것이다. 그들은 수백 척의 선단으로 수백 명씩 떼를 지어 출몰했기 때문이다.

참고문헌

1. 단행본

민덕기,『조선시대 일본의 대외 교섭』, 경인문화사, 2010.
최소자,『淸과 조선』, 혜안, 2005.
한지선,『明代 해금정책 연구』, 전남대학교 박사학위논문, 2009.
宮泰彦,『日華文化交流史』, 富山房, 1965.
佐久間重男,『日明關係史の硏究』, 吉川弘文館, 1992.
堀川哲男編,『アジアの歷史と文化 5 - 中國史 近·現代』, 朋舍出版, 1995.
並木賴壽·井上裕正,『世界の歷史19 中華帝國の危機』, 中央公論社, 1997.
上田信,『海と帝國 明淸時代』, 講談社〈中國の歷史 09〉, 2005.
羽田正,『興亡の世界史 15 東インド會社とアジアの海』, 講談社, 2007.
桃木至朗編,『海域アジア史硏究入門』, 岩波書店, 2008.

2. 논문

민덕기,「중·근세 동아시아의 해금정책과 경계인식 - 동양 삼국의 해금정책을 중심으로 - 」,『한일관계사연구』39. 2011.
서인범,「압록강 하구 연안 도서를 둘러싼 조·명 영토분쟁」,『명청사연구』26, 2006.
_____,「조선시대 서해 북단 해역의 경계와 島嶼 문제 - 海浪島와 薪島를 중심으로 - 」,『명청사연구』36, 2011.
유재춘,「중·근세 韓·中間 국경완충지대의 형성과 경계인식」,『한일관계사연구』39, 2011.
한문종,「조선의 남방지역과 일본에 대한 경계인식」,『한일관계사연구』39, 2011.
柏原昌三,「日明勘合貿易に於ける細川·大內二氏の抗爭(1)」,『史學雜誌』25-9, 1914.

劉序楓,「十七,八世紀の中國と東アジア」,『地域システム』, 溝口雄三·濱下武志·平石直昭·宮嶋博史編, 東京大學出版會,〈アジアから考える [2]〉, 1993.
蔡志祥,「華南地域社會論」,『周緣からの歷史』, 1994.
岡本隆司,「市舶司から海關へ」,『近代中國と海關』, 名古屋大學出版會, 1999.
濱島敦俊,「商業化─明代後期の社會と經濟」,『中國史4』, 1999.
山根幸夫,「明朝の榮光と暗雲」,『中國史 4』, 1999.
細谷良夫,「中國支配政權の成立」,『中國史4』, 1999.
山本進,「清代福建の商品生產と台湾米流通」,『清代の市場構造と經濟政策』, 名古屋大學出版會, 2002.
檀上寬,「明代海禁概念の成立とその背景」,『東洋史研究』 63-3, 東洋史研究會, 2004.
檀上寬,「明代'海禁'の實像」,『港町と海域世界』 歷史學硏究會編, 靑木書店〈港町の世界史〉, 2005.
川口洋平·村尾進,「港市社會論-長崎と廣州」 桃木至朗編,『海域アジア史硏究入門』, 岩波書店, 2008.
廖敏淑,「清代の通商秩序と互市-清初から兩次アヘン戰爭へ」, 籠谷直人·脇村孝平編,『帝國とアジア·ネットワーク 長期の19世紀』, 世界思想社, 2009.

조·중 간의 경계분쟁과 고지도

엄 찬 호[*]

1. 머리말

　조·중 간의 국경문제는 이미 고대로부터 시작되어 왔다. 두 나라 사이의 구체적 국경문제를 두고 다투지는 않았지만, 역사이래로 국경을 마주하고 있었기 때문에 여러 차례에 걸친 침략이 있어왔고, 그로인해 국경의 변화도 시대별로 변해 왔다. 물론 국경의 문제는 근대이후에 등장하지만 양국의 경계에 대한 문제는 양국이 존재하는 한 계속되는 문제일 것이다.

　조·중 간에 구체적 경계문제가 대두되는 것은 조선시대 들어서이다. 중국에서는 원·명이 교체되고 우리나라는 고려에서 조선으로 왕조가 교체되면서 동아시아 전체적인 국가체제의 재편에 따라 국경의 문제도 중한 사안으로 대두되었다. 더구나 조선과 명나라 사이에는 여진족이 자리하고 있어 새로운 외교체제인 사대교린체제 속에서 국가와 민족 간에 경계가 서서히 형성되기 시작하였다.

　그러나 조·중 간에는 초기부터 국경선이 성립하지는 않았고, 일정한 완충지대로서의 경계지대가 형성되어 무인지대로 유지하였으나 차츰 월

---

* 강원대학교 인문과학연구소 HK연구교수.

경인이 늘어나면서 국경선의 필요성이 대두되어 백두산정계비를 세워 국경을 획정하고자 하였다. 하지만 양국 간 지명의 인식문제나 경계선 획정의 착오로 인하여 완전한 국경선을 형성하지 못하고 열강의 침략하에 놓이게 되었다.

이와 같이 조·중 간의 국경문제는 국경이 획정되는 전근대에서 근대로의 이행기에 조선이 일제의 침략을 받아 일제의 강점하에 놓이게 됨에 따라 양국 간에 확실한 국경이 정해지지 못한 채 현재까지 이어져 오고 있다고 할 수 있다. 물론 현재 중국과 국경을 마주하고 있는 곳은 북한이어서 남한과의 국경문제는 있을 수 없지만, 통일 이후에는 반드시 제고되어야 할 문제인 것이다. 현재 중국이 진행하고 있는 동북공정의 문제도 결국은 앞으로 있을 국경문제에 있어 우위를 점하기 위한 것이 중요한 이유로 알려져 있다.

이에 따라 현재 조·중 간에 국경문제가 논의되고 있지는 않지만, 간도문제를 비롯한 백두산, 녹둔도 등 앞으로 제기될지도 모를 국경문제를 놓고 역사적·법적·문화지리적으로 다양한 연구가 진행되어 왔다.

이 글에서는 기왕의 연구성과를 바탕으로 몇 가지 논의를 전개해 보고자 한다. 우선은 국경선의 형성과정에 대한 부분으로 경계지대에서 경계선으로 변화과정을 살펴보고자 한다. 다음은 백두산정계비를 중심으로 한 경계선이 획정되는 과정에서의 분쟁을 규명하여 정계비가 안고 있는 근본적인 문제를 정리하고 이어 완성되지 못한 근대 국경회담의 전개과정과 한계점을 정리해보고자 한다.

2. 조·중 간 경계지대의 형성

조·중 간에 경계의 문제가 대두된 것은 이미 고대 삼국시기부터로 「三國史記」에는 "고구려 使臣이 封域圖를 당나라에 바쳤다."[1]라는 기록이 나온다. 이 기사에 보이는 바와 같이 고구려에서 당나라와의 경계를 표시한 지도를 만들었음을 알 수 있고, 이 지도를 당나라에 바침으로서 양국의 경계를 획정하였다.

그 후 통일신라와 발해를 거쳐 고려시대로 이어지면서 중국과의 경계 획정 문제는 지속적으로 야기되었고, 특히 고려시대 여진문제가 대두되면서 윤관이 9성을 개척하기에 이르렀다.

> 오래 女眞이 점령하고 있던 곳으로 睿宗 2년에 元帥 尹瓘 등에게 명하여 군사를 거느리고 가서 쫓고 3년에 州를 두어 大都督府로 삼고 鎭東軍이라 하였으며 큰 城을 쌓고 南界의 丁戶 1,948명을 옮겨 살게 하였다가 4년에 城을 철거하고 그 땅을 女眞에게 돌려주었다.2)

이곳은 咸·英·雄·福·吉·宜 6州와 公·通泰·平戎의 3鎭으로, 당시 윤관은 公嶮鎭에 성을 쌓고 先春嶺 위에 고려의 영토임을 표시하는 '高麗之境'이라 쓴 석비를 세웠다고 한다.3) 비록 1109년(예종 4) 여진에 다시 돌려주었지만 이후 조선의 북방 영토에 대한 오랜 동경의 대상이 되었다.

한편 중원의 새로운 패권자로 등장한 명은 요동지역으로 세력을 확대하면서 압록강과 두만강 북쪽 대안에 三萬衛와 鐵嶺衛를 설치하여 이 지역을 요동에 통합시키고자 하였다. 그러나 이 시기는 북원의 나하추와 명군이 요동의 쟁패를 놓고 격전을 벌이고 있었기 때문에 명은 압록강과 두만강 북쪽지역까지 경영할 여력이 없어 세력 확대는 결국 실패하였고,4) 이후 여진의 침입이 격화되자 명은 방어적 정책을 펴면서 요동에

---

1) 『三國史記』 高句麗 榮留王 11年(628) 9月條.
2) 『高麗史』 지 12, 지리, 동계, 咸州大都督府.
3) 『新增東國輿地勝覽』 제48권, 咸鏡道.
4) 남의현, 「원·명교체기 한반도 북방경계인식의 변화와 성격」, 『한일관계사연구』 39, 2011, 63쪽.

'遼東邊墻'을 축조하여 경계선을 구축하였다.5)

이 시기에 우리나라는 고려에서 조선으로 왕조가 교체되었고, 이와 같은 명의 철령위 설치기도 문제에 대하여 조선 태종은 예문관 제학 金瞻을 計稟使로 명에 보내어 공험진 이남 지역에 대한 조선의 통치권을 요구하였다. 그러자 여진족의 홍기로 두만강 북쪽 대안지역에 대한 직접통치에 실패한 명은 조선의 통치권을 허락함으로써 공험진 이남이 조선의 영영으로 인정받게 되었다.6) 그러나 이 지역에는 새롭게 성장한 여진족이 자리하고 있어 완전히 조선의 영역으로 확정되지 않았고, 조선인과 여진인이 공존하는 일정한 지대가 형성되기에 이르렀다.

곧 명이 요동변장을 경계로 설정함으로써 조선과의 사이에는 압록강과 두만강을 경계로 하여 일정한 경계지대가 형성되게 되었던 것이다. 물론 이 지역에는 여진족이 다수 거주하고 있었지만, 이들은 때에 따라 명과 조선에 신속하여 있었기 때문에 여진족 고유의 영토로서 확정되지는 못하였고 청이 성립하여 조선에 경계문제를 제기하기까지 조·중 간에 중간지대로 남게 되었다.

조선초 1402년(태종 2)에 제작된 〈混一疆理歷代國都之圖〉7)에도 보이는 바와 같이 압록강과 두만강 북쪽으로 중국 쪽 요새처가 표시되어 있어 조선과의 경계를 이루고 있는 것을 알 수 있으나 아직 경계가 분명하지 않아 요동반도 동쪽 곧 압록강과 두만강 건너 명과의 경계지역이 어느 나라에 귀속되어 있는지 알 수는 없다.8)

이러한 관계로 세종 때에는 호조에서 '義州·昌成·碧潼·理山·江界·

---

5) 유재춘·남의현·한성주,『근세 동아시아와 요동』, 강원대학교출판부, 2011, 417쪽.
6) 『太宗實錄』태종 4년 5월 19일; 10월 1일.
7) 일본 류코쿠대학 소장본으로 지도에 담긴 내용으로 볼 때 1470년대에 제작된 사본으로 추정된다.(개리 레드야드지음, 장상훈 옮김,『한국 고지도의 역사』, 소나무, 2011, 44~45쪽.)
8) 엄찬호,「고지도를 통해 본 한·중·일 경계인식의 변화」,『한일관계사연구』39, 2011, 8쪽.

〈지도 1〉 混一疆理歷代國都之圖 조·중 경계부분

朔州 등지에 사는 백성들이 강을 건너가서 전지를 경작하는 일의 온당한가 아니한가와, 건너가서 경작한 전지에 조세를 받을 것인가 아닌가'를 정부와 제조에 의논한 일이 있었는데, 혹은 가하다고 하고 혹은 불가하다고 하자 세종이 말하기를,

> 위의 여러 고을에 사는 백성들이 越耕을 금지하므로 인하여 생계가 어렵게 되었으니, 10리를 限界로 하여 건너가 경작하는 것을 금지하지 말며, 그에 대한 조세는 보통 경우의 반액을 받게 하라.9)

고 하였다. 곧 조선은 명과의 경계문제에서 압록강을 북서쪽의 경계로 인식하고 있었으므로 건너지 못하게 하였지만, 그렇다고 명의 영토나 여진의 영토로 생각하지는 않았던 것이다. 그렇기 때문에 경작지를 10리로 제한을 두어 압록강을 건너가 경작하는 것을 허락하였고, 그 땅의 소출에 대해서는 조세를 걷기로 하였던 것이다.

조선전기 까지는 이와 같이 조·중간의 경계가 명확하게 획정되어 있

---

9) 『世宗實錄』 세종 14년 1월 4일.

〈지도 2〉 팔도총도

지 않았고, 지리적인 인식 또한 낮은 편이었다. 〈지도 2〉 東國輿地勝覽의 八道總圖에서 보면 북쪽 끝을 백두산을 중심으로 압록강과 두만강 지역까지로 표시하였고, 압록강과 두만강은 동서로 수평하게 그려져 있으며, 함경도가 평안도에 비해 보다 아래쪽으로 그려져 있어 전체적인 지리인식이 낮았으며, 특히 압록강에 비해 두만강 부근의 인지도가 낮았던 것으로 생각된다.

또한 전근대 중국의 영토개념은 황제의 은덕이 미치는 모든 영역은 중국의 영토라고 생각했었으며, 곧 그들은 사람이 산다고 인지되는 곳은 모두가 중국영토이고 세계의 모든 사람은 중국황제의 자식이라고 하는 천하관을 갖고 있었다.[10] 따라서 명나라시기까지 조·중 간에는 사대자

---

10) 노계현, 『조선의 영토』, 한국방송대학교출판부, 1997, 6쪽.

소의 관계로 서로 간에 예의를 지키며 지내왔기 때문에 경계의 문제도 크게 문제시되지 않았다.

이후 조선후기 들어 동북만주일대에서 세력을 키운 여진족은 임진왜란 후 조선과 명의 국력이 약화된 틈을 이용하여 1616년(광해군 8) 후금을 세우고 정묘호란을 일으켜 조선을 침략하였다. 그런데 후금군은 평산까지 남하하다가 돌연 후방을 공격당할 위험이 있다는 점과, 명을 정벌할 군사를 조선에 오랫동안 묶어둘 수 없다는 점을 들어 강화를 요청하여 왔다. 이에 조선도 화의를 받아들여 진창군 姜絪을 사신으로 파견하여 조선의 입장을 다음과 같이 후금에 전하였다.

> 지금 우리가 귀국과 화친하는 것은 이웃 나라와 교제하는 것이요 황조를 섬기는 것은 대국을 섬기는 것이니, 이 두 가지는 아울러 시행되면서 서로 어긋나지 않아야 하는 것입니다. 마땅히 각각 봉강(封疆)을 지켜 두 나라가 도리를 다하여 서로 편안하고 서로 즐거워하면서 대대로 끊이지 않도록 해야 합니다.[11]

그리고 원창군 玖를 인질로 보내면서 보낸 국서에서는 후금군의 군사를 철수하여 우리의 경내에 머무르지 말 것을 요구하며 "지금 이후부터는 두 나라 병마가 다시는 압록강에서 한 걸음의 땅도 넘지 않으면서 각각 봉강을 지키고 각각 금약을 준수하여 백성들을 편안히 하고 전쟁을 종식시킬 것"을 요구하였다.[12] 이어서 인조는 후금의 장군 劉海가 화친을 맹세하는 글을 요구하자 "조선국이 금나라와 이미 화친하는 일을 강구하며 완결하였으니, 지금부터는 두 나라가 각각 국경을 지켜 원수를 맺지 말고 영세토록 서로 좋게 지내자"고 맹세하고 劉海에게 보내는 글

---

11) 『인조실록』 인조 5년 2월 5일.
12) 『인조실록』 인조 5년 2월 15일.

에서 군대철수문제·포로문제·사신왕래문제 등에 관한 사항을 열거한 다음 "각각 영역을 지키며 영원히 서로 침략하지 말 것"을 다짐하였다.13)

이상과 같이 양국은 호란 이후 강화를 체결하는 과정에서 각각 영토를 지켜야 한다는 것을 수차례 강조하였는데 이에서 조선 서북쪽의 경계를 압록강으로 하고 있음을 알 수 있다. 그러나 동북면 즉 두만강 방면의 경계는 구체적으로 언급하지 않아 확실한 경계 획정 없이 관례에 따랐던 것으로 생각된다.

그러므로 여진족에 의해 淸이 성립한 이후에도 초기에는 조선과의 경계지역에 대해서 여전히 명의 경계인식을 바탕으로 하고 있었다. 1638년(인조 16)에 청 태종은 檻盤(압록강 하류)에서 鳳凰城과 靉陽邊門(현 환인)을 거쳐 城廠門과 旺淸邊門에 이르는 일선에 경계공사를 하였는데, 청 호부는 이 공사에 관한 기록에서 "새로운 경계는 옛 경계에 비하여 50리를 더 전개하였다."고 하여 명의 요동변장을 일부 확대하였음을 알 수 있다.14) 이 변장은 새로 수축하며 버드나무를 사용하여 柳條邊이라고 불리었고, 盛京邊墻 혹은 老邊이라고도 하였다. 이는 명대의 요동변장을 바탕으로 세워진 것으로, 순치 초년에 수축하기 시작하여 1661년(순치 18)에 완성되었다. 다음 지도에 보이는 바와 같이 柳條邊은 산해관을 서쪽 끝으로 하여 盛京 북쪽의 開元을 돌아 성경 동남쪽의 興京을 감싸고 남서쪽으로 이어져 鳳凰城 남쪽의 압록강 하구 옆 서해 바다까지 총길이가 1900여리에 달하는 변장으로 모두 17개의 邊門이 세워졌다. 한편 1670년(강희 9)부터 1681년(강희 20)에 걸쳐 길림지역에도 유조변이 건설되었는데, 길림지역의 유조변은 新邊이라 하였으며, 서쪽 끝이 開元의 威遠堡에 접했다.15)

이와 같이 청은 유조변을 설치하고 변책 밖의 100여 리 땅을 버려두

---

13) 『인조실록』 인조 5년 2월 24일.
14) 稻葉岩吉, 『增訂滿洲發達史』, 日本評論社, 1935, 319쪽.
15) 金宣旼, 「雍正帝의 盛京지역 통치」, 『明淸史硏究』 34, 2010, 149~150쪽.

〈지도 3〉 柳條邊(盛京全省山川道里四至總圖, 中國古代地圖集-淸代)

고 피차 서로 접하지 못하게 함으로써16) 조선의 군진이 설치되어 있는 압록강변과 유조변 사이는 일정한 경계지대로 남아있게 되어 근대의 국경선이 성립되기 이전까지는 양국의 통치권에서 벗어나 있는 지대이었으며 일종의 무주지였던 것이다. 그러한 연유로 조선과 중국 양국은 자국민의 범월을 허락하지는 않았지만, 변방의 백성들은 채삼에 의해서 막대한 경제적 이득을 취할 수가 있었기 때문에 효과적인 통제가 이루어지지 않았다.

그러자 1635년(인조 13)에는 渭原에 속한 楸仇非·碧團 두 堡의 사람들이 강을 건너가 삼을 캐다가 36인이 붙잡혔는데, 金人이 여러 번 글을 보내 이를 문책함에 따라 군수 許詳, 첨사 李顯基, 만호 金進 등을 모두 사형에 처하여 후일의 징계로 삼기도 하였다.17)

그러나 1662년(현종 3) 의주 부윤 李時術이 勿禁帖을 작성해 준 일로 청의 항의가 있어 조사하는 과정에서는 영상 鄭太和가 아뢰기를, "이

---

16) 『영조실록』 영조 7년 6월 20일.
17) 『인조실록』 인조 13년 11월 20일.

시술 및 越境한 사람들에게 무슨 죄를 적용해야 하겠습니까?"하자, 좌상 元斗杓가 아뢰기를, "예전부터 이런 일들은 우리 쪽에서 단정을 짓지 못하고 으레 저들 나라에 물었습니다."라고 하였다. 이에 대해 상이 이르기를, "시술이 勿禁帖을 작성해 준 죄는 본디 중하다. 그러나 우리 지역 안으로 한계를 설정했다면 사형을 면하게 해 주는 것이 옳다."라고 하여 처벌에 관한 명확한 규정이 없었고, 경계도 불분명하였기 때문에 죄를 정하기도 어려웠던 것이다.[18]

이어진 이시술의 査問에서 의주부의 백성들이 몰래 청에 들어가 벌목을 한 이유에 대해 묻자 이시술은 다음과 같이 답하였다.

> 보통 때 防禁을 무척 엄히 하여, 鴨江 변에 여덟 곳이나 禁所를 두었습니다. 그런데 江中의 3개 島嶼는 곧 우리나라의 地界로서 예로부터 백성들이 개간하여 경작한 곳이 많이 있습니다. 그런데도 보통 때 늘 단속하면서 일을 내지 말도록 하였는데, 이번에 어리석은 백성들이 함부로 大禁을 범하였습니다.[19]

곧 청과의 경계에서 조선은 압록강을 경계로 하여 금소를 두고 백성들의 범월을 금지하고 있으나 압록강중의 섬은 조선의 영역이므로 건너가 농사짓는 것을 허락하고 있었는데, 일부 백성들이 압록강을 건너가 문제가 발생하였던 것이다. 이에 대하여 상이 이르기를, "이 뒤로 把守하는 일은 어떻게 의논해 정해야 하겠는가?"라고 하자, 정태화가 "압록강을 한계로 해야 마땅하다"고 하였으나, 현종은 '강을 한계로 삼을 경우 우리 땅이 저네들에게 들어가니 어찌 아깝지 않겠는가"라고 하여 압록강 북쪽 대안에 대하여 우리영토라고 하는 인식을 하고 있었음을 나타내고

---

18) 『현종실록』 현종 3년 5월 15일.
19) 『현종실록』 현종 3년 5월 16일.

있다.[20]

마침내 1672년(현종 13)에는 범월에 대한 처벌 규칙을 정하여 西北邊에서 법을 어기고 국경을 넘어간 자를 따라간 무리들에 대해서는 本營에 잡아다 놓고 엄한 형벌을 세 차례 시행하고, 재범의 경우는 엄한 형벌을 다섯 차례 시행한 다음 본진에다 두고, 三犯의 경우는 효시하게 하는 것을 일정한 규식으로 삼도록 하였다.[21] 그러나 이때에 두만강 북쪽 대안 곧 동북변에 대한 규칙은 따로 마련되지 않았다. 이는 월경자들에 대한 처벌이 주로 청의 요구에 의해 이루어지는데, 동북 만주지역은 조선 사람들이 월경하기 보다는 청인들의 월경에 의해 문제가 일어나는 경우가 많았기 때문으로 보인다.[22]

한편 청나라는 성립 초기 동북만주지역에 대한 적극적인 개척정책을 시행하여 1644년 「開墾荒地條例」를 반포했고, 1653년 「遼東草民開墾投官例」, 1656년 「遼東草民開墾條例」를 제정하여 중국인들의 만주이주를 적극적으로 권장 했다. 그러나 이는 민족 간의 갈등을 심화시켜 분쟁이 끊이지 않자 청은 1668년 만주 개척을 전면적으로 폐지하고 봉금정책을 실시했다. 이러한 봉금정책은 대내적으로는 중국인의 유입을 금지하고 대외적으로는 조선인들의 범월을 단속하는데 초점을 두고 있었으며, 또한 조선인과 청국인간의 범월로 인한 분쟁을 막기 위한 조치이기도 하였다.

조선에서도 범월문제로 인하여 지속적으로 청과의 사이에 문제가 발생하자 1686년(숙종 12) 備邊司에서 節目을 의정하여, 변방 백성들이 국경을 넘어서 蔘을 캐는 것을 금지하였다.[23] 따라서 청국과 조선은 양국

---

20) 『현종실록』 현종 3년 5월 17일.
21) 『현종실록』 현종 13년 1월 25일.
22) 1714년(숙종 40)에는 理山의 江邊에 淸人이 무단히 넘어와 把守軍을 잡아갔는데, 군수 申命式이 이를 숨긴 채 보고하지 않아 처벌당하는 일이 있었다(『숙종실록』 숙종 40년 9월 16일).
23) 『숙종실록』 숙종 12년 1월 8일.

모두 봉금지대를 설정하고 봉금지대에 들어가는 것을 강력히 단속하였다. 이것은 우리나라에서 일찍부터 백두산을 祖山으로 인식하여 신성시 여기고 있었고, 청나라 또한 백두산을 장백산이라 부르며 그들 건국의 발상지로 여겨 성역화했기 때문이기도 하였다.

이러한 양국의 강력한 범월 단속에도 불구하고 양 국민들이 서로의 국경을 침범하는 사례가 빈번히 일어나면서 17세기 후반부터는 조선과 청의 국경문제가 주요 외교 현안으로 떠오르게 되었다. 청은 조·청간의 국경에 깊은 관심을 두고 1679년(숙종 5) 사신을 파견하여 백두산을 측량하고 돌아갔는데, 이때 차사원들이 가지고 온 지도가 매우 상세하여 북병사 柳斐然은 그 지도에 대하여 다음과 같이 보고하였다.

> 이른바 지도에 대해서 차사원에게 다시 물어보자 富寧府使 崔良弼이 답하기를 '圖帖은 곧 우리나라의 한 폭의 壯紙로서, 대개 평안도 청천강 북쪽 여러 고을과 北關의 行營과 六鎭, 그리고 三水·甲山에서 永興府 경계 끝까지의 모든 고을과 산천이 완연히 그려져 있고, 저쪽의 五國城·女眞·걸加退·門巖 등지도 또한 그 속에 그려져 있다.24)

지도의 매우 상세함에 놀란 조선에서는 '우리나라 산천의 험준한 곳과 평탄한 곳이 하나도 잘못된 곳이 없으니 이는 반드시 가르쳐 준 사람이 있을 것'이라며 지도를 본떠서 왕에게 보이고 비변사에 보관하게 하였다.25) 1692년 청나라에서는 다시 사신을 보내 국경선 조사를 요구했으나 조선 측의 강력한 반발로 성사되지는 못하였다.

이처럼 청나라가 조선과의 국경선에 대해 비상한 관심을 보이자, 1697년(숙종 23) 숙종은 국방에 해박하였던 남구만 등에게 대책을 세울

---

24) 『숙종실록』 숙종 5년 12월 12일.
25) 『숙종실록』 숙종 5년 12월 13일.

것을 지시하였고, 남구만은 청나라의 백두산 관심에 대한 대비책을 세울 것과 두만강 이북은 목조, 익조 등 태조 이성계의 선조들의 활동 지역이었다는 점을 주지시키고, 이곳을 확실히 확보하는 방안 등을 추진하였다.[26]

또한 청과의 위기의식 속에서 조선은 청나라의 탄생지인 만주지역에 대한 지리정보를 입수하고자 노력했다. 이러한 분위기 속에서 청나라 사신으로 간 李頤命은 燕京에서 明나라 말년에 편찬한 『籌勝必覽』 4책을 구입하였는데, 거기에는 遼東과 薊州의 關防에 대한 사항이 상세히 기록되어 있었다. 또 山東의 海防地圖도 얻었으나, 그것은 금지 품목이라서 매입 할 수가 없어 일행 중의 畵師로 하여금 종이에다 옮겨 그려 가지고 왔다. 우리나라는 육지로는 遼東·薊州와 연결되고 바다로는 山東과 인접해 있으니, 關防의 地勢를 마땅히 살펴야 한다고 판단한 이이명은 이 지도를 국왕에게 올리고 갑자기 바빠 그리느라 정밀하고 바르지 못하므로, 備局에 명하여 베껴서 다른 本을 만들어 다시 올리겠다고 하였다.[27] 귀국 후 마침내 備局에서 模寫해 병풍으로 '遼薊關防圖'를 완성한 이이명은 요계관방도의 제작 경위에 대하여 다음과 같이 차자를 올렸다.

> 遼薊關防圖는 신이 연경에 사신으로 나갔을 때에 사서 가져온 것인데, 명나라의 職方郞 仙克謹이 제작한 「籌勝便覽」과 이미 옮겨 써서 올리라는 명을 받들고, 또 淸人이 편찬한 盛京志에 기재되어 있는 烏喇地方圖 및 우리나라의 지난날 항해로 조공을 바치던 길과, 서북의 강과 바닷가 경계를 취하여 합쳐 하나의 지도를 이루었습니다.[28]

다음 〈지도 4〉는 이이명의 요계관방도의 사본으로 광여도에 포함되어

---

26) 『숙종실록』 숙종 23년 5월 18일.
27) 『숙종실록』 숙종 31년 4월 10일.
28) 『숙종실록』 숙종 32년 1월 12일.

〈지도 4〉 遼薊關防圖 의주 부분

있는 20폭의 요계관방지도이다. 요계관방도는 동북지역에 대한 조선의 지리 파악이 한 단계 성숙되어 가고 있음을 보여준다. 두만강의 남류 사실이 좀 더 분명하게 묘사되어 있고, 선춘령에 대한 인식과 국경지대에 대한 물줄기 표현이 새로운 양상을 띠고 있는 것 등이 그것이다. 백두산의 주기부분에 남쪽으로는 鴨綠江이 흐르고 동쪽으로는 土門江이 흐르고, 북쪽으로는 混同江이 흐른다고 하여 조선과 청과의 국경이 동쪽으로는 토문강, 서쪽으로는 압록강으로 정해지고 있음을 보여주고 있다. 한편으로는 두만강 북쪽 온성부로부터 멀지 않은 곳에 先春嶺(高麗境)을 표시하여 고려시대 윤관이 영토를 개척하여 우리 영토가 되었던 지역에 대한 인식을 남겨두고 있다.

또 압록강을 경계로 하여서는 남쪽으로 義州·朔州·碧洞·理山·渭原 등의 조선 지역을 표시하고 북쪽으로는 신변 남쪽으로 압록강과의 사이에 葉赫站·黑兒蘇站·阿爾貪額門站·把單站·刷烟站 등을 표시하여 이전까지 유조변에서 압록강 사이의 경계지대를 청이 차지함으로써 압록강으로 조·청간의 국경선이 만들어지고 있음을 보여준다. 이와 같이 조선 후기 들어 국경에 대한 인식이 바뀌어 가면서 완충지대로서의 경계지대가 없어지고 국경선으로서의 경계선을 형성하고자 백두산정계비를 건립하였던 것이다.

3. 국경의 형성과 고지도

봉금지역 상태가 지속되는 과정에서 중국은 유럽의 영향을 받아 국경지대를 국경선으로 대체하려는 의식이 생겨났다. 그 과정에서 서양의 선교사를 동원하여 한중 국경지대를 측량하고 지도를 제작하기도 하였다. 강희제는 1709년 예수회 선교사들로 하여금 만주와 조선의 국경을 그리게 하였고, 1710년 아무르 지역의 지도를 제작하게 하였다. 많은 어려움이 있었지만 예수회 선교사들은 1716년쯤 청 제국 전체와 티베트, 조선의 지도를 제작하였다. 이 지도가 「皇輿全覽圖」로 1717년과 1719년에는 중국어판으로 나왔고, 1921년에는 개정증보판이 당빌(d'Anville)에 의하여 제작되었다. 또 프랑스인 듀 알드(Du Halde)에 의해 프랑스에 소개되기도 하였다.29)

이때 제작되어진 조선지도에 보면 두만강 외에 녹둔도를 포괄하여 黑山嶺 산맥에서 寶它山에 이르기까지와, 압록강 상류로 들어가는 頭道溝에서 十二道溝에 이르는 모든 하천과 송화강 西大源의 모든 하천의 분수령인 장백산과 그 지맥에서 混江 본류의 약간 서쪽을 거쳐 大小鼓河의 수원에서 압록강과 봉황성 중간에 이르는 선상에 점선을 긋고, 그 주기에 '봉황성 동쪽에 조선국 서쪽의 국경이 있다. 그런데 만주족은 明을 공격하기에 앞서 조선과 싸워서 이를 정복했으나 그때 장책과 조선과 국경 사이에 무인지대를 두기로 의정했다. 이 국경은 지도상에서 점선으로 나타낸 그것이다'라고 기재되어 있다.30)

이와 같이 청의 영역 전체에 대한 정밀 측량과 지도작성을 진행한 청국은 1710년에 威遠의 백성 이만건·이만성·이만지·이지군·이선의·이준

---
29) 개리 레드야드 지음, 장상훈 옮김, 『한국 고지도의 역사』, 소나무, 2011, 213~214쪽.
30) 篠田治策, 辛永吉譯, 『간도는 조선땅이다-백두산정계비와 국경』, 知訣堂, 2005, 43쪽.

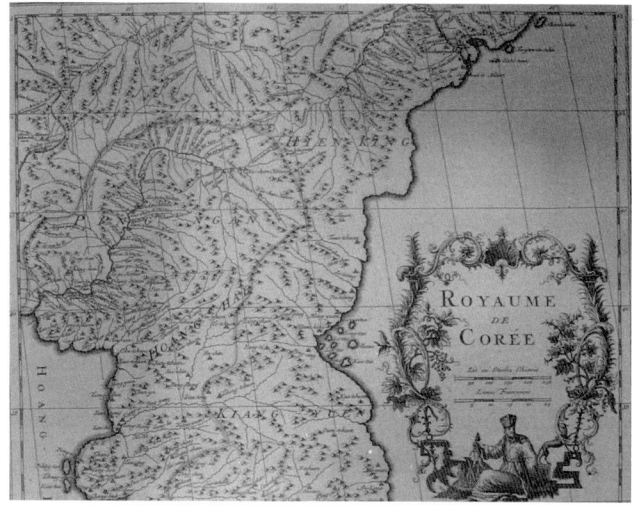

〈지도 5〉 조선 왕국(ROYAME DE COREE) 일부분

건·이준원·송홍준·윤만신 등 8명이 삼을 캐기 위해 밤을 틈타 경계를 넘어 청국인 5명을 살해하는 사건이 발생하자,[31] 양국 변민 간에 충돌사건이 빈번히 발생하는 것은 궁극적으로 양국 간의 국경이 명확하지 않은 데 원인이 있다고 하여 1712년 穆克登을 파견하여 조선과 국경을 결정하도록 하였다. 강희제는 1711년 다음과 같은 지시를 내려 조·청 간 국경문제에 대한 청의 입장을 표명하였다.

> 황제께서 大學士 등에게 말씀하시기를 '… 混同江은 장백산 뒤에서 나와 船廠의 打牲烏喇를 지나 동북쪽으로 흘러 흑룡강과 만나 바다로 들어간다. 여기는 모두 중국 지역에 속한다. 鴨綠江은 長白山에서 동남쪽으로 흘러나와 서남으로 향하여 봉황성과 조선국 의주 사이를 지나 바다로 들어간다. 압록강의 서북은 중국의 땅이고, 동남은 조선의 땅이니 강을 경계로 삼는다. 土門江은 장백산 동변에서 흘러나와 동남쪽으로 향하

---

31) 『숙종실록』 숙종 36년 11월 9일.

여 바다로 들어간다. 토문강의 서남쪽은 조선 땅이고, 강의 동북은 중국 땅이다. 역시 강을 경계로 한다. 이곳은 명백하다. 다만, 압록강과 土門江 두 강 사이의 땅이 불명확하다. … 이참에 끝까지 가서 상세히 살펴보고 변계를 밝히는 데 힘쓰고, 와서 보고하여라.'하였다.32)

청은 이미 盛京通志를 간행한 상태였고, 프랑스 예수회 소속 선교사들의 건의에 따라 전국에 대한 지도제작 사업을 진행하고 있어, 1709년 (강희 49) 6월 25일에는 선교사들을 동북지방으로 보내 지도제작 사업을 시작하였으며, 그 범위는 遼東, 豆滿江, 松花江에 이르렀다. 다음해 8월 27일에는 추가로 黑龍江 지역에 대해 지도제작 사업을 시작하였다. 이들 두 지도제작팀은 1710년 12월 14일 측량결과를 지도로 만들어 북경에 보내왔고, 이 지도에서 압록강과 두만강 사이가 불분명하기 때문에, 강희제는 1711년과 1712년에 목극등을 보내게 되었던 것이다.33)

청은 烏喇摠管 穆克登을 파견해 국경을 실지 답사시켰는데, 조선은 그 소식을 그해 2월 24일 청 禮部에서 통고받았다.34) 이에 조선에서는 청의 요구에 불응하자는 측도 있었으나, 결국 응하기로 하고 접반사를 임명해 파견하고 평안도의 감사로 저들을 접대케 하였다.35) 이 일로 조선 조정에서는 논의가 분분하였는데, 지경연 崔錫恒은 다음과 같이 말하였다.

이번의 差官이 이미 境界를 踏查하여 밝힌다고 하였으니, 미리 생각하여 충분히 講究하지 않을 수 없습니다. 鴨綠江과 土門江의 두 강은 자연히 물로 限界를 지을 수 있지만, 두 강의 근원이 되는 첫머리에 여러 물이 뒤섞여 흐르는 곳은 확실하게 정하기 어려움이 있으니, 마땅히 道臣

---

32) 康熙實錄 卷246, 50年 5月 己丑朔 癸巳(初 5日).
33) 中國測繪史編輯委員會, 『中國測繪史: 第2卷』, 測繪出版社, 2002, 470~471쪽.
34) 『숙종실록』 숙종 38년 2월 24일.
35) 『숙종실록』 숙종 38년 2월 27일.

으로 하여금 널리 故老들에게 묻고 地形을 자세히 물어서 즉시 啓하게 하소서.36)

최석항은 청의 사신을 맞아들여 경계의 문제를 논의함에 있어 압록강과 토문강은 수계가 분명함으로 경계가 되어질 수 있지만, 두 강의 근원인 백두산 부근의 수계가 불분명하므로 경계를 획정할 수 없는 점을 염려하고 있는 것이다. 그리고 이이명은 우리나라의 鎭·堡의 把守가 모두 백두산의 남쪽 5, 6일 정에 있기 때문에 우리나라에서 파수하는 곳을 경계로 한다면 일이 매우 난처하다고 하였다. 그것은 청이 『大明一統志』를 근거로 백두산을 女眞에 속한다고 보고 있기 때문이다. 따라서 우리나라는 이미 토문강과 압록강 두 강을 경계로 하므로 물의 남쪽은 모두 마땅히 우리 땅이 되어야 한다는 것을 接伴使로 하여금 주장하게 해야 한다고 하였다.37)

접반사인 박권도 떠나기에 앞서 청의 사신이 백두산 남쪽의 공한지대를 저들의 경계 안이라고 주장할 것에 대하여 문의하자 판중추부사 이유가 이미 두 강을 경계로 삼았으면 중간의 육지도 또한 마땅히 강물의 發源하는 곳을 가로로 끊어 限界로 삼아야 한다고 하였다.38)

이러한 논의를 통하여 볼 때 조선 측에서는 정계의 설정에 있어 압록강과 토문강 곧 두만강을 경계로 함은 기정사실이고 두강의 근원이 되는 백두산을 중심으로 강이 끊어진 곳과 백두산의 영유권의 문제를 놓고 염려하고 있었던 것이다. 그러나 목극등을 만난 박권의 치계에서 이 문제도 또한 염려할 바가 없다는 것을 알게 되었다. 박권이 목극등을 만나 백두산 지도 한 장을 얻기를 원하자 목극등이 "大國의 산천은 그려 줄 수 없지만, 장백산은 곧 그대의 나라이니 어찌 그려 주기 어려우랴"라고

---

36) 『숙종실록』 숙종 38년 3월 6일.
37) 『숙종실록』 숙종 38년 3월 8일.
38) 『숙종실록』 숙종 38년 3월 23일.

하여 백두산을 조선의 영역으로 인정하고 있었던 것이다.[39]

따라서 정계의 획정은 동쪽으로 두만강과 서쪽으로 압록강으로 한다는 것은 양국이 함께 인정하고 있었고, 백두산에 대한 정계를 어떻게 할 것인가 만이 문제가 되었다. 이에 목극등은 조선의 접반사인 朴權과 함경감사 李善傅는 늙고 허약해 험한 길을 갈 수 없다며 무산에 가 있게 하고, 조선 측에서는 접반사군관·차사관·통관 등을 대동하여 다음과 같이 정계하였다.

> 摠管이 白山 산마루에 올라 살펴보았더니, 鴨綠江의 근원이 과연 산허리의 南邊에서 나오기 때문에 이미 境界로 삼았으며, 土門江의 근원은 백두산 東邊의 가장 낮은 곳에 한 갈래 물줄기가 동쪽으로 흘렀습니다. 총관이 이것을 가리켜 豆滿江의 근원이라 하고 말하기를, '이 물이 하나는 동쪽으로 하나는 서쪽으로 흘러서 나뉘어 두 강이 되었으니 分水嶺으로 일컫는 것이 좋겠다' 하였다.[40]

이렇게 압록강과 토문강의 근원을 찾아 그 분수령으로 정계하기로 하였고, 접반사 박권은 이후 치계하기를 "鴨綠江과 土們江 두 강이 모두 백두산의 근저로부터 발원하여 강 남쪽의 조선의 경계가 된지 이미 오래되어 피차의 경계를 논단함이 지극히 명백하니, 뒷날의 염려가 없을 것"[41]이라고 하였다. 1921년에 제작된 청의 황여전람도 내의 조선도에도 압록강과 토문강을 경계로 조선의 영역을 한정시키고 있음을 분명히 알 수 있다.

그러나 이 문제는 이후 조선에서 청과의 국경선문제에 있어 토문강·두만강·분계강을 두고 논란의 중심이 되고 있다. 곧 정계의 기본선은 압

---
39) 『숙종실록』 숙종 38년 5월 15일.
40) 『숙종실록』 숙종 38년 5월 23일.
41) 『숙종실록』 숙종 38년 6월 10일.

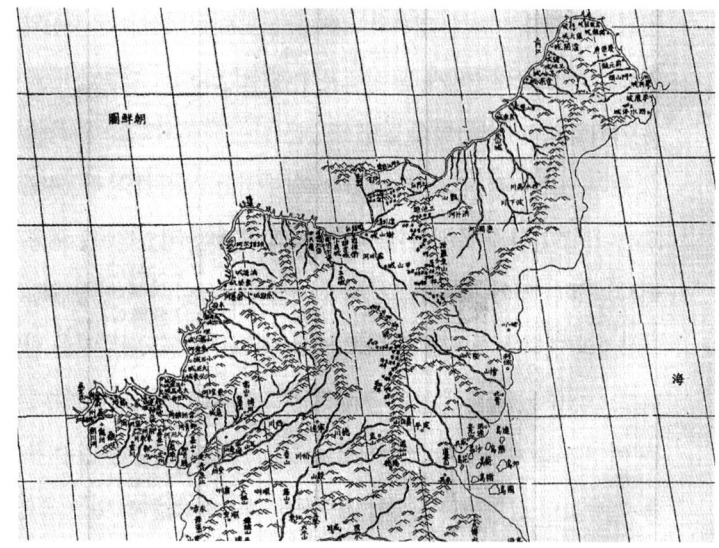

〈지도 6〉 朝鮮圖(皇輿全覽圖)의 일부분

록강과 두만강이 되지만 정계비의 설정에는 두 가지의 문제가 있다. 하나는 토문강[42]을 두만강으로 볼 것인가의 문제와 둘째는 목극등이 토문강의 상류라고 생각하여 정계비를 두기로 한 곳이 어느 강의 상류인가 하는 문제이다.

당시 접반사 박권은 '臨江縣 근처에 한 물이 흘러 와서 大紅丹水에 모이니, 분명히 백두산에서 동쪽으로 흐르는 물로서 이것이 곧 진짜 두만강인데, 欽差가 찾은 水源은 바로 대홍단수의 상류라고 하자 목극등은 山圖를 꺼내어 가리켜 보이며 말하기를, '내가 조선 사람과 함께 형세를 자세히 살펴서 水源을 두루 보았는데, 이것 외에 실로 다른 물은 없었다'고 하며 다시 조사할 수 없다고 하였다. 그러나 목극등은 '수원의 흐름이

---

[42] 실제로는 '토문강'은 물이 땅속으로 스며들어 복류하다가 분출하여 흐르는 강을 의미하는 것으로 당시의 토문강은 두만강이나 분계강의 상류로 이어지는 것이 아니라 송화강의 상류로 이어져 두만강과는 별개의 지류였다. 그러나 청국에서는 토문강을 두만강과 같은 강으로 인식하고 있었다.

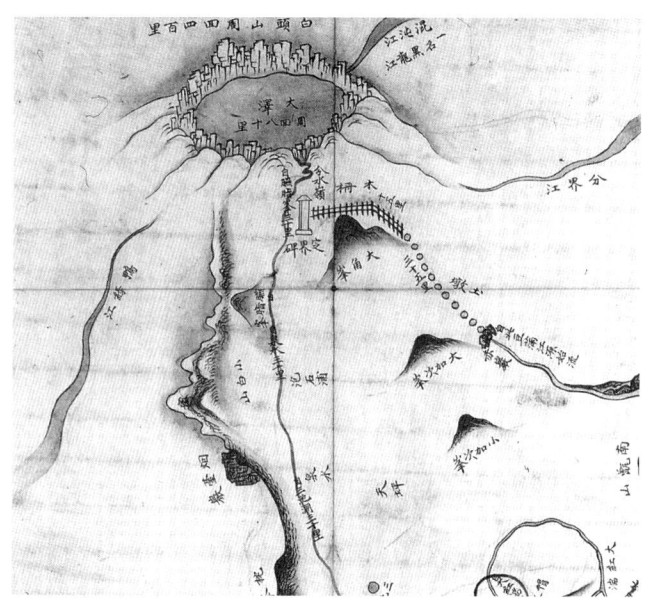

〈지도 7〉 北關長坡之圖 백두산 부분

끊긴 곳이 이처럼 모호하여 분명하지 않아 만약 표지를 세우지 않는다면 피차 증거하기 어려움이 있을 것이니, 木柵으로 限界를 정함이 어떻겠는가'라고 하였다. 여기에서 홍치중이 지적하였던 것은 두만강으로 경계를 설정할 시 두만강의 가장 북단의 지류를 시원으로 삼아 정계를 정해야 됨에도 불구하고 목극등은 두 번째 지류인 홍단수의 상류를 정계의 기점으로 삼았기 때문에 잘못되었음을 지적하였다.

당시의 이와 같은 정계에 대한 논의를 살펴볼 수 있는 지도가 18세기 중엽에 제작된 것으로 보이는 「北關長坡之圖」이다. 이 지도에는 분수령 상에 정계비가 세워져 있고, 정계비로부터 두만강에 이르는 곳까지는 大角峰을 감싸고 木柵 15리와 土墩 35리로 이어 赤巖에서 두만강과 이어지는 것으로 경계를 표시하였다. 지도 서쪽으로는 압록강이 서남하여 흐르는 것을 표시하였고, 오른쪽 위로는 동북쪽으로 흐르는 분계강을 별도로 표시하였으며, 두만강 상류 부분에는 '自此豆滿江源始流'라고 주기하여 여기서부터 두만강이 시작되고 있음을 표시하였다.

그러나 그 후 푯말을 세우는 일로 현지에 가서 지세를 살펴 본 홍치중은 정계가 잘못되었음을 다음과 같이 상소하였다.

> 신이 北關에 있을 때 백두산의 푯말 세우는 곳을 살펴보았습니다. 대저 백두산의 동쪽 眞長山안에서 나와 합쳐져 豆滿江이 되는 물이 무릇 4갈래인데, 그 중에 가장 남쪽의 네 번째 갈래는 곧 北兵使 張漢相이 가장 먼저 가서 살펴보려 하였다가 빙설에 막혀 전진하지 못한 곳입니다. 그 북쪽의 세 번째 갈래는 곧 北虞候 金嗣鼎 등이 추후로 看審한 곳이고, 그 북쪽의 두 번째 갈래는 곧 羅暖萬戶 朴道常이 淸差가 나왔을 때 도로에 관한 차원으로서 따라갔다가 찾아낸 것입니다. 그 가장 북쪽의 첫 번째 갈래는 水源이 조금 짧고 두 번째 갈래와 거리가 가장 가깝기 때문에 하류에서 두 번째 갈래로 흘러들어 두만강의 최초의 源流가 된 것이고, 청차가 가리키며 '강의 원류가 땅속으로 들어가 속으로 흐르다가 도로 솟아나는 물이라.'고 한 것은 첫 번째 갈래의 북쪽 10여 리 밖 沙峰밑에 있는 것입니다. 당초 청차가 백두산에서 내려와 水源을 두루 찾을 때 이 지역에 당도하자 말을 멈추고 말하기를, '이것이 곧 土門江의 근원이라'고 하고, 다시 그 하류를 찾아보지 않고 육지로 해서 길을 갔습니다. 두 번째 갈래에 당도하자, 첫 번째 갈래가 흘러와 합쳐지는 것을 보고 '그 물이 과연 여기서 합쳐지니, 그것이 토문강의 근원임이 명백하고 확실하여 의심할 것이 없다. 이것으로 경계를 정한다.'고 하였습니다.[43]

홍치중이 여러 差使員들을 데리고 청차가 이른바 강의 수원이 도로 들어가는 곳이라 한 곳에 도착하자, 監役과 差員 모두가 "이 물이 비록 摠管이 정한 바 강의 수원이지만, 그때는 일이 급박하여 미처 그 하류를

---

[43] 『숙종실록』 숙종 38년 12월 7일.

두루 찾아보지 못하였으니 한 번 가보지 않을 수 없습니다."라고 하여 거산 찰방 허양과 나난 만호 박도상을 시켜 함께 가서 살펴보게 하였다. 그들이 돌아와서 고하기를, "흐름을 따라 거의 30리를 가니 이 물의 하류는 또 북쪽에서 내려오는 딴 물과 합쳐 점점 동북을 향해 갔고, 두만강에는 속하지 않았습니다. 기필코 끝까지 찾아보려고 한다면 사세로 보아 장차 오랑캐들 지역으로 깊이 들어가야 하며, 만약 혹시라도 彼人들을 만난다면 일이 불편하게 되겠기에 앞질러 돌아오지 않을 수 없었습니다."라고 하였다. 대개 淸差는 단지 물이 나오는 곳 및 첫 번째 갈래와 두 번째 갈래가 합쳐져 흐르는 곳만 보았을 뿐이고, 일찍이 물을 따라 내려가 끝까지 흘러가는 곳을 찾아보지 않았기 때문에, 그가 본 물은 딴 곳을 향해 흘러가고 중간에 따로 이른바 첫 번째 갈래가 있어 두 번째 갈래가 흘러와 합해지는 것을 알지 못하여, 그가 본 것이 두만강으로 흘러 들어가는 것인 줄 잘못 알았던 것이다. 이에 홍치중은 이미 강의 수원이 잘못된 것을 알면서도 청차가 정한 것임을 핑계로 이 물에다 푯말을 세운다면, 하류는 저들의 땅으로 들어가 향해간 곳을 알지 못하는데다가 국경의 한계는 다시 의거할 데가 없을 것이니, 뒷날 난처한 염려가 없지 않을 것으로 판단하였다. 그리하여 그는 여러 차원들과 함께 상의하여 이미 잘못 잡은 강의 수원을 비록 마음대로 변경할 수는 없지만, 하류가 어떠한지는 논하지 말고 물의 흐름이 끊어진 곳에는 푯말을 세우기로 하여, 먼저 碑를 세운 곳에서부터 시작하여 위에서 아래로 내려가며, 나무가 없고 돌만 있으면 돌로 쌓아 돈대를 만들고 나무만 있고 돌이 없으면 나무를 베어 목책(木柵)을 세웠다.[44]

홍치중의 상소에 의하면 목극등이 정계한 水源은 토문강의 상류로 '東爲土門'을 문자 그대로 이해하면 송화강 동쪽이 조선의 영역이 되어야 하는 문제가 되고, 청국이 알고 있는 바대로 토문강을 두만강으로 생

---

44) 위와 같음.

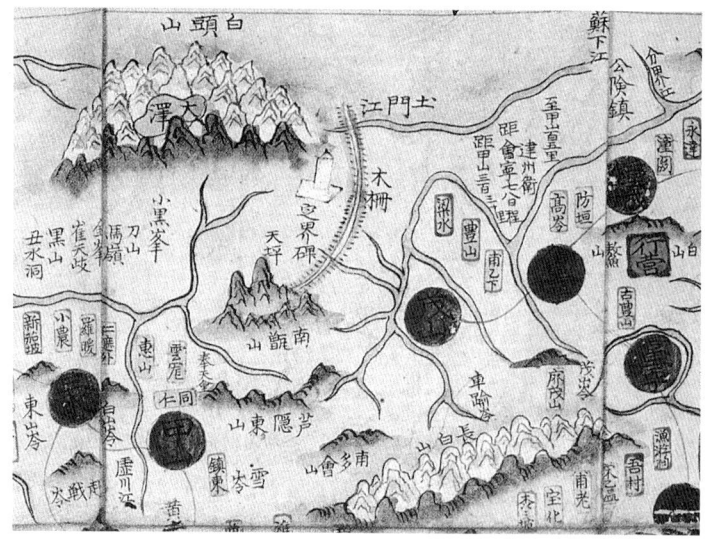

〈지도 8〉 咸鏡道(海東總圖)

각한다면 정계의 水源 위치를 잘못 정하였다는 것이다. 이로 인하여 정계는 획정되어 심정적으로는 압록강과 두만강을 경계로 하여 양국의 경계선이 확정된 것으로 하였으나 토문강을 어느 강으로 볼 것인가의 문제와 정계비의 위치의 잘못으로 조·청 양국 간에 또 다른 국경분쟁을 내재하게 되었다.

 이러한 홍치중의 상소를 이해할 수 있는 지도는 18세기 중엽에 제작된「海東總圖」의 함경도 지도이다. 이 지도에는 백두산 천지의 동남쪽에 정계비가 표시되어 있는데, 이 정계비를 기준으로 서쪽으로는 압록강이 흐르고 동쪽으로는 토문강이 흘러 蘇下江으로 이어진 것으로 그려졌다. 또 정계비 남쪽으로 몇 갈래의 수원이 모아져 두만강으로 형성되고 온성 부근에서 분계강과 합류하여 동해로 흘러간다. 그리고 토문강의 수원으로부터 두만강의 수원에 이르는 곳에 목책으로 연결시켜 이를 경계로 삼았음을 보여준다.

 한편 이후 조선에서는 정계 문제를 놓고 비판의 목소리가 높았다. 특

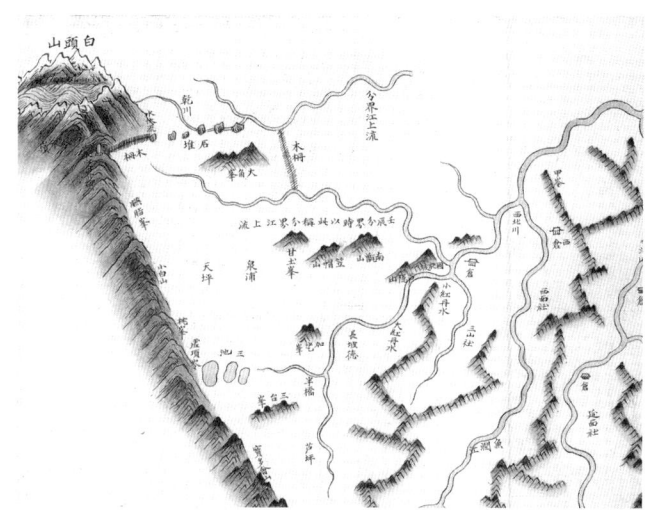

〈지도 9〉 함경북도지도

히 실학자들은 지명의 고증을 통하여 분계강과 두만강을 별도의 강으로 보고 분계강으로서 경계를 정하지 못하고 두만강으로 경계를 정한 문제를 비판하였다. 신경준은 『疆界考』에서 다음과 같이 주장하였다.

두만강은 祀典에 이어지는 북쪽 도랑에서 발원하여 백두산을 남쪽으로 흐르며 곧 복류(伏流)한다. 복류하는 곳에는 토돈과 목책을 설치하여 이로써 두 나라의 경계를 정하였다. … 鍾城의 경계 북쪽을 거의 다 지나 分界江과 합하여 柔遠鎭에 이르며, 서쪽으로 꺾이다가 동류하면서 온성부의 성 북쪽을 지나 美錢鎭에 이른다. … 분계강은 저들의 땅에 있다. 백두산에서 근원하며, 대각봉을 지나 북동류하다가 土門江이 된다. 土門이라는 것은 그 것이 백여 리를 복류하다가 다시 땅 중에서 흘러나오기 때문에 그로써 이름 한 것이다. 또한 동으로 海河가 되고, 또 동으로 分界江이 되며, 美錢鎭 서남에 이르러 두만강과 합한다. 토문강은 곧 백두산 정상에 있는 큰 못의 正派이며, 이 물이 한계 짓는 바가 두 나라의 경계이다. 목극등이 天坪 가운데로 오는 물로 정계한 것은 잘못이다.45)

신경준은 토문강과 두만강을 다른 강으로 보고 있고, 따라서 양국의 경계가 두만강으로 정하여진 것은 잘못이라는 것이다. 곧 토문강이 백두산의 정맥이며 대각봉을 지나 북동류하다가 땅속으로 복류하여 백여 리를 흐른 후 현재의 해란강에 해당되는 분계강으로 이어지고 이 강은 美錢鎭에 이르러 두만강과 합류하므로 이 강으로 경계를 삼아야 하나 목극등은 천평을 지나 흐르는 두만강의 상류로 정계를 정한 것은 잘못되었다는 것이다. 이와 같이 조선후기 실학자들은 윤관의 9성 개척을 연유로 한백겸을 위시한 유형원, 신경준, 한진서, 정약용, 윤정기, 김정호 등 조선후기 실학자 대부분이 공험진의 위치에 대하여 언급하고 있으며, 정계비로 우리 땅을 잃어버렸다는 인식을 가지고 있었다.

18세기 후반의 지도로 1770년 영조의 명을 받들어 신경준이 주도되어 제작하였다는 팔도도계통의 원본이거나 필사한 지도로 추정되는 함경북도지도는 두만강과 분계강의 위치를 잘 보여 준다. 백두산에서 직접 발원하는 水源은 분계강으로, 시작되는 부분에 伏流라고 표시되어 있고, 아래의 분계강 상류의 본류까지는 건천으로 연결되어 있다. 정계비에서 분계강까지는 건천이어서 목책과 석축으로 표시를 하였고, 아래쪽의 두만강 상류부분과도 목책으로 연결표시를 하였다. 또 아래쪽의 두만강 상류 부분에는 '임진정계시 이 강을 분계강상류라고 하였다.'고 표시해 두었다.

순조 때 徐榮輔·沈象奎 등이 순조의 명에 의하여 조선왕조의 재정과 군정에 관한 내용을 1808년(순조 8)에 편찬한 『萬機要覽』에는 다음과 같이 언급되어 있다.

> 興地圖에는 分界江이 토문강의 북쪽에 있다 하였으니, 강의 이름이 분계강인 만큼 정계비는 당연히 여기에 세워야 한다. 또 비문에 이미 동

---

45) 申景濬, 『旅庵全書』 卷8, 四沿考, 豆滿江, 景仁文化史, 281쪽.

쪽은 토문강이 된다 하였으니 토문강의 발원지에 세웠어야 할 것이다. 그러므로 식자들은 당시에 아무도 다투어 밝히지 못하고, 수백 리 강토를 앉아서 잃고 말았다는 것을 한탄한다 하였다. 옛적에 윤관이 영토를 확장하여 速平江까지 이르렀는데, 그때 세운 비가 아직도 남아 있다. 김종서 때에 와서는 두만강으로 경계를 정하였으니, 우리나라 사람들은 윤관의 비로 증거를 세워서 따지지 못했음이 당시의 사명을 띤 자의 잘못임을 한스럽게 여긴다.[46]

또 안정복은 『順菴集』에서 遼東의 절반 땅인 烏喇 이남은 모두가 우리 땅인데, 隋·唐·宋의 시대에 渤海·契丹·完顏 등의 잡종이 번갈아 일어나면서 땅의 경계가 점차 줄어들어 서쪽으로는 압록강을 경계로 삼고 북쪽으로는 두만강을 경계로 삼는데 그쳐 요동의 1보의 땅도 넘보지 못한 것을 애석하게 여기며 백두산정계의 문제를 다음과 같이 비판하였다.

    肅廟 임진년에 穆克登이 와서 疆界를 정하던 때에 마땅히 分界江으로 한계를 삼았어야 한다. 분계는 두만강의 북쪽에 있는데, 그 이름을 분계라고 한 것은 대개 이곳이 피차의 경계가 되기 때문이다. 그런데 제대로 살피지 못하고 공공연히 수백 리의 땅을 버렸기 때문에 지금까지도 북방 사람들이 대다수 한스럽게 여기고 있다. 그러니 그 당시 일을 맡은 사람은 책임을 면할 수 없을 것이다.[47]

성해응은 「白頭山記」에서 백두산에 대한 옛 기록을 돌아보며 '고려 시중 윤관이 선춘령에 정계비를 세웠고, 분계강이 그 밑을 돌아 흐르니, 이곳이 우리 땅이라는 것에는 의심이 있을 수 없다'[48]고 하여 두만강을

---

46) 『萬機要覽』「軍政編」5, 白頭山定界.
47) 『順菴集』제19권, 說, 東國地界說.
48) 『硏經齋全集』卷46, 白頭山記.

경계로 정하였음을 비판하였다.

　반면 이익은 성호사설에서 『輿地勝覽』을 인용하여 백두산에서 동북쪽으로 흐르는 것이 蘇下江으로 速平江으로 흘러들어가며, 동쪽으로 흐르는 강을 두만강이라 하고, 속평강을 分界江, 토문강을 두만강으로 보았다. 그리고 그는 사람들의 정계 비판에 대하여 다음과 같이 논하였다.

> 옛날에 尹瓘이 속평강까지 국경을 넓히고 그 일을 기록한 비석이 아직까지 그곳에 서 있는데 金宗瑞 때에 와서 두만강으로 경계를 정한 것을 나라 사람들이 분하게 여기고 있다. 그런데 이번에 윤관의 비를 가지고 따져서 경계선을 정하지 못한 것은 그 일을 맡은 사람의 잘못이라 하는 사람도 있다. 그러나 함경도는 모두 靺鞨의 땅이었다. 지금에 와서 경계를 정한 지가 오래되었고 우리 영토 안에 있는 폐사군도 가끔 외적의 침범이 있어서 모두 이민을 시키고 비워두었는데 하필이면 다시 쓸데없는 땅을 가지고 외국과 분쟁을 일으킬 것이 무엇이냐?[49]

　이익은 청과 국경을 정함에 있어 무인지대로 있던 속평강 곧 분계강까지 국경을 확장하지 못한 문제로 사람들의 비난이 일자, 동북지역이 원래 말갈의 땅이었음을 상기시켜 문제제기의 잘못됨을 지적하였다. 또 국경이 정해졌지만 여전히 양 국민들의 국경 범월문제가 그치지 않아 봉금지대를 유지하고 있는 상황에서 국경분쟁을 일으킬 이유는 없다는 생각이었다.

　1712년 백두산정계비가 세워짐으로 조선과 청국 간에는 국경선이 획정되어 조선전기 이래로 조·중 간에 형성되었던 압록강과 두만강 북쪽 대안의 경계지대는 청의 관할로 들어가고 압록강과 두만강을 경계로 하여 국경선이 형성되기에 이르렀다. 그러나 조선과 청국은 토문강에 대한

---

49) 『星湖僿說』 제2권, 天地門, 白頭山.

인식의 차이와 목극등의 잘못된 지리 고증으로 인하여 정계비의 위치가 두만강 상류가 아니라 토문강 상류에 세워져 이후 또 다른 국경분쟁을 야기하였다.

4. 국경조약회담

백두산정계비를 설치하고 나서 170여 년이 지난, 1860년대 말부터 조선에는 한발로 인한 흉년이 몇 년간 이어지면서 조선 서북 변경지대의 주민들이 새로운 개간지를 찾아 강을 건너는 범월 개간이 증가하여 국경지대의 범월 문제가 양국의 주요 관심사로 다시 등장하기 시작하였다. 특히 1869~1870년에 함경도 일대의 심각한 흉년과 기근을 계기로 두만강 연안의 주민들이 집단으로 강을 건너 개간 정착하는 일이 빈발하였다.

한편 청은 오랫동안 유지해오던 만주지역의 봉금을 해제하고 1880년대에는 두만강 대안의 길림성 남부 지역에 대한 개간정책을 추진하였다. 이를 위해 1881년 훈춘에 招墾局을 설치하였는데, 그 후 청은 두만강 대안에 많은 조선인이 월경 정착한 정황을 파악하고 1882년 봄 조선 정부에 조선인의 범월을 금할 것을 요구하였다.[50]

이에 고종은 1883년 초 청과의 육로 통상 문제를 논의하기 위해 파견하는 어윤중에게 西北經略使의 직함을 주어 통상문제 뿐만이 아니라 월경 조선인에 대한 현황 파악 및 유민 쇄환과 월경 방지를 위한 육진 지역의 폐단 시정 임무를 함께 맡겼다.[51] 육로통상장정 체결을 위해 함경도를 방문한 어윤중과 청의 길림 관원에게 두만강 연안의 주민들은 백두산정계비를 근거로 양국의 국경은 두만강이 아닌 토문강 즉, 분계강이므로

---

50) 『승정원일기』 고종 19년 4월 6일.
51) 『고종실록』 고종 19년 10월 12일.

분계강 이남의 조선인 거주와 농경을 허락해 달라고 청원하였다.52)

주민들의 청원을 받은 어윤중은 종성 사람 김우식과 오원정을 파견하여 두 차례에 걸쳐 백두산정계비를 답사하도록 하고 분계의 근원을 탐사해 오도록 하였다. 이들이 답사 후 토문강은 송화강의 상류로 흑룡강으로 흘러 들어가므로 두만강과는 아무런 관계가 없다는 보고를 하였다. 이들의 보고를 받은 어윤중은 종성부사에게 공문을 보내 국경 문제에 대해 조회하도록 하는 한편 중앙정부에 이 사실을 보고하였다.53) 이로써 청과의 새로운 국경문제가 제기되기에 이르렀다.

1883년 7월에 조선은 청국에 정식으로 국경문제를 제기하는 다음의 외교문서를 청에 보내었다.

> 이 지역(간도)은 우리 땅인 것이다. 우리나라 백성으로 하여금 우리나라에서 살게 하는 것은 틀린 일이 아니다. 후세의 사람이 알지 못하고 豆滿을 경계로 생각하여 계미년(1883)에 돈화군수는 우리나라 지방관에게 공문을 보내어 이 지역 주민을 조선으로 추방하겠다고 하였다. 경계가 분명하지 못하면 후일에 두 나라 국민의 분쟁이 그치지 않을 것이니 한 차례 조사하여 옛 경계를 분명히 함이 좋으니 대표자를 보내어 답사할 것을 요청한다.54)

이에 대하여 청이 1885년 7월 두만강 연안의 국경문제를 논의하기 위하여 관원을 파견한다고 하므로 두 나라는 국경회담을 하게되었다.

---

52) 『鍾城郡公文書』,「大國派員呈狀」・「大人閣下呈狀」, 『조・청 국경회담자료집』, 79~81쪽.
53) 『北輿要選』下,「勘界公文攷」, 『조・청 국경회담자료집』, 394~396쪽.
54) 國會圖書館, 『間島領有權關係拔萃文書』, 276~277쪽.

1) 을유국경회담

조선에서는 안변부사 李重夏를 土們勘界使로 하고 교섭아문주사 趙昌植을 土們勘界從事官으로 임명하였고,[55] 청국에서는 德玉(琿春副都統衙門派員邊務交涉承辨處事務)・賈元桂(護理拓墾邊荒事務)・秦瑛(吉林派員管理商務衙門)이 대표였다. 1885년 9월 30일부터 동년 11월 30일까지 2개월에 걸쳐 회령에서 백두산정계비에 이르는 현장을 답사하면서[56] 회령회담・무산회담・삼강구회담・2차무산회담 등 4차례에 걸친 긴 회담을 하였다.

이 당시 조선은 갑신정변의 와중에서 일본의 침투에 시달리는 한편 청국의 종주권강화전략에 따라 원세개가 조선에 파견되어 소위 副王이라는 별명을 가질 정도로 조선에 압력・행패를 부리고 있을 때였다. 이러한 가운데 국경회담도 청국의 고압적인 자세가 그대로 나타나 공정한 입장에서 회담이 진행되지 못하였다.

이 때 회담에서 주장된 양측의 견해는 첫 회담부터 근본적으로 달랐다. 우선 청은 ① 두만강조사의 의무를 띠고 왔다는 것, ② 두만강이 양국의 국경임을 전제로 하여 단지 여러 개의 상류 중 어느 것이 원류인가를 결정하면 되므로 두만강 하류에서 위쪽으로 답사해 올라가자는 것, ③ 따라서 될 수 있는 대로 정계비를 답사하지 않으려는 것이었다. 이에 반하여 조선대표는 ① 토문강답사의 임무를 띠고 왔다는 것, ② 정계비를 근거로 하여 아래로 답사해 내려가자는 것, ③ 따라서 정계비부터 먼저 조사하자는 것이었다.

이에 대하여 양측은 결국 세 반으로 나누어 두만강 상류의 세 갈래인 서두수, 홍단수, 홍토수를 조사하고 정계비를 조사하기로 하였다. 이 답

---

55) 『고종실록』 고종 22년 7월 30일.
56) 『통문관지』 기년 속편, 고종 22년 을유.

사가 끝나고 11월 27일 무산에 모여 조사지역의 지도를 만들고 회담을 하였으나 조선은 정계비의 분수령에서 동쪽으로 흐르는 물은 송화강으로 들어간다는 사실을 주지시켰고, 청은 여전히 도문강으로 경계를 해야 한다고 주장하여 을유국경회담은 결론 없이 양측의 기본입장만 되풀이 하다가 끝났다.[57]

2) 정해국경회담

청국은 1887년(정해년)에 다시 국경을 책정하자고 조선에 제안하였다. 이때 청국의 대표는 德玉·秦瑛·方郞 등이었다. 조선은 청국이 필연적으로 또 두만강을 국경으로 하자고 하면서 강압할 것임을 짐작하였으므로 시일을 끌다가 결국 이중하를 대표로 임명하였다.[58]

정해회담은 1887년 4월 4일부터 5월 19일까지 약 2개월 반(윤4월 포함) 동안 강원 원류와 백두산까지 답사하면서 회령회담·장파회담·2차회령회담 등 3차에 걸쳐 이루어졌다. 이 때 이중하는 두만강의 상류인 紅土山水를 살펴보고 두만강의 水源이 된다는 확신을 가지고 경계를 紅土水로 할 것을 주장하였다. 그러나 청국대표 秦瑛은 '紅土水는 정계비와의 거리가 아직도 멀고 또 분수령과도 접해 있지 않다.'고 하면서 石乙水로 경계를 정할 것을 요구하였다. 秦瑛은 석을수로 하자는 주장을 굽히지 않고 李重夏는 끝까지 홍토수를 주장하여, 끝내 하나의 결론에 이르지 못하였다.[59]

이와 같은 주장에 청은 조선대표를 위협·협박하며 그들의 주장을 관철하려고 하였으나 이러한 중국의 강압적인 자세에 대해 당시 조선의 감계사 이중하는 목숨이 잃는 한이 있어도 한 치의 영토(내지) 분할을 허

---

57) 李重夏, 勘界談草, 72~79쪽.
58) 『승정원일기』 고종 24년 3월 4일.
59) 『통문관지』 기년 속편, 고종 24년 정해.

용할 수 없다고 강력히 대응하였다.

다음 해인 1888년 1월 청은 방랑을 파견하여 국경을 다시 확정하자고 하였으나 조선에서 시일을 끌며 조선의 입장을 청에 확고히 하여 양측은 의견 차이를 두고 회담을 종결하였다.60) 감계회담은 결국 종결을 맺지 못하였지만 조선은 청의 고압적인 태도에도 굴하지 않고 철저히 사실에 입각하여 상대방을 설득하려는 성숙한 모습을 보여주었다. 또한 분쟁의 근본 원인을 제공하는 정계비 건립 당시의 불명확한 두만강 수원을 확인하여 그동안 조선이 개척한 북방 내지를 완전하게 보존하려 노력하였다.61)

그 후 1895년 청국이 청·일전쟁에서 패하여 조선에 대한 종주권을 상실하고 조선이 자주독립국이 되자 조선은 간도에 관하여 적극적인 자세를 취하였다. 조선정부는 1895년 함경도관찰사 조존우에게, 1899년에는 종성사람 吳三甲에게, 1900년에는 경원부사 박일헌에게 지시하여 간도를 답사·보고하게 하였다. 그리고 1901년에 조선은 회령에 邊界警務署를 설치하고 간도의 조선인 보호와 소송사무를 관장하게 하였고, 1903년에는 조중 간의 간도분쟁에 대응하기 위해 이범윤을 간도관리사에 임명하여 간도를 다스리게 하였다. 이범윤은 사포대를 조직하여 청국의 일방적인 간도조치에 대항하여 행정조치를 취하는 등 적극적인 정책을 펴 간도의 관리권을 확보하고자 하였다. 이렇게 간도에 청국의 행정기관과 조선의 행정기관이 함께 설립되게 되자 자연히 잦은 충돌이 일어나게 되었으며 이 충돌은 군대의 출동으로까지 이르게 되었다.62)

그런 중에 러일전쟁이 발발하였는데, 일본은 한중간의 영토분쟁 사실을 알고 러일전쟁 이후 일본의 중개로 해결할 것을 요구하면서 영토협상

---

60) 『통문관지』 기년 속편, 고종 25년 무자.
61) 고승희, 「1880년대 조·청 감계 협상과 국경 문제 인식」, 『근대 변경의 형성과 변경민의 삶』, 동북아역사재단, 2009, 135쪽.
62) 노계현, 앞의 책, 36쪽.

을 유보할 것을 강요하였다. 결국 청과 조선은 일본의 간도문제 개입을 피하기 위해 선후장정을 체결하여 은밀히 현상 유지를 약속하였다. 이때 청은 이범윤의 소환을 요청하였고, 조선은 러일전쟁 중에 이범윤을 러시아로 보내어 일본의 침략을 막기 위한 러시아의 지원을 요청하면서 간도지역에서의 활동도 계속하게 하였다.

이에 따라 조선과 청국사이의 국경분쟁은 결론이 내려지지 않은 채 소강상태에 들어갔으나 이후 조선이 일제에 의하여 준 강점되는 상태가 됨에 따라 국경문제는 여전히 논쟁거리로 남게 되었다.

5. 맺음말

조·중 간의 경계는 1712년 백두산정계비가 설립되면서 국경으로서의 의미를 갖게 되었다. 물론 조선초기에도 양국 간의 경계는 있었지만, 선으로서의 경계가 존재한 것이 아니라 일정한 공간을 공유 내지 봉금지대로 설정하여 완충역할을 하는 경계지대로서 존재하였다. 그에 따라 지도에서도 압록강과 두만강을 중심으로 일정한 내륙지역으로 들어와 군진이나 역참을 표시하여 경계지대를 나타내었고, 일부 서양인이 그린 지도에서는 중국의 변장과 압록강 두만강 사이에 점선으로 무인지대가 표시되어 있기도 했다.

조선후기 들어 양국 간에는 경제적인 이유로 범월문제가 대두되어 보다 구체적인 경계선을 필요로 하게 되었고, 양국은 기존의 인식을 바탕으로 백두산정계비를 세워 국경을 확정하고자 하였다. 이와 같이 국경에 대한 인식이 바뀌어 가면서 완충지대로서의 경계지대가 없어지고 국경선으로서의 경계선을 형성하였던 것이다.

그러나 국경선으로서 설립된 백두산정계비는 근본적인 문제를 안고 있었다. 하나는 토문강을 두만강으로 볼 것인가의 문제와 둘째는 목극등이 토문강의 상류라고 생각하여 정계비를 두기로 한 곳이 어느 강의 상류인가 하는 문제였다. 양국 간에는 이 문제에 대한 교정 없이 정계비 설치를 마무리함에 따라 정계비는 국경선의 기점으로서 역할보다 또 다른 국경분쟁의 요소로서 조·중 간 국경분쟁의 상징물이 되었다.

이 시기의 고지도에는 이전에 없던 분계강이 표시되어 양국 간의 경계가 기존에 암묵적으로 인정되어 왔던 압록강과 두만강이외에 분계강으로 인한 혼란이 반영되어 있고, 고려시대 윤관이 설정하였던 고려경까지 표시되어 국경문제의 복잡함을 드러내고 있다.

조선 말 양국은 봉금지역을 해제하면서 그동안 무인지대로 남아있던 경계지역의 간척문제로 다시 대립하게 되었고, 이 문제는 새로운 국경분쟁을 야기해 회담을 진행하였지만, 정계비 설정으로 인해 발생한 근본적인 문제가 해결되지 않아 국경회담은 실패하였다.

그 후 조선은 일제에 의하여 강제 점령됨으로써 영토 주권을 상실하여 중국과의 국경문제를 해결하지 못한 채 현재까지 이르고 있다.

참고문헌

1. 단행본

개리 레드야드지음, 장상훈 옮김, 『한국 고지도의 역사』, 소나무, 2011.
盧啓鉉, 『조선의 영토』, 한국방송대학교출판부, 1997.
稻葉岩吉, 『增訂滿洲發達史』, 日本評論社, 1935.
동북아역사재단, 『근대 변경의 형성과 변경민의 삶』, 2009.
문화재청, 『한국의 옛지도』, 예맥, 2008.
方東仁, 『韓國의 國境劃定硏究』, 一潮閣, 1977.
_____, 『韓國地圖의 歷史』, 신구문화사, 2001.
서정철·김인환, 『지도 위의 전쟁』, 동아일보사, 2010.
篠田治策, 辛永吉譯, 『간도는 조선땅이다-백두산정계비와 국경』, 知訣堂, 2005.
申景濬, 『旅庵全書』 卷8, 四沿考, 豆滿江, 景仁文化史, 1976.
안주섭·이부오·이영화, 『영토한국사』, 소나무, 2006.
유재춘·남의현·한성주, 『근세 동아시아와 요동』, 강원대학교출판부, 2011.
이서행·정치영, 『고지도와 사진으로 본 백두산』, 한국학중앙연구원, 2011.
中國測繪史編輯委員會, 『中國測繪史: 第2卷』, 測繪出版社, 2002.

2. 논문

고승희, 「1880년대 조·청 감계 협상과 국경 문제 인식」, 『근대 변경의 형성과 변경민의 삶』, 동북아역사재단, 2009.
金宣旼, 「雍正帝의 盛京지역 통치」, 『明淸史硏究』 34, 2010.
남의현, 「원·명교체기 한반도 북방경계인식의 변화와 성격」, 『한일관계사연구』 39, 2011.
盧啓鉉, 「간도 영유권에 관한 역사적 연구」, 『延世經濟硏究』 9-1, 2002.

朴宣泠,「近代 東아시아의 國境認識과 間島」,『中國史研究』32, 2004.
梁泰鎭,「統一對備를 위한 北方國境·領土問題에 관한 硏究」,『北韓學報』16, 1992.
엄찬호,「고지도를 통해 본 한·중·일 경계인식의 변화」,『한일관계사연구』39, 2011.
유재춘,「중·근세 韓·中間 국경완충지대의 형성과 경계인식」,『한일관계사연구』39, 2011.
이강원,「조선후기 국경인식에 있어서 豆滿江·土門江·分界江 개념과 그에 대한 검토」,『정신문화연구』108, 2007.
이상태,「白頭山定界碑 설치에 관한 연구」,『실학사상연구』7, 1996.
최장근,「한중 영토문제의 정치적 이해」,『白山學報』80, 2008.

제1부 주제연구
제2장 한국지역

17세기말, 안용복 사건을 통해 본 조일 간의 해륙 경계분쟁

손 승 철[*]

1. 머리말

　일본 외무성 홈페이지에는 '다케시마 문제를 이해하기 위한 10의 포인트'를 영어·중국어·한국어·스페인어·아랍어 등 10개 국어로 번역하여 홍보함으로써 '독도'를 일본 영토로 주장하고 있다. 그 핵심 내용은 4개로 '다케시마는 일본 고유의 영토이며, 역사적으로 보아도 일본이 실효적으로 지배하기 이전에 한국이 먼저 지배했다는 근거가 없으며, 한국이 불법점거하고 있는 것을 일본이 엄중히 항의하고 있고, 일본이 국제사법재판소에 회부할 것을 제안하고 있으나 한국이 거부하고 있다'는 것이다.
　그런데 일본이 제시하는 앞의 2개 내용의 근거는 "1618년 막부로부터 받았던 울릉도도해허가에 의해 울릉도의 영유권을 확립했다."는 것과 "1693년 안용복 사건에 의해 울릉도도해금지령을 내렸지만 독도도항을 금지한 것은 아니기 때문에 독도의 영유권은 계속 유효하다."는 논리이다.

---

[*] 강원대학교 사학과 교수.

그렇다면 이 주장은 얼마만큼의 객관성을 가지고 있을까. 현재 안용복 사건에 관해서는 이미 선학들의 연구를 통해 도일사건에 대한 전말이 밝혀져 있으며, 그 역사적인 평가도 이루어지고 있다. 그런데 대부분의 연구들이 사건의 전말이나 행적에 대해 이러 이러 했을 것이라는 추측기사와 함께 방대한 사료를 놓고 양국 사료의 신빙성을 따지는데 집중하고 있기 때문에, 분쟁의 실상이나 결과에 대해 분명한 결론을 내리기는 쉽지가 않다.1)

이 글에서는 이러한 측면에 문제의식을 갖고, 안용복 사건의 전말을 재 기술하는 것보다는 양국에 남아있는 주요사료를 중심으로2) 울릉도와 독도에 대한 조선정부나 일본(因幡·伯耆國, 對馬島, 幕府)의 인식과 입장을 일목요연하게 정리해 봄으로써, 17세기 안용복 사건을 통해 빚어진 한일 간의 해륙경계분쟁과 그 결과를 통해 일본 외무성 홈페이지 내용의 허구성을 논증해보고자 한다.

---

1) 안용복 사건에 관한 기존의 연구는 남기훈, 「17세기 朝·日 양국의 울릉도·독도 인식」, 『한일관계사연구』 제23집, 한일관계사학회, 2005; 신동규, 「근세시기 (朝鮮後期·江戶時代) 韓·日간 獨島 연구의 쟁점과 문제점 고찰」, 『韓國史學報』 제28호, 高麗史學會, 2007; 김병우, 「安龍福 연구현황과 과제」, 『경주사학』 34, 경주사학회, 2011에 잘 정리되어 있다.
2) 안용복 사건에 관한 주요사료로는 한국에서는 주로 『朝鮮王朝實錄』, 『備邊司謄錄』, 『邊例集要』, 『增訂交隣志』, 『東國文獻備考』, 『東國輿地勝覽』, 『同文彙考』, 『春官志』 등이 있고, 일본 측 사료로는 鳥取藩의 『鳥取藩政史料』(「御用人日記」, 「控帳」, 「竹嶋之書附」), 『元祿九丙子年朝鮮舟着岸一卷之覺書』, 對馬藩의 『竹島紀事』, 『館守每日記』, 『元祿六年癸酉年竹嶋一件拔書』, 『竹島記下書』, 『譯官記』, 『朝鮮通交大紀』, 막부의 『通航一覽』 등을 들 수 있다.

2. 제1차 분쟁과 '竹島渡海禁止令'

1) 조선의 鬱陵島와 일본의 竹島

1693년 안용복의 제1차 도일경위에 관해서는 안용복이 대마도를 경유하여 왜관으로 송환될 때, 대마도주가 울릉도를 '본국의 竹島'라고 일본 영토로 기술하면서, 울릉도에 조선어민의 출어를 금지해 줄 것을 요청하는 문서에 간단히 서술되어 있다.

> 계유년 봄에 울산의 고기잡이 40여 명이 울릉도에 배를 대었는데, 왜인의 배가 마침 이르러, 박어둔·안용복 2인을 꾀어 내 잡아 가버렸다. 그해 가을에 대마도에서 정관 橘眞重으로 하여금 박어둔 등을 거느려 보내게 하고는, 이내 우리나라 사람이 죽도에서 고기 잡는 것을 금해 달라고 청했는데, 그 서신에 이르기를, "귀역의 바닷가에서 고기 잡는 백성들이 <u>해마다 본국의 죽도에 배를 타고 왔으므로,</u> 토관이 국금을 상세히 알려주고서 다시 와서는 안 된다는 것을 굳이 알렸는데도, 올봄에 어민 40여명이 죽도에 들어와서 난잡하게 고기를 잡으므로, 토관이 그중 2인을 잡아 가두고서 한때의 증징을 삼으려고 했는데, 본국에서 幡州牧이 東都에 빨리 사실을 알림으로 인하여, 어민을 폐읍에 맡겨서 고향에 돌려보내도록 했으니, <u>지금부터는 그 섬에 결단코 배를 용납하지 못하게 하고 더욱 금제를 보존하여 두 나라의 交誼로 하여금 틈이 생기지 않도록 하십시오.</u>" 하였다.[3]

즉 대마도주는 안용복과 박어둔을 왜관을 통해 송환하면서, 울릉도가 일본 영토인 竹島이므로 앞으로는 조선인의 울릉도 출어를 금지시켜줄

---

3) 『肅宗實錄』 20년 2월 辛卯(23일).

것을 요구했다. 한편 이 사건에 대해, 「元祿六年竹島より伯州に朝鮮人을 連歸候趣大谷九右衛門船頭口上覺(元祿 6년 죽도에서 하쿠슈(伯州)로 조선인을 연행하여 돌아온 것에 대해 오오야 큐우에몬 배의 선장이 말한 것을 적어둔 서류)」에는 다음과 같이 기록되어 있다.

하쿠슈(白州)의 요나고를 2월 15일에 떠나서, 같은 달 17일 아침에 운슈(雲州)의 쿠모쯔(雲津)에 도착하였습니다. 3월 2일에 쿠모쯔를 떠나서, 같은 날 오키국(隱岐國)의 도젠(島前) 하시무라(はし村)에 도착하였습니다. 3월 9일까지 그 곳에서 머물렀고, 다음 날 10일에 도고(島後)의 후쿠우라(福浦)에 도착하였습니다. 4월 16일에 후쿠우라를 떠나서 17일에 죽도의 도우센가곶(とうせんか崎)에 도착하여, 섬으로 올라가 둘러보았더니, 미역이 많이 말려져 있어서 이상하게 생각하면서 주변을 살펴보았더니 외국인의 짚신이 있어서 마음이 불안해졌지만, 날도 저물었기 때문에 그날 밤은 내 버려두고, 그 다음날인 18일에는 작은 배에 어부 다섯 명과 우리 두 사람을 합쳐 일곱 명이 타고 서쪽 포구에 가 보았지만 외국인은 보이지 않았으므로 거기서 북쪽 포구로 가 보았더니 외국배 1척이 정박해 있고 오두막을 짓고 있던 외국인 한 명이 있었습니다. 오두막 안을 보았더니, 전복과 미역을 많이 따 놓았기에, 그 외국인에게 사정을 물으려 했습니다만, 일본어를 못하는 자이므로 물어 볼 수가 없어서, 그 외국인을 배에 태우고 다이텐구(大てんぐ)라는 곳에 갔더니, 외국인 열 명 정도가 어렵을 하고 있었습니다. 그중에 말이 통하는 사람이 한 사람 있었기 때문에 우리 배에 태우고, 앞서 북쪽 포구에서 태웠던 외국인을 배에서 내리게 하고, 그 외의 한 사람을 더 태운 후 그 두 사람에게 사정을 물었더니 말이 통했습니다. 죽도의 해변은 거칠기 때문에, 우리가 타고 온 작은 배가 염려되어 두 명의 외국인을 태우고 본선으로 돌아왔습니다. 그 이유는 작년에도 이 섬에 외국인이 있어서 다시 이 섬으로 와서 어렵을 해서는 절대로 안 된다고, 야단치고 협박하면서 여러 번

말했는데도 또 금년에도 외국인이 어렵을 하고 있었기 때문에, 그렇게 하면(우리들은) 이후에 섬에서 어렵을 할 수가 없습니다. 실로 성가신 일이어서 황송하지만 부디 그들에게 오지 말라고 해주셨으면 해서 위의 외국인 두 사람을 데리고, 4월 18일에 죽도를 떠나, 오키국의 후쿠우라로 같은 달 20일에 돌아왔습니다. 그런데 오키의 藩所에서 우리들을 부르시고 조선인에 대해 기술하라고 명하셨기 때문에, 우리들이 말씀드리길 조선인을 데리고 왔으므로 직접(외국인에게) 물어보라고 말씀드렸더니 다음과 같이 생각하시고 외국인을 불러내어 사정을 물으신 후 곳곳의 庄屋들과 같이 만나서, 외국인에 대한 「口上書」를 썼습니다. 우리들에게도 위 외국인에 대한 보고서에 날인하도록 하셨지만 완강히 거절하고 날인하지 않았습니다. 그 후에는 藩所에서 조선인에게 술 한통을 보냈습니다. 같은 달 23일에 후쿠우라를 출항하여 도젠(島前)에 도착하고, 동 26일에 도젠에서 출항하여, 동 26일 낮에 雲州의 나가하마(長浜)에 도착하고, 동 27일에 요나고로 돌아왔습니다.

4월 27일
船頭 黑兵衛, 同 平兵衛[4]

이상의 내용을 통해, 안용복의 제1차 도일사건의 경위를 종합해 보면, 안용복 일행 42명은 3월 3일에 3척의 배로 울릉도에서 도착하여 고기를 잡고 있었는데, 이들 가운데 안용복과 박어둔 2명이 일본에 끌려가게 되었다. 이들을 일본으로 끌고 간 이유는 그들이 작년에도 울릉도에 왔었는데, 그 때 이 섬에 와서는 안 된다고 겁을 주고 꾸짖고 타일렀는데도, 올해 또다시 수많은 조선인이 이 섬에 와서 고기를 잡으면 일본인으로서

---

4) 〈元祿六年竹島より伯州に朝鮮人を連歸候趣大谷九右衛門船頭口上覺〉, 『鳥取藩史』 제6권, 469쪽.

는 매우 성가신 일이기 때문에, (높은 분이) 엄하게 오지 말라고 말해 주셨으면 해서, 위의 조선인 두 명을 데리고 18일에 울릉도를 떠나서 20일에 오키의 후쿠우라에 도착했다는 것이다. 오키의 번소에서는 조선인에 대한「口上書」를 제출하라고 명했지만, 조선인에게 직접 듣는 것이 좋을 것이라고 말하고, 조선인을 불러 여러 마을의 庄屋들의 입회하에 조선인에 대한「口上書」를 작성했다.

이후 호키슈 태수는 안용복의 처리에 관해 막부에 문의했고, 막부는 안용복 등을 나가사키를 경유하여 쓰시마를 거쳐 조선에 송환하도록 지시하는 한편, 막부도 역시 조선인이 일본령인 죽도에 출어하는 것을 금지한다는 방침을 세우고, 쓰시마번에게 조선국과의 교섭에 임하도록 하여, 9월에 橘眞重(多田与左衛門)을 차왜로 임명하여 부산의 왜관으로 파견하였던 것이다. 즉 당시까지만 해도 막부도 울릉도를 일본령으로 인식하고 조선어선의 울릉도 출어를 금지한다는 입장을 가지고 있었다.

이에 대해 조선왕조에서는 접위관 洪重夏가 11월 18일에 좌의정 睦來善과 우의정 閔黯과 함께 이 문제에 관해서 협의하였다.

> 접위관 洪重夏가 하직 인사를 하고, 좌의정 睦來善, 우의정 閔黯이 홍중하와 함께 청대하였다. 홍중하가 아뢰기를, "<u>倭人이 이른바 竹島는 바로 우리 나라의 鬱陵島입니다.</u> 지금 상관하지 않는다고 해서 내버린다면 그만이겠지만, 그렇지 않다면 미리 명확히 판변하지 않을 수 없습니다. 그리고 또 만약 저들의 人民을 들어가서 살게 한다면 어찌 뒷날의 걱정꺼리가 아니겠습니까?"하였으나, 목내선과 민암은 아뢰기를, "왜인들이 民戶를 옮겨서 들어간 사실은 이미 확실하게 알 수는 없으나, 이것은 3백 년 동안 비워서 내려둔 땅인데, <u>이것으로 인하여 흔단을 일으키고 友好를 상실하는 것은 또한 좋은 계책이 아닙니다.</u>"하니, 임금이 민암 등의 말을 따랐다.5)

즉 홍중하는 울릉도가 조선 땅이므로 명확하게 판변할 것을 주장했지만, 목내선과 민암은 왜와의 사이에 흔단을 일으키지 않도록 하는 것이 좋다는 의견을 제시했고, 숙종도 이 의견에 따랐다. 그리하여 조선에서는 울릉도와 죽도를 별개의 섬으로 취급하여 모호한 답변서를 보내게 되었다. 그 내용은 다음과 같다.

> 예조에서 회답하는 서신에 이르기를, "弊邦에서 어민을 금지 단속하여 外洋에 나가지 못하도록 했으니 비록 우리나라의 울릉도일지라도 또한 아득히 멀리 있는 이유로 마음대로 왕래하지 못하게 했는데, 하물며 그 밖의 섬이겠습니까? 지금 이 漁船이 감히 貴境의 竹島에 들어가서 번거롭게 거느려 보내도록 하고, 멀리서 書信으로 알리게 되었으니, 이웃 나라와 교제하는 情誼는 실로 기쁘게 느끼는 바입니다. 바다 백성이 고기를 잡아서 生計로 삼게 되니 물에 떠내려가는 근심이 없을 수 없지마는, 국경을 넘어 깊이 들어가서 난잡하게 고기를 잡는 것은 법으로서도 마땅히 엄하게 징계하여야 할 것이므로, 지금 犯人들을 형률에 의거하여 죄를 科하게 하고, 이후에는 연해 등지에 科條를 엄하게 제정하여 이를 신칙하도록 할 것이오."하였다.6)

이러한 조선 측의 서계에 대하여 부산 왜관에서 답신을 기다리던 대마번의 정관 橘眞重은 회답하는 서신중에 '우리나라(조선)의 울릉도'라는 말을 매우 싫어하여 역관에게 이르기를 "서계에 다만 죽도라고만 말하면 좋을 것인데, 반드시 울릉도를 들어서 말하는 이유가 무엇인가"라고 따지면서 여러 번 고쳐주기를 청하면서 돌아가지 않았다. 이에 다시 홍중하가 책망을 하니 왜인이 사사로이 역관에게 말하기를 "도주는 반드

---

5) 『肅宗實錄』 19년 11월 丁巳(18일).
6) 『肅宗實錄』 20년 2월 辛卯(23일).

시 울릉이란 두 글자를 없애라고 했으므로 난처한 일이 있는 듯하며" 또한 자세히 고치기를 청하는 정관의 서신을 조선에서 받아야 하기 때문이라고 했다.

그러나 甲戌換局에 의해 대일정책에 유약한 입장을 취했던 목래선과 민암이 물러나고, 남구만이 영의정에 오르자 조선정부의 입장이 강경하게 바뀌게 된다.

> 이해 여름에 南九萬이 임금에게 아뢰기를, "동래 부사의 보고에 왜인이 말하기를, '조선 사람은 우리의 죽도에 마땅히 다시 들어오는 것을 금지해야 할 것이다.'라고 하는데, 신이 『芝峰類說』을 보니, 왜놈들이 '礒竹島를 점거했는데, 磯竹島는 곧 울릉도이다.'라고 했습니다. 지금 왜인의 말은 그 해독이 장차 한정이 없을 것인데, 전일 왜인에게 회답한 서계가 매우 모호했으니, 마땅히 접위관을 보내어 전일의 서계를 되찾아 와서 그들이 남의 의사를 무시하고 방자하게 구는 일을 바로 책망하는 것이 좋겠습니다. 신라 때 이 섬을 그린 그림에도 또한 나라 이름이 있고 土貢을 바쳤으며, 고려 태조 때에 섬사람이 方物을 바쳤으며, 우리 태종 때에 왜적이 침입하는 근심을 견딜 수가 없어서 按撫使를 보내어 流民을 찾아 내오게 하고는, 그 땅을 텅 비워 두게 했으나, 지금 왜인들로 하여금 거주하게 할 수는 없습니다. <u>조종의 강토를 또한 어떻게 남에게 줄 수가 있겠습니까?</u>"하였다.

申汝哲이 아뢰기를, "신이 寧海의 어민에게 물으니, '섬 가운데 큰 물고기가 많이 있고, 또 큰 나무와 큰 대나무가 기둥과 같은 것이 있고, 토질도 비옥하다.'고 하였는데, 왜인이 만약 점거하여 차지한다면 이웃에 있는 江陵과 三陟 지방이 반드시 그 해를 받을 것입니다."하니, 임금이 남구만의 말을 듣고 전일의 서계를 돌려오도록 명하였다.7)

즉 영의정 남구만은 『지봉유설』에 의하면, 왜인들이 磯竹島를 점거했는데, 磯竹島는 울릉도이다. 신라와 고려 때에는 토공과 방물을 바쳤으며, 조선조에 들어와서 왜적의 침입 때문에 섬을 비웠지만 왜인을 거주하게 둘 수는 없으며, 祖宗의 강토를 왜에게 넘겨줄 수는 없다는 입장을 강력히 개진했다.

이어 1694년 7월에는 前武兼宣傳官 成楚珩이 상소하여 울릉도에 진을 설치할 것을 주장하였고, 8월에는 남구만의 건의에 의해 三陟僉使 張漢相을 울릉도에 보내어 섬의 형편을 살피도록 하고,[8] 이어서 접위관 兪集一을 부산에 파견하고, 예조참판 명의로 새로운 서계를 일본 측에 전달했다. 그 내용은 다음과 같다.

> 우리나라 강원도의 울진현에 속하는 울릉도란 섬이 있는데, 본 현의 동해 가운데 있고 파도가 험하여 위험하기 때문에 다니는 배가 없습니다. 따라서 몇 해 전에 백성을 옮겨 땅을 비워 놓고, 수시로 公差를 왕래하게 하여 수검하도록 했습니다. … 올 봄에 우리나라 해변의 어민들이 이 섬에 갔는데, 의외로 귀국 사람들이 멋대로 침범해 와 서로 대립하게 되자, 도리어 우리나라 사람 두 사람을 끌고서 에도(東都)에까지 잡아갔습니다. 다행하게도 귀국 대군이 사정을 분명하게 살펴보시고 넉넉하게 노자를 주어 돌려보냈으니, 이는 交隣之情이 심상치 않음을 알 수 있습니다. 높은 의리에 탄복하였으니, 그 감격을 이루 말 할 수 없습니다. 그렇다고는 하지만 우리나라 백성이 어렵을 하던 땅은 본시 울릉도로서, 대나무가 생산되기 때문에 더러 죽도라고도 하였는데, 이는 곧 하나의 섬에 두 개의 이름이 있는 것입니다. 하나의 섬을 두 가지 이름으로 부른다는 것은 단지 우리나라 서적에만 기록되어 있는 것이 아니라 귀국 사람들도 또한

---

7) 『肅宗實錄』 20년 2월 辛卯(23일).
8) 울릉도수토제에 관해서는 손승철, 「조선시대 '공도정책'의 허구성과 '수토제'분석」『이사부와 동해』 창간호, 2010; 유미림, 「장한상의 울릉도 수토와 수토제의 추이에 관한 고찰」, 『한국정치외교사논총』 제31집 1호, 2009 참조.

모두 알고 있는 바입니다. 그런데 이번에 온 서계 가운데 죽도를 귀국의 지방이라 하여 우리나라로 하여금 어선이 다시 나가는 것을 금지하려고 하였고, 귀국 사람들이 우리나라 백성을 붙잡아 간 잘못은 논하지 않았으니, 어찌 성신의 도리에 흠이 있는 일이 아니겠습니다. 깊이 바라건대, 이 뜻을 에도에 轉報하고, 귀국의 변방 해안 사람들을 거듭 단속하여 울릉도에 오가며 다시 사단을 야기하는 일이 없도록 한다면, 서로 좋게 지내는 의리에 있어 이보다 다행함이 없겠습니다.9)

그해 9월에 삼척첨사 장한상이 울릉도에 갔다가 돌아와서 아뢰기를, "왜인들이 왔다 갔다 한 자취는 정말 있었지만 거주하지는 않고 있었습니다. 땅이 좁고 큰 나무가 많았으며, 水宗이 또한 평탄치 못하여 오고 가기가 어려웠습니다. 토품을 알려고 묘맥을 심어 놓고 돌아 왔으니 내년에 다시 가보면 징험을 알 수 있을 것입니다."고 복명서를 제출했다. 이에 대해 남구만이 아뢰기를, "백성이 들어가서 사는 것은 어려우니, 한 두 해 간격을 두고 搜討할 것"을 건의하였고, 이러한 건의에 의해 1699년부터는 기본적으로 3년 간격으로 수토가 정례화되었다.10)

이듬해 6월, 대마번에서는 왜관에 있던 橘眞重에게 소환명령이 내렸고, 橘眞重은 울릉도 문제에 대해 동래부에 서한을 보내어 다음과 같은 4가지 조항을 힐문하였다.

    그 첫째 조항에 이르기를,
    "답서 가운데, '수시로 公差를 파견하여 왕래하며 수색하고 검사하게 하였다.'고 말했습니다. 삼가 살펴보건대, 因幡·伯耆 두 州의 邊民들이

---

9) 『肅宗實錄』 20년 8월 己酉(14일).
10) 유미림, 『「울릉도」와 「울릉도사적」 역주 및 관련기록의 비교연구』, 한국해양수산개발원, 2007; 손승철, 「중근세 조선인의 도서경영과 경계인식 고찰」, 『한일관계사연구』 제39집, 2011, 237쪽.

해마다 竹島에 가서 고기잡이를 하여, 두주가 해마다 그 섬의 鰒魚를 東都에 바치는데, 그 섬은 바람과 물결이 위험하므로, 해상이 安穩할 때가 아니면 왕래할 수가 없습니다. 귀국에서 만일 실지로 公差를 파견한 일이 있다면 역시 분명히 바다가 안온할 때였을 것입니다. 大神君으로부터 지금까지 81년 동안 우리나라 백성들이 일찍이 귀국에서 공식적으로 파견한 사자들과 그 섬에서 서로 만났다는 사실을 上奏한 적이 없었는데, 이제 회답하는 서신 가운데는 '수시로 公差를 파견하여 왕래하며 수색하고 검사하게 하였다.'고 말한 것은 무슨 뜻인지 알 수 없습니다."고 하였다.

둘째 조항에는 이르기를,

"회답하는 서신 가운데, '뜻밖에 귀국의 사람이 스스로 犯越하였다.'하고, '귀국의 사람들이 우리 국경을 침범하였다.'고 하였습니다. 삼가 살펴보건대, 양국이 通好한 이후에 竹島를 왕래하던 어민들이 표류하여 귀국 땅에 이르면 예조 참의가 漂流民을 되돌려 보내는 일로 弊州에 서신을 보낸 것이 모두 세 차례입니다. 우리나라의 변방 백성들이 그 섬에 가서 고기잡이한 실상은 귀국이 일찍이 알고 있던 바인데, 아주 오래 전에 우리 백성들이 그 섬에 가서 고기잡이한 것을 犯越이나 侵涉한 것으로 여겼다면, 일찍이 종전 세 차례의 서신 가운데에서는 어찌하여 범월과 침섭의 뜻을 말하지 아니하였습니까?"하였다.

셋째 조항에는 이르기를,

"회답하는 서신 가운데, '동일한 섬이 두 가지 이름으로 되어 있는 사실은 다만 우리나라 서적에 기록되어 있을 뿐만 아니라, 貴州의 사람들도 또한 다 안다.'고 하였습니다. 귀국이 일찍이 동일한 섬이 두 가지 이름으로 되어 있는 사실이 서적에 기재되어 있는 것을 상고하고, 또 '동일한 섬이 두 가지 이름으로 되어 있는 사실을 弊州의 사람들도 또한 다 안다.'고 생각하였다면, 첫 번째의 답서에서는 어찌하여 "貴界의 竹島는 弊境

의 鬱陵島이다.'라고 말하였습니까? 만일 애당초 죽도가 바로 울릉도인 줄 알지 못하고 두 섬이 두 이름으로 되었다고 생각하였다면, 지금의 答書에서는 어찌하여, '동일한 섬이 두 가지 이름으로 되어 있는 실상은 다만 우리나라 서적에 기록되어 있을 뿐만 아니라, 貴州의 사람들도 또한 다 안다.'고 말하였습니까?"하였다.

　　넷째 조항에는 이르기를,
"삼가 살펴보건대, 82년 전 弊州에서 동래부에 서신을 보내어 礒竹島를 자세히 조사하는 일을 알리니, 동래 부사의 答書에 이르기를, '本島는 바로 우리나라의 이른바 鬱陵島라는 곳으로서 지금은 비록 황폐해져 있으나, 어찌 다른 사람들이 함부로 점거하는 것을 허용하여 시끄럽게 다투는 단서를 열겠는가?'하였고, 그 두 번째 답서도 또한 그러하였습니다. 그런데 78년 전에 本邦의 邊民이 그 섬에 고기잡이하러 갔다가 표류하여 귀국 땅에 이르렀을 때 예조 참의가 弊州에 보낸 서신에, '倭人 馬多三伊 등 7명이 변방의 관리에게 체포되었기에 그들이 온 연유를 물어보니, 울릉도에 고기잡이하러 왔다가 풍랑을 만나 표류하여 온 자였다. 이에 倭船에 태워 貴島로 돌려보낸다.'고 하였습니다. 대개 82년 전에 '어찌 다른 사람이 함부로 점거하는 것을 허용해서 시끄럽게 다투는 단서를 열겠는가?'라고 말하였다면, 78년 전에 다른 사람이 가서 고기잡이한다는 것을 듣고 허용하였을 리가 없었을 것입니다. 그런데 지금 회답하는 서신 가운데, '동일한 섬이 두 가지 이름으로 되어 있는 사실을 貴州의 사람들도 또한 다 안다.'고 말한 것은 82년 전 동래부의 답서에 '礒竹島란 실은 우리나라의 울릉도이다.'라고 한 문구가 있기 때문입니까? 82년 전의 서신과 78년 전의 서신의 내용이 서로 부합되지 않으니, 지금 請問하지 않을 수 없습니다."[11]고 하였다.

---

11) 『肅宗實錄』 21년 6월 庚戌(20일).

이상의 내용을 요약하면, 첫째, 울릉도는 조선이 버린 섬이고, 일본어민이 81년 전부터 고기잡이를 했으며, 조선이 180년간 관리를 파견한 적이 없다는 점, 둘째, 일본 어민이 세 차례나 표류했는데, 조선이 범월을 항의한 적이 없다는 점, 셋째, 지난번 서계에 울릉도와 竹島를 두 개의 섬으로 보았는데, 이번에는 왜 하나의 섬으로 말하는 이유에 대해 항의를 했다.

이에 대해 조선에서는,

조정에서 답하기를,

"82년 전 갑인년에 貴州에서 頭倭 한 명과 格倭 13명이 礒竹島의 크고 작은 형편을 탐사하는 일로 서계를 가지고 나왔는데, 조정에서 이를 함부로 경계를 넘었다 하여 접대를 허락하지 않고, 다만 本府의 府使인 朴慶業으로 하여금 답장을 하도록 하였다. 그 대략에 이르기를, '이른바 礒竹島란 실은 우리나라의 울릉도로서, 慶尙·江原 양도의 海洋에 끼여 있는데, 輿圖에 기재되어 있으니, 어찌 속일 수 있겠는가? 그리고 <u>지금은 비록 폐기되어 있지만, 어찌 다른 사람이 함부로 점거하는 것을 허용해서 시끄럽게 다투는 단서를 열겠는가?</u> 貴國과 우리나라가 왕래하고 통행하는 것은 다만 이 한 길이 있을 뿐이며, 이 밖에는 漂船의 眞假를 따지지 않고 모두 賊船으로 論斷할 것이다. 弊鎭과 沿海의 將官들은 다만 약속을 엄중히 지킬 뿐이니, 바라건대 貴島는 區土의 분간이 있음을 살피고, 界限의 침략하기 어려움을 알아 각각 信義를 지켜서 事理에 어그러지는 일을 초래하는 일이 없었으면 한다.'하였고, 지금 이 서신의 내용은 보내온 서신에도 기재되어 있다. 의문을 제기한 네 가지 조항은 상세하고 간략한 것은 비록 다르지만 大旨는 동일한데, 만일 이 일의 顚末을 알고자 한다면 이 한 장의 서신으로도 충분할 것이다. 그 뒤에 세 차례에 걸쳐서 표류해 온 왜인이 있어 혹은 울릉도에 고기잡이하러 왔다고 하고, 혹은 죽도에 고기잡이하러 왔다고 하였는데, 아울러 歸船에 태워 貴島로 돌려

보내고 犯越・侵涉으로 책망하지 않았던 것은 전후의 일이 나름대로 각각 意義를 가지고 있기 때문이었다.

　頭倭가 왔을 때 信義로써 꾸짖었던 것은 侵越의 정상이 있었기 때문이었고, 표류해 온 배가 정박하였을 때 다만 돌아가는 인편에 딸려 보내도록 하였던 것은 물에 빠져 죽을 뻔 하다 살아남은 목숨이 빨리 송환시켜 주기를 원해 살려 보내는 일이 급하므로 다른 것은 물어볼 여지가 없었기 때문이었으며, 이웃 나라와 親近하는 예의로서 당연한 일인 것이었다. 어찌 우리 국토를 허용할 의사가 있어서였겠는가? 수시로 公差를 파견하여 왕래하여 수색하고 검사한 일은, 우리나라의 『輿地勝覽』에 新羅・高麗와 本朝의 太宗・世宗・成宗 三朝에서 여러 번 官人을 섬에 파견한 일이 상세히 기록되어 있다. 그리고 또 전일에 接慰官 洪重夏가 내려갔을 때 貴州의 摠兵衛라 일컫는 사람이 譯官 朴再興에게 말하기를, '『輿地勝覽』으로 본다면 울릉도는 과연 貴國의 땅이다.'라고 하였다. 이 책은 바로 貴州의 사람이 일찍이 본 바이고, 틀림없이 우리나라 사람에게 말한 것이다. 요사이 公差가 항상 왕래하지 않고 漁民들에게 멀리 들어 가는것을 금지시켰던 것은 대개 海路에 위험한 곳이 많기 때문이었다. 이제 예전에 기재한 서적은 버리고 믿지 않는 채 도리어 왜인과 우리나라 사람이 섬 가운데에서 서로 만나지 않은 것을 의심하니, 또한 이상한 일이 아니겠는가? '동일한 섬인데 두 가지 이름으로 되어 있다.'고 한 것은 朴慶業의 서신 가운데 이미 '礒竹島는 실은 우리나라의 울릉도이다.'라고 한 말이 있다. 그리고 또 洪重夏가 正官인 倭人과 서로 만났을 때 그 정관이 곧 우리나라 『芝峰類說』에 있는 내용을 발설하였는데, 『芝峰類說』에는 이르기를, '기죽도는 바로 울릉도이다.'라고 하였다. 그렇다면 동일한 섬인데 두 가지 이름으로 되어 있다는 설은 비록 본래 우리나라 서적에 기재된 것이지만, 그 말이 발달된 것은 사실 貴州의 正官의 입에서 나온 것이다. 우리의 答書 가운데 이른바, '동일한 섬인데 두 가지 이름으로 되어 있는 사실은 다만 우리나라 서적에 기재되어 있을 뿐만 아니라, 貴州의 사람들도 또한 모두 다

알고 있다.'고 한 것은 바로 이것을 가리켜서 말한 것이다. 이것이 어찌 의문을 제기하여 請問할 만한 것이겠는가? 계유년의 첫 번째 회답한 서신에 죽도와 울릉도를 마치 두 섬으로 여긴 것 같은 점이 있는데, 이것은 바로 그때 南宮의 관원이 故事에 밝지 못했던 소치로서, 조정이 바야흐로 그 失言을 나무랐다. 그때에 貴州에서 그 서신을 돌려보내어 고쳐 주기를 청했기 때문에, 조정에서 그 청에 따라 첫 서신의 잘못된 점들을 고쳐서 바로잡았으니, 오늘날에 있어서는 오직 마땅히 한결같이 고쳐서 보낸 서신을 상고해 믿어야 할 것이다. 첫 서신은 이미 착오로 인해서 개정하였으니, 그것이 어찌 족히 오늘날 빙고해 질문할 단서가 될 수 있겠는가?[12]

고 하였다.

이에 대한 조선 측의 답변은 첫째, 조선에서는 신라·고려·조선 태종 세종 성종의 3조에 걸쳐 『東國輿地勝覽』 등 많은 기록에서 관리를 울릉도에 파견했고, 일본 관리도 인정했으며, 그 이후 관리를 파견하지 않은 것은 해로에 위험한 곳이었기 때문이며 섬을 포기한 것이 아니라는 것, 둘째, 일본의 표류민을 송환해 준 것은 이웃나라와 친근하는 예의로서 대한 것이지, 월경을 허용한 것이 아니라는 것이고, 셋째, 지난번 조선관리가 울릉도와 죽도를 두 개의 섬으로 말한 것은 실언이었으며, 이것은 일본인도 잘 알고 있다는 내용이었다.

그러나 橘眞重은 이 답변서에 승복하지 않고, 개인적인 신분으로 계속적으로 항변했다. 그리고는 그동안 왜관에 체류한 기간 동안에 조선 측으로부터 지급된 백미 1,860섬을 동래부에 환송하고 대마번으로 돌아갔다.

---

12) 『肅宗實錄』 21년 6월 庚戌(20일).

2) 竹島渡海禁止令

그 후, 1695년 10월 쓰시마번주는 그동안 조선과의 교섭경과를 막부에 보고하였고, 그 이듬해 1월 29일, 大久保加賀, 阿部豊後守, 戶田山城守, 上屋相模守등 老中 4명의 명의로 1618년 요나고 주민 2명에게 허가했던 '竹島許可'를 취소하고 '竹島渡海禁止令'을 돗토리 번주 松平伯耆守에게 전달했다.

> 이전에 松平新太郎이 因州와 伯州를 다스리고 있었을 때, 호키국 요나고의 주민 村川市兵衛와 大屋甚吉이 竹島로 도해하였고, 지금까지도 어로를 해 오고 있습니다. 향후 죽도 도해를 금지한다고 명하셨으니 그 뜻에 따릅니다.13)

이에 대해서『竹島考證』에는, "元祿 9년 정월 28일 宗刑部大輔가 귀국 인사를 위해 登城하였는데, 노중 네 명이 나란히 앉아 있었고, 戶田山城守가 죽도에 관한 覺書 하나를 건네주고 말하기를, '이전부터 伯州 요나고의 주민 두 명이 죽도로 건너가 고기를 잡았는데, 조선인도 그 섬에 와서 일본인 틈에 끼니 일본인에게 무익한 일이 되었다. 향후 요나고의 주민이 도해하고자 하는 것을 막으라 하는 하명이 있다.'고 기록되어 있다. 즉 쓰시마 번주가 귀국인사를 위해 에도성에 登城했을 때, 노중 4명이 나란히 앉아 있는 앞에서 戶田山城守한테서 각서를 건네받았다는 것을 알 수 있다.

이 사실에 대해『通航一覽』에는 "元祿 8, 을해년 10월 天龍院公(宗義眞)이 東武에 입조하였다. 그 자리에서 집정 阿部豊後守에게 아뢰기를, '죽도에 관한 항목은, 전 태수가 사자를 시켜서 말하게 한 것이며,

---

13) 北澤正誠,『竹島考證』83쪽.

이미 3년이 지났습니다. 그 나라에서 완강하게 죽도를 그 나라의 땅이라고 우기며 끝내 우리의 말을 듣지 않았습니다. 어떻게 대처해야 하겠습니까?"라고 물었다는 기사가 있고, 이에 대해 노중이 이 문제에 직접 관련이 있는 돗토리번에 질문서를 보낸 것이 12월 24일의 일이었다. 7개조로 된 질문서의 내용은 다음과 같다.14)

覺

1. 因幡·伯耆에 속하는 竹島는, 언제쯤부터 양국에 속하게 된 것인가, 선조가 영지를 하사받은 이전의 일인가, 또는 그 이후의 일인가?
2. 竹島는 대략 어느 정도 크기의 섬인가. 사람이 살고 있지 않은가?
3. 竹島에 어민이 가기 시작한 것은 언제부터인가?
4. 竹島에 어민이 가기 시작한 것은 언제부터인가? 매년 가는가? 또 때때로 가는가? 어떤 것을 잡았는가? 배는 여러 척이 있는가?
5. 삼사년 전에 조선인이 와서 어렵을 하였을 때, 그 때 인질로 두 사람을 잡아왔다고 하는데, 그 이전에도 때때로 왔었는가? 오지 않았다가 위(삼사년 전)의 2년에만 계속해서 왔다간 것인가?
6. 최근 1, 2년간에는 (죽도에) 가지 않았는가?
7. 이전에 (조선인이) 왔을 때 배는 몇 척 이었고, 사람은 몇 명 정도 였는가?
8. 竹島 외에 양국(因幡·伯耆)에 속하는 섬이 있는가? 아울러 양국의 어민이 거기에 가고 있는가?

위의 사항에 대해 알고자 합니다. 회답서를 보내주십시오 이상.

이에 대한 돗토리번의 회답서는 다음 날인 25일에 에도번에 있는 저

---

14) 『通航一覽』 권137, 「朝鮮國部」 113. 竹島.

택에서 즉각 막부로 제출되었다. 다음날에 회답한 것으로 보아, 그 이전에 막부로부터의 조회가 있었고, 영지인 돗토리에서 사료에 근거한 조사를 하는 등의 사전 준비가 있었던 것으로 생각된다. 돗토리번의 회답서는 다음과 같다.

1. 竹島는 因幡과 伯耆에 속하는 섬이 아닙니다. 호키국 요나고의 주민 大屋九右衛門과 村川市兵衛라고 하는 자가 도해한 건에 관해, 松平新太郞이 영주일 때, (막부가) 봉서로서 명령하셨다고 들었습니다. 그 이전에도 도해한 적이 있다는 말을 듣고는 있습니다만, 거기에 대해서는 잘 알지 못합니다.
2. 竹島의 둘레는 대략 八 九리쯤 되고, 사람은 살고 있지 않습니다.
3. 竹島에는 2, 3월경에 어렵을 위해 가고, 요나고에서 출선하여 매년 갑니다. 그 섬에서 전복, 강치 등을 잡는데 크고 작은 배 두 척이 갑니다.
4. 4년 전인 申년에 조선인이 그 섬에 와 있었을 때, 선장들이 가서 만났던 일은 그 때 말씀드렸고, 다음 해인 酉년에도 조선인들이 와 있기로, 우리 선장들이 조선인 두 사람을 데리고 요나고로 돌아왔고, 그것도 보고를 올리고 나가사키로 보내었습니다. 戌년에는 바람이 세서 그 섬에 도착하지 못한 것도 보고하였습니다. 올해에도 도해하였더니, 이국인이 많이 보였기에 배를 대지 못하고 돌아오는 길에 松島에서 전복을 조금 잡아 돌아 왔습니다. 위와 같이 보고 드립니다.
5. 申년에 조선인이 왔을 때, 배 열 한 척 중 여섯 척은 태풍을 만나 조난당하고, 남은 다섯 척은 그 섬에 머물렀는데 사람 수는 오십 삼명이었습니다. 酉년에는 배 세 척에 사람은 사십 이명이 와 있었습니다. 올해에는 많은 배와 사람이 보였으나, 배를 대지 못했으므로 분명하지 않습니다.

6. 竹島와 松島 외에 양국에 속하는 섬은 없습니다.

이상.

이상의 내용을 통해서 볼 때, 막부는 질문에서 "因幡·伯耆에 속하는 竹島"라고 하여, 막부로서는 죽도가 因幡·伯耆 양국을 지배하는 돗토리번에 속하는 것으로 생각하고 있었다는 것을 알 수 있다. 그러나 돗토리번의 회답서에는, "죽도는 因幡·伯耆에 속하는 섬이 아니다."라고 분명히 밝히고 있다. 돗토리번이 自國令이 아니라고 한 것이며, 결국 이 회답서에 의해 막부에서는 1개월 후인 1월 28일에 竹島渡海禁止令을 내리게 되었다고 판단할 수 있다.

이 과정에 대하여 老中 阿部豊後守는 다음과 같이 밝히고 있다.

<u>죽도의 땅이 因幡에 속한다고 해도 또 우리나라 사람이 거주하는 일이 없고, 台德君(德川秀忠)의 시대에, 요나고 사람들이 그 섬에서 어렵을 하게 해 달라고 원하기에 이를 허락하였다. 지금 그곳의 지리를 헤아려보니, 因幡에서 160리 정도 떨어져있고, 조선과의 거리는 40리 정도이다. 이것으로도 일찍부터 그 섬이 그들의 땅이라는 사실을 의심할 수 없을 것 같다. 나라에서 만일 무력으로 이를 취한다면, 무엇인들 얻지 못하겠는가. 다만 쓸모없는 작은 섬이 원인이 되어, 이웃 나라의 호감을 잃는 것은 좋은 계략이 아니다. 더욱이 당초에 저 나라로부터 빼앗은 것이 아니니, 지금 다시 돌려준다고 말 할 수는 없다. 오로지 우리나라 사람이 가서 고기를 잡는 것을 금지해야 할 뿐이다.</u> 지금 조정의 의논도 이전과 같지 않으니, 그 일로 서로 다투다 그만두는 것보다는 서로 간에 아무 일 없는 것이 좋다. 우리의 이런 뜻을 그 나라가 알아듣게 잘 타일러야 하는 것이다.15)

---

15) 위와 같음.

이 내용 중에서 중요시 할 점은 노중 阿部豊後守는 돗토리번이 "竹島는 因幡・伯耆에 속해 있는 섬이 아닙니다."라고 회답했음에도 불구하고, 죽도가 "이나바에 속한다고 해도"라고 말하고 있는 것이다. 阿部는 조선령이라는 것을 인정할 수 없다는 입장에 있었다. 다만 그 섬에 일본인이 살고 있지 않다는 것과, 지리적으로 因幡보다도 조선에서의 거리가 가깝기 때문에 이전에는 조선령이었음이 분명하다고 하였다. 지금 일본이 힘으로 대처하면 손에 넣지 못할 것도 아니지만, '쓸모없는 작은 섬' 때문에 이웃나라와의 우호관계를 손상시키는 일은 득책이 아니다. 언제까지고 다투는 것보다는 '아무 일 없는 것'이 좋다고 하는 막부 당국자의 입장을 표명한 것이다.

이것은 막부 당국도 처음에는 죽도의 사정을 자세히 몰라 일본의 어민을 위해 宗氏에게 명하여 조선과 교섭하게 하였으나, 후에 죽도는 울릉도로, 옛날에는 조선의 속도였고, 일본 어민이 살고 있는 것도 아니고, 또 이나바 번의 지배지가 아니라는 것도 알게 되었으니 오히려 이건으로 조선과의 사이에 문제를 만들지 말고, 무사히 문제를 낙착시키려고 했던 것이다.[16]

3. 제2차 분쟁과 『元祿九丙子年朝鮮舟着岸一卷之覺書』

안용복의 2차 도일사건의 전말에 관해서는 『朝鮮王朝實錄』에 자세히 수록되어 있다. 그 내용을 보면,

> 비변사에서 安龍福 등을 추문하였는데, 안용복이 말하기를,

---

16) 內藤正中, 「죽도일건을 둘러싼 제문제」, 『독도논문번역선』Ⅰ, 바른역사기획단, 2005, 176쪽.

"저는 본디 東萊에 사는데, 어미를 보러 蔚山에 갔다가 마침 중 雷憲 등을 만나서 근년에 鬱陵島에 왕래한 일을 자세히 말하고, 또 그 섬에 海物이 많다는 것을 말하였더니, 뇌헌 등이 이롭게 여겼습니다. 드디어 같이 배를 타고 寧海 사는 뱃사공 劉日夫 등과 함께 떠나 그 섬에 이르렀는데, 主山인 三峯은 三角山보다 높았고, 남에서 북까지는 이틀길이고 동에서 서까지도 그러하였습니다. 산에는 雜木·鷹·까마귀·고양이가 많았고, 倭船도 많이 와서 정박하여 있으므로 뱃사람들이 다 두려워하였습니다. 제가 앞장서서 말하기를, '울릉도는 본디 우리 지경인데, 왜인이 어찌하여 감히 지경을 넘어 침범하였는가? 너희들을 모두 포박하여야 하겠다.' 하고, 이어서 뱃머리에 나아가 큰소리로 꾸짖었더니, 왜인이 말하기를, '우리들은 본디 松島에 사는데 우연히 고기잡이 하러 나왔다. 이제 本所로 돌아갈 것이다.'하므로, '<u>송도는 子山島로서, 그것도 우리나라 땅인데 너희들이 감히 거기에 사는가?</u>'하였습니다. 드디어 이튿날 새벽에 배를 몰아 자산도에 갔는데, 왜인들이 막 가마솥을 벌여 놓고 고기 기름을 다리고 있었습니다. 제가 막대기로 쳐서 깨뜨리고 큰 소리로 꾸짖었더니, 왜인들이 거두어 배에 싣고서 돛을 올리고 돌아가므로, 제가 곧 배를 타고 뒤쫓았습니다. 그런데 갑자기 광풍을 만나 표류하여 玉岐島에 이르렀는데, 島主가 들어온 까닭을 물으므로, 제가 말하기를, '근년에 내가 이곳에 들어와서 울릉도·자산도 등을 朝鮮의 지경으로 정하고, 關白의 書契까지 있는데, 이 나라에서는 定式이 없어서 이제 또 우리 지경을 침범하였으니, 이것이 무슨 도리인가?'하자, 마땅히 伯耆州에 轉報하겠다고 하였으나, 오랫동안 소식이 없었습니다.

제가 憤悗을 금하지 못하여 배를 타고 곧장 백기주로 가서 鬱陵子山 兩島監稅라 가칭하고 장차 사람을 시켜 본도에 통고하려 하는데, 그 섬에서 사람과 말을 보내어 맞이하므로, 저는 푸른 철릭를 입고 검은 布笠을 쓰고 가죽신을 신고 轎子를 타고 다른 사람들도 모두 말을 타고서 그 고을로 갔습니다. 저는 도주와 廳 위에 마주 앉고 다른 사람들은 모두 中

階에 앉았는데, 도주가 묻기를, '어찌하여 들어왔는가?'하므로, 답하기를 '전일 두 섬의 일로 서계를 받아낸 것이 명백할 뿐만이 아닌데, 對馬島主가 서계를 빼앗고는 중간에서 위조하여 두세 번 差倭를 보내 법을 어겨 함부로 침범하였으니, 내가 장차 관백에게 상소하여 죄상을 두루 말하려 한다.'하였더니, 도주가 허락하였습니다. 드디어 李仁成으로 하여금 疏를 지어 바치게 하자, 도주의 아비가 백기주에 간청하여 오기를, '이 소를 올리면 내 아들이 반드시 중한 죄를 얻어 죽게 될 것이니 바치지 말기 바란다.'하였으므로, 관백에게 稟定하지는 못하였으나, 전일 지경을 침범한 왜인 15인을 적발하여 처벌하였습니다. 이어서 저에게 말하기를, '<u>두 섬은 이미 너희 나라에 속하였으니, 뒤에 혹 다시 침범하여 넘어가는 자가 있거나 도주가 혹 함부로 침범하거든, 모두 國書를 만들어 譯官을 정하여 들여보내면 엄중히 처벌할 것이다.</u>'하고, 이어서 양식을 주고 차왜를 정하여 호송하려 하였으나, 제가 데려가는 것은 폐단이 있다고 사양하였습니다."하였고, 뇌헌 등 여러 사람의 供辭도 대략 같았다. 비변사에서 아뢰기를, "우선 뒷날 登對할 때를 기다려 품처하겠습니다."하니, 윤허하였다.17)

그러나 종래 일본학자들의 일부는 한국 측의 사료에 자의적인 부분이 많다는 것을 강조하여 사료의 신빙성을 부정하기도 했다. 예를 들면, 田川孝三은 실록에 기록된 안용복의 공술에 대하여, "허구와 과장으로 가득 찬 것" "그가 꾸며낸 허구에 지나지 않는다."라고 했고,18) 下條正男은 "모두 과대허구로 가득 찬 것"으로서 "범죄자의 공술서에 나오는 것을 취하여, 무비판적으로 적당히 옮겨 적은 것에 지나지 않는다."고19) 했다.

---

17) 『肅宗實錄』 22년 9월 戊寅(25일).
18) 田川孝三, 「竹島領有に關する歷史的考察」, 『東洋文庫書報』 제20호, 1989, 36쪽.
19) 下條正男, 『日韓歷史克服への道』, 風轉社.

이러한 상황 속에서 안용복의 제2차도일 공술자료인 『元祿九丙子年朝鮮舟着岸一卷之覺書』는 일본 측의 종래 주장을 뒤엎는 아주 귀중한 사료이다. 나아가 조선시대 울릉도 독도의 영유권문제 해결에 중요한 단서를 제공하는 사료로 평가될 수 있다.

왜냐하면 그 출처가 오키[隱岐]의 公文役이던 村上家이고, 내용은 안용복을 직접 심문하며 작성한 공술자료이고, 또 작성자의 이름은 물론 그 문서가 당시 隱岐의 관할 번이었던 石州(石見國)에 제출했던 공문서이기 때문이다.

문서의 내용에 관해서는 향후 심도 있는 연구가 있어야겠지만, 독도의 영유권 문제와 관련하여 특징적인 내용을 소개해 보자.[20]

1. 배에 탄 사람 11인
   俗人 安龍福, 俗人 李裨元, 俗人 金可果, 俗人 3인은 이름과 나이를 쓰지 않았다.
   승려 雷憲, 승려 衍習(뇌헌의 제자), 승려 3인은 이름을 쓰지 않았다.
2. 안용복, 뇌헌, 김가과 3인을 在番人이 입회했을 때, 소지했던 조선팔도지도 8매를 내보이며, 팔도의 이름을 조선말로 썼다. 3인 가운데 안용복을 通詞로 하여 사정을 문답했습니다.
3. 안용복이 말하기를 竹嶋를 대나무섬이라고 합니다. 조선국 강원도 동래부내의 울릉도라는 섬이 있는데, 이것을 대나무섬이라고 한다고 합니다. 팔도의 지도에 그렇게 써 있는 것을 소지하고 있습니다.
4. 松嶋는 같은 강원도 내의 子山이라는 섬입니다. 이것을 松嶋라고 합니다. 그것도 팔도의 지도에 쓰여 있습니다.
5. 竹嶋는 강원도 동래부에 속해 있고, 조선국왕의 어명을 받는 東萊府殿의 이름은 道方伯으로, 竹嶋를 지배하는 사람의 이름은 동래

---

20) 이 문서의 구체적인 내용과 가치에 관해서는 손승철, 「1696년, 안용복의 제2차 도일공술자료」, 『한일관계사연구』 제24집, 참조.

부사라고 합니다.
6. 4년 이전, 계유 11월 일본에서 주신 書付 1책을 내 놓았습니다. 그래서 그것을 베꼈습니다.
7. 朝鮮之八道 강원도 이 도 가운데 竹嶋 松嶋가 있다.

즉 1의 인적사항은 『朝鮮王朝實錄』의 기록과 정확히 일치한다는 점에서 두 기록 모두가 사실인 것이 입증된다. 2, 4, 7은 안용복이 2차 도항때에 조선팔도의 지도를 휴대했다는 점. 그리고 울릉도와 독도가 모두 조선팔도지도의 강원도 내에 속해 있다는 점. 5는 울릉도가 강원도에 속해 있고, 그 관할은 동래부에서 하고 있다는 점. 6은 안용복의 제2차 도항이 제1차 도항과 같은 목적인 영유권주장의 연장선상에서 이루어지고 있다는 점을 기술함으로서 울릉도와 독도가 조선영토임을 명백히 한 사료로 평가할 수 있다.

물론 이 문서는 일본 측에서 작성한 공문서이다. 그러나 그 내용은 안용복의 진술이고, 조선 측의 입장을 대변하는 문서라는 점에서, 일본 측의 공식입장이라고는 볼 수 없다. 그러나 이 사료는 일본관리가 안용복의 도일목적이나 당시의 상황을 정확히 기술했다는 점에서 그 진실성을 의심할 수 없으며, 이 사료가 안용복을 취조했던 관리의 후손의 집에 소장되어 있다는 점에서 1차 사료로서의 가치는 매우 높다.

나아가 이 사료와 함께 1696년 1월 28일에 막부에서 오오야·무라가와 양가에 내린 '竹嶋渡海禁止令',[21] 그리고 1699년 3월 21일에 대마번에서 울릉도(竹嶋)가 조선 땅이라고 확인한 기록[22]을 연계하여 분석할 경우, 이 사료는 조선후기 독도영유권 문제의 해결을 위한 결정적인 단서를 제공할 수 있다고 본다.

---

21) 『竹島紀事』 元祿 9年 1月 28日.
22) 北澤正誠, 『竹島考證』 口上書 第19號.

그런데 막부가 돗토리번에 지시했던 당초의 대책은, 이국인이 원하면 나가사키의 봉행소로 가든가, 그렇지 않으면 귀국시키라는 것이었다. 6월 23일부로 막부가 내린 「覺」에서는 "무엇이고 원하는 것이 있으면 나가사키로 가서 나가사키 봉행에게 말하고 명하라. 그렇게 말했는데도 나가사키로 가지 않겠다고 하면, 다른 곳에서는 원하는 것을 들어 줄 수 없는 게 나라 법이라고 타일러서 너희 나라로 돌아가라고 말하라."고, 돗토리번에 지시하고 있다.

이 일과 관련하여 쓰시마번은 7월 7일에 막부로부터 조선인이 돗토리번에 와 있으니 통역을 파견해 달라는 요청을 받았다. 쓰시마번에서는 돗토리번에 온 조선인이 전에 쓰시마를 경유하여 조선으로 송환되었던 안용복일지도 모른다고 생각하고, 그해 1월 28일에 막부가 내린 도해금지의 건을 아직 조선 측에 전달하고 있지 않았다는 점을 우려한다. 아울러 막부가 돗토리번에 지시한 방침은 그때까지 쓰시마번이 담당해 왔던 조선국과의 외교권을 부정하는 일이 될 수도 있었다. 그래서 쓰시마번에서는 막부에 급히 사자를 보내 돗토리번에서의 조선인 접대 변경을 요구했다. 이렇게 해서 막부는 7월 24일에 조선인을 나가사키로 보내는 종래의 방침을 바꾸어, 조선국과의 외교는 쓰시마번 이외에서는 취급할 수 없으므로 자기나라로 돌아가게끔 쫓아내야 한다고 돗토리번에 명령한다.

> 한 말씀 아룁니다. 지난번에 이나바국에 온 조선인을 宗次郞이 보낸 통역이 오면, 의논하여 나가사키로 보내라고 하였지만, 이전부터 모든 조선국의 통상업무는 宗刑部大輔에게 말해야 한다는 명이 있었으므로 그곳(돗토리번)에 통역을 보내 상황을 살피게 한 것과, 나가사키로 보내지 말도록 한 것은, 쓰시마국 이외에서는 조선국에 관한 건은 취급하지 않는 것이 나라 법이기 때문에 宗刑部大輔에게도 알렸습니다. 이번 일을 어떻게 생각하시는지. 귀국하도록 타일러서 쫓아 보내십시오. 위와 같이 모두 말하였습니다.

7월 24일
大久保加賀守松平伯耆守23)

그리하여, 돗토리번에서는 老中의 지시를 받아 즉시 안용복 일행을 돌려보내는 일에 착수한다. 돗토리번의 『御用人日記』 8월 6일조에는 노중의 봉서를 돗토리번에 전달한 8월 4일에 "平井金左衛門을 靑島에 보내고 辻晩庵도 동행시켜, 귀국하도록 말하게 하였다. 그러나 날씨가 계속 맑았던 탓으로 加路에 있는 강이 얕아졌기 때문에 두 사람은 배가 뜰 수 있도록 파내게 하고 조선 배를 끌어내어 오늘 加路港을 떠나는 것을 지켜본 후 등성했다."고 기록하고 있다. 돗토리번으로서는 平井金左衛門와 유학자인 辻晩庵를 靑島에 파견하여, 안용복 일행을 귀국하도록 설득하도록 했다. 그러나 계속되는 가뭄으로 小山 호수의 물이 말라서 加路港으로 통하는 수로를 통해 배가 지나갈 수 없었기 때문에, 강 밑을 파내어 배를 뜨게 하고, 8월 6일에 加路港을 출범하는 것을 끝까지 지켜본 후에 등성하여 보고했다는 것이다.

귀국한 안용복 일행은 8월 29일에 강원도 양양현에서 강원감사 沈枰에게 붙잡혀, 한양의 옥에 갇히게 된다. 사헌부에서는 안용복을 주살할 것을 왕에게 요청했으나, 영의정 柳尙運이 처단할 수 없다고 건의했다. 그 이유는 쓰시마가 울릉도를 조선 땅이라고 인정해 왜인의 왕래를 금지시켰다고 말했으니, 이는 대체로 안용복의 공이라고 할 수 있기 때문이라는 것이었고, 이 건의가 받아들여져 안용복은 죽음을 면하고 유배되었다.24)

막부가 제2차 안용복 도일 사건을 계기로 죽도도해를 금지한 것에 대한 통고는 10월 16일에 대마도주가 동래부 역관에게 2통의 口上書를 건

---

23) 『竹島紀事』 元祿 9年 7月 24日.
24) 『肅宗實錄』 23년 3월 戊寅(27일).

네는 형식으로 이루어졌다. 이에 관해서는 『朝鮮通交大紀』에 "天龍公이 조정의 뜻을 두 사신에게 알리고, 또 두 老臣을 시켜 두 일을 기록하여 보이게 하였다."고 했다. 당시에 작성된 두 구상서는 『竹島考證』25)에 수록되어 있다.

제8호 "예전에 쓰시마 태수가 竹島 건에 대하여 사자를 보내어 알렸을 때, 중개하는 사람이 사자에게 말한 것을 귀국하여 나에게 말해 주었기로 그 일을 에도의 노중에게 말하였더니, (노중이 말하기를) '그 섬은 因幡·伯耆에 부속하는 것도 아니며 일본이 취한 空島였기 때문에 伯耆의 사람들이 건너가 어렵을 한 것일 뿐이다. 그런데 근년에 조선인이 건너와 일본인과 함께 한다는 것을 그 섬에서 가장 가까운 쓰시마번주가 보고해왔지만, 조선에서 가깝고 伯耆에서는 먼 섬이라고 하니 거듭 이쪽의 어민이 도해하지 않도록 명하라'는 말씀을 하셨습니다.

제9호 "이번 여름 조선인 열 한명이 한척의 배에 타고, 소송할 것이 있다면서 因幡國을 찾아왔습니다. 이 때 조선관계의 일은 이쪽(쓰시마)에서 독점하여 처리하도록 (막부가) 명하여, 타국에서는 결코 취급하지 못한다는 것이 국법이었기 때문에, 소송의 이유를 듣지 않으시고 되돌려 보냈다고 합니다. 이 사실을 老中이 이쪽(쓰시마)에 알고 있으라고 알려주셔서 매우 놀랐습니다. 이전부터의 약속도 있는데, 이쪽을 제쳐놓고 타국에 가서 소송을 제기하는 것에 대해 어떻게 생각하고 계시는지 불안하기 그지없습니다. 이 일이 조정에 계시는 분이 소송을 통해 내린 판결이라고 한다면, 그야말로 도리에 맞지 않는 처사라고 생각되므로, 서둘러 사자를 보내 관계를 끊고 싶으나, 어쩌면 아랫사람들의 처사가 아닐까라고 생각하여 삼가고 있습니다. 금후로 이러한 일이 있다면 조선국을 위해

---

25) 北澤正誠, 『竹島考證』, 1881. 明治外務省.

서도 결코 좋지 않기 때문에, 이 일은 (조선국의) 조정에도 서둘러 통지하여 줄 것을 바랍니다. 이상"

앞의 제8호 口上書는 막부가 伯耆國 요나고 주민의 竹島渡海를 禁止하도록 지시했던 것을 전하는 서계이며, 이것은 과거 3년에 걸친 외교교섭에서 쓰시마번의 주장이 관철되지 않았다는 것을 말해준다. 그래서 쓰시마번에서는 번주가 열심히 막부의 노중을 설득했지만, 결국 일이 이런 식으로 끝났다는 서술 방식을 취하고 있다. 竹島의 소속에 대해서도 因幡·伯耆에 속하는 섬도 아니고, 더구나 '일본이 취한 섬'도 아니라고 밝히고 있는데, 空島로 사람이 없기 때문에 伯耆의 어민이 출어했을 뿐이고, 원래 조선에 가깝고 伯耆에서는 먼 곳이기 때문에, 도해하지 않도록 하라고 명하기로 했다고 '竹島禁止令'을 설명하고 있다.

그 후 쓰시마번은 10월 16일에 역관 두 명과 대면하여 이야기한 것을 막부에 보고했다. 하지만 동래부의 역관은 일본문으로 기록되어 있는 口上書를 조선의 한문으로 바꾸어 써줄 것을 요구했고, 역관은 다음 해인 1697년 1월 10일에 귀국하여 이것을 동래부사에 보고하고 있다.

조선 정부는 동래부사의 보고를 근거로 정부 각 부처에서 검토하고, 비변사에게 회답하게 하기로 한다. 이 문제를 둘러싼 조선 측 의향이『朝鮮王朝實錄』에 다음과 같이 기록되어 있다.

> 동래 부사 李世載가 장계하기를, "館倭가 말하기를, '前 島主가 竹島의 일로 두 번이나 大差를 보내었으며, 그가 죽은 뒤에 이르러서는 현재의 도주가 江戶에 들여보내어 關白에게, "<u>죽도는 조선에 가까우니 서로 다툴 수 없다.</u>"는 것을 말하게 하고, 인하여 왜인들의 왕래를 금하였으니, <u>주선한 힘이 많았습니다.</u> 이로써 啓聞하여 서계를 만들어 보내는 것이 어떻겠습니까?' 하고, 또 묻기를, '지난 가을에 貴國의 사람이 單子를 바친 일이 있었는데, 조정의 명령에서 나온 것입니까?' 하기에, 신이 말하기를,

'만약 분변할 수만 있다면 한 사람의 譯官을 江戶에 보낼 터인데, 돌아보건대 무엇을 꺼려하여 미치광스럽고 어리석은 浦民을 보내겠는가?'하니, 관왜가 말하기를, '島中에서도 이와 같이 헤아리고 差倭를 보내지 않는 것이니, 이것도 따로 書契를 만들어 답을 해야 한다.'고 하였습니다."하였는데, 서계를 보내는 것이 타당한지 않은지를 廟堂으로 하여금 稟處하게 하였다.

　　비변사에서 회계하기를, "竹島는 바로 鬱陵島의 다른 이름이며, 이는 우리나라의 땅으로 『東國輿地勝覽』에 기재되어 있는 것을 日本에서도 분명하게 알고 있는데, 前後에 差倭를 보내어 書契의 내용을 고쳐 달라고 청하니, 그간의 실정과 폐단을 모르겠습니다. 그러나 지금 왜인들을 왕래하지 못하도록 금하는 것을 현재의 島主에게 功을 돌리니, 引責하는 의도가 두드러지게 나타나 있으나, 조정의 大體로 보아 지난 일을 다시 책망할 필요는 없습니다. 그리고 풍랑에 표류된 어리석은 백성에 이르러서도 설사 저지른 것이 있다고 하더라도 역시 조정에서 알 바가 아니니, 모두 서계를 만들어 보낼 일이 아닙니다. 청컨대 이것을 館倭에게 말하도록 하소서."하니, 그대로 윤허하였다.26)

　　이어 조선에서는 예조참의 李善源의 명의로 이 서계를 쓰시마번에 보냈고, 쓰시마번에서는 7일에 막부의 노중 阿部豊後守에게 전했다. 그리고 이듬해 1699년 1월이 되어, 쓰시마번은 사자를 동래부에 보내어 에도 막부가 납득했다는 것을 전했다. 또한 이때 阿部豊後守가 쓰시마 번주에게 후년을 위해 조선과의 교섭을 최초부터 정리해 두도록 명했고, 쓰시마번에서는 그동안의 안용복사건에 관한 전말을 정리한 「口上之覺」을 작성해서, 3월에 부산 왜관에 전달했다. 그 후 10월에 쓰시마 번주 宗義眞은, "竹島一件을 남김없이 모두 마무리 지었다."고 막부에 보고했고,

───────────
26) 『肅宗實錄』23년 2월 乙未(14일).

12월에, 노중 阿部豊後守가 납득했다는 내용을 쓰시마 번주에게 전하였다. 이로써 1693년 안용복 사건으로부터 시작된 조일 간의 해륙경계분쟁은 1699년 말을 기해 종결된다.

그리고 이러한 내용은 1876년 명치정부의 태정관문서에 자세히 정리가 되어 있다. 그 내용은 다음과 같다.

> 울릉도가 우리의 땅이라는 사실은 輿地圖에도 자세히 실려 있는 바이고, 문적도 분명하여 그곳과는 멀고 이곳과는 가까운 것을 막론하고서라도 疆界가 自別합니다. 귀주에서 이미 울릉도와 다케시마는 섬은 하나이고 이름은 둘이라는 사실을 알고 있으니 이름이 비록 다르더라도 그곳은 우리의 땅입니다. 그런데 귀국(일본)에서 명을 내려 영구히 사람이 들어가서 고기잡이를 못하게 하겠다고 하고 謝意를 정녕히 보전하겠다고 하시니 가히 영원토록 다르지 않을 것이므로 다행한 일이라 여겨집니다. 우리나라에서도 관리에게 분부하여 때때로 검찰하여 두 지역 사람들이 왕래하면서 뒤섞이는 폐단이 없도록 하겠습니다.
>
> 작년에 있었던 표민에 관한 일은 연해 사람들은 거의 배를 가지고 생계를 꾸려나가고 있는데, 강풍이 휘몰아치면 표류하기가 쉽고 심지어 큰 바다를 넘어 귀국에까지 떠내려갈 수도 있는데, 어떻게 이것으로 정약을 위반했다고 하고 다른 길을 경유하려 했다고 의심할 수 있습니까. 그들이 올린 書字는 참으로 亡作의 죄가 있기 때문에 이미 幽極의 罰典을 실시하여 징계하도록 했고, 별도로 연해에 신칙하여 금령을 확인하게 했습니다. 더욱 성신에 힘써 대체를 온전하게 하고 변경에서 다시는 일이 생기지 않게 하는 것이 피차에 크게 바라는 바가 아니겠습니까.[27]

이에 대한 쓰시마번주 소우 요시자네[宗義眞]의 답서와 첨부된 「口上

---

[27] 『太政官指令文』 제3호.

之覺」은 다음과 같다.

■ 宗義眞의 답서

일본국 대마주 刑部大輔 拾遺 平義眞은 조선국 예조대인 합하에게 답서를 올립니다.

지난번에 華械을 받아 귀국의 穆淸하심을 살폈으니 반갑기가 평상시보다 갑절이나 더합니다. 하유를 받자옵건대 작년에 역관이 바다를 건너 왔을 때, 竹島의 일을 면대해서 전달했는데, 이로 말미암아 좌우께서 그 情由를 잘 살피시고 양국에서 영구히 교의를 다지고 더욱 성신에 힘쓰게 되어 지극히 다행한 일이라는 뜻을 나타내 보이셨습니다. 그리하여 <u>그 뜻을 이미 東武에 전달했기에 이제 서계를 작성하여 간략히 알려 드립니다.</u> 나머지는 舘司가 말로 전할 것입니다.

봄추위에 加愛하시기를 거듭 비옵고 모든 것을 잘 살펴보시기를 바라면서 이만 실례하겠습니다.

元祿 12年 己卯(1699) 1月 日

對馬州 刑部大輔 拾遺 平義眞

■ 口上之覺

…(조선 측) 書面의 내용이 좋지 않았지만 刑部大輔가 정성을 다했기에 <u>일이 원만하게 해결되어 이번에 답서를 전달하게 되었습니다. 竹島件은 깨끗하게 처리되어 조선국이 바라는 대로 해결이 났으니 양국 간에 매우 다행스러운 일입니다.</u>

원래 竹島件은 귀국(조선)이 수년간 버려둔 데다 그 뒤에 점차 신경도 쓰지 않았습니다. 그 때문에 84년 동안 일본인이 도해했으며, 先年에는 인번주 사람들이 귀국어민(안용복 등)을 붙잡아 와서 東武에 보고했습니다. 그 결과 앞으로 귀국 어민들이 도해하지 않도록 해 달라는 막부의 분부가 있었습니다. 이에 전 대마수가 사자를 보내 막부의 뜻을 전달했으며, 그때의 답서에서는 잘 알았다고 했습니다. … 그러더니 나중에 앞서 서면의 내용을 바꾸어 일본인이 월경하여 침범해 옴으로써 도해하지 않도록 분부해 달라는 취지로 작성된 서한이 동래로 내려왔습니다. 그런데 對州에도 보고하지 않은 채 사자(橘眞重)가 자신의 의견을 (조선에) 전달했는데, 미처 답신을 받지 못하던 차에 對馬守가 사망하고 말았기 때문에 사자도 그 상태에서 대마도로 돌아왔습니다.

그리고 <u>竹島가 귀국의 울릉도임이 틀림없다고 들은 그대로를 자세히 보고했습니다.</u> 마침 刑部大輔가 參府하는 시기였으므로 東武에 다음과 같이 아뢰었습니다.

"竹島는 조선국이 수년간 버려두었습니다. 그 뒤에 점검해야 할 시기인데도 번번이 신경을 쓰지 않았기 때문에 자연히 일본의 屬島인 것처럼 여겨져 왔습니다. 이에 저쪽에서 요구한 바가 지당하다고 여겨지기는 합니다만, 원래가 조선 땅임이 틀림없으며 輿地圖에도 분명히 있습니다. 성신을 바탕으로 통교하고 있으므로 이를 잘 헤아려 일본인의 도해를 금지하게 해 주신다면, 성신을 다하는 것으로 더 할 나위 없이 황송하게 여기겠습니다."

이렇게 저에게 은밀히 요청한대로 노중에게 예의를 갖추어 성심껏 아뢰었습니다. 그랬더니 곧바로 (장군에게까지) 보고되어 양해가 있었으며 말씀하시기를, "<u>인교의 바탕은 우호에 있으므로 앞으로 일본인의 도해를 금지한다.</u>"고 지시하셨습니다. 마침 역관을 초빙할 것이라고 아뢰어 두었기 때문에, 역관이 일본에 왔을 때, 위의 취지를 면담하는 자리에서 자세히 전달하라고 분부하셨습니다. 이에 先年에 역관에게 구두로 전달했던 것입니다.

…

右 항목들은 이미 별 문제없이 해결되었으므로, 새삼스럽게 다시 전달할 필요는 없겠지만, 우리들의 역할이 있으므로 처음부터 양국의 의견을 확인하는 바입니다. 그 이유는 귀국의 생각과 대마번의 생각이 어긋난 점

이 있었으므로 말씀드리지 않으면 안 됩니다. 앞으로의 일도 있으므로 우리들이 생각하고 있는 바를 동래부사에게 잘 전달하여 조정에도 그 뜻을 확실하게 전달해주시기를 요구합니다. 이상[28]

즉 조선에서는 울릉도가 조선 땅임이 확인이 되었으므로 더 이상 문제를 삼지 않겠다는 입장을 분명히 했고, 대마도도 조선의 뜻을 막부에 전달하여 재가를 받는 형식으로 마무리 했으므로, 더 이상 문제가 될 것이 없다는 내용을 분명히 했다.

4. 맺음말

이상에서 안용복사건을 둘러싼 조·일간의 해륙경계분쟁의 주요내용을 동시기 양국 간에 주고받은 서계 및 기록들을 『朝鮮王朝實錄』, 『竹島記事』, 『竹島考證』, 『通航一覽』, 『元祿九丙子年朝鮮舟着岸一卷之覺書』, 『太政官指令文』 등을 통해서 고찰해 보았다.

1693년 울릉도에서 안용복과 오키섬 사람들과의 조우에서 시작된 충돌은 안용복의 피랍과 송환 등의 과정을 겪으면서 국가 간의 분쟁으로 확대되어, 朝鮮國王-領議政-禮曹-東萊府 등과 幕府將軍-老中-伯耆守·因幡守·對馬守 등간에 논의와 주고받은 서계 등에 의해 일본인의 '竹島渡海禁止'라는 결론에 이르게 된다.

그 과정을 요약하면, 1693년 안용복 1차 도일사건 당시 막부의 인식은 울릉도(竹島)가 일본 땅이라는 인식을 가지고 있었고, 조선도 외교적인 마찰을 경계하여 울릉도는 조선 땅, 竹島는 일본 땅이라는 애매한 입장을 취했다. 그러나 1694년 甲戌換局에 의해 정권이 바뀌면서, 울릉도

---

[28] 『太政官指令文』 제4호.

와 竹島가 동일한 섬으로 조선 땅이라는 입장을 분명히 했다. 그 후 막부에서 논의한 결과, 안용복을 나가사키를 경유하여 조선에 귀국시키는 한편, 1618년 요나고 어민 2인에게 내린 '竹島渡海免許'를 취소하고, '竹島渡海禁止令'을 돗토리번주에게 전달했다. 그러나 이 '竹島渡海禁止令'이 조선에 전달되기 전에 안용복의 2차 도일사건이 일어나고, 그 결과 안용복을 양양으로 추방하면서, '竹島는 조선에서 가깝고 伯耆에서 먼 섬이므로 거듭해서 이쪽(日本)의 어민이 도해하지 않도록 하라'는 1차 도일 때에 내려진 '竹島渡海禁止令'를 재삼 확인하였던 것이다. 이로써 17세기 말, 안용복 도일사건을 계기로 발생한 조일 경계분쟁이 일단락된다.

그러나 현재 일본의 외무성 홈페이지에 게재된 '다케시마 문제를 이해하기 위한 10의 포인트'에는 제4항에는 "일본은 17세기말 울릉도 도항을 금지했습니다만, 다케시마(독도) 도항은 금지하지 않았다."라고 명시하면서, 독도의 영유권을 주장하고 있다. 이 주장은 얼핏 보면 설득력이 있는 것 같지만, 위의 사실을 상기해 볼 때, 전연 거짓이라는 사실을 확인할 수 있다. 뿐만 아니라 일본 외무성의 주장대로 '울릉도도해금지'가 '독도도해금지'는 아니라는 논리도 1876년 태정관지령문의 '일본해 내 다케시마 외 일도를 판도외로 정한다'의 내용에 의해 그 허구성이 확실해진다.[29]

즉 내무성 조회문에는 "竹島(울릉도) 所轄의 건에 대해 島根縣으로부터 별지의 조회가 있어 조사한 바, 해당 섬의 건은 元祿 5년(1692) 조선인이 입도한 이래 별지의 서류에 진술한 대로 元祿 9년 정월이전 정부가 의견을 교환하기 위해 역관에게 서장을 보내 해당국을 왕래한 본방의 회답 및 구상서에 있듯이, 元祿 12년(1699)에 서로 왕복이 끝나 본방과 관계가 없는 것으로 결론이 났다고 들었습니다. 하지만 판도의 취함과 버림은 중대한 일이므로 별지 서류를 첨부해 학인하기 위해 이것을 여쭤

---

29) 호사카 유지, 『대한민국 독도』, 책문, 2010, 60쪽.

어 봅니다."라고 되어 있는데, 이에 대해 太政官은 "조회의 취지인 竹島(울릉도)외 一島(독도)의 건은 本邦(일본)과 관계가 없는 것으로 명심해야 한다."고 결론을 내린다.

결론적으로 이상의 내용을 통해서 볼 때, 17세기 안용복 사건을 계기로 발생된 조선과 일본 간의 해류경계분쟁은 울릉도를 포함한 독도의 영토분쟁이었고, "울릉도 도해금지가 독도 도해금지가 아니기 때문에 독도의 영유권은 유효하다."는 일본외무성 홈페이지는 내용면에서도 허구적 성격을 내포하고 있다고 결론지을 수 있다.

참고문헌

1. 사료

『朝鮮王朝實錄』, 『備邊司謄錄』, 『邊例集要』, 『增訂交隣志』, 『東國文獻備考』, 『東國輿地勝覽』, 『同文彙考』, 『春官志』, 『鳥取藩政史料』(「御用人日記」, 「控帳」, 「竹嶋之書附」), 『元祿九丙子年朝鮮舟着岸一卷之覺書』, 『竹島紀事』, 『館守每日記』, 『元祿六年癸酉年竹嶋一件拔書』, 『竹島記下書』, 『譯官記』, 『朝鮮通交大紀』, 『通航一覽』, 『太政類典』.

2. 단행본

권오엽, 『독도와 안용복』, 충남대 출판부, 2009.
김명기, 『안용복이 도일활동과 국제법』, 책과 사람들, 2011
김화경, 『독도의 역사지리적 연구』, 경인문화사, 2011.
內藤正中, 『한일간 독도·죽도 논쟁의 실체』, 책사랑, 2009.
송병기, 『울릉도와 독도, 그 역사의 검증』, 역사공간, 2010.
신용하, 『한국의 독도영유권연구』, 경인문화사, 2006.
호사카유지, 『우리역사 독도』, 책문, 2009.
_____, 『대한민국 독도』, 책문, 2010.

3. 논문

김병우, 「安龍福 연구현황과 과제」, 『경주사학』 34, 경주사학회, 2011.
김호동, 「조선 숙종조 영토분쟁의 배경과 대응에 관한 검토 - 안용복 활동의 새로운 검토를 위해」, 『대구사학』 94, 2009.
남기훈, 「17세기 조·일 양국의 울릉도·독도인식」, 『한일관계사연구』 23, 2005.
內藤正中, 「竹島一件을 둘러싼 제문제」, 『독도논문번역선』 1, 바른역사기획단,

2005.

손승철, 「1696년 안용복의 제2차 도일공술자료-『元祿九丙子年朝鮮舟着岸一卷之覺書』」 24, 2006.

신동규, 「근세시기(朝鮮後期·江戶時代) 韓·日간 獨島 연구의 쟁점과 문제점 고찰」, 『韓國史學 報』 제28호, 高麗史學會, 2007.

이훈, 「조선후기 독도를 지킨 어부 안용복」, 『역사비평』 33, 역사문제연구소, 1996.

현명철, 「메이지정권과 독도」, 『한일관계사연구』 23, 2005.

조선전기 조일 간 어업분쟁과 해양권의 강화

한 문 종*

1. 머리말

　한국과 일본은 대한해협을 사이에 두고 위치하고 있다. 이 때문에 고대부터 오늘날에 이르기까지 해양을 통해서 인적·물적 교류가 이루어졌지만, 다른 한편으로는 대립과 갈등도 존재하고 있었다. 특히 고려 말에는 왜구가 한반도에 침입하여 약탈을 자행하였으며, 이는 고려를 멸망하게 한 원인이 되기도 하였다. 따라서 조선에서는 건국 초부터 다양한 왜구대책을 실시하였다. 그 결과 1409년을 전후하여 왜구의 침입은 감소한 반면에 통교왜인은 점차 증가하기 시작하였다. 그러나 통교왜인의 증가는 조선의 치안상·재정상의 문제를 초래하였다. 이에 조선에서는 통교왜인을 통제하기 위해, 浦所의 제한과 書契·圖書·文引 등의 왜인통제책을 실시하였다. 이처럼 왜구대책의 실시로 조선에서는 남방지역에 대한 경계인식이 나타나기 시작하였으며, 왜인통제책의 실시로 남방지역에 대한 경계인식이 형성되어 갔다.[1]

　한편으로 조선의 왜구대책으로 왜구문제가 일단락되고 양국관계가

---

* 전북대학교 사학과 교수.
1) 한문종, 「조선의 남방지역과 일본에 대한 경계인식」, 『한일관계사연구』 39, 2011, 152~153쪽.

안정되자 대마도에서는 조선의 연근해에서 고기잡이를 요청하였다. 특히 대마도는 전 섬의 약 90%가 농사를 지을 수 없는 산지이고, 거리상으로도 일본의 본토보다는 조선에 훨씬 가까이 위치하고 있었다. 이러한 대마도의 자연적 지리적 특성 때문에 부족한 식량이나 생활필수품을 조선으로부터 조달하지 않을 수 없었다. 이 때문에 대마도에서는 약탈이나 교역을 통해서 필요한 물품을 조선에서 구해갔다. 그러나 다른 한편으로는 자신들의 생계를 위하여 조선의 연안에서 고기잡이 할 수 있도록 요청하기도 하였다. 특히 1426년 염포의 개항으로 이른바 '三浦'가 개항되었지만 왜인들이 고기잡이 할 수 있는 지역을 부산포와 내이포로 제한하였다. 대마도인은 포소의 추가 개항을 요구하였으나 거절당하자 대신에 경상도 연안의 어장을 요구하였다. 이처럼 포소의 추가 개항을 빌미로 왜인들은 조선의 연안에서 고기잡이할 수 있는 지역을 확대하려 하였으며, 이는 조일 양국 간에 어업에 관한 갈등과 대립으로 나타났다. 이러한 어업 갈등을 해결하고 왜인들이 조선의 영역을 침탈하는 것을 사전에 방지하기 위한 조치가 바로 1441년(세종 23)의 孤草島釣魚禁約이었다.

조어금약을 계기로 왜인들이 고기잡이 할 수 있는 지역이 동해안의 울산 개운포에서부터 남해안의 고초도 지역까지 확대되었다. 그 반면에 조선에서는 이 약조를 통해서 조선은 연안의 섬과 바다에 대한 경계인식을 확립할 수 있었고, 왜인들의 불법적인 침탈도 통제할 수 있었다. 이러한 점에서 고초도조어금약은 조선초기 조일외교 특히 조일간의 경계인식과 어업 갈등을 이해하는데 매우 중요한 주제 중의 하나라고 생각한다. 고초도조어금약은 주로 일본학자들의 의해서 연구되었다. 특히 오사세츠코(長節子)는 고초도의 위치 비정과 약조의 정약 및 변용 과정에 대해 많은 연구를 하였다.[2] 이에 비해 국내에서 본격적인 연구는 거의 없

---

2) 長節子,「孤草島釣魚研究-孤草島の位置を中心として-」,『朝鮮學報』91, 朝鮮學會, 1979; 長節子,「孤草島釣魚の變容」,『年報朝鮮學』1, 九州大學朝鮮學研究會, 1990; 長節子,「孤草島釣魚禁約」,『海と列島文化』3, 小學館,

으며, 최근에 주철희가 오사 세츠코의 고초도의 위치비정에 대한 재검토를 하면서 고초도를 초도와 손죽도 근처로 비정하였다.3) 그러나 기존의 연구는 고초도의 위치비정과 약조의 정약과정에 집중되어서 조선전기 한일 간의 어업분쟁의 실태와 처리방법, 그리고 해양에 대한 경계인식을 규명하는 데 한계가 있다고 생각한다.

따라서 본 연구에서는 기존의 연구 성과를 토대로 하여 첫째, 일본의 남해안 지역에 대한 어장의 확대요구와 고초도조어금약의 정약 과정을 간략하게 정리하려고 한다. 둘째, 고초도의 위치와 조어금약의 시행시기 문제를 재검토하고, 조어금약의 위반 실태와 위반자에 대한 조선의 처리 양상을 살펴보려고 한다. 셋째, 대마도와의 어업갈등에 대한 사례를 검토하고 아울러 조어왜인으로부터 징수하는 漁稅가 가지는 의미를 영토인식과 해양권의 강화라는 측면에서 고찰하고자 한다. 이를 통해서 조선전기 한일 간의 어업갈등과 경계인식을 규명하고 나아가 한일관계의 성격을 파악하는 단서를 마련하고자 한다.

2. 일본의 남해안지역 어장요구와 고초도조어금약

대마도정벌 직후 대마도와의 외교관계는 단절되었고, 포소도 폐쇄되었다. 그 후 대마도주가 항복과 印信의 하사를 요청하는 사신을 파견함으로써 외교관계가 다시 재개되었다. 그 결과 1423년(세종 5)에 부산포와 내이포를 개항하고, 1426년에 염포를 추가로 개항하였다. 이로써 이른바 '三浦'가 개항되었으며, 그곳에는 각각 왜관이 설치되었다.4) 그러

1990.
3) 주철희, 「고초도의 위치 비정에 대한 재검토」, 『한일관계사연구』 41, 한일관계사학회, 2012.
4) 한문종, 「조선전기 왜관의 설치와 기능」, 『인문과학연구』 32, 강원대 인문과학

나 삼포의 개항으로 대마도인들이 고기잡이 할 수 있는 지역은 부산포, 내이포로 제한되었다.5)

대마도에서는 1427년(세종 9) 3월에 左衛門大郞이 대마도인의 생계가 어렵다고 호소하면서 固城과 仇羅梁을 추가로 허가해 줄 것을 요청하였으며, 3년 후인 1430년 9월에도 六郞次郞이 고성포·구라량 등지를 내왕하면서 장사하기를 요청하였으나 거절당하였다.6) 이처럼 대마도에서는 포소의 추가 개항을 계속해서 요청하였지만 거절당하자, 이제는 방향을 전환하여 경상도 연해어장의 확대를 요구하기 시작하였다. 그리하여 1430년 11월에는 加背梁·仇羅梁·豆毛浦·西生浦에서, 1438년 10월에는 고성·구라량에서 고기잡이 할 수 있도록 요청하였다.7) 그러나 조선에서는 삼포 지역만으로도 충분하다고 하면서 그들의 요구를 들어주지 않았다.

한편, 1435년(세종 17) 10월에는 대마도의 고기잡이 어선과 홍리왜인이 삼포뿐만이 아니라 가배량·구라량 등지를 왕래하면서 무역하고 또 조선의 선군을 동승하여 경계없이 마음대로 고기잡이할 수 있도록 요청하였다. 이에 대해 조선에서는 가배량 등지를 왕래하면서 무역하는 것을 허락하지 않는 대신에 조선의 船軍이 왜선에 동승하여 開雲浦 등을 왕래하면서 고기잡이할 수 있도록 허락하였다.8) 이로써 왜인들은 삼포 중 가장 서쪽에 위치한 내이포를 경계로 하여 동쪽으로 염포의 개운포 지역에

연구소, 2012, 256~260쪽.
5) 삼포개항 이전까지 대마도 왜인들의 조선에서의 어로활동과 양상에 대해서는 파악할 수 없다. 다만 1407년 7월에 조선에서는 興利倭人이 到泊하여 무역할 수 있는 장소를 부산포와 내이포 두 항구로 제한하였기 때문에, 그 이전까지 홍리왜인과 조어왜인은 조선의 연안을 자유롭게 왕래하였을 것으로 추정되지만 사료상으로는 확인할 수 없다.
6) 『세종실록』 권35, 9년 3월 을묘(27); 권49, 12년 9월 임술(24).
7) 『세종실록』 권50, 12년 11월 기해(2); 권59, 권83, 20년 10월 기사(18).
8) 『세종실록』 권70, 17년 10월 을묘(17).

서 고기잡이를 할 수 있었다.9) 그러나 내이포로부터 서쪽 지역은 왜인들의 출입을 철저하게 통제하였다. 그 때문에 왜인들은 전라도와 충청도 해안을 마음대로 왕래할 수 없었으며, 정해진 해역 이외의 지역을 황행하는 왜선은 왜구로 간주되어 邊將의 제제를 받았다. 그럼에도 불구하고 이들 지역에서 왜인들의 불법적인 고기잡이는 근절되지 않았다.10)

그 후에도 대마도에서는 계속해서 경상도 연해지역에서 자유롭게 고기잡이 할 수 있도록 요청하였으나, 조선에서는 허락하지 않았다. 이에 왜인들은 경상도 연해 어장의 확대를 포기하는 대신 전라도 남해 연안의 어장을 요구하기에 이르렀다. 고초도가 조어지역으로 허가되기 이전에는 왜인과 왜선이 이 해역에 나타나거나 돌아다니면 왜적으로 간주되어 처벌되었다.11) 그러나 대마도의 왜선들은 불법적으로 고초도 지역을 왕래하면서 고기잡이하고 있었다.

1440년 5월에 대마도주 宗貞盛은 첨지중추원사 고득종에게 대마도는 산이 많고 땅이 척박하여 고기잡이로 생활하기 때문에 매년 40~80척이 죽기를 무릅쓰고 고초도에 가서 고기를 잡아 자급한다고 하면서 고초도에서 고기잡이를 할 수 있도록 왕에게 주달해 줄 것을 요청하였다. 고득종은 고초도에서 고기잡이를 허락하면 왜인들이 고기잡이를 핑계로 그 섬에 머물러 살거나 변경을 노략질할까 염려된다고 답하였다. 이에 대해 종정성은 고기잡는 사람은 반드시 도주의 문인을 받아가고, 조선에서도 사람을 보내 살펴보고 만약 문인이 없으면 왜적으로 논죄하고 문인을 받은 자가 난동을 일으키면 처자까지 죽여도 좋으니 우선 1, 2년만 허가하여 시험해보고 혹시라도 문제가 있으면 다시 금지하는 것이 어떠하냐고

---

9) 김기훈, 「조선전기 남해안 조어왜인과 해양방어」, 『조선전기 해양개척과 대마도』, 국학자료원, 2007, 131~136쪽.
10) 한문종, 앞의 논문, 2011, 139~140쪽.
11) 『세종실록』 권23, 6년 3월 병신(20); 권25, 6년 9월 임진(20); 권34, 8년 10월 갑술(14); 권84, 21년 3월 기미(11).

하면서 거듭해서 왕에게 주달해 줄 것을 요청하였다.[12]

이러한 대마도주의 고초도 조어요청에 대해 의정부에서는 먼저 사람을 보내 섬의 크기, 육지와의 거리, 경작할 만한 땅이 있는지의 여부, 배를 댈 곳 등을 살펴 본 후에 다시 의논하자고 주청하였다.[13] 이에 세종은 1440년 6월과 10월에 대신들과 고초도 어장의 개방 문제를 논의하였으나 찬반의 논란이 대립되어 결정하지 못하였다. 그 이듬해인 1441년(세종 23) 11월에 다시 고초도에서의 고기잡이에 대해 논의하였다.[14] 이 논의에서도 고초도는 우리 땅이고 또 변경이 가까우므로 왜인들의 고기잡이를 허락할 수 없다는 주장과 왜인들이 고기잡이하는 것을 모르는 척하자는 주장, 그리고 허락하지 않으면 화가 미칠 것이므로 허락하자는 주장 등이 난무하였다.[15] 그러나 세종은 어장을 개방하지 않으면 변란이 있을 것을 우려하는 황희 등 대신들의 주장을 받아들여 결국 1441년(세종 23) 11월에 왜인들이 고초도에서 고기잡이하는 것을 허락하였다.[16] 이때에 조선에서는 왜인들이 고초도에서 고기잡이할 때 지켜야 할 규정을 정하였는데, 이것이 바로 고초도조어금약이다. 이 조어금약의 내용은 신숙주의 『해동제국기』에 자세하게 기록되어 있다.

> 대마도 왜인으로서 고기잡이를 하는 자는 도주의 三著圖書의 文引을 받아 知世浦에 도착하여 문인을 바치면 萬戶는 문인을 다시 발급해준다. 고초도의 정해진 곳 이외에는 함부로 돌아다니는 것을 금하며, 고기잡이를 마치면 지세포로 돌아와 만호에게 문인을 반납하고 漁稅를 바친다. 만호는 도주의 문인에 回批하여 도장을 찍어주고 돌아갈 때 증거로 삼는

---

12) 『세종실록』 권89, 22년 5월 경오(29).
13) 『세종실록』 권89, 22년 6월 임오(12).
14) 『세종실록』 권89, 22년 6월 임진(22); 권91, 22년 10월 갑신(15); 권94, 23년 11월 갑인(21).
15) 한문종, 앞의 논문, 2011, 142쪽.
16) 『세종실록』 권94, 23년 11월 을묘(22).

다. 만약 문인을 가지지 않은 자와 풍랑을 이기지 못한다는 핑계로 몰래 무기를 가지고 변방 섬을 횡행하는 자는 적으로 논죄한다.17)

이 조어금약에 의하면 조선에서는 대마도왜인에게 고초도지역에서 고기잡이를 허용해주는 대신 그곳이 조선의 땅임을 확인하는 의미로 漁稅를 징수하였으며, 또한 정해진 지역 이외의 곳을 마음대로 돌아다니는 자는 적왜로 간주하여 처벌할 수 있도록 규정하였다.18) 이러한 조어금약의 규정을 보면, 당시 조선에서는 왜인들이 고기잡이할 수 있는 지역을 지정하고 왜선이 그 지역을 벗어나지 못하도록 통제하였으며, 또한 어세를 징수함으로써 그곳이 조선의 영토라는 사실을 왜인들에게 인식시키려고 하였다. 이러한 사실을 통해서 보면 당시 조선에서는 고초도조어금약을 통해서 왜구의 재발을 방지하는 한편 해양권을 강화하려는 의도를 가지고 있었음을 확인할 수 있다.

한편, 고초도조어금약을 계기로 조선의 남해안 지방의 방어거점이 변화하게 되었다. 즉 조어금약 이전까지 남해안의 방어 중심지는 경상우도의 거제현이었다. 그러나 조어금약으로 전라좌도의 고초도까지 왜인들의 활동영역이 확대됨에 따라 거제도에 더하여 전라좌도의 흥양현과 전라우도의 진도군이 남해안을 지키는 중심거점으로 성장하였다. 그리고 조선의 수군은 이러한 방어거점들을 중심으로 조어왜인의 항로이탈 여부 등을 감시하면서 언제 발생할지 모를 왜변에 대처하고 있었다.19)

---

17) 신숙주, 『해동제국기』, 「조빙응접기」 조어금약.
18) 한문종, 앞의 논문, 2011, 142~143쪽.
19) 김기훈, 「조선전기 남해안 조어왜인과 해양 방어」, 『조선전기 해양개척과 대마도』, 국학자료원, 2007, 159쪽.

3. 고초도조어금약의 시행과 위반자의 처리

1) 孤草島의 위치와 조어금약의 시행시기

조선에서는 1441년에 맺은 고초도조어금약으로 대마도인들이 동쪽으로 염포의 개운포 지역에서부터 남쪽의 고초도에 이르는 지역에서 고기잡이를 할 수 있도록 허용하였다. 그 중 염포의 개운포는 현재 울산시 남구 상암동 근처로 그 위치를 명확하게 확인할 수 있다, 개운포에는 조선초기에 수군만호영이 설치되었으며, 세조대부터는 약 130년간 경상좌도 수군절도사영이 설치되었다. 반면에 고초도의 위치가 어디인가에 대해서는 아직도 논란이 많다. 그 중 長節子는 고초도의 위치를 비정한 三浦周行(孤草島는 서로 인접한 孤島와 草島 두 섬으로 무인도지만 위치는 알 수 없다)과 藤田元春·吉田敬市·朴九秉(전라남도 麗川郡 三山面 草島로 비정), 中村榮孝(전라남도 여천군 亦万島 : 거문도 북방), 黑田省三(경상도 통영군 三山面의 수역에 위치한 섬)등 선학들의 제설을 비판하고 여러 가지 사료를 검토하였다. 그 결과 고초도는 세 개의 섬으로 구성되었으며, 내해가 존재하는 곳이고, 고초도 → 삼도 → 거문도로 명칭이 변화되었다는 근거를 들어 현재의 거문도(일명 三島)라고 주장하였다.20) 이에 대해 최근에 주철희는 기존의 문헌자료와 해류, 지리적 여건 등을 고찰하여 長節子가 주장한 근거들을 조목조목 비판하면서 고초도의 위치를 초도와 손죽도 인근으로 비정하였다. 특히 그는 고초도를 초도와 손죽도 인근으로 비정한 근거로 다음 네 가지를 제시하였다. 첫째, 고초도는 육지와 인접하고 근해에 위치해야 한다. 둘째, 고기잡이 왜인들은 해류의 흐름과 파도의 높이를 고려해서 항해하였기 때문에 먼 바

---

20) 長節子,「孤草島釣魚研究-孤草島の位置を中心として-」,『朝鮮學報』91, 朝鮮學會, 1979. 고초도의 위치비정에 대한 제설은 長節子의『中世國境海域の倭と朝鮮』, 吉川弘文館, 2002, 40~106쪽에 잘 정리되어 있다.

다에 위치한 거문도보다는 연해와 가까운 초도·손죽도 인근이 더 타당하다. 셋째, 거문도가 고초도였다고 한다면 거문도로 가는 길목에 있는 초도와 손죽도가 언급되어야 하는데, 이들 섬에 대한 언급이 전혀 없다. 넷째, '孤草兩島釣魚定約'에서 孤島의 의미를 어의적으로 해석하면 초도와 외로운 섬 즉 초도와 인근 군도를 의미한다고 하였다.21) 이처럼 고초도의 위치비정에 대해서는 아직까지도 논란이 많이 있다.

『조선왕조실록』에 고초도의 위치를 알려주는 대표적인 자료로는 다음과 같은 것이 있다.

> (A) 첨지중추원사 고득종이 아뢰기를 … (중략) … 예조에 내리었다. 고초도는 전라도 남해 한 가운데 있어서 육지까지 30여리이고, 여러 대 동안 비어두어서 백성이 없으므로 왜인이 청한 것이었다.22)
>
> (B) 의정부에서 예조의 첩정에 의거하여 아뢰기를, "첨지중추원사 高得宗이 아뢴, 왜인들로 하여금 고초도에서 고기를 낚게 함이 온당한가 온당하지 않은가는, 청하옵건대 사람을 보내어 본 섬의 대소와 광활한 것과, 육지와의 상거의 멀고 가까운 것과, 경작할 만한 땅의 있고 없는 것과, 배를 댈 곳을 살펴본 연후에 다시 의논하여 시행하고, 부산포에 와서 사는 사람들은 도로 居接하도록 허락하는 것이 매우 온당하지 못하고, 내이포에 숫자를 한정하여 항상 거주시키고 있는 왜인은 절반을 옮겨 두는 것이 편하니, 이 뜻으로 宗貞盛에게 서신을 통하게 하소서."하니, 그대로 따랐다.23)
>
> (C) 당초에 경상우도 병마절제사 兪益明이 아뢰기를 "신이 일찍이 사량만호를 지냈고, 이제 도절제사가 되어 왜인이 들어와 약탈할 만한 곳을 일찍이 모두 살펴보았는데, 왜인으로서 고초도에서 고기를 잡는 자는 반

---

21) 주철희, 앞의 논문, 118~153쪽.
22) 『세종실록』 권89, 22년 5월 경오(29).
23) 『세종실록』 권89, 22년 6월 임오(12).

드시 연화도·욕지도 양도에서 물을 길어 갑니다. 사량은 이 두 섬과 마주 대하여 훤히 바라보이고, 적이 경유하는 곳이라 마땅히 지켜야 하는데 지금 사량의 병선을 所非浦로 移泊시키어 가장 긴요한 곳이 도리어 공허하게 되니 이는 참으로 염려됩니다. (하략) …24)

위의 자료 (A)를 통해서 보면, 조선에서는 고초도가 전라도 남해의 한 가운데에 위치하고 있으며 육지에서 30리 떨어진 무인도였다고 인식하고 있었다. 그러나 사료 (B)에 나타난 것처럼, 고초도의 크기와 육지와의 거리, 농사지을 땅의 존재 유무, 배의 접안 장소 등 그 섬의 자연지리적 조건에 대해 정확하게 인식하고 있지 못하였던 것 같다. 또한 (C)에서는 조어왜인들이 고기잡이를 하기 위해서는 식량과 물이 필요하였는데, 주로 남해의 연화도와 욕지도에서 물을 길어갔다는 사실을 확인할 수 있다. 또한 (A)와 (C)에 나타난 것처럼 고초도는 육지에서 30리 떨어진 남해 한가운데 위치하고 있었으며, 조어어선은 남해의 연화도와 욕지도에서 물을 길어서 고초도로 향하였음을 알 수 있다. 특히 왜인들이 고기잡이를 하는데 있어서 풍부한 어장도 중요하지만 그들의 안전도 고려하지 않을 수 없었을 것이다. 따라서 육지에서 멀리 떨어진 거문도보다는 육지와 가까운 손죽도에서 가서 고기잡이 하는 데 유리했을 것으로 판단된다.25) 특히 손죽도는 거제도만큼이나 어족자원이 풍부한 것으로 알려져 있다. 이처럼 항해상의 안전이나 풍부한 어족자원 등을 고려하면 고초도는 현재의 전라남도 여천군 삼산면 손죽리에 위치한 섬인 손죽도라고 생각한다. 또한 손죽도 근처에는 草島도 위치해 있다. 특히 손

---

24) 『세조실록』 권9, 3년 9월 무자(27).
25) 여수에서 거문도까지는 남서쪽으로 114.7km 떨어져 있으며, 손죽도까지는 83km 떨어져 있다. 특히 오늘날 여수에서 거문도로 가는 여객선은 손죽도와 초도를 경유하는데, 손죽도까지는 파도가 잔잔하지만 손죽도를 벗어나 거제도로 향하는 항로는 파도가 심하다고 한다.

죽도는 오사 세츠코가 근거로 제시한 세 조건 중 세 개의 섬으로 구성되었으며 내해가 존재하는 곳이라는 두 조건을 충족시키고 있다.

고초도는 결국 왜인들이 고기잡이하는데 항해상의 안전이나 풍부한 어족자원 등 유리한 조건을 가진 곳은 지리적으로 육지와 가까운 손죽도 근처로 보는 것이 타당하다고 생각한다. 따라서 조어금약이 정약된 1441년 이후부터 조어왜인들이 조선의 연안에서 고기잡이 할 수 있는 범위는 동해안의 울산 개운포에서 남해안의 손죽도에 이르는 지역이었다. 그리고 그 지역을 벗어나 고기잡이 할 경우에는 적선으로 간주하여 처벌되었다.

한편으로 고초도 조어왜인의 항로를 살펴보면, 지세포에서 만호의 문인을 받고 고초도로 향하는 조어왜선은 助羅浦를 지나 蓮花島・欲知島에서 급수한 다음 彌助項과 世尊巖島에 이른다. 이때 왜인들은 연화도・욕지도・세존암도 등지에 머물면서 고기잡이를 하기도 하였다. 이후 왜선은 突山島・今音毛島・內禮 등지를 거쳐 蓋島와 伊老島 등 여러 섬들을 지나 고초도에 이르러 고기잡이한 것으로 추정된다.26)

고초도조어금약은 언제까지 지속되었을까. 이에 대해 하우봉은 대마도의 고초도 출어권은 조어금약이 정약된 1441년(세종 23)부터 1510년 삼포왜란까지 지속되었다고 하였다.27) 이에 대해 주철희는 1500년(연산군 6) 예조판서 이세좌 등이 조정에 올린 서계 내용에 근거하여 1500년에 고초도 내외에서의 고기잡이를 일체 금지시킨 것을 파악하였다 그 결과 조어금약은 1441년부터 1500년까지 지속되었다고 주장하였다.28) 그

---

26) 김기훈, 「조선전기 남해안 조어왜인과 해양 방어」, 『조선전기 해양개척과 대마도』, 국학자료원, 2007, 141~142쪽. 그러나 今音毛島는 조어왜인의 항로가 아니었던 것 같다. 1442년 최완이 금음모도의 亐兒浦에 도착한 왜인을 11명을 사살한 사건이 일어났을 때, 그에 대한 처벌을 논의하는 과정에서 今音毛島는 그 왜인들의 왕래가 금지된 곳이었기 때문에 최완을 참형에 처하는 것은 가혹하다고 지적한 사실을 통해서 확인할 수 있다(『세종실록』 권99, 25년 2월 갑인(28)).
27) 하우봉, 「조선전기 부산과 대마도와의 관계」, 『역사와 경계』 74, 2010, 169쪽.

러나 이는 판단 근거가 되었던 예조판서 이세좌 등이 조정에 올린 다음의 서계 내용을 잘못 파악하였기 때문에 생긴 오류라고 생각된다.

> 예조판서 이세좌·참의 李昌臣이 書啓하기를, … (중략) … 이어 아뢰기를, "우리나라 변방 백성들이 해마다 4·5·8·9월이면 바다에서 고기잡고 해초를 채취하기 때문에 저 적왜들이 거개 이때를 틈타 노략질하기를 좋아하니, 만일 어선에다 군사를 잠복시켰다가 엄습한다면 잡을 수 있을 것입니다. 또한 3포에 사는 왜인들은 고기잡이 때가 되면 관에서 文引을 발급해 주되 射官이 가서 지세포에 부쳐 주고 돌아올 때에도 역시 이렇게 하며, 또한 어세 바치게 하여 저들로 하여금 금지하는 지역에서는 고기잡이를 못하게 해야 합니다.
> <u>조종조에 있어서는 고초도 밖에서 왜인들의 고기잡이를 허락하였는데, 지금은 그 섬의 내외 할 것 없이 일체 금지하려니, 그것이 가능하겠습니까.</u> 또, 3포에 사는 왜인이 제포가 제일 번성하여 馬島의 변이 반드시 이들의 소위일 것이니, 조정 관원을 보내어 효유하기를, '국가에서 안아 주고 길러 주는 은혜가 지극하지 않는 것이 아닌데, 너희들이 어찌하여 장난을 이렇게 하느냐.' 하고, 혹은 위엄과 꾸지람으로 그들의 마음을 두렵게 한다면, 저들 역시 아는 것이 있으므로 반드시 우리나라에서 이미 알고 있구나 하여 속으로 부끄러워하는 마음을 가지게 될 것입니다. 이것은 진실로 국가의 큰 일로 신 등의 마음대로 결단할 수 없기에 품의하는 것입니다."하였다. (이하생략)[29]

위의 서계에서 밑줄 친 부분의 내용을 살펴보면, 이때에 고초도 내외에서 고기잡이하는 것을 금지시킨 것이 아니라, 이미 조종조에서 고초도

---

28) 주철희, 앞의 논문, 127~129쪽.
29) 『연산군일기』 권37, 6년 3월 기미(5).

밖에서 왜인들의 고기잡이를 허락하였기 때문에 지금 그 섬의 내외에서 고기잡이를 금지하려는 것이 가능하겠냐는 의미였다고 생각한다. 따라서 조어금약은 1500년 3월경에 폐지된 것이 아니라 적어도 삼포왜란이 일어나기 전까지 지속된 것으로 판단된다. 이는 삼포왜란이 일어나기 직전인 1510년(중종 5) 4월에 조선에서 왜인들이 조선의 연해에 침입하여 노략질하거나 인명을 살상한 사실을 구체적으로 열거하면서 대마도주에게 조어금약 위반자들을 통보하고 약조를 지키도록 요구한 점을 통해서도 확인할 수 있다.[30] 이러한 사실을 고려할 때 고초도조어금약은 1441년 11월부터 삼포왜란이 발발한 1510년 4월까지 지속된 것으로 생각된다.[31]

2) 위반실태 및 위반자의 처리

고초도조어금약의 내용은 다음 세 가지로 요약할 수 있다. 첫째는 대마도주가 발급한 문인을 지세포만호에게 바치고 대신 만호가 발급한 증명서를 가지고 고기잡이한 후에 다시 증명서를 반납하고 어세를 바칠 것, 둘째는 고초도 이외의 지역에는 함부로 돌아다니지 말 것, 셋째는 도주의 문인을 가지지 않은 자와 풍랑을 핑계로 몰래 병기를 가지고 변방의 섬을 왕래하는 자는 적선으로 간주하여 논죄한다는 처벌조항 등이다.

고초도조어금약은 정약 초기에 제대로 이행되지는 못하였던 것 같다.

---

30) 『중종실록』 권11, 5년 4월 병오(21).
31) 삼포왜란 이후 1512년 임신약조에 의해서 제포가 개항되었으며, 1521년에 부산포와 제포, 1547년에 부산포가 개항되었기 때문에 그곳에 왜인들이 거주하였다. 그렇지만 조선에서는 포소 거주 왜인들이 조선의 남해안과 고초도 등지에서 고기잡이하는 것을 허용하지 않았던 것으로 생각된다. 특히 임신약조에 의해서 대마도에서 제포에 이르는 직항로 이외의 지역을 마음대로 항해하는 자는 왜적으로 간주하여 논죄한다고 규정하고 있었기 때문에 포소에 거주하는 왜인들도 조선의 연안에서 마음대로 고기잡이 할 수 없었다.

이에 조선에서는 1447년(세종 29) 3월에 경차관 조휘를 대마도주에게 보내 조어금약 위반자에 대한 처벌과 도주의 세견선이 50척을 넘지 않도록 할 것을 요청하는 한편, 약속을 어기고 고기잡이하는 자는 군사를 보내 수색하고 체포하겠다는 뜻을 전달하였다.32) 그 후 조선 조정에서는 고초도에 군대를 보내 搜討해야 할 것인가에 대한 논의가 이루어졌다. 당시 논의에서 보면, 조선에서는 조어금약을 정약한 후 10여 년 동안 금약이 잘 이행되고 있는지 여부를 확인하지 않았음을 알 수 있다. 세종은 대마도주에게 이미 군사를 보내 수토한다고 약속하였기 때문에 수토하지 않으면 조선이 말만 하고 한 번도 실행한 적이 없다고 생각하여 왜인들이 마음대로 도적질을 할 것이고, 또 군대를 보내 수토하면 변경에 일이 생길 것이 염려스럽다고 하면서, 우선 수토하는 것을 중지하고 그 뜻을 도주에게 알려주고, 수토 시기를 4월로 정하면 저들이 변란을 일으키지 못할 것이라는 대책을 제시하였다. 이에 대해 하연은 종정성이 지성으로 귀순하였으므로 고초도를 수토하는 것은 불가하며, 만약 위반자가 있으면 그때에 수토하되, 우선 수토를 중지한다는 뜻을 도주에게 전달하자고 주장하였다. 이에 대해 김종서·정인지·정분 등은 이미 약속한 대로 수토해야 하지만 금년은 7월이 넘어서 行船할 수 없기 때문에 내년 3, 4월쯤에 군사를 보내 수토하되 금년에는 수토하지 않는다는 사실을 도주에게 통고해줄 필요는 없다고 주장하였다.33)

이처럼 조선에서는 대마도주에게 사신을 보내 고초도조어금약을 준수하도록 요구하는 한편 약조의 이행여부를 확인하기 고초도에 군대를 보내 수토하려 하였다. 그럼에도 불구하고 약조를 위반한 왜인들이 많이 나타났다.

다음 〈표 1〉은 『조선왕조실록』에서 왜인들이 고초도조어금약을 위반

---

32) 『세종실록』 권116, 29년 5월 병신(6).
33) 『세종실록』 권116, 29년 5월 병진(26).

한 실태와 그에 대한 처리내용을 정리한 것이다.

〈표 1〉 고초도조어금약의 위반 실태와 처리 내용

위반 연월	위반 내용	처리 내용	출 전
1442년 8월	15일, 대마도 衛門次郎 등 9인이 병기 소지하고 전라도 羅老島 등지 횡행, 鉢浦千戶 金井缶가 체포	조선에서 치죄하지 않고 대마도로 돌려보내고 도주로 하여금 처벌하고 회보하게 함	세종 24년 8월 신해
1442년 8월	19일, 有箱次郎 등 38인이 4척의 배로 만호의 증명서 소지한 채 병기 휴대하고 전라도 伊老島 등지 횡행하자 呂島千戶 崔浣이 체포		
1442년 10월	呂島副千戶 崔浣이 수음모도의 亏兒浦에 도착한 왜인 11명을 사살하고 나머지는 물에 빠져 죽음	최완이 처형당함 (최완 사건)	세종 24년 10월 계사
1443년 6월	왜선 2척이 서여서도에서 제주공선을 약탈	윤인소 파견하여 정세탐지, 대마도 체찰사 이예 파견	세종 25년 6월 계사, 정유. 7월 경오
1445년 7월	왜선 2척 도주의 문인 가지고 지세포에 가지 않고 고초도에 가서 고기잡이하고 돌아가다가 每每島에 정박하였는데, 병기를 소지하여 거제현에 규류	도주에게 알려 치죄하도록 함	세종 27년 7월 무자
1448년 가을	대마도 鹽表阿 등 8인이 고기잡이 한후 증서를 반환하지 않고 어세도 납부하지 않고 도망감	도주에게 치죄한 후에 회보하게 함	세종 31년 4월 을묘
1450년 8월	제주안무사가 문인 없이 추자도를 왕래한 48인 붙잡음	조관을 보내 추국함	문종 즉위 8월 임신
1461년 7월	고기잡이하다 표류한 조어왜인과 본국인이 서로 싸움	대마도주에게 알리고, 호적경차관을 파견하여 수색함	세조 7년 7월 병인
1470년 1월	전라도 발포 선군 26인이 바다를 수색하다 대마도인에게 4인이 살해당하고 잡물을 빼앗김	도주에게 범인 치죄 요청	성종 1년 9월 병자
1474년 7월	조어왜선이 고기잡이 후에 無音島를 지나다가 본국어선 4척을 약탈해 감	종무승 등이 범인을 데리고 가 도주에게 고하도록 함	성종 5년 10월 경자

1477년 윤2	왜선 2척이 平伊每島에 정박 중인 장흥 미역선 8척 습격, 선주 1인 살해, 왜인 2인이 흥양의 초도에 숨음	대마도에 치죄하도록 함	성종 8년 윤2월 병인
1481년 8월	15일 순천의 민선이 貢進巖을 지나다가 적선 2척 공격을 받아 1인 살해, 1인 부상		
1481년 8월	27일 적선이 남해현 彌造項과 고성현 柯島·酒島·虎串 등지를 왕래하면서 민선 추격	범인을 추격하여 압송할 것을 도주에게 통보	성종 12년 10월 임인
1481년 9월	2일 적선 3척이 돌산도 大叱浦에서 양인 3인 살해 왜선이 경상도 所致島와 荒彌島에 출현		
1493년 7월	가을 제포왜인이 어량쟁탈하고 관차 구타		
1494년 4월	2일, 전라도 楸山島에 정박 중인 貢船과 상선 10척을 약탈	도주 종정국에게 치서하여 범인을 잡아 치죄할 것을 요청	성종 25년 3월 을묘
1494년 4월	9일, 왜선 2척이 갑옷을 입고 활과 화살을 가지고 제주 大脫島에 이르러 변장과 싸움		
1497년	제포왜인이 어량 빼앗고 관사 구타함. 禁山의 소나무 벌목		
1498년	왜선 4척 鹿島에 침입하여 장졸 살해. 왜선이 多老浦·突山·深水·酒島 등지에 나타나 백성 침해함	위반사실을 도주에게 통보함	중종 5년 4월 병오
1500년 2월	22일 왜가 馬島에 들어와 노략질하고 만호 군관 4인 부상당함	추포하지 못한 절도사를 추국하고, 도주에게 개유	연산군 6년 2월 계축
1503년	昌原·海島에 침입하여 백성 죽임. 固城·蛇梁에 침입하여 약탈 자행		
1504년	변장을 욕보이고 關限을 넘어 집을 불태움		
1506년	왜선이 전라도에 침범하여 楸子島에 정박한 제주인 약탈, 朝臣 2인 살해	위반사실을 도주에게 통보함	중종 5년 4월 병오
1508년	加德島에서 재목을 채취하던 웅천현 사람 9인을 살해하고 양식과 물건을 약탈해 감		
1509년	왜선 5척이 보길도에 정박 중인 제주 貢馬船 약탈, 6인 살해 10인 부상. 흥양현에 침입하여 방수하는 군사를 상해함		

위의 표를 통해서 보면 왜인들이 고초도조어금약을 위반한 사례는 네 가지 유형으로 나눌 수 있다. 첫 번째 유형으로는 병기를 소지한 채 지정된 수역을 벗어나 다른 지역을 돌아다니다 붙잡힌 경우이다. 그 대표적인 사례로 1442년(세종 24) 8월 15일에는 대마도 衛門次郞 등 9인이 병기를 소지하고 전라도 羅老島 등지를 횡행하다가 鉢浦千戶 金井缶에게 체포되었으며, 19일에는 有箱次郞 등 38인이 4척의 배에 나누어 타고 몰래 병기 휴대하고 전라도 蓋島로부터 나와 伊老島 등지를 횡행하다가 呂島千戶 崔浣에게 체포되었다.34) 또한 1445년(세종 27)에는 왜선 2척이 도주 문인 가지고 지세포에 가지 않고 직접 고초도에 가서 고기잡이를 하고 대마도로 돌아가다가 每每島에 정박하였는데, 병기를 소지하였기 때문에 체포되어 거제현에 구류하였다.35) 이 경우에는 조선에서 이들을 직접 치죄하지 않고 석방하여 대마도로 보내서 도주에게 처벌하도록 하고 처벌내용을 조선에 통보해주도록 하였다.

특히 병기소지와 관련된 위반사례는 고초도조어금약이 정약된 초기에 집중되어 있었다. 즉 병기소지와 관련된 위반사례는 1443년의 계해약조 정약 이전에 집중되었으며, 그 이후에는 1445년 7월에 단 한차례 밖에 나타나지 않았다. 이는 아마 계해약조 정약 이후 전기왜구가 한반도에서 그 모습을 감춘 것과도 연관이 있을 것으로 생각된다.

한편, 조어금약이 정약된 시기인 1441년 11월 수교에는 '고초도에서 고기잡이 어선으로 병기를 숨겨 가진 자는 관에서 몰수하고 고기잡는 것을 허락하지 말라'고 하였을 뿐 병기의 범위가 명확하게 규정되지 않았기 때문에 많은 논란이 일어났다. 그리하여 1445년에 활과 화살, 창·긴 칼·환도·갑주 등을 병기로 규정하고, 그 이외의 것은 병기로 간주하지 말도록 함으로써,36) 병기를 둘러 싼 논란을 해소하려 하였다.

---

34) 『세종실록』 권97, 24년 8월 신해(24).
35) 『세종실록』 권109, 27년 7월 무자(16).
36) 『세종실록』 권109, 27년 7월 임진(20).

두 번째 유형은 조선에서 지정한 수역을 벗어나 고기잡이하는 경우이다. 그 대표적인 사례는 1450년(문종 즉위년) 8월에 제주안무사가 문인이 없이 조선에서 지정해 준 지역을 벗어나 추자도에 도착한 왜인 48명을 체포한 것이다. 조선에서는 이들 왜인을 석방하지 않고 전라도 깊숙한 고을에 가두고 조관을 보내 추국하도록 하였다.37)

위 사건은 문인을 소지하지 않은 경우지만, '최완 사건'의 경우에는 문인을 소지하고 關限을 벗어난 경우이다. 사건의 개요를 정리해보면, 우선 1442년 10월에 왜인이 수흡모도의 亏兒浦에 도착하자 呂島副千戶 崔浣이 추격하여 왜인 11명을 사살하고 나머지는 모두 화살에 맞아 물에 빠져 죽었으며, 창·칼·화살·물고기·소금 등을 노획하였다고 전라도처치사 李恪이 馳啓하였다.38) 이에 대해 세종은 굶주린 왜적을 한 사람도 사로잡지 않고 모두 사살한 최완을 추국하도록 하였다.39) 조선 조정에서는 대호군 金連枝를 파견하여 조사한 결과 최완이 왜인을 뒤쫓아 가 살해한 것이 아니라 수흡모도에 도착한 왜인들이 도서와 문인을 바쳤음에도 불구하고 최완이 이를 묵살하고 모두 살해한 사실이 드러났다.40)

이 사건은 고초도조어금약이 정약된 지 얼마 되지 않은 시점에서 일어났기 때문에 조선 조정에서는 사건의 처리를 둘러쌓고 많은 논란이 이어졌다. 이에 세종은 최완을 참형에 처하도록 명령하고 우선 김해부로 보내 가두었다가 후에 처형하도록 하였다. 그러나 최완의 형 집행은 참형이 결정된 지 1년 4개월이 지난 1444년(세종 26) 9월 내이포에서 거행되었다.41) 최완의 형 집행이 이례적으로 길어진 이유는 이 사건의 처리에 대한 이견이 그만큼 많았다는 것을 의미하는 것이라 할 수 있다. 그러

---

37) 『문종실록』 권3, 즉위년 8월 임신(1).
38) 『세종실록』 권98, 24년 10월 계사(6).
39) 이 사건의 처리에 대해서는 유재춘, 「세종대 崔浣事件과 朝日關係의 推移」(『한일관계사연구』 10, 한일관계사학회, 1999)에 잘 정리되어 있다.
40) 『세종실록』 권98, 24년 11월 기사(13).
41) 『세종실록』 권100, 25년 4월 병오(21); 권106, 26년 9월 갑신(9).

나 대신들의 논의 과정에서 알 수 있듯이 최완이 왜인을 참살한 곳은 왜인들의 왕래가 금지된 곳이었기 때문에 조선의 정책적 방침에 따라서 최완은 극형이 아닌 가벼운 처벌을 받을 수도 있었다. 그럼에도 불구하고 최완을 극형에 처한 이유는 이 사건에 대한 처리를 보다 엄격하게 함으로써 대왜인관계에서 원칙 적용의 모범을 만들고자 하는 조선 측의 의도가 내포되어 있었다. 따라서 조선에서는 의도적으로 왜인들의 왕래가 잦은 내이포에서 최완을 처형함으로써 조선의 변장도 불법행위를 하면 처벌받는다는 사실을 왜인들에게 널리 알리는 한편 왜인들이 각종 약조를 어기고 불법행위를 일삼는 것에 대하여 경계하고자 하였던 것이다.[42]

최완의 사건을 계기로 조선에서는 각 포구의 천호·만호들에게 정처 없이 다니는 왜선을 쫓아 붙잡을 때에 만일 항거하면 임기응변으로 대처해야 하지만 그렇지 않으면 붙잡아서 아뢴 후에 지시에 따라 처리하도록 지시하였다.[43] 이는 최완 사건의 경우처럼 변장들이 공훈을 탐내 왜인들을 함부로 살해하지 못하게 함으로써 가능하면 왜인들과의 외교적 마찰을 줄이려는 조선 측의 의도가 반영된 것이라 할 수 있다.

한편, 1443년 왜적선 2척이 서여서도에서 제주공선을 약탈해 간 사건 이후 왜인들의 약탈이나 關限 침입 사례는 감소하였다. 그러나 성종 초에 이르러서 왜인들의 약탈이나 關限 침입 사례가 다시 나타나기 시작하였다. 그리하여 1470년 전라도 발포 선군 26인이 바다를 수색하다가 대마도인에게 4인이 살해당하고 잡물을 빼앗긴 사건이 발생하였으며, 1474년 7월에는 조어왜선이 고기잡이 후에 無音島를 지나다가 본국어선 4척을 약탈해 간 사건이 발생하였다.[44] 특히 왜인들의 關限 침범과 약탈행위는 1494년(성종 25) 이후부터 더욱 극심해졌으며,[45] 〈표 1〉에 나타난

---

42) 유재춘, 앞의 논문, 40~49쪽.
43) 『세종실록』 권99, 25년 1월 경오(14).
44) 『성종실록』 권7, 1년 9월 병자(1); 권48, 5년 10월 경자(18).
45) 『중종실록』 권11, 5년 4월 병오(21).

것처럼 1510년 삼포왜란 전까지 빈번하게 일어났다.

세 번째 유형은 지세포만호로부터 받은 증명서를 반환하지 않았거나 어세를 납부하지 않고 그대로 도망간 경우이다. 1448년 가을에 대마도 彌時位 船主 鹽表阿 등 8인이 고기잡이 한 후 증서를 반환하지 않고 어세도 납부하지 않고 도망치자, 도주 종정성에게 이를 조사하여 치죄한 후에 조선에 알려주도록 요구하였다.[46] 그러나 어세의 징수는 제대로 이루어지지 못하였다. 이는 1444년 윤 7월에 예조에서 대마도주 宗貞盛에게 보낸 서계에서 요즘은 한 사람도 문인을 받는 자가 없으며 어세를 납부하는 자도 없다고 하면서 지금부터는 약조의 위반자는 적선으로 처단할 것이라고 한 사실을 통해서 확인할 수 있다.[47] 이러한 사정은 1493년(성종 24)에 李克墩이 경상감사로 있을 때 목격한 일을 아뢴 내용을 보면 성종대에도 그대로 지속되었던 것 같다.[48]

네 번째 유형으로 조선의 공선이나 어선을 약탈하거나 조선인을 상해한 경우이다. 그 대표적인 사례로 1443년 6월에 명의 海寧衛 지방을 침입하고 대마도로 돌아가던 왜적선 2척이 제주공선 1척을 서여서도에서 약탈해 간 사건을 들 수 있다. 이에 대해 세종은 왜인에 대한 강경책을 취하려 하였으나, 대신들은 먼저 尹仁紹를 대마도에 보내 사정을 탐지한 후에 사신을 파견하자고 건의하였다. 세종은 대신들의 건의를 받아들여 윤인소를 왜인 延時羅와 함께 대마도에 파견하여 종정성에게 서여서도 사건을 통보하였다.[49] 이어서 같은 해 7월에 체찰사 이예를 대마도에 파견하였다. 이예는 대마도주를 설득하여 적왜 13명과 피로인 7명을 데리고 4개월 후인 11월에 귀환하였다. 이때 이예는 대마도주의 세견선을 제한하는 계해약조를 정약하기도 하였다.[50] 또한 1494년(성종 25) 4월에

---

46) 『세종실록』 권124, 31년 4월 을묘(6).
47) 『세종실록』 권105, 26년 윤7월 기해(22).
48) 『성종실록』 권278, 24년 윤5월 신축(8).
49) 『세종실록』 권100, 25년 6월 정유(14).

왜선이 추산도에 정박 중인 공선과 상선 10척을 약탈해간 사건이 발생하였다. 조선에서는 도주에게 치서하여 범인을 잡아 치죄할 것을 요청하였다.[51]

이상에서 살펴본 것처럼 고초도조어금약의 위반사례는 병기를 소지한 채로 지정된 수역을 벗어나 다른 지역을 돌아다니는 경우와 문인을 소지하지 않은 경우, 지세포만호로부터 받은 증명서를 반환하지 않았거나 어세를 납부하지 않고 그대로 도망간 경우, 공선을 약탈하거나 조선인을 상해한 경우 등 4가지 유형이 있었다.

조선에서는 이들 위반자를 어떻게 처리하였을까. 첫째로 조어금약 위반자를 체포하였을 경우 조선에서는 이들을 직접 치죄하지 않고 석방하여 돌려보내고 대마도주로 하여금 치죄하게 한 후 그 사실을 조선에 통보해주도록 하였다. 이러한 처리 사례가 대부분을 차지하고 있었지만, 예외적으로 조어금약을 위반한 왜인을 체포하여 전라도 깊숙한 고을에 가두고 조관을 보내 추국하도록 한 사례도 있었다.[52]

둘째로 조어금약을 위반하고 조선의 공선이나 어선을 약탈해서 도망간 경우에는 1443년 서여서도사건처럼 사신을 파견하여 범인을 추포해 오기도 하였다. 그러나 1494년 4월 추산도의 공선과 상선 약탈사건처럼 대마도주에게 이 사실을 알려주고 도주로 하여금 범인을 찾아 치죄하도록 요청하기도 하였다. 또한 1481년에 8월에 적선 2척이 순천의 민선을 공격하여 인명을 살상한 사건과 남해현 미조항과 고성현에 왕래하면서

---

50) 한문종,「조선전기 대일외교정책 연구-대마도와의 관계를 중심으로-」, 전북대 박사학위논문, 1996, 70~77쪽. 계해약조는 세종 25년 8~10월경에 대마도 파견되었던 체찰사 이예가 주도하여 체결하였으며, 그 과정에서 신숙주는 대마도주를 설득하여 조약을 체결하도록 일조하였다.
51)『성종실록』 권288, 25년 3월 을묘(26).
52)『문종실록』 권3, 즉위년 8월 임신(1). 1450년 8월에 제주안무사가 문인이 없이 지정된 구역을 벗어나 추자도에 이른 왜인 48명을 붙잡을 때에는 이들을 전라도 깊숙한 고을에 가두고 조관을 보내 추국하도록 하였다.

민선을 약탈한 사건, 그리고 동년 9월에 적선 2척이 돌산도 大叱浦에서 양인 3명을 살해한 사건에 대해서는 대마도주에게 범인을 붙잡아서 조선에 압송하도록 요청하였다.[53]

조선에서는 조어금약 위반자를 직접 처벌하지 않고 대마도주에 그 사실을 알려서 도주가 직접 처벌하고 조선에 보고하거나 범인을 붙잡아서 압송하도록 하였다. 그러나 조선에서 사신을 파견하여 범인을 추포해 오는 경우는 극히 예외적인 사례에 불과하였다. 이처럼 조선정부가 조어금약 위반자를 강력하게 단속하거나 직접 처벌하지 않고 대마도주를 통해서 위반자를 처벌하게 한 이유는 아마 일본과의 불화 및 왜구의 재발 가능성을 시전에 차단하기 위한 방책이었다고 생각된다. 이는 조선정부가 왜인통제책을 위반한 통교위반자에 대해서 강력하게 단속하지 못하고 미온적으로 처리한 이유와도 일맥상통하다고 할 수 있다.[54]

또한, 조선인과 왜인과의 다툼에 대한 처리도 가능하면 왜인들의 불만을 해소하려는 방향으로 진행되었다. 예를 들면, 1461년 6월에 고기잡이하다 표류한 조어왜인 대마도 왜선주 吾羅汝毛 등 8인이 조선인과 싸우다 1명이 죽고 3명이 부상당한 사건이 발생하였다. 이 사건의 처리를 둘러쌓고 여러 가지 의견이 제시되었으나, 왕은 좌찬성 황수신의 의견에 따라 왜인을 서울로 상경시켜 위로하고 범인을 찾아 처벌할 것이라고 말하고, 만약 범인을 찾지 못하면 죽은 자에게 후하게 致賻하면 그들의 원망이 풀릴 것이라고 하였다. 그리고는 관직을 제수하러 가는 대마도경차관 이계손으로 하여금 이 사실을 먼저 도주에게 알려 의심하지 않게 하고, 경상도·전라도 호적경차관에게 범인을 찾도록 명하였다.[55] 이 사건의 처리에서 보면 조선에서는 가능하면 왜인들이 조선에 대한 불만을 가

---

53) 『성종실록』 권134, 12년 10월 임인(1).
54) 한문종, 「조선전기 倭人統制策과 통교위반자의 처리」, 『일본사상』 7, 한국일본사상사학회, 2004, 78~80쪽.
55) 『세조실록』 권25, 7년 7월 병인(28).

지지 않도록 하려는 의도를 가지고 있었다. 이는 왜인들의 불만을 해소함으로써 이들이 조선의 연안에서 분란을 일으키는 것을 사전에 방지하려는 일종의 왜구 재발방지책이라고 할 수 있다.

4. 해양권의 강화와 어업 갈등

1) 어세의 징수와 해양권의 강화

고초도 조어왜인에게 어세를 징수하자는 의견이 처음으로 제기된 것은 1440년 10월이다. 이때에 세종은 고초도 어장의 개방문제를 논의하던 중에 왜인들에게 고초도에서의 고기잡이를 허용하되 국가에서 漁稅를 거두어 그곳이 조선의 영토임을 확인시키면 어떠하겠느냐고 대신들에게 물었다. 이에 대해 병조판서 신인손 등은 고기잡이를 허락하는 것은 불가하다고 주장한 반면에, 예조참의 고득종은 고기잡이를 허락하되 무장으로 하여금 왕래하면서 살피자고 주장하는 등 찬반 의견이 서로 대립하였다.[56] 그러나 결국 고초도에서의 고기잡이는 1441년에 허용되었으며, 어세도 징수하는 것으로 규정되었다. 이러한 사실은 다음의 사료를 통해서 확인할 수 있다.

> 예조에서 아뢰기를, "宗貞盛이 孤草島의 釣魚에 대한 稅를 감면하기를 청하지만, 그러나 地稅는 마땅히 전적으로 면제할 수 없으니, 청하옵건대, 대선 1척에 稅魚 5백 마리이던 것을 3백 마리로 감하고, 중선 1척에 세어 4백 마리이던 것을 2백 50마리로 감하고, 소선 1척에 세어 3백 마리이던 것을 2백 마리로 감하여 후하게 대우하는 뜻을 보여 주소서."하

---

56) 『세종실록』 권91, 22년 10월 갑신(15).

니, 그대로 따랐다.57)

    이에서 보면 고초도에서의 고기잡이를 허용한 1441년에 이미 대선 1척에 500마리, 중선 1척에 400마리, 소건 1척에 300마리의 어세가 정해졌음을 알 수 있다. 그러나 그 이듬해에 대마도주 종정성이 조어세의 감면을 요청하자, 예조에서는 대선 1척에 300마리, 중선 1척에 250마리로, 소선 1척에 200마리로 감해주었다. 특히 예조에서는 고초도에서의 고기잡이에 대한 어세를 육지의 지세와 같이 인식하고 있었기 때문에 어세를 모두 감면해주지 않고 그 양만 줄여 주었다. 이는 결국 조선에서 왜인들에게 고기잡이를 허용한 섬과 바다라고 할지라고 육지에서의 地稅와 같이 어세를 징수함으로써, 그 섬과 바다가 조선의 영토라는 사실을 왜인들에게 분명하게 인식시키려 하였음을 알 수 있다. 이는 다음의 사료를 통해서도 확인할 수 있다.

    (전략) 임금이 또 말하기를, "당초 孤草島에서 왜인이 고기 낚는 것을 허가할 때에 의논이 분분하였으나 마침내 왜인에게 허가하기로 결정하였는데, 그 세를 납부하도록 약정한 것은 國用에 충당하려 함이 아니다. 대마도 한 섬은 옛날 문적에 우리나라의 말 기르는[牧馬] 땅으로 실려 있고, 왜인도 또 본래 우리나라의 섬이라고 하였지만, 그러나 그 섬이 종말에는 도적이 차지하게 된 것이다. 이제 고초도도 허가하고 전혀 돌아보지 아니한다면 뒷날에 대마도와 같이 될는지 어찌 알겠는가. 그런 까닭으로 이미 고기 낚는 것을 허락하여서 은혜를 베푸는 뜻을 보이고서 또 세금을 바치게 함으로써 우리 나라의 땅임을 명확하게 하려는 것인데, 고기 낚기를 허가한 이후부터 약속 어긴 자를 수색하려 하였으나 10여 년이 되도록 지금까지 하지 못하였다. (후략)58)

---

57) 『세종실록』권96, 24년 6월 병오(17).
58) 『세종실록』권116, 29년 5월 병진(26).

위의 사료에서 보면, 조어금약의 정약 때에 어세를 징수하려 한 목적은 국가의 재정을 충당하기 위한 것이 아니었으며, '왜인들이 우리의 목마지인 대마도를 차지한 것처럼' 고초도도 왜인들의 땅이 될 것을 염려하였기 때문이었다. 따라서 왜인들에게 고기잡이를 허용하여 은혜를 베풀면서도 어세를 징수함으로써 그 곳이 조선의 영토임을 명확하게 하려고 하였다.

그러나 고초도 조어왜인의 어세 징수는 원활하게 이루지 못한 것 같다. 이는 1444년 윤 7월에 예조에서 대마도주 宗貞盛에게 보낸 서계에서 고초도 조어왜인은 지세포만호의 문인을 받고 어세를 바치도록 정약하였는데, 요즘은 한 사람도 문인을 받는 자가 없으며 어세를 납부하는 자도 없다고 하면서 지금부터는 약조의 위반자는 적선으로 처단할 것이라고 한 사실을 통해서 확인할 수 있다.[59] 이러한 사정은 성종대에도 그대로 지속되었던 것 같다. 이는 1493년(성종 24)에 李克墩이 경상감사로 있을 때 목격한 일을 아뢴 내용에 의하면, 지세포에 가서 문서를 확인한 결과 1485년(성종 16)에 조어왜의 소선 11척이 세를 바쳤을 뿐 그 이후에는 한사람도 문인을 받아오지 않았으며 마음대로 바다를 왕래한 자가 부지기수였다고 말한 점을 통해서도 확인할 수 있다.[60]

한편 1448년 2월에는 고초도에서 고기잡이하는 어선이 바친 어세는 감사의 처리에 따라 使客을 접대하는 비용으로 쓰고, 그 나머지는 쌀과 포를 사서 국용에 쓰도록 함으로써 어세의 사용처를 규정하였다.[61] 이와 더불어 『大典』에는 고초도 조어왜선의 어세는 대선 200미, 중선 150미, 소선 100미를 징수하여 베로 바꾼다고 규정하였다.[62]

---

59) 『세종실록』 권105, 26년 윤7월 기해(22).
60) 『성종실록』 권278, 24년 윤5월 신축(8).
61) 『세종실록』 권119, 30년 2월 신미(15).
62) 『성종실록』 권278, 24년 윤5월 신축(8).

〈표 2〉 고초도 조어세의 변화

	대 선	중 선	소 선	출 전
1441년 정약시	500미	400미	300미	
1442년	300미	250미	200미	세종 24년 6월 병오
大典	200미	150미	100미	성종 24년 윤5월 신축

위의 〈표 2〉에서도 알 수 있는 것처럼, 시간이 경과하면서 어세는 점차 줄어 『경국대전』의 단계에 오면 처음보다 약 1/3정도로 감소되었다. 그리고 조어왜인의 어세 징수가 원활하게 이루어지지 못하였음에도 불구하고 조선에서는 어세를 모두 감면하거나 없애지 않고 징수하려 하였다. 이는 결국 조선에서 어세를 징수함으로써 왜인들에게 고초도 지역이 조선의 영토라는 인식을 갖게 함과 아울러 이 지역에 대한 해양주권을 강화하려는 의도를 내포하고 있었음을 의미하는 것이라 할 수 있다.

2) 제포왜인의 魚梁 쟁탈 사건

고초도조어금약으로 조어왜인에게 조선의 남해 연안에서의 고기잡이를 허용하였다. 따라서 대마도의 조어왜인은 도주의 문인을 받아 조선에 와서 울산의 개운포에서 남해안의 고초도 근해에서 고기잡이를 할 수 있었다. 조선에서 지정된 이외의 수역에서 고기잡이하는 것을 금지하였기 때문에 조어금약의 이행을 통해서 왜인들의 불법행위나 침탈을 방지할 수 있었다. 그러나 삼포에 거주하고 있는 항거왜인이 어장을 둘러쌓고 조선인과 서로 다툼을 벌이는 일에 대해서는 조어금약으로 통제하기 힘들었다.

그 대표적인 사례 중의 하나로, 1493년(성종 24) 제포에 거주하는 왜인이 우리 백성과 고기잡이하는 시설인 魚梁 때문에 서로 다투다가 조선의 관리를 구타한 사건을 들 수 있다. 이 사건의 처리에 대해 조선에서는 대마도주에게 사신을 보낼 것인지 아니면 제포에 온 도주 특송에게 서계를 부쳐 보내 통보할 것인지를 논의하였다. 그 과정에서 여러 가지 논란이 있었지만 그 이듬해인 1494년 3월에 조관을 보내어 대마도주를 開諭하기로 결정하고, 權柱를 대마도경차관으로 삼아 도주 특송 助國次와 동행하도록 하였다.63) 권주는 예조에서 宗貞國에게 보낸 치서를 가지고 갔는데, 그 치서에는 1493년 가을에 일어난 제포왜인의 어량 쟁탈과 관리 구타사건을 비롯하여 1494년 4월 2일에 전라도 楸山島에 정박 중인 貢船과 상선 10척을 노략질한 사건, 4월 9일 왜선 2척이 갑옷을 입고 활과 화살을 가지고 제주 大脫島에 이르러 변장과 싸운 사건을 열거하면서 죄인을 국문하여 그 목을 바치고 어량 때문에 다툰 자는 치죄할 것을 요청하는 내용이 포함되어 있었다.64) 이에 대해 도주 宗貞國은 예조에 치서하여 어량 쟁탈 사건에 연관된 범인은 붙잡아서 치죄하고, 노략질을 하였거나 조선의 변장과 싸운 왜적은 섬을 수색하여 범인을 생포 또는 참수하여 바칠 것이라고 답하였다.65)

이처럼 삼포에 거주하는 항거왜인이 고기잡이 시설인 어량을 두고 조선인과 싸우다 관리를 구타한 사건에 대해서도 조선에서는 대마도주에게 사신을 파견하여 위반자에 대한 처벌과 압송을 요청하였다.

5. 맺음말

이상에서 조선전기 한일 간의 어업분쟁과 경계인식을 규명하기 위해서 고초도조어금약의 정약배경과 과정, 고초도의 위치 및 시행시기, 위반실태와 위반자의 처리, 어세의 의미와 어업갈등에 대해 검토하였다.

그 결과 조선의 남방지역에 대한 경계인식은 왜구대책의 실시로 나타

---

63) 『성종실록』 권288, 25년 3월 신축(12).
64) 『성종실록』 권288, 25년 3월 을묘(26).
65) 『성종실록』 권292, 25년 7월 계축(27).

나기 시작하여 포소의 제한으로 형성되었음을 확인하였다. 대마도정벌 이후 왜인들이 도항할 수 있는 항구를 三浦로 제한하였으며, 대마도인이 고기잡이할 수 있는 지역도 부산포와 내이포 근처로 제한하였다. 대마도에서는 포소의 추가 개항을 요구하였으나 거절당하자, 경상도 연해어장의 확대와 함께 전라도 남해 연안의 어장 특히 고초도에서의 고기잡이를 요구하기에 이르렀다. 조선에서는 많은 논란 끝에 고초도에서의 고기잡이를 허용하였다. 고초도조어금약의 규정을 보면, 당시 조선에서는 왜인들이 고기잡이할 수 있는 지역을 지정하고 왜선이 그 지역을 벗어나지 못하도록 통제하였으며, 또한 어세를 징수함으로써 그곳이 조선의 영토라는 사실을 왜인들에게 인식시키려고 하였다. 결국 조선에서는 조어금약을 통해서 왜구의 재발을 방지하는 한편 해양권을 강화하려는 의도를 가지고 있었다.

고초도의 위치와 조어금약의 시행시기에 대해서 많은 논란이 있다. 먼저 고초도는 항해상의 안전과 풍부한 어족자원 등을 고려하면 전라남도 여천군 삼산면 손죽리에 위치한 손죽도 인근이라고 생각한다. 그리고 조어금약은 1441년 11월부터 1501년 4월까지 지속된 것으로 생각된다.

고초도조어금약의 위반사례는 병기를 소지한 채로 지정된 수역을 벗어나 다른 지역을 돌아다니다 붙잡힌 경우와 문인을 소지하지 않고 지정된 수역을 벗어나 고기잡이 한 경우, 지세포만호로부터 받은 증명서를 반환하지 않았거나 어세를 납부하지 않고 그대로 도망간 경우, 조선의 공선이나 어선을 약탈하거나 조선인을 상해한 경우 등 4가지 유형이 있었다. 이 중 병기 소지와 관련된 위반사례는 고초도조어금약의 정약 초기에 집중되어 있었다. 그리고 왜인들의 關限 침범과 약탈행위는 1494년 (성종 25) 이후부터 극심해져 삼포왜란 직전까지 계속되었다.

고초도조어금약 위반자의 처리는, 첫째로 조어금약 위반자를 체포하였을 경우, 주로 조선에서는 이들을 직접 치죄하지 않고 석방하여 돌려보내고 대마도주로 하여금 치죄하게 한 후 그 사실을 조선에 통보해주도록 하였다. 둘째로 조어금약을 위반하고 조선의 공선이나 어선을 약탈해서 도망간 경우, 사신을 파견하여 범인을 추포해오기도 하였지만, 그 사실을 대마도주에게 알려주고 도주로 하여금 범인을 찾아 치죄하거나 붙잡아 보내도록 요청하기도 하였다.

이처럼 조선정부가 조어금약 위반자를 강력하게 처벌하지 않고 대마도주에게 그 위반사실을 통보하여 도주로 하여금 처벌하게 하거나 범인을 붙잡아서 압송하도록 한 이유는 아마 일본과의 불화 및 왜구의 재발 가능성을 사전에 차단하기 위한 방책이었다고 생각한다. 이러한 점에서 보면 조어금약은 대마도 왜인에 대한 회유책이자 왜구의 재발을 방지하기 위한 왜구대책의 일환이었음을 알 수 있다.

한편 조선에서는 대마도의 조어왜인에게 고초도에서의 고기잡이를 허용하였지만 어세를 징수하였다. 조선에서는 어세를 육지의 지세와 같이 인식하고 있었다. 이 때문에 대마도의 어세 감면 요청에 대해 모두 감면해주지 않고 그 양만 줄여 주었다. 이는 결국 조선에서 왜인들에게 고기잡이를 허용한 섬과 바다라도 할지라고 어세를 징수함으로써, 그 지역이 조선의 영토라는 사실 확인과 아울러 그 지역에 대한 해양주권을 강화하려는 의지의 표현이라 할 수 있다.

참고문헌

1. 단행본

부경대학교 해양문화연구소,『조선전기 해양개척과 대마도』, 국학자료원, 2007.
長節子,『中世國境海域の倭と朝鮮』, 吉川弘文館, 2002.
關周一,『中世日朝海域史の硏究』, 吉川弘文館, 2002.
荒木和憲,『中世對馬宗氏領國と朝鮮』, 山川出版社, 2007.

2. 논문

유재춘,「세종대 崔浣事件과 한일관계의 추이」,『한일관계사연구』10, 한일관계사학회, 1999.
長節子,「孤草島釣魚硏究-孤草島の位置を中心として-」,『朝鮮學報』91, 朝鮮學會, 1979.
_____,「孤草島釣魚禁約」,『海と列島文化』3, 小學館, 1990.
_____,「孤草島釣魚の變容」,『年報朝鮮學』1, 九州大學朝鮮學硏究會, 1990.
주철희,「고초도의 위치 비정에 대한 재검토」,『한일관계사연구』41, 한일관계사학회, 2012.
한문종,「조선전기 대일 외교정책 연구-대마도와의 관계를 중심으로」, 전북대 박사학위논문, 1996.
_____,「중·근세 조선의 남방지역과 일본에 대한 경계인식」,『한일관계사연구』39, 한일관계사학회, 2011.
_____,「조선전기 왜관의 설치와 기능」,『인문과학연구』32, 강원대 인문과학연구소, 2012.

제1부 주제연구
제3장 중국지역

麗末鮮初 朝·明 간 女眞 귀속 경쟁과 그 意義

유 재 춘*

1. 머리말

고려말 조선초기 조선과 명나라 사이에는 여진 지역에 대한 영향력 문제를 놓고 매우 심각한 각축을 벌이게 되는데, 당시 조명 간 여진 귀속 문제는 단순히 양국이 여진의 침략을 받지 않기 위한 유화적 포섭정책의 차원이 아니었다. 특히 명나라의 경우 단순히 당대에 있었던 羈縻政策을 계승하는 문제가 아니었다. 물론 당시 조선과 명나라의 입장은 차이가 있었지만 기본적으로 여진 귀속문제가 정치군사적인 부분에 매우 중대한 영향을 끼치는 국가안보의 핵심적인 문제 가운데 하나였으며, 또 영토권과도 밀접한 연관성을 가지고 있었다.

朝·明 양국은 여진 귀속문제에서 우위에 서기 위해 갖가지 사유를 명분화하였으며, 회유는 물론 강력한 군사작전을 펴기도 하였다. 초기에 명나라는 여진에 대한 핵심적인 정보의 부족과 조선에 대한 군사적 긴장을 회피하기 위해 조선에게 10처 여진인에 대한 관할권을 승인할 수밖에 없었다. 하지만 그것이 향후 여진 전체의 향방뿐만 아니라 요동지역에 대한 항구적인 안정적 지배, 군사적 안보에 큰 영향을 미칠 수 있다는

---

* 강원대학교 사학과 교수.

것이 분명해지고, 북경천도 후 한층 요동지역에 대한 군사활동이 원활해진 명은 이미 조선 관할이 되어있던 여진을 회유, 압박하여 명나라 위소제에 편입되도록 함으로써 조선과 분리시키는 노력을 기울였다. 조선은 태종, 세종대를 거치면서 명나라에 대해 안정적인 외교기조 유지를 추구하였기 때문에 조선은 명나라에 대해 여진 귀속문제를 다투는데 한계가 있었다.

그러나 여진 귀속을 둘러싼 朝·明 간 치열한 각축은 결과적으로는 어느 쪽에서도 느슨하게 관할되는 요인이 되었고, 이로 말미암아 북방의 광활한 여진 잡거지역이 조명 양국에게는 일종의 완충지대가 되게 되었다. 또 나아가서 그로부터 1백여 년 후에는 여진세력이 성장할 수 있었던 먼 원인이 되었다. 여진의 성장이 조선이나 명나라 모두에게 위협이 된다는 엄연한 사실은 16세기 후반에 와서 그대로 현실화되었다. 명나라는 형식적으로 설치된 위소가 유명무실해지면서 실질적인 국경이 요동 변장으로 한정되었고, 조선 역시 압록강, 두만강 연변을 따라 변방 鎭戍를 설치하면서 점차 경계가 고착화되어 갔다.

여말선초 여진에 대한 연구는 그간 여러 연구가 있었다. 그 내용은 대체로 여진인의 분포나 조·명간 여진 포섭 경쟁, 여진 정벌, 여진에 대한 授職政策, 受職女眞人 등에 대한 것이 주를 이루고 있다.[1] 특히 여말

---

1) 김구진, 「麗末鮮初 豆滿江 流域의 女眞 分布」, 『백산학보』 15호, 백산학회, 1973; 김구진, 「朝鮮前期 對女眞關係와 女眞社會의 實態」, 『동양학』 14집, 단국대 동양학연구소, 1984; 강성문, 「朝鮮시대 女眞征伐에 관한 연구」, 『軍史』 18, 국방부 전사편찬위원회, 1989; 서병국, 「朝鮮前期 對女眞關係史」, 『국사관논총』 14, 국사편찬위원회, 1990; 강성문, 「朝鮮 初期 漫散軍의 流入과 送還 問題」, 『竹堂李炫熙敎授華甲紀念韓國史學論叢』, 1997; 박원호, 『明初朝鮮關係史硏究』, 일조각, 2002; 김구진, 「조선 전기 여진족의 2대 종족-오랑캐(兀良哈)과 우디캐(兀狄哈)」, 『백산학보』 68, 백산학회, 2004; 한성주, 「조선초기 受職女眞人 연구-세종대를 중심으로-」, 『朝鮮時代史學報』 36, 조선시대사학회, 2006; 한성주, 「朝鮮初期 朝·明 二重受職女眞人의 兩屬問題」, 『朝鮮時代史學報』 40, 조선시대사학회, 2007; 남의현, 『明代遼東支配政策硏究』, 강원대 출판

선초 조·명 간 영토문제 있어서 조선의 10처 여진인 관할권 확보는 가장 획기적이고 중대한 문제이나 이에 대한 연구나 의미 부여가 미약하다. 10처 여진인 중 猛哥帖木兒 집단은 여진의 핵심세력 중 하나였고, 명나라가 이미 조선으로부터 관직을 받은 童猛哥帖木兒를 회유하기 위해 많은 공을 들인 것은 바로 그 때문이었다. 童猛哥帖木兒가 명나라에 입조하여 관직을 수여받음으로써 조선의 10처 인민 영속권은 심각한 위협을 받게 되었고, 조선이 이후 강력한 군사행동에 나서는 계기가 되었다. 그러나 조선의 응징이 두려워 鳳州로 이주하였던 童猛哥帖木兒가 13년 만에 다시 두만강 유역으로 돌아오게 되는데, 이로 말미암아 새로운 갈등 요소가 발생하고 조·명 양국은 이들에 대한 영향력 행사를 위해 다시 각축을 벌이게 되었다.

조선전기 두만강 이북의 공험진 이남지역을 조선 영역으로 간주하게 된 것은 10처 여진인 관할권 확보와 직결되어 있고, 따라서 고려말 조선초 10처 여진인 귀속문제가 조선의 영토 확보와 관련하여 매우 중요한 사안임에도 불구하고 큰 의미를 부여받지 못하였다. 이에 본 논고에서는 이러한 점에 주목하여 고려말 조선초기 여진인 귀속문제 발생의 배경과 조선의 10처 여진인 관할권 확보와 의의, 조·명간 여진 入屬 경쟁의 변화에 대해 살펴보고자 한다.

부, 2008; 박정민,「조선초기의 여진 관계와 여진인식의 고착화－태조~세종대를 중심으로－」,『한일관계사연구』35, 한일관계사학회, 2010; 김구진,「조선시대 女眞에 대한 정책」,『백산학보』88, 백산학회, 2010; 남의현,「元·明交替期 한반도 북방경계인식의 변화와 성격－明의 遼東衛所와 3衛(東寧·三萬·鐵嶺)를 중심으로－」,『한일관계사연구』39, 한일관계사학회, 2011; 한성주,『조선전기 수직여진인 연구』, 경인문화사, 2011.

2. 女眞 귀속 경쟁의 배경

14세기 중·후반 동아시아에서는 元-明의 교체와 고려-조선왕조가 교체되는 큰 격변기를 맞게 되었다. 이러한 속에서 여진문제는 조선이나 명나라에게 모두 가장 중요한 사안으로 부각되게 되었다. 조선으로서는 건국자인 이성계 자신이 이미 왕조를 건국하기 이전부터 여진세력과 매우 밀접한 관계를 가지고 있었고, 변경의 안정뿐만 아니라 명나라 몽고 잔여세력을 견제하는데 매우 필요한 존재였다. 조선에서 여진을 종종 '藩籬'로 표현한 것이 그것을 말해준다. 태종은 童猛哥帖木兒를 誘致하고자 명나라에서 그에게 사신을 보내자, 좌의정 河崙과 우의정 趙英茂에게 "사신이 오는 것은 오로지 동맹가첩목아를 招安하려고 하는 것이다. 이 사람은 동북면의 藩籬이니, 경들은 이를 도모하라."고 독려하였다.[2] 또한 세종도,

> 임금이 좌우의 신하들에게 이르기를, "이제 童猛哥帖木兒가 와서 보기를 청한다. 태종께서 일찍이 말씀하시기를, '이 사람은 우리 영토 안에 살고 있어 우리의 藩籬가 되었으니 마땅히 厚하게 대우해야 한다.'고 하셨다. 또 楊木答兀은 仁宗皇帝가 칙명을 내려 말하기를, '(양목답올은) 배반하고 너의 國內에 들어간 자이니 도망한 자를 (너희 나라가) 용납해서는 안 된다.'고 하였지만, 이 사람은 본래 양목답올에 비길 사람이 아니니 명나라가 비록 알게 되더라도 무엇이 도리에 해로울 것이 있겠는가. 이제 義를 思慕하여 보기를 청하니 그의 마음은 칭찬할 만하다. 그가 오는 것을 허락하지 않을 수 있겠는가."[3]

---

2) 『태종실록』 권9, 태종 5년 3월 기유.
3) 『세종실록』 권45, 세종 11년 9월 정묘.

라고 하여 태종과 같은 인식을 하고 있다. 사대외교 관계라고 하는 특수한 국제외교관계를 가지고 있었으면서도 여진에 대해 명확한 藩籬意識을 갖고 명나라에 대응하고 있다. 이러한 번리의식은 이후에도 계속 계승되고 있다.4)

이러한 조선의 번리의식은 물론 변경에 대한 항구적인 안정을 추구하는 것이지만 더 나아가서는 여진이 당시 동아시아 세력 재편에 매우 중요한 변수라고 하는 판단이 들어 있다고 보아야 할 것이다. 이미 前朝에 여진의 변경 침입으로 말미암은 피해는 물론 수많은 군사를 동원해 정복활동을 감행해야 하였던 점에서도 여진을 조선에 내속시켜 묶어두는 것은 변경의 안정뿐만 아니라 왕조의 안정에도 중대한 문제였다. 더구나 고려말 蒙古에 대한 무력대결을 통해 무단 점거되었던 쌍성총관부 지역을 복구하는 것은 물론 압록강 이북지역의 東八站 지역을 공략하고, 더 나아가 요동지역까지 진출해 군사활동을 하였던 역사를 가지고 있던 조선으로서는 여진이 蒙古 잔여세력과 결탁하는 것을 당연히 견제해야 했고, 더구나 당시 조선은 명나라에 대해 신뢰하고 있지 않았기 때문에 더욱 명이 여진과 결탁하는 것을 적극 막아야 했다.

따라서 고려말 이래 적극적으로 취해져 온 여진에 대한 招撫策으로 변경지역의 많은 여진 부족이 조선(고려)에 來屬하게 되었다. 이 때문에 여진이 본래 우리에게 속해 있다는 인식이 생기게 되었다.5) 특히 두만강 유역에 거주하고 있는 吾都里, 兀良哈, 兀狄哈 등에 대한 귀속인식은 고려말 이해 이성계의 적극적인 여진초무에서 비롯되었다.6) 특히 조선초에 들어서 여진에 대한 단순한 招撫策을 넘어 同化, 編戶化 정책이 추진되었다. 『태조실록』을 보면,

---

4) 『세조실록』 권8, 세조 3년 7월 경인.
5) 『태조실록』 권 5, 태조 3년 6월 신미.
6) 박원호, 『明初朝鮮關係史硏究』, 일조각, 2002, 171쪽.

임금이 즉위한 뒤에 적당히 萬戶와 千戶의 벼슬을 주고, 李豆蘭을 시켜서 여진을 招安하여 被髮하는 풍속을 모두 冠帶를 띠게 하고, 禽獸와 같은 행동을 고쳐 예의의 교화를 익히게 하여 우리나라 사람과 서로 혼인을 하도록 하고, 服役과 納賦를 編戶와 다름이 없게 하였다. 또 추장에게 부림을 받는 것을 부끄럽게 여겨 모두 국민이 되기를 원하였으므로, 孔州에서 북쪽으로 甲山에 이르기까지 邑을 설치하고 鎭을 두어 백성의 일을 다스리고 군사를 훈련하며, 또 학교를 세워서 경서를 가르치게 하니, 文武의 정치가 이에서 모두 잘 이루어졌고, 천리의 땅이 다 조선의 版圖로 들어오게 되어 두만강으로 경계를 삼았다. 江 밖은 풍속이 다르나, 具州에 이르기까지 풍문으로 듣고 義를 사모해서, 혹은 친히 來朝하기도 하고, 혹은 자제들을 보내서 볼모로 侍衛하기도 하고, 혹은 벼슬 받기를 원하고, 혹은 內地로 옮겨 오고, 혹은 토산물을 바치는 자들이 길에 잇닿았으며, 기르는 말이 좋은 새끼를 낳으면 자기네가 갖지 않고 서로 다투어서 바치며, 강 근처에 사는 자들이 우리나라 사람과 爭訟하는 일이 있으면, 관청에서 그 曲直을 가려 혹 가두기도 하고, 혹은 매를 치기까지 해도 변방장수를 원망하는 자가 없고, 사냥할 때에는 모두 우리 三軍에 예속되기를 자원해서, 짐승을 잡으면 관청에 바치고, 법률을 어기면 벌을 받는 것이 우리나라 사람과 다름이 없었다. …7)

라고 하고 있다. 여진인에 대해 授職, 풍속 동화, 내국인과의 혼인 장려, 課稅와 服役을 통한 編戶化 등을 통해 실질적으로 조선의 통치권내에 두고 있었다. 이렇게 조선이 명나라보다 앞서 여진에 대해 적극적인 초무책을 펼칠 수 있었던 것은 당시 명나라의 상황과 직결되어 있다. 명나라는 成祖에 이르기까지 북방의 몽고 주력군에 대응하느라 여념이 없었을 뿐만 아니라 고려말 압록강, 두만강 유역에 鐵嶺衛와 三萬衛를 설치하여

---

7) 『태조실록』 권8, 태조 4년 12월 계묘.

여진, 몽골, 고려인을 모아 군사거점을 만들려던 시도는 설치를 완료하지 못한 채 곧 鐵嶺衛는 奉集으로, 三萬衛는 開原으로 이설하는 것으로8) 변경됨으로써 명나라의 여진초무는 무산되었다. 더구나 명나라는 건국한 지 20년이 되어서야 비로소 요동지역을 불완전한 상태로 점령하게 되었다. 요동도사의 전신인 定遼都衛가 설치된 것은 1371년이지만 당시 이 지역에 강력한 영향력을 행사하고 있던 納哈出을 제압하지 못하였기 때문에 명나라의 영향력은 매우 제한적이었다. 그러나 1387년 納哈出이 명에 항복하고 휘하의 많은 군사가 명나라에 귀속됨으로써 명나라는 요동지역에 대한 군사력을 한층 높일 수 있었다. 명나라는 요동도사를 중심으로 신속하게 방어선 정비를 진행하면서 連山關, 刺楡關, 片嶺關 등 關口를 설치하여 변경 출입을 통제하였다. 遼陽에서 가까운 연산관에는 고려 사신을 맞이하는 柵門이 설치되었고, 그 以東 지역은 명나라 행정구역에 편입되지 않았다.9)

명은 나하추군의 격파와 함께 遼東地域 확보를 일단 마무리하였으나

---

8) 이 시기 명나라가 철령위와 삼만위를 이설한 이유에 대해서, 고려의 대응여부와 관계없이 당시 明軍 자체가 안고 있던 內的 요인과 함께 요동 정세의 변화에 따른 것이라는 견해가 있고(박원호, 「鐵嶺衛 設置에 대한 새로운 觀點」, 『韓國史硏究』 136, 한국사연구회, 2007, 13쪽) 이 또한 그 결정 시점을 놓고 볼 때 고려의 요동정벌군 파견이전이므로 일면 타당한 것이라 할 수 있지만, 이미 명의 철령위 설치 소식이 고려에 전해지고 고려 조정에서 격렬한 반발 논의가 있다는 것을 명이 모르는 상태에서 衛를 옮겼을 것인가 하는 것에 대해서는 의문이 든다. 물론 명나라는 北元의 주력 토구스테무르를 공격하기 위해 15만 대군을 출동시켜 놓은 상태에서 明의 무력 공백을 이용해 고려가 요동을 공략하는 것을 미연에 방지하기 위해 고려 북방에 衛를 설치하여 대응하고자 하였던 것은 사실이겠지만 명나라에게 더욱 중요한 것은 고려를 자극하여 적대적으로 만들지 않는 것이었다. 당시 명나라는 고려와 불란을 만들어 남북 양쪽에서 동시에 開戰한다는 것은 최악의 상황이었고, 또 양쪽에서 모두 승전한다는 것은 현실적으로 매우 어려웠다. 이러한 상황에서 명나라가 철령 이북지역 귀속 통보에 대해 고려의 반응에 관심두지 않았다고 보기 어려운 것이다.
9) 남의현, 『明代遼東支配政策硏究』, 강원대출판부, 2008, 56쪽.

이는 바로 조선과 명이 압록강을 경계로 국경을 맞대는 것이 아니었다. 명이 국경 把守를 설치한 連山關 以東 지역은 통치력이 미치지 못하였다. 이러한 사유로 明은 遼東 동쪽으로 조선에서 약 290여리 떨어진 連山關에 把守를 설치하여 지키게 하였고, 以東 지역은 空地, 즉 일종의 국경 완충지대로 남게 되었다. 즉, 조선은 서북변경의 경우 명나라의 궁극적인 의도를 의심하고 있었지만 일단 압록강에서 멀리 떨어진 곳에 명과의 국경이 설치됨으로써 일단 안정화되었고, 한층 두만강 유역 여진에 대해 적극적인 招撫策을 전개할 수 있었던 것이다.

그러나 명나라가 북원 주력을 궤멸시키고 여진에 대해 적극적인 초무에 나서면서 조선과 명나라는 본격적인 여진 귀속 경쟁에 돌입하게 되었다.

한편 명나라의 경우도 여진문제가 동아시아 세력 재편에 중요한 사안이라는 것을 이미 인식하고 있었고, 특히『대명회전』을 편찬하면서 이성계를 고려말 친원파인 이인임의 아들이라고 고의적으로 誤記하였던 사실에서 알 수 있는 것처럼 이성계가 건국한 조선을 특히 경계하였다. 이는 이성계 가문이 몽고치하에서 대대로 관직을 지낸 지방 군벌집안이며, 여진인 집단과도 밀접하여 이성계 휘하에서 실제 많은 여진인이 활동하였던 사실과도 관련이 있다. 조선초 명나라는 몽고 잔여세력 정벌에 주력하고 있는 상황에서 여진과 결탁한 조선을 대적한다는 것은 군사적으로 매우 위험한 일이었다. 당시 명나라의 상황을 고려할 때, 북원과 고려를 동시에 상대하여 승전한다는 것은 현실적으로 매우 어려운 일이었다. 더구나 본래 건국자가 몽고와 인연을 갖고 있는 조선이, 몽고나 여진세력과 연계하여 명나라를 압박하는 상황은 명나라로서는 최악의 경우에 해당하였다.

따라서 명나라는 어떻게 해서든 그와 같은 상황을 방지해야 했다. 고려의 반발을 충분히 예상하였을 상황에서 철령위 설치와 철령 이북 귀속을 시도하다가 군사적 대결 직전까지 갔던 것을 보면 당시 명나라가 고려와 몽고의 단절을 위해 얼마나 다급하였는지를 알 수 있는 것이다.10) 고려의 군사행동 이후 명나라는 일언반구도 이에 대한 주장을 반복하지 않았으며, 오히려 조선의 요청에 따라 함경도와 두만강 연변 일대 지역의 이른바 10처 여진인에 대한 조선의 관할을 승인할 수밖에 없었다.

하지만 명나라는 여진 관할 문제가 국가적인 안보전략상 매우 중대하다는 것을 인식하고 적극적인 회유책을 펴게 된다. 몽고를 평정한다고 하더라도 여진과 조선이 결속하게 되면 궁극적으로 요동의 안정, 나아가서는 국가적인 위험이 된다고 판단하였을 것이다. 이에 명나라는 조선과의 군사적 긴장을 가급적 최소화하고자 하였으며, 여진을 사이에 끼워 조선을 견제하려는 이른바 "以夷制夷"책을 쓰고자 하였다. 특히 명은 조선이 이미 관할권을 승인 받은 10처 여진에 속하고, 또 조선으로부터 관직을 받은 여진인까지 적극 회유하였다. 이러한 것이 가능했던 것은 여진 부족 간 끊임없는 경쟁과 암투가 내재되어 있었기 때문이었다. 명나라의 여진 포섭과 조선과의 離間은 북방영토에 대한 조선의 고토회복의지를 제어하는 데에도 반드시 필요한 일이었다.

당시 상황에서 명이 여진을 내속시키려고 한 것은 여진지역에 대한 적극적 영토확장 의욕보다는 조선이 차지하는 것을 원천적으로 봉쇄하고자 의도한 것이다. 그러나 앞서 언급한 바와 같이 조선측이 여진에 대해 계속 編戶化하고 이를 확대해 나가는 상황에서 조선이 여진, 蒙古와 결속해 명나라에 대적하는 것을 차단하는 차원을 넘어 장기적으로 볼 때, 여진의 조선 귀속은 결과적으로 요동지역 안정을 위협하는 것이었기 때문에 적극 여진초무에 나서게 되었다. 명나라는 여진 귀속 문제를 놓

---

10) 당시 명나라는 북원을 격멸하기 위해 대규모 원정군을 파견해 놓은 시점에서 끊임없이 북진을 모색하고 있는 고려에 대한 적절한 제어책이 필요하였기 때문에 아직 여러 가지 조건이 갖추어지지 않았음에도 불구하고 무리하게 압록강, 두만강 유역에 鐵嶺衛와 三萬衛를 설치하고자 하였다(박원호, 「鐵嶺衛 設置에 대한 새로운 觀點」, 9쪽).

고 조선과 각축하는 과정에서 "영토" 각축이 아니라는 점을 강조하고 있는데, 이는 조선과 극단적인 갈등을 피하고자하는 의도에서였다. 童猛哥帖木兒의 明나라 入朝 문제를 놓고 조선과 갈등을 빚고 있던 明은 이에 대한 사유를 말하는 조선사신에게 '猛哥帖木兒는 어째서 보내지 않고 도리어 와서 計稟하는가? 네가 와서 計稟할 때에, 그 사람과 함께 와서 地面事情을 자세히 말하면, 어찌 허가하지 않겠는가? 누가 너희와 地面을 다투는 것인가? 네가 돌아가서 국왕에게 말하여 알려서 곧 그 사람을 보내도록 하라.'11)고 하고 있다. 명은 조선에 소속되어 있던 童猛哥帖木兒를 입조시키려는 것에 대해 조선 측에서 반발하자 地面을 다투는 것(즉 영토)이 아니라고 하고 있지만 여진부족장과 영역은 직결되어 있다는 사실을 모를 리 없던 명은 조선의 극단적인 반발을 의식해서인지 영토문제가 아니라고 애써 강조하고 있다.

이는 童猛哥帖木兒의 명나라 入朝 갈등 속에서 명이 童猛哥帖木兒가 명나라 황후의 친척이라는 점을 강조하는 대목에서 보면 더욱 분명하다. 『태종실록』에

> 計稟使의 通事 曹土德이 京師에서 돌아와서 아뢰었다. "童猛哥帖木兒의 일로 황제께서 宣諭한 내용 중에 '지난날에 동북면 11處의 人民 2천여 口를 이미 모두 請한 대로 허가하였는데, 어째서 하나의 맹가첩목아를 아끼는가. 맹가첩목아는 皇后의 친족이다. 사람을 보내서 불러오게 하는 것도 황후께서 원하는 것이다. 骨肉이 서로 만나보는 것은 사람의 大倫이다. 朕이 너의 土地를 빼앗았다면 請하는 것이 가하지마는, 皇親 帖木兒가 무엇이 너에게 관계되었는가?'하였습니다."12)

---

11) 『태종실록』 권10, 태종 5년 9월 임자.
12) 『태종실록』 권10, 태종 5년 9월 기유.

라고 하여 童猛哥帖木兒의 명나라 입조 구실로 황후의 친족이라는 점을 강조하고 있다. 당시 명나라가 동맹가첩목아 입조 구실로 새롭게 황후친족임을 들고 나오자 計稟使로 갔던 李行은 "국왕께서 占親의 일을 알지 못하고, 欽差하신 王千戶도 일찍이 占親을 말하지 않았습니다. 게다가, 맹가첩목아가 살고 있는 곳이 毛憐이 아닙니다."라고 설명하고 있다. 즉, 이 말은 조선 측에서는 동맹가첩목아가 명나라 황후의 친척이라는 것은 처음 듣는 말이고 또 기존에 이 문제로 조선에 왔던 명나라 사신 王千戶(王敎化的을 지칭하는 것임)도 처음부터 그런 사유를 전혀 말하지 않았다는 것이다. 이 말은 결과적으로 명나라가 조선에 내속해 있던 동맹가첩목아를 입조시키려는 시도가 조선의 반발로 무산될 상황이 되자 황후의 친족임을 내세워 구실을 삼았다는 것을 말하는 것이다. 물론 올량합의 於虛出이 일찍이 명나라 成祖가 燕王으로 있을 때에 딸을 바친 일이 있고, 또 어허출이 동맹가첩목아와 인척관계에 있으므로 명나라에서는 占親이라고 강변할 수도 있었을 것이나13) 기본적으로 동맹가첩목아의 明 입조는 친족 면회에 목적이 있지 않았기 때문에 그 실상은 명나라 측에서 구실을 만든 것에 불과하다고 하겠다.

이와 같이 조선초기를 전후한 朝·明間의 여진 귀속 경쟁은 동아시아 지역의 큰 변혁기에 세력 재편의 변수로 떠오른 "여진"이라는 집단을 거머쥐고자 하는 그야말로 干戈없는 전쟁이었고, 이는 이후 조선과 명나라 판도 유지에도 큰 영향을 미치게 되었다. 따라서 당시 이러한 朝·明間의 각축은 물론 1차적으로 정치군사적인 목적이 강한 것이었지만 단순히 기미적 여진포섭이라고 하는 정치외교적인 시각에서만 볼 수 있는 것이 아니며 일종의 영역 각축의 성격을 가지고 있는 것이다.

---

13) 박원호, 『明初朝鮮關係史硏究』, 177쪽.

3. 조선의 10處 여진인 관할권 확보

공민왕 5년(1356) 쌍성 지역을 무력수복하고 그해 10월 정당문학 李仁復을 파견하여 원나라에 고려의 옛 강토인 쌍성과 三撒 이북지역을 돌려주기를 요청한 사실이 있다.14) 또한 고려 말 고려가 무력으로 수복한 동북면 지역을 명이 철령위를 설치하고 이를 다시 귀속시키려 하면서 고려는 요동정벌군 파견이라고 하는 초강경 대응을 하게 되었다. 明에서는 고려의 이러한 대응을 전혀 예상하지 못하였던 것으로, 아마 고려의 이러한 전쟁불사라고 하는 극단적 반발이 예상되었다면 명나라는 철령 이북지역 귀속 문제를 거론하지 않았을 것이다. 혹 명나라에서 이 문제를 꼭 거론해야 하지만 고려의 강한 반발이 예상되었다면 明은 이 문제 거론을 훗날로 미루었을 것이다.

물론 우왕대 요동정벌군 파견이 반드시 철령 이북 귀속문제 하나만으로는 설명될 수 없을 것이다. 그건 당시 고려가 계산한 여러 가지 이유 가운데 하나였다. 고려는 1차적으로 명과의 정상적인 외교관계를 희망하였으나 명에 파견되었던 鄭夢周는 요동에서 돌아왔으며,15) 폐쇄된 사신 행로를 다시 열어줄 것을 요청하기 위해 명에 파견된 趙琳도 마찬가지로 요동에서 돌아오는 등 대명관계는 악화되어 갔다.16) 더구나 명나라에 갔다가 돌아온 설장수가 貢馬의 不實, 군사 정보 수집을 책망하며 철령 이북지역에 대한 귀속을 통보하는 명 황제의 말을 전하게 되자17) 고려의 분위기는 더욱 명에 대해 적대적인 방향으로 틀어지게 되었다. 우왕은 전쟁에 대비하여 성곽을 수리하고, 서북지역에 元帥를 파견하는 등 준비를 하면서도18) 철령 이북지역의 고려 귀속문제를 설명하기 위해 密直提

---

14) 『고려사』 권39, 공민왕 2, 병신 5년 10월 무오.
15) 『고려사』 137권, 열전 50, 辛禑 14년 1월.
16) 『고려사』 137권, 열전 50, 辛禑 14년 1월 경인.
17) 『고려사』 137권, 열전 50, 辛禑 14년 2월 경신.

學 朴宜中을 파견하였다.

고려에서는 요동도사가 指揮 2명에게 1천여 명의 병력을 인솔케 하여 江界로 와서 鐵嶺衛를 수립하려 하고 있는데, 명나라 황제가 이 衛를 설치하기 위하여 鎭撫 등의 무관들을 미리 임명하였고 그들이 모두 요동에 도착하였으며 요동으로부터 철령위까지 어간에 70개소의 站을 설치하고 百戶를 배치할 것이라는 西北面都安撫使 崔元沚의 보고를 받고[19] 우왕은 곧바로 8도의 군사 동원을 명하면서 원나라 관복을 입도록 하여 反明親元策을 분명히 하였다. 하지만 명나라 사신이 곧 도착할 터이니 잠시 미루자는 신하들의 의견에 따라 일시 정지되었으나 군사동원은 곧 구체화되어 갔다.[20]

이 시기 고려가 전쟁이라는 국가 간의 극단적 결정을 하게 된 것은 물론 철령 이북 영토 귀속문제라고 하는 중요한 사안이 걸려 있었지만 한편으로는 고려가 전쟁을 하지 않는다고 하더라고 명나라의 대외정책 추세로 보아 향후 고려가 전쟁을 피할 수 없을 것이라는 판단도 개재되어 있으리라 여겨진다. 그것은 아마도 북원이 완전 평정된 이후가 될 것이고 그 시기가 되면 더욱 어려워질 것이라는 점이 이미 감지되었을 것이다. 우왕이 명나라의 철령위 설치가 구체화되면서 동강에서 돌아오면서 말 위에서 울면서 "여러 신하들이 나의 遼東 공격 계획을 듣지 않더니 이 지경에 이르게 하고 말았다."라고 하여 그간 적극적 대처를 하지 못한 것을 한탄한 대목에서 고려의 요동 공격 실행이 즉흥적이라기보다는 상당 기간 이전에 이미 전략적 판단은 내려져 있었다는 것을 알 수 있다.

이는 고려가 명나라를 대상으로 매우 적극적인 군사정보를 수집한 것에서도 알 수 있다. 명나라에 갔던 설장수를 통해 명나라 황제는 고려에 대해 다음과 같이 말하고 있다. 『고려사』에

---

18) 『고려사』 137권, 열전 50, 辛禑 14년 2월 경신.
19) 『고려사』 137권, 열전 50, 辛禑 14년 3월.
20) 위와 같음.

그런데 당신네 측에서 도리어 수긍하지 않고, 공공연하게 증명서를 가진 使者가 와서 무역하면서 몰래 사람을 太倉으로 보내 우리가 군사를 동원하는가 병선을 만드는가를 정탐하며, 또 중한 상금으로 우리 사람이 가서 소식을 누설하는 자를 상 주고 있으니 이는 거리에서 노는 어린아이의 식견이다. 금후는 근신하고 그런 짓을 말라! 그리고 사신을 보내지 말라.21)

라고 하였다. 이에서 보면 고려에서 파견된 사람들이 명나라의 군사동원, 병선제조 여부에 대해 적극 정보를 수집하고 있었으며, 이는 말할 것도 없이 고려에 대한 군사행동 여부를 탐지하기 위한 것이었다. 명의 고려 사신 입국 거부는 고려의 사대외교에 대한 일종의 진정성을 시험하려는 측면도 있지만 다른 한편으로는 고려의 적극적인 군사정보 수집을 감지한 明의 대응책이었다는 측면도 강했다. 아마 이러한 광범위한 군사정보 수집을 통해 고려는 이미 전쟁이 피할 수 없는 것이라면 先攻하는 것이 유리하다는 전략적 판단이 있었을 것이다.

명나라로서는 다행스럽게도 이성계를 중심으로 위화도에서 회군함으로써 요동정벌 문제는 일단락되었지만 철령 이북 땅에 대한 귀속문제가 회군으로 곧바로 해결된 것은 아니었다. 고려에서는 철령 이북지역에 대한 귀속을 통보한 명에 대해 密直提學 박의중을 보내

大明이 鐵嶺衛를 세우고자 하자 禑가 密直提學 朴宜中을 보내어 표를 올려 청하기를, … 생각건대 저희 나라가 먼 땅에 치우쳐 있고 작음이 진실로 墨誌와 같으며 척박함이 어찌 돌밭과 다르겠습니까? 더구나 동쪽 귀퉁이에서 북쪽 변방에 이르기까지 산과 바다에 끼여 있어 형세가 매우 偏小합니다. (하지만) 祖宗으로부터 傳하여 정해진 區域이 있었습

---

21) 『고려사』 137권, 열전 50, 辛禑 14년 2월.

니다. 그윽이 살펴 보건대 철령 이북의 文(文川)·高(高原)·和(永興)·
定(定平)·咸(咸興) 등 여러 州를 거쳐 公嶮鎭에 이르기까지는 自來로
本國의 땅이 되어 있었는데 遼의 乾統 7년에 이르러 東女眞 등이 亂을
지어 咸州 이북의 땅을 빼앗으니 … 至正 16년간에 이르러 元朝에 아뢰
어 上項의 摠管, 千戶 등의 職을 혁파하고 和州 이북을 본국으로 되돌려
소속시켜 지금에 이르도록 주현의 관원을 제수하여 인민을 관할하여 오
다가 叛賊으로 말미암아 侵削되매 큰 나라에 控訴하여 이로써 복귀된 것
입니다. 이제 欽旨를 받들어 보니 '철령 以北, 以東, 以西는 원래 開元路
에 속하는 것이니 所管軍民도 이에 遼東에 속할 것이다. 이를 받들라'라
고 한 바, 철령의 산은 王京과 서로 떨어지기가 겨우 300리이며 公嶮의
鎭이 변방의 경계로 된 것이 1, 2년이 아니었습니다.22)

라고 그 부당함을 설명하고 있다. 고려의 철령 이북지역 영유권 주장에
대해 명나라 洪武帝는

  고려가 예전에는 압록강으로 경계를 삼았으면서 이제 와서 철령이라
  꾸며 말하니 거짓임이 분명하다. 이러한 뜻을 朕의 말로써 효유하여 본분
  을 지키게 함으로서 쓸데없는 相爭의 원인을 낳지 않게 하라.23)

라는 지시를 내리게 된다. '철령'의 위치에 대해서는 논란이 있지만 이
문장만으로 본다면 철령은 압록강 以北에 위치하는 것이 되며 고려에서
는 그곳 일대에 대한 영유권을 주장한 것으로 해석된다. 즉, '철령'을 일
반적으로 알려진 것처럼 회양에서 안변으로 넘어가는 곳의 철령을 말한
다면 이는 압록강과는 무관한 지역이며 서로 말이 맞지 않게 된다. 따라

---

22) 『고려사』 권137 열전50 辛禑 14년 2월 경신.
23) 국사편찬위원회, 『국역 中國正史朝鮮傳』 明史 朝鮮列傳(洪武 21년 4월),
  1986.

서 여기서 '철령'이라는 의미는 명나라가 철령위를 설치하려던 권역을 지칭하는 것이라 보는 것이 타당하다고 생각한다. 요동도사가 철령위를 설치하기 위해 사람을 보낸 곳이 江界라고 하는 것으로 보아 철령위를 설치하려 했던 구역은 압록강 중류지역의 兩岸地域과 그 동북쪽 일대였던 것으로 여겨지는데, 고려로서는 이로 인한 명의 군사적 압력에 단호한 대처가 불가피하였을 뿐만 아니라 현재의 함경도 일대 영토를 상실할 위기에 있었던 것이다. 공험진 이남 지역이 오래된 고려의 영토라고 강조하고 있는 것은 바로 그러한 이유였다. 특히 고려로서는 철령위 설치로 말미암아 압록강 이북지역이 손쉽게 명의 영역으로 들어가고 고려와 더욱 근접하게 됨으로써 명과의 군사적 긴장이 고조되는 것을 원치 않았기 때문일 것으로 여겨진다.[24]

명나라는 매우 고압적으로 영토문제를 해결하고자 하였지만 당초의 계획을 변경하여 곧 철령위 위치를 옮기게 되었다.[25] 明은 '王國有辭'라는 매우 애매한 표현을 쓰기는 하였지만[26] 명나라는 당시 고려에서 요청한 공험진 이남지역에 대한 영토권을 인정하지 않을 수 없었던 것이다. 이렇게 명나라가 고압적인 자세에서 갑자기 후퇴한 것은 고려에 대해 당장 군사대응을 할 수 없는 입장도 있지만 고려의 군사력에 대한 우려도 내포되어 있다고 할 수 있다. 고려는 송나라도 제압하지 못한 거란군의 대규모 침입을 군사적으로 물리쳤을 뿐만 아니라 강력한 몽골의 침입하에서도 수십 년을 버틴 나라였으며, 가까이는 20만에 달하는 홍건적을 물리친 적이 있고, 14세기 후반 북방지역 최대의 세력인 나하추軍을 명나라에 앞서 패퇴시킨 바도 있었다. 명나라는 이러한 사실을 당연히

---

24) 유재춘, 「중·근세 韓·中間 국경완충지대의 형성과 경계인식 - 14세기~15세기를 중심으로 -」, 『韓日關係史硏究』 39, 한일관계사학회, 2011, 164~170쪽 참조.
25) 남의현, 「元·明交替期 한반도 북방경계인식의 변화와 성격」, 『韓日關係史硏究』 39, 한일관계사학회, 2011, 63~67쪽 참조.
26) 『태종실록』 권7, 태종 4년 5월 기미.

알고 있었을 것이며, 군사적 대결을 피하고자 한 것은 당시 상황으로 보면 당연하다고 하겠다. 1393년 요동도사가 조선에서 여진인 500여 명을 불러 들여 몰래 압록강을 넘어 침략해 들어오려고 한다는 보고를 받고도 사신을 파견하여 경고하는데 그쳤고,27) 또 1395년에는

> 근자에 고려의 表奏文 말이 많이 부실(불성실)하여 짐이 이미 有司에게 명하여 그것을 구명하도록 하였다. 듣자하니 저들이 國中으로부터 압록강에 이르기까지 모든 요충지에 군량을 쌓아둔 바, 驛마다 1,2만석 혹은 7,8만석, 10만석이고, 동녕부 지역의 여진인을 모두 사람을 시켜 유치해 境內로 들어오게 한다고 하니 이것은 그 뜻에 반드시 깊은 모략이 있는 것이다. …28)

라고 하여 조선의 전쟁준비 상황이 구체적으로 알려졌음에도 불구하고 명나라는 여전히 어떠한 군사적 조치도 취하지 않았던 것에서도 그러한 상황을 엿볼 수 있다.

하지만 명이 철령위 설치 계획을 명이 변경하였다고 하더라도 철령 이북지역에 대한 귀속문제가 명확히 해결된 것이 아니었기 때문에, 이 문제로 인한 朝·明 양국 간의 불씨를 없애기 위해서는 외교적으로 이 사안을 명확하게 결정할 필요가 있었다. 더구나 이 지역에는 곳곳에 여진인이 거주하고 있었기 元의 계승을 주장하는 明에 대해서 이 점 또한 분명히 짚고 넘어갈 필요가 있었다. 이 문제에 대해 명은 이미 1388년 철령 이북지역에 대한 고려 영유권을 설명하는 문서를 가지고 명나라에 갔던

---

27) 국사편찬위원회, 『국역 中國正史朝鮮傳』 明史 朝鮮列傳(洪武 26년 2월), 1986.
28) 『明太祖實錄』 卷238 洪武 28年 4月 辛未.「近者高麗表奏 言多不實 朕已命有司究之 聞彼國中至鴨綠江 凡衝要處所儲軍糧 每驛有一萬二萬石 或七八萬十萬石 東寧女直 皆使人誘之入境此其意必有深謀 …」

박의중이 명에서 돌아와 전한 명나라 禮部 咨文에

> … 고려 표문에 이르기를 '철령 人戶의 일에 대해 祖宗 이래로 文·和·高·定州 등은 본래 고려에 속했다'고 하였다. 왕이 말한 대로라면 그 땅은 고려에 예속되는 것이 합당할 것이지만 이치와 형세로 말한다면 그 몇 州의 땅이 바로 전에 元에서 통치하던 곳이므로 지금 요동에 예속되는 것이 합당할 것이다. 고려가 말한 바는 가볍게 믿을 수 없으니 반드시 자세히 살핀 후에야 결정할 것이다. … 이제 철령 땅에 대해서는 왕국에서 말이 있지만 그 탐라의 섬은 옛날에 원나라 세조의 牧馬場이었다. 지금 元 자손으로 귀순한 사람이 대단히 많다. 나는 반드시 元의 후손들을 단절시키지 않고 (원조 때의) 여러 왕들을 탐라 섬에다 두고 수만 명의 경비병으로 호위하며 兩浙(浙江省 지역을 말함)에서 양곡을 운반해 보급하여 주어서 원의 후손을 존속시키고 원의 자손들이 다시 해중(海中)에서 한가한 세월을 보내게 하여 주겠다. (이것이) 어찌 옳은 일이 아니겠는가.29)

라고 하여 고려의 말을 수긍하면서도 그 영토가 원나라에서 통치하던 곳이므로 지금은 요동에 소속되는 것이 맞다는 생각을 가지고 있었다. 이에 이 점은 상세히 사실관계를 살펴야 한다고 하고 있다. 여기에서 이 당시 과연 명나라 홍무제가 말한 "今鐵嶺之地 王國有辭"라는 말이 무슨 의미인가 하는 것이 매우 중요하다. 이 내용은 『고려사』에 실려 있기 때문에, 국역 『고려사』(동아대 역주본, 2006)에서 "이제 철령 땅은 왕국에서 말이 있으나"로 해석하였고, 북한에서 번역한 『고려사』(사회과학원 고전연구실, 1963)에서는 "이제 철령 땅에 대하여서 귀국에서 잔말이 있다."라고 해석하였다.

이에 대해 박원호는 그의 논문에서 이는 명태조가 고려의 요청에 대

---

29) 『고려사』 권137 열전50 辛禑 14년 6월.

해 일리가 있다는 긍정적인 뜻으로 해석하는 것이 맞기 때문에 이 부분은 "이제 철령 땅은 왕국에서 해명이 있었다."라는 것으로 보는 것이 좋겠다는 의견을 제시하였다.30) 물론 "王國有辭"라는 의미 속에는 고려의 주장에 대해 어느 정도 양해하고 묵인하는 뜻이 없는 것은 아니지만 철령 이북지역의 고려 귀속에 대해 충분히 납득하고 문제를 고려가 요청한 대로 결정하자는 의미는 아니라고 여겨진다. 즉, 홍무제의 앞선 말에서도 알 수 있듯이 그대로 믿기 어렵고 앞으로 자세히 살펴서 결정하겠다는 것이 기본 생각이었다. 따라서 "王國有辭"라는 말은 고려에서 철령 이북지역 영유에 대해 이런 저런 말(설명, 해명, 주장 등)이 있으니 당장 그 지역에 대해 명에서 귀속시키지 않겠지만 결정은 보류한다는 그런 의미가 내포된 것이라고 생각한다. 즉, 다시 말해서 명나라 홍무제의 생각은 고려에서 주장하는 내용에도 일리는 충분히 있지만 사안을 상세히 조사해 보고 결정하겠다는 그런 의미라고 생각된다. 명나라에 간 박의중에게 이 자문을 써준 시기가 대략 1388년 4월 전후였을 것으로 여겨지는데, 이 시기는 명나라가 북원 주력군과 거의 마지막 대전투를 치루고 있던 시기였다. 그 시점을 고려할 때 명 측에서 철령 이북 땅에 대한 고려와의 갈등을 적당히 봉합하려 하였으리라는 점은 충분히 예상할 수 있다.

조선시대에 들어서 다시 사신을 파견하여 공험진 이남지역에 대한 영유를 기정사실화하고 아울러 十處女眞에 대한 관할권 승인을 재차 요청한 것은 바로 그러한 이유에서였다. 조선은 태종 4년(1404) 예문관 제학 金瞻을 明에 보내 명에 공험진 이남 지역에 살고 있는 여진에 대한 관할권 승인을 요청하였다. 그 내용을 보면

> 小邦은 이미 同仁의 가운데에 있사옵고, 공험진 이남이 또 고황제의 '王國有辭'라는 명령을 입었사오니, 그곳에 살고 있는 女眞遺種의 人民

---

30) 박원호, 「鐵嶺衛 設置이 대한 새로운 觀點」, 12·13쪽.

들을 본국에서 전과 같이 관할하게 하시면 한 나라가 다행하겠습니다. 이 때문에 지금 陪臣 藝文館提學 金瞻을 보내어 奏本과 地形圖本을 받들고 京師에 가게 하여 奏達합니다.31)

인정과 아울러 그곳에 살고 있는 여진인에 대한 관할권을 인정해 줄 것을 요청하고 있다. 또 당시 조선은 철령 이북지역에 대한 영토권을 주장하는 과정에서 조선왕조 개창자인 이성계 가문이 孔州를 비롯한 동북면 지역에 대대로 거주하였고 조상의 분묘가 그곳에 있다는 사실을 적극 활용하고 있다.32) 그리고 金瞻이 당시 지형도본은 만들어 가지고 명에 가서 이에 대한 설명을 하였다는 것을 알 수 있는데, 그 金瞻이 가지고 간 지형 圖本이 어떠한 내용으로 작성되어 있었는지는 알 수 없지만 조선의 요청 내용을 감안하면 조선이 주장하는 공험진 이남 지역에 대한 지리적 상황과 조선이 관할하고자 하는 여진인의 거주지역 범주가 표시되었을 것으로 추정된다.

이 때 김첨을 새삼 명나라에 보낸 것은 갑신년(1404년으로 판단됨) 여진의 遺民 佟景·王可仁 등이 조선의 咸州 이북이 옛날 遼·金의 땅이라고 황제에게 아뢰어, 황제가 칙서를 내려 十處人民을 수색하게 하였기 때문이다. 명나라에 간 김첨은 만약 그 지역이 요나라, 금나라 영토였다면 지리지를 상고해 보면 사실을 알 수 있을 것이라고 하였는데, 명나라 예부 관리가 지리지를 보니 과연 十處地名이 없었으므로 이 보고를 받은 황제가 김첨에게 이르기를, "조선의 땅도 또한 朕의 법도 안에 있는데, 짐이 무엇 때문에 다투겠는가."라고 하며 조선에서 요청한 것을 허락하였다고 한다.33)

이로 본다면 당시 조·명 양국 간에는 경계에 대한 기본적인 양해가

---

31) 『태종실록』 권7, 태종 4년 5월 기미.
32) 위와 같음.
33) 『태종실록』 권35, 태종 18년 5월 계축.

이루어졌다라고 보는 것이 타당할 것이다. 한 가지 분명한 것은 그 해 (1408) 10월 김첨이 명으로부터 조선이 요청한 十處人民의 영속에 대한 승인을 받아온 것을 보면34) 당시 명에서는 조선이 요청한 공험진 이남 지역에 대한 지배권과 十處女眞에 대한 관할권을 인정하였다고 하는 사실이다. 이러한 인식은 세종대에도 그대로 이어지고 있다.

> 정사를 보았다. 임금이 여러 신하들에게 이르기를, "고려의 尹瓘은 17만 군사를 거느리고 女眞을 소탕하여 州鎭을 개척해 두었으므로, 여진이 지금까지 모두 우리나라의 위엄을 칭찬하니, 그 공이 진실로 적지 아니하다. 瓘이 州를 설치할 적에 吉州가 있었는데, 지금 길주가 예전 길주와 같은가. 高皇帝가 조선 지도를 보고 詔書하기를, '公險鎭 이남은 조선의 경계'라고 하였으니, 경들이 참고하여 아뢰라."하였는데, 이때는 바야흐로 파저강 정벌에 뜻을 기울였기 때문에 이 전교가 있었다.35)

이 기록은 세종이 파저강 야인 정벌을 앞두고 변경지역에 대한 관심을 보인 내용이다. 여기에서 보면 명나라 태조 고황제가 조선의 지도를 보고 '공험진 이남은 조선의 경계'라고 하였다는 것을 알 수 있다. 지도를 놓고 지목하여 경계를 말했다면 당시 양측은 구체적인 경계선은 審定하지 않았다고 하더라도 대략적인 군사적 점거선에 대한 양해가 있었다고 보아야 할 것이다. 고려는 철령 이북 귀속문제로 전쟁을 불사할 만큼 강력히 반발하였기 때문에 당시 상황에서 明은 가급적 군사적 충돌을 피할 수 있는 것이 바람직한 일이었다. 아마 광범위한 空閑地帶(국경완충

---

34) 『태종실록』 권8, 태종 4년 10월 기사, 기묘, 병술. 당시 10처 지역이 명확하게 지금의 어느 지역인지에 대해서는 아직 정확하게 고증되지 않았으나 고려말 시기의 영역을 감안한다면, 압록강 중상류지역과 백두산 일대, 두만강유역과 그 북쪽의 선춘현 이남지역인 것으로 추정된다.
35) 『세종실록』 권59, 세종 15년 3월 계유.

지대)를 둔 것도 이러한 상황과 관련된 것일 가능성이 크다고 생각한다. 당시 세종은 신하들에게 명태조의 말에 대해 조사하여 보고할 것을 지시하고 있다. 이로 본다면 당대에 조선에서는 '공험진'의 위치에 대해 분명하게 알고 있었을 것이라고 판단된다. 『세종실록』지리지의 경원도호부 기록에서, 경원의 경계를 '북쪽으로 공험진에 이르기까지 7백 리, 동북쪽으로 先春峴에 이르기까지 7백여 리'라고 표기한 것이나[36] 六鎭지역의 기사에 두만강 북안지역의 지명이 다수 등장하게 된 것은[37] 그러한 동북지역의 경계인식을 표현한 것이라 할 수 있다. 공험진과 선춘현의 위치에 대해서 그간 여러 논의가 있었으나 최근의 여러 연구들이 이어지면서『세종실록』지리지에 기록되어 있는 경원에서 각기 7백 리 떨어져 있다고 하는 것이 거의 정확하다는 것이 밝혀지기도 하였다.[38]

그런데 매우 주목할 만한 사실은 이렇게 줄곧 공험진 이남지역이 우리의 영토라고 인식하면서 이를 명나라에게도 적극 피력하여 明의 동의를 얻고 있을 뿐만 아니라 실제 두만강 이북지역의 경우에는 鎭의 설치를 고려하는 등 적극적인 장악 의지를 보이기도 하였다.

　　　가. 함길도 도관찰사·도절제사가 乾原 萬戶를 옮겨 설치하는 것과, 多溫에 邑을 설치하는 것의 편의 여부와, 인물·군병의 출처에 대하여 의논하여 아뢰기를, "만호를 옮기는 일과 읍을 설치하는 등의 일은 한결같이

---

[36] 최규성은 최근 연구에서 공험진의 위치에 대해 연길시내 서쪽의 北台古城으로 비정한 바 있다(최규성, 「先春嶺과 公嶮鎭碑에 대한 新考察」, 『한국사론』34-한국사의 전개과정과 영토, 국사편찬위원회, 2002 참조).
[37] 『세종실록』권155, 지리지 함길도 경원도호부; 김용국, 「白頭山考」『白山學報』제8호, 백산학회, 1970, 32~35쪽.
[38] 김구진, 「公嶮鎭과 先春嶺碑」『白山學報』21, 백산학회, 1976; 최규성, 「先春嶺과 公嶮鎭碑에 대한 新考察」, 『한국사론』34-한국사의 전개과정과 영토, 국사편찬위원회, 2002; 윤여덕, 「尹瓘 九城의 설치 범위에 대한 新考察」, 『白山學報』92, 2012.

도체찰사의 조치를 좇는 것이 편하겠습니다. 두만강 밖은 산천이 평평하고 넓어 賊路가 사방으로 통하고, 강물도 건널 만한 곳이 자못 많으므로 오랑캐들이 들어와 침노하기가 매우 쉽습니다."39)

나. 영안도 관찰사 成俊과 북도병마절도사 元仲秬 등이 耶春에 축성하여 鎭을 옮기는 것이 적당하지 못한 일을 馳啓하고, 아울러 事目을 올리기를, … 領敦寧 이상과 의정부와 변경의 일을 아는 재상들을 불러 이를 의논하게 하였다. … 의논하기를, "耶春에 성을 쌓는 일은 조종조에서 처음 육진을 설치할 때 두만강을 한정하여 장성을 쌓고, 봉수를 나열시켜 두어서 방비하는 방법이 지극히 정밀하고도 엄하였습니다. 그러나 얼음이 얼거나 물이 얕을 때에는 胡人이 그래도 틈을 타서 침입하여 약탈하였는데, 이제 장성의 험함을 버리고 오랑캐의 지역에 깊숙이 들어가서 수고롭게 城堡를 쌓고 사방으로 흩어지는 땅에 군사와 백성을 두면, 이는 바로 고기를 굶주린 호랑이의 입에 던지는 것이니, 계책으로는 훌륭한 것이 아닙니다. …"40)

위의 사료 '가'는 乾原 萬戶의 移設과 多溫에 邑을 설치하는 문제를 논의하면서 두만강 北岸地域을 거론하고 있는 대목이다. 즉, 입지를 이야기하면서 두만강 밖은 산천이 평평하고 넓어 賊路가 사방으로 통하고, 강물도 건널 만한 곳이 많아서 여진인들의 침략을 받기 쉬우므로 결과적으로 이곳으로 이설하는 바람직하지 않다는 것이다. 이러한 대목은 당시 두만강 이북지역을 조선이 어떻게 인식하고 있었는지를 분명히 보여주고 있다. 사료 '나' 역시 동북면 지역의 鎭을 이설하는 방안을 논의하는 가운데 두만강 강북지역인 耶春41)을 후보지로 검토하고 있었다는 사실

---

39) 『세종실록』 권91, 세종 22년 11월 을축.
40) 『성종실록』 권283, 성종 24년 10월 정묘.
41) 경원 건너편으로 여진인이 침략할 때 경유하는 요충지임(『성종실록』 권250, 성종 22년 2월 갑자).

을 보여주고 있다.

이러한 사실을 통하여 볼 때, 동아시아 격변기에 조선과 명은 적절한 타협을 통하여 영토문제를 일단락지었다는 것을 알 수 있다. 고려(조선)에서는 요동정벌군 파견 → 이성계의 쿠데타 → 왕조 교체 → 왕자의 난으로 이어지는 급격한 변화를 거치면서 신왕조의 안정을 위해 무엇보다 명나라의 협조가 필요하였고, 명 역시 조선을 안정적인 사대외교 틀에 묶어둘 수 있기를 바랐기 때문에 양국 갈등의 도화선이 되었던 철령 이북 귀속문제는 어떻게든 해결되어야 할 사안이었으며, 十處女眞에 대한 조선의 관할권 문제도 신왕조 건국자인 이성계 가문의 내력이나 그간의 조선 주변 거주 여진부족과 조선의 밀착관계 등을 고려할 때 조선의 요청을 추인하지 않을 수 없었던 것이다. 또 조선의 경우도 태조 이성계가 동녕부 일대에서 군사활동을 하던 시기, 金州와 復州 일대에 내건 榜文에 표시한 "遼河 以東은 본국 강토"라고[42] 하는 의식은 복잡한 국내외 상황속에서 점차 현실적인 것으로 변화하였다.

그렇지만 조선개국 이후 여진에 대한 선제적인 적극적 招撫 활동과 4군 6진 지역에서의 군사활동과 영토 편입이 가능했던 것은 고려말~조선초에 이루어진 十處女眞에 대한 관할권 확보가 결정적인 계기가 되었다고 평가할 수 있을 것이다. 비록 조선이 압록강-두만강 선을 전략적인 방어선으로 설정하여 관리하면서 그 선이 마치 국경선처럼 자리잡아 갔지만 직접적으로 이북지역(특히 두만강 이북으로 공험진까지)에 대한 권리를 누구에게도 이양한 바가 없다.

---

42) 『태조실록』 권1 총서.

4. 朝·明 간 여진 입속 경쟁의 전환

명나라는 영락제 이후 북방의 몽고문제 해결을 위해 특히 동북지역 경략에 많은 노력을 기울였다. 명나라 동북지방인 요동지역 여진에 대해서는 대체로 두 지역을 중심으로 진행되었다. 하나는 흑룡강 유역 일대의 여진을 초무하는 것이고, 다른 하나는 두만강 일대의 여진을 아우르는 것이었다.

이에 명나라는 영락 원년 11월 올량합의 於虛出(阿哈出) 등이 입조하자 建州衛를 설치하기로 하고 於虛出을 指揮使로 임명하였으며, 忽剌溫의 西陽哈 등이 입조하였을 때는 兀者衛를 설치하였다. 가장 이른 시기에 설치된 이 여진의 衛는 이후 명나라 여진초무의 전초기지가 되었다. 이후 명나라의 적극적인 여진 초무 정책에 따라 여진의 각 부족이 속속 조공을 하게 되자 여진 衛所를 차례로 설치해 영락 2년(1404)에서부터 奴兒干都司가 설립되는 1409년에는 총 115개에 달하였다. 이러한 명나라의 여진지역에 대한 초무와 위소 설치는 필연적으로 조선과의 긴장을 불러 왔다. 다음의 『태종실록』 대목은 그러한 당시의 긴장을 잘 보여주고 있다.

> 三府가 모여서 女眞의 일을 의논하였다. 황제가 여진에게 勅諭하여, 吾都里·兀良哈·兀狄哈 등을 招撫하여 조공을 바치게 하라고 하였는데, 여진 등은 본래 우리에게 속하였기 때문에, 三府가 會議한 것이었다. 그 칙유가 여진의 글자를 써서 알 수 없으므로 여진을 시켜 그 뜻을 설명하여 통역하게 한 뒤에 의논하였다.43)

명나라의 여진 위소제 확대는 조선과 여러 갈등을 유발하였고 조선은

---

43) 『태종실록』 권5, 태종 3년 6월 신미.

이를 저지하기 위해 여진에 대한 厚待와 授職, 離間策, 군사적 압력 등 다각적인 대응책을 강구하였지만 명나라의 위소제 확대를 막지는 못하였다. 그러나 명나라가 비록 변장 밖에 衛所를 설치하였지만 매우 짧은 기간 동안만 제한적인 영향력을 가지고 있었고, 노아간도사의 쇠퇴와 요동도사로의 흡수에서 알 수 있는 것처럼[44] 조선 북방지역의 여진 위소의 경우도 명나라의 실질적인 지배력은 사실상 소멸하였다.

조선이 압록강, 두만강 지역을 전략적 요충지로 간주하고 이를 중심으로 방어선을 구축하여 대응하였던 것처럼 명나라도 요동변장 밖에 여진 위소를 설치하기는 하였지만 실질적으로는 명의 변장은 조선의 압록강, 두만강 지역에 행성을 축조한 것과 마찬가지였다. 조선이 그 경계를 넘어 진출할 가능성이 늘 열려있고, 두만강 이북지역은 실제 명으로부터 영속권을 인정받은 지역이었지만 두만강, 압록강 방어선을 중심으로 성곽을 구축하고 군사적 경계선을 만들었던 것처럼 명나라도 요동변장이 실질적인 경계선이었고 그 외부 지역은 조선과 명 사이의 완충지대에 불과했다.

조명 간 여진 입속 경쟁은 양국의 갈등을 불러 왔고 특히 이미 명나라가 관할을 승인한 10처 人民의 범위 내에 있던 吾都里부족의 童猛哥帖木兒를 둘러싼 갈등은 가장 중대한 고비였다.

맹가첩목아가 정확히 어느 시기 조선으로부터 관직을 수여받았는지는 알 수 없지만 태조 4년(1395) 윤9월 맹가첩목아는 다른 여진인과 더불어 조선에 와서 토산물을 바친 기록이 있는데,[45] 당시 그의 직위는 '上萬戶'로 되어 있다. 그는 태종 4년(1404) 3월에도 조선에 來朝한 바 있는데,[46] 이때 맹가첩목아는 조선으로부터 '上護軍' 관직을 수여 받았으며,[47] 당시 그 아우와 養子·妻弟는 계속 한양에 머물게 하기도 하였

---

44) 남의현, 『명대요동지배정책연구』, 강원대학교출판부, 2008, 145~168쪽.
45) 『태조실록』 권8, 태조 4년 윤9월 기사.
46) 『태종실록』 권7, 태종 4년 3월 무신.

다.48) 또 태종 5년(1405) 2월에는 의정부의 知印 金尙琦를 동북면에 보내 동맹가첩목아에게 '慶源等處管軍萬戶'의 印信과 많은 물품을 하사하였고, 그의 주변 인물들에게도 물품을 하사하였다.49) 이와 같이 맹가첩목아는 조선과 가장 가까운 여진 추장 가운데 한 사람이었는데, 明은 태종 5년(1405) 3월 王敎化的을 보내 동맹가첩목아가 명나라에 귀부하여 칙서를 가지고 가서 위로하게 하고자 하니 조선에 당도하게 되면 使者 한사람을 동행시켜 줄 것을 요청하고 있다.50) 또 맹가첩목아에게 보내는 칙서에서 친히 來朝하면 관직과 賞賜를 주겠다고 회유하였다.51)

조선에서는 상호군 申商을 동북면에 보내 동맹가첩목아가 명나라 사신의 명을 따르지 말도록 회유하였고, 동맹가첩목아를 비롯한 把兒遜·着和·阿蘭 등은 처음에는 명의 칙서를 받들기를 거부하는 듯 하였으나 이내 명나라 사신이 가져온 칙서와 예물을 받아들였다.52) 조선은 명에 사신을 보내 동맹가첩목아가 명태조가 승인한 10처 안에 살고 있으므로 예전대로 안거할 수 있도록 요청하였다.53) 이 요청내용은 사대외교 관계상 완곡한 말이었지만 사실상 명나라의 조선 관할 여진에 대한 초무를 중지해 달라는 것이었다. 다른 한편으로 다시 대호군 李愉를 맹가첩목아에게 보내 조선의 뜻을 전달하였다.54) 맹가첩목아의 明 入朝 문제는 점차 조선과 명의 민감한 외교문제가 되었다.

조선은 童猛哥帖木兒가 이미 명나라에서 인정한 10處 내에 거주하는 사람이라는 점을 제기하였지만 명나라는 영토를 다투는 것이 아니라고

---

47) 『태종실록』 권7, 태종 4년 3월 갑인.
48) 『태종실록』 권7, 태종 4년 3월 일술.
49) 『태종실록』 권9, 태종 5년 2월 기축.
50) 『태종실록』 권9, 태종 5년 3월 병오.
51) 『태종실록』 권9, 태종 5년 3월 병오.
52) 『태종실록』 권9, 태종 5년 5월 병신.
53) 『태종실록』 권9, 태종 5년 5월 경술.
54) 『태종실록』 권10, 태종 5년 7월 병진.

강조하면서 황후의 친척이라는 점을 내세우기도 하였다. 1405년 명나라에 간 조선사신에게 명나라 관리는

> '맹가첩목아가 어째서 오지 않는가? 太祖 高皇帝 때에 雲南으로 귀양갔던 人物과 倭에게 잡혀 갔던 인물들을 황제께서 모두 돌려보내었고, 지난해에 姓이 金氏인 宰相이 地面의 일로 인하여 와서 아뢰기를,55) "국왕의 조상의 분묘가 있다."하므로, 황제께서 2천 명의 인구와 地面을 모두 너희에게 주고, 너희 조선을 四夷 함께 보지 않았으니, 황제의 至誠을 殿下가 알 것이다. 아홉번 孝誠하고 순종하였더라도, 한 번만 잘못하면 아홉 번 잘한 것까지 모두 없어진다. 한 사람의 첩목아를 아끼는가.56)

라고 하였다. 明은 기존에 조선에서 요청한 영토에 대한 사안을 승인해 주었고, 또 조선을 우대한다는 것을 내세워 童猛哥帖木兒의 명나라 입조에 조선이 협조할 것을 요구하고 있다. 여기서 명은 이미 조선에게 十處女眞에 대한 조선의 관할권을 승인해 주었는데 왜 猛哥帖木兒 한사람을 보내주지 않느냐는 것인데, 이는 명 측에서 실상을 숨기고 단순히 한사람의 여진인으로 말하고 있는 것이다. 猛哥帖木兒는 元代에 설치한 여진 3개 만호부 가운데 하나를 습직한 후손으로, 여진부족 내에서 그의 위상을 충분히 짐작할 수 있다. 당시 猛哥帖木兒가 남하하여 두만강 근처에 살고 있었으므로, 명이 이 일대에 대한 조선의 관할권을 인정해 주었다고 하더라도 猛哥帖木兒가 명과 밀착하게 되면 사실상 기존에 명이 조선에게 인정해 주었다고 하는 十處女眞에 대한 지배권도 흔들릴 수밖에 없는 상황이 되는 것이다. 明은 왕조 초기의 內政 안정과 북원세력 제압 등 크나큰 당면과제 앞에서 여진문제에 대해 적극적이기 어려웠기 때문

---

55) 이것은 태종 4년(1404) 예문관 제학 金瞻이 明에 가서 十處女眞에 대한 조선의 관할권을 요청한 사실을 말한다.
56) 『태종실록』 권10, 태종 5년 9월 경술.

에 이미 여진과 관계를 맺고 있던 조선(고려)에게 십처여진인에 대한 조선의 선점을 순순히 승인할 수밖에 없었다. 더구나 두만강가에 조선왕조 건국자인 이성계 조상의 분묘가 있다는 대목에서는 더욱더 조선의 기득권을 부정하기 어려웠던 것이다.

그러나 明은 1388년 4월 북원의 주력군을 격파하여 그 잔여 세력을 거의 소멸시켰고, 요동지역에 남은 마지막 몽고세력이라 할 수 있는 옷치긴 왕가의 아자스리마저 명에 항복함으로써 명의 요동장악은 더욱 공고해지게 되었으며, 1389년 5월 명은 泰寧, 朶顔, 福餘 3衛의 指揮使司를 설치하여 이를 우량카이 3위라고 하였다.[57] 물론 이 衛의 설치가 바로 명의 통치권으로 연결되지 않았지만 이로써 몽고세력은 형식적이라 하더라도 완전히 명의 복속하에 놓이게 되었다. 여진문제에 눈을 돌리고 조선과 갈등을 마다하지 않게 된 것은 바로 명의 이러한 상황 개변에 의한 것이다. 명의 항구적인 요동지배에 위협이 되는 여진과 조선의 결합을 더욱 적극적으로 와해시키려 하였으며, 이는 여진위소 설치뿐만이 아니라 授職,[58] 물품 賜與 등을 통해 이미 조선에 지배권을 인정해준 십처여진인에 대한 포섭을 통해 조선의 지배권을 흔들고자 하였던 것이다.

결과적으로 童猛哥帖木兒가 명나라에 귀부하여 指揮使가 되었기 때문에 조선으로서는 중요한 입속 경쟁에서 명나라에게 밀려났다고 할 수 있다. 명나라는 영토를 다투는 것이 아니라고 하였지만 조선으로서는 이로 말미암아 기존에 명으로부터 승인받은 10처 인민에 대한 영속권에 심각한 위협을 받게 되었다. 이러한 명나라의 여진 초무는 十處女眞에 대한 관할권을 스스로 인정하였던 종전의 입장과는 다른 것으로 이는 그간 바뀐 명나라의 상황을 반영하는 행위였다. 여진의 경우, 새로 동아시아

---

57) 윤은숙, 『몽골제국의 만주지배사』, 소나무, 2010, 305~308쪽.
58) 조선과 명나라는 여진 招撫 경쟁을 하면서 특히 관직수여를 통해 여진인을 회유 포섭하고자 하였기 때문에 많은 여진인들은 朝·明 양측에서 모두 관직을 받는 사례도 속출하였다(한성주, 『조선전기 수직여진인 연구』, 경인문화사, 2011 참조).

강국으로 등장한 명나라에 대한 현실적 인식에서뿐만 아니라 조선과 명의 외교관계를 고려할 때 明의 비호를 받는 것이 유리할 수도 있었기 때문이다. 또 명은 명에 입조한 여진인을 통해 다른 여진인을 통제하고자 하였기 때문에 동맹가첩목아로서도 매우 심각한 문제가 되었다. 그가 명에 입조하기에 앞서 조선 관리에게 "李行이 啓稟한 일을 황제가 비록 윤허하였다고 하더라도, 내가 만일 이때에 入朝하지 않으면, 於虛出이 반드시 내 백성을 차지할 것이다. 그러므로 부득이하여 입조한다."라고 하였다. 이는 兀良哈 추장 어허출이 이미 1403년 건주위가 설치되면서 지휘사에 임명되었고, 이듬해에는 建州衛參政이라는 직함이 주어졌다.[59] 명나라는 그를 발판으로 삼아 여진인을 초무하고자 했기 때문에 어허출은 동맹가첩목아에게는 경쟁자이기도 하였다. 더구나 어허출은 영락제가 燕王으로 있을 당시 그의 딸을 바치기도 했기 때문에 明나라 황실과 가장 가까운 여진인 가운데 한 사람이었다.

한편 태종 6년(1406) 3월 동맹가첩목아가 명나라에 입조하여 정식으로 건주위 都指揮使에 임명되었다는 소식이 전해졌다. 동맹가첩목아는 명나라에 요청하여 조선에 거주하고 있던 그의 친족을 데려갔지만 조선에 대해서는 예물을 바치는 등 환심을 사려 하였다. 그런데 중요한 점은 이때부터 명나라가 조선에 대해 漫散軍民의 송환 재개와 명의 초무에 응한 여진의 家屬을 본가로 돌려보내도록 요구하기 시작했다는 점이다.[60] 만산군민이란 1382년(고려 우왕 8년) 胡拔都가 침입하였을 때 포로로 끌려가 遼陽 등지에서 거주하며 동녕위 軍丁으로 편입되어 있다가 '정난의 역' 때 다시 도망쳐 나온 사람들로서 대부분이 본래 고려 출신이었다. 명은 이들을 돌려받아 요동의 군사력과 노동력을 보충하고자 하였다.[61]

맹가첩목아의 명나라 입조 이후 계속 이어지는 여진에 대한 조선의

---

59) 『태종실록』 권8, 태종 4년 12월 경오.
60) 『태종실록』 권11, 태종 6년 3월 기유;『태종실록』 권14, 태종 7년 8월 임진.
61) 박원호, 『明初朝鮮關係史硏究』, 180쪽.

적극적인 군사행동은, 물론 여진의 변경 침구가 직접적 계기가 되었지만 명과의 사대외교관계에서 오는 외교교섭의 한계, 여진의 이중적인 행위로 말미암은 10처 지배권의 위협에 대해 단호하게 대처하려는 정책에서 비롯된 것이다. 태종 10년(1410) 3월 조선은 동북지역에서의 군사활동을 통하여 毛憐衛 指揮 把兒遜 등 명나라에서 관직을 받은 여러 여진인을 죽였고,[62] 기세를 몰아 동맹가첩목아까지 제거하고자 도모하기도 하였다.[63] 이러한 조선의 군사활동 강화는 조선초기의 10처 지역에 대한 명나라의 관할권 승인으로 유지되어 오던 안정이 명나라의 초무 경쟁으로 흔들리게 되면서 본격화된 것이다.

동맹가첩목아는 1411년(태종 11) 4월 조선의 정벌이 두려워 鳳州(開元을 말함)로 이주해 가게 되었다. 그가 봉주로 이주해 간 것은 조선의 군사활동에 위협을 느끼고, 어허출이 살고 있던 곳으로 간 것이다. 이는 명나라 황실과 인척관계인[64] 어허출이 사는 곳까지 와서 조선이 군사활동을 하기는 어려울 것이라는 현실적 판단이었을 것이다.

그런데 조선의 응징이 두려워 鳳州로 이주하였던 童猛哥帖木兒가 13년 만에 다시 두만강 유역으로 돌아오게 되는데, 이는 타타르가 성장하면서 봉주 지역이 그 세력권에 들어가게 되자 부득이 다시 이주할 수밖에 없었기 때문이다.

두만강 유역으로 돌아온다는 동맹가첩목아에 대해 조선은 조선을 배신하고 명나라로 갔으며 이제 다시 명을 배반하고 나온다고 하니 충성되지 못한 것이라는 명분을 내세워 거부하였는데, 이들은 명나라로 간 것은 부득이한 일이었으며, 동맹가첩목아 본인은 태조 이성계와의 인연이 깊다는 점을 강조하며 식량 지원을 요청하였다. 조선은 이들에게 식량

---

62) 『태종실록』 권19, 태종 10년 3월 을해.
63) 『태종실록』 권19, 태종 10년 3월 무자.
64) 『태종실록』에 어허출은 명나라 황제 제3황후 아버지라고 기록되어 있다(『태종실록』 권21, 태종 11년 4월 병진).

지원을 하면서, 그 상황을 묻는 명나라 사신에 대해서는 이 사실은 숨겼다. 여진 추장 동맹가첩목아와 楊木答兀 등이 두만강 유역에 돌아옴으로써 조선과 명은 제 2라운드 초무 경쟁에 들어가게 되었다. 두만강 유역에 돌아온 여진의 楊木答兀에 대해 명나라는 그들이 변경에서 저지른 불법 행위에 대해 관대하게 용서하고 다시 그 직에 임명할 것이니 귀부하라고 회유하였고, 조선국왕에게는 그들을 曉諭하되 만약 명을 따르지 않으면 체포해서 보내라는 요구를 하고 있다.[65] 이는 명나라가 조선과 여진을 이간하려는 의도라고 볼 수 있다. 조선은 형식상 여진에 관리를 파견하여 명나라의 뜻을 전달하였지만 맹가첩목아에게는 오히려 호의를 베풀어 식량 지원을 하였으며,[66] 楊木答兀에 대해서는 追捕하려는 노력 없이 그가 명에 돌아갈 생각이 없다는 것, 그리고 그가 깊고 먼 인가도 없는 험한 곳에 숨었고, 아울러 그곳으로 가는 길이 斡朶里·兀良哈 등 야인이 거주하는 곳을 지나기 때문에 군사를 보내 잡기 어렵다고 명에 통보하였다.[67] 명이 여진에 대해 유화적인 회유책을 쓰고 있는데, 조선이 굳이 여진을 압박하여 적대관계를 심화시킬 필요성이 전혀 없었던 것이다.

　그렇다면 조·명 양국은 왜 猛哥帖木兒 초무에 그토록 집착했던 것인가. 우선은 여진 여러 부족 가운데 그가 가진 위상이 다르기 때문이었다. 그가 누르하치의 6대조라고 하는 것에서도 알 수 있듯이 여진 부족 내에서 그의 가문이 차지하는 비중이 매우 크기 때문이었다. 이는 원나라 때에 송화강 근처지역에 3개 만호부를 설치하고 여진인에게 관직을 주어 다스리게 한 것과 직접 관련이 있다. 猛哥帖木兒의 조상도 그 만호직을 받은 사람 가운데 한 사람이었고, 이는 세습되어 猛哥帖木兒가 그 직을 이어 받았다. 이러한 그의 가문 내력이 바로 조선과 명나라가 그를 중시

---

65) 『세종실록』 권23, 세종 6년 1월 갑오.
66) 『세종실록』 권23, 세종 6년 3월 계묘.
67) 『세종실록』 권24, 세종 6년 4월 기유.

한 직접적인 요인이다. 맹가첩목아의 여진 내에서의 영향력은 그가 명나라에 귀부하기 직전 다른 여진 추장들이 만일 맹가첩목아가 明으로 가지 않으면 우리도 그렇게 하겠다고 한 것에서도 알 수 있다.[68]

특히 이는 영토권 문제와 밀착되어 있어서 명나라에 앞서 그에게 授職한 조선으로서는 그를 誘致하려는 명나라의 행동에 매우 적극 대응하였다. 태종 11년(1411) 趙英茂·李天祐 등이 태종에게 進言한 다음과 같은 말에서 그의 움직임에 어떠한 생각을 가지고 있었는지를 알 수 있다.

> … 지금 猛哥帖木兒를 招撫하였다고는 하나, 그가 장차 開元路로 이사하여 그 族類들과 함께 샛길을 따라 길주로 직행하게 되면, 경성은 마치 囊中之物이 되지 않을까 두렵습니다. 또 그가 말을 먹이러 남하하게 된다면, 端州·青州 지방이 시끄러워질 것입니다. 또 그가 중국에 호소하기를, '조선에서 우리 族類를 죽이므로 땅을 버리고 왔습니다. 영흥 이북 지방은 元朝 때에 중국에 직속되었었으니, 그 땅을 도로 찾음이 옳겠습니다.' 한다면, 중국에서 이 말을 믿고 그 땅을 바치라고 한다면 매우 미편합니다. 먼저 군사를 보내어 甲州로부터 阿赤郎口에 이르게 하시고, 또 군사를 나누어 그 지경으로 들어가게 한다면, 반드시 우리에게 사로잡힐 것입니다. 설사 (그들이) 다시 살아난다 하더라도, 우리가 두려워서 감히 움직이지 못할 것입니다. …[69]

조선에서는 猛哥帖木兒가 다른 곳으로 이주하여 적대적인 행동을 할 때 방어하는 문제와 영흥 이북지역에 대한 중국 편입을 주장함으로써 이미 해결된 공험진 이남지역 영유와 십처여진에 대한 관할권이 다시 문제로 부각되는 것을 원하지 않았고, 또 명에서 조선과 여진 초무 경쟁을

---

[68] 『태종실록』 권10, 태종 5년 9월 을미.
[69] 『태종실록』 권21, 태종 11년 1월 신사.

하면서 맹가첩목아의 말을 빌미로 조선을 압박하게 되면 상황이 매우 나빠진다는 알고 있었기 때문이다. 조선이 멀리까지 군사를 투입해 그를 체포하는 것까지 고려하고 있는 것을 보면 이를 얼마나 중시하였는가를 알 수 있다. 그러나 세종대 파저강 일대 여진에 대한 정벌 작전을 추진하면서, 세종은 최윤덕에게 만약 동맹가첩목아가 파저강 여진을 돕게 된다면 그를 모르는 체하고 죽이라고 비밀리에 지시하고 있다.70) 이는 조선이 동맹가첩목아를 활용해 두만강 유역 등의 여진을 통제하고 더 나아가서는 明을 견제하고자 하였지만, 그가 드러내고 조선을 적대하거나 그가 다른 지역 여인을 돕게 됨으로써 여진이 서로 연대하는 것을 보고 있을 수는 없었기 때문이다. 특히 모르는 체하고 제거하라는 내용을 비밀리에 지시한 것은 그가 명나라의 관직을 받은 여진인이기 때문에 혹 사후 明의 항의에 대비한 것이었다.

두만강 유역으로 돌아온 童猛哥帖木兒 등은 여진 부족 간의 갈등으로 楊木荅兀에게 죽게 됨으로써 여진 문제는 새로운 국면을 맞게 되었다. 명나라는 자신이 설치해 편제한 여진 위소에 대해 군사적 공격을 고려하게 되고 심지어는 조선의 군사력을 이용해 이들을 압박하고자 하기도 하였다. 이는 명대에 설치된 女眞 衛所가 과연 어떤 성격이었는가 라고 하는 것을 잘 보여주는 사례이다. 여진 위소를 행정편입으로 이해하려는 중국학자들의 견해는 이러한 점에서 전혀 맞지 않는다. 행정 조직도, 행정 행위도, 행정 관서도, 명령의 시행도 이루어지지 않는 행정체제가 있다는 것은 말이 되지 않는다.

---

70) 『세종실록』 권59, 세종 15년 3월 무인.

5. 맺음말

고려말부터 조선초기에 이르는 시기의 동아시아 정세는 한 가지 대세론으로 설명하기 어려울 정도로 여러 가지 상황변수가 존재하고 있었다. 물론 신흥 제국 明이 강력한 새로운 왕조로 등장하였다는 것에는 이의가 없겠지만 明이 요동지역을 넘어 과거 元나라 영역을 그대로 확보할 수 있을 것인지, 북원세력을 완전히 궤멸시킬 수 있을 것인지는 쉽게 단정하기 어려운 상황이었다. 이러한 상황 속에서 고려(조선)는 신흥강대국 明의 군사적 압박을 우려하였기 때문에 명의 요동진출을 달가워하지 않았고, 내심 북원과의 연대나 여진을 통한 견제를 모색하기도 하였다. 반대로 明은 북원과 고려(조선)의 연대를 강력히 저지하고, 마찬가지로 여진을 끌어들여 조선을 견제하면서 변방의 안정을 도모하고자 하였다.

특히 명의 성급한 고려-북원 차단을 위한 철령위 설치 선포는 고려의 명에 대한 경계심을 대결적 적개심으로 바꾸어 놓게 되었고 양국은 전쟁 일보직전까지 갔다. 이성계의 회군으로 전쟁은 일어나지 않았지만 영토문제는 고려(조선)와 명의 중요한 문제가 되었다. 이성계를 비롯한 신집권세력은 친명적 사대외교를 표방하였기 때문에 영토문제가 곧바로 분쟁화되지는 않았으며, 명나라도 고려의 반발을 인지했음인지 곧바로 철령위 설치계획을 변경하였고, 철령 이북지역에 대한 귀속 문제도 다시 거론하지 않았다. 이는 당연히 그 시점에서 고려와의 무력충돌은 명에게 하등의 도움이 되지 않는 일이었고, 오히려 명에 대해 심각한 위협이 될 수도 있었기 때문이다. 명은 원·명교체기에 주인이 불분명한 만주지역으로 진출하려는 고려(조선)를 견제할 필요성이 있었던 것이다.

하지만 양국 모두 대결적 무력 사용을 자제하는 속에서 서로를 견제하며 장차 만주일대 지역에 대한 영향력은 물론 변경을 안정화 시키려면 여진을 자국의 藩籬로 끌어들이는 것이 무엇보다 필요하였다. 또 조선은 신왕조 개국 후 완전한 해결을 보지 못한 동북지역에 대한 지배권을 공고히 할 필요가 있었으며, 이에 태종 4년(1404) 명에 사신을 보내 동북지역 10處 여진인에 대한 관할권 인정을 요구하여 관철시키고 있다. 이렇게 명이 조선의 주장을 인정할 수밖에 없었던 것은 조선에서 고려시대 윤관의 여진 정벌과 몽고의 침탈, 그리고 공민왕의 무력 수복이라는 명확한 역사적 연고권을 주장하는 데다가 조선건국자인 이성계의 출신지가 두만강 유역이고 그곳에 태조의 조상묘가 있다는 점 등을 피력하는 조선에 대해, 明은 단지 元의 계승자라는 것만으로 조선의 주장을 부정하기 어려웠기 때문이다. 더구나 원나라 말기 때에 쌍성총관부지역이 고려의 무력에 의해 수복되었기 때문에 그 지역에 대한 영유권 주장의 근거가 미약하였던 것이다. 그러나 그러한 조선의 요청을 받아들인 것은 조선의 주장이 타당해서라기보다는 당시 명의 군사적 한계 때문이다.

朝明 양국은 여진 귀속문제에서 우위에 서기 위해 갖가지 사유를 명분화 하였으며, 회유는 물론 강력한 군사작전을 펴기도 하였다. 초기에 명나라는 여진에 대한 핵심적인 정보의 부족과 조선에 대한 군사적 긴장을 회피하기 위해 조선에게 10처 여진인에 대한 관할권을 승인하였다. 그러나 명이 뒤늦게 여진 경쟁에 나서면서 조선과 갈등을 빚게 되었다. 명나라는 이미 조선 관할이 되어있던 여진을 회유, 압박하여 명나라 위소제에 편입되도록 함으로써 조선과 분리시키는 노력을 기울였다. 그러한 상황 속에서 조선은 태종, 세종대를 거치면서 명나라에 대해 안정적인 외교기조 유지를 추구하였기 때문에 명나라에 대해 여진 귀속문제를 다투는 데 한계가 있었다.

조·명 간 여진 초무 경쟁의 대표적 사례는 동맹가첩목아 초무를 둘러싼 갈등이다. 10처 여진인 중 童猛哥帖木兒 집단은 여진의 핵심세력 중 하나였고, 명나라가 이미 조선으로부터 관직을 받은 童猛哥帖木兒를 회유하기 위해 많은 공을 들인 것은 바로 그 때문이었다. 童猛哥帖木兒가 명나라에 入朝하여 관직을 수여받음으로써 조선의 10처 여진 영속권은 심각한 위협을 받게 되었으나 일시적으로 鳳州(즉 開元을 말함)로 이주

함으로써 직접적인 갈등은 잠복하였다. 그러나 조선의 응징이 두려워 鳳州로 이주하였던 童猛哥帖木兒가 13년 만에 다시 두만강 유역으로 돌아오게 되는데, 이로 말미암아 새로운 갈등 요소가 발생하고 공험진 이남 지역에 대한 영토권을 가지고 있던 조선에게도 영향을 주게 되었다. 조선전기 동안 두만강 이북의 공험진 이남지역을 영역으로 간주하게 된 것은 이 10처 여진인 관할과 직결되어 있다.

그러나 여진 귀속을 둘러싼 朝·明 간 치열한 각축은 결과적으로는 어느 쪽에서도 여진이 느슨하게 관할되는 요인이 되었고,[71] 이로 말미암아 북방의 광활한 여진 잡거지역이 조·명 양국에게는 일종의 완충지대가 되게 되었다. 또 나아가서 그로부터 1백여 년 후에는 여진세력이 성장할 수 있었던 먼 원인이 되었다. 여진의 성장이 조선이나 명나라 모두에게 위협이 된다는 엄연한 사실은 16세기 후반에 와서 그대로 현실화되었다. 명나라는 형식적으로 설치된 위소가 유명무실해지면서 실질적인 국경이 요동변장으로 제한되었고, 조선 역시 압록강, 두만강 연변을 따라 변방 鎭戌를 설치하면서 점차 경계가 고착화되어 갔으나 그것은 어디까지나 군사방어상의 문제였지 두만강 유역에 속하는 공험진 이남지역을 포기한 것은 아니었다.

조선초기 10처 여진인에 대한 조선의 관할권 확보는 특히 조선의 동북지역 영토 확보와 관련하여 매우 중요한 계기가 되었다. 조선은 초기 여진 초무를 통해 안정적으로 변경지역을 관리하였으나 명나라와 여진 초무 경쟁으로 10처 지역에 대한 지배권이 위협받게 되자 조선은 강력한 군사활동에 의해 이에 대한 항구적인 확보를 추구하였다. 세종대 4군 6진 지역에서의 많은 군사활동에 이어 郡, 鎭을 설치할 수 있었던 것은 바로 고려말부터 이어져 온 10처 여진인 관할권 확보와 직결되어 있으

---

[71] 이는 조선과 명나라 양측에서 서로 여진을 끌어들이려고 선심성 정책을 많이 취했기 때문이다. 물론 명이나 조선의 경우도 대대적인 對女眞 군사작전을 전개하기도 하였지만 그것은 지속적이지 않았다.

며, 그런 의미에서 10처 여진인 관할권 확보는 조선시대 영토확장과 관련하여 매우 중요하게 연결되어 있는 문제이다. 『세종실록』지리지에 두만강 이북지역의 공험진 지역까지를 우리 영역으로 기록하게 된 것은 바로 그 지역이 고려말~조선초에 명나라와의 협상 끝에 인정받은 10처 지역에 속하는 곳이었기 때문이다.

참고문헌

1. 사료

『朝鮮王朝實錄』, 『高麗史』, 『국역 中國正史朝鮮傳』(국사편찬위원회), 『明太祖實錄』, 『東國文獻備考』, 『東國輿地勝覽』

2. 단행본

고구려연구회 편, 『동북공정과 한국학계의 대응논리』, 여유당, 2008.
김용국 외, 『間島 領有權問題 論攷』, 백산자료원, 2000.
남의현, 『明代遼東支配政策硏究』, 강원대학교 출판부, 2008.
박원호, 『明初朝鮮關係史硏究』, 일조각, 2002.
방동인, 『韓國의 國境劃定硏究』, 일조각, 1997.
시노다 지사쿠 저, 신영길 역, 『간도는 조선땅이다 - 백두산정계비와 국경 -』, 지선당, 2005.
양태진, 『韓國國境史硏究』, 법경출판사, 1992.
_____, 『우리나라 領土 이야기』, 대륙연구소, 1994.
_____, 『韓國邊境史硏究』, 법경출판사, 1989.
_____, 『近世韓國境域論考』, 경인문화사, 1999.
엄성용 외, 『소통과 교류의 땅 신의주』, 혜안, 2007.
유재춘·남의현·한성주, 『근세 동아시아와 요동』, 강원대학교출판부, 2011.
윤휘탁 외, 『중국의 東北邊疆 연구 3 - 동향분석 -』, 고구려연구재단, 2004.
이화자, 『朝淸國境問題硏究』, 집문당, 2008.
조법종 외, 『한중관계사 연구의 성과와 과제』, 국사편찬위원회, 2003.
한성주, 『조선전기 수직여진인 연구』, 경인문화사, 2011.

3. 논문

강석화, 「朝鮮後期 咸鏡道의 地域發展과 北方領土意識」, 서울대 대학원 박사학위논문, 1996.
김경춘, 「朝鮮朝 後期의 國境線에 대한 一考; 無人地帶를 中心으로」, 『백산학보』 29호, 백산학회, 1984.
_____, 「鴨綠江下流 朝·淸國境線形成問題考」, 『邊太燮博士 華甲紀念 史學論叢』, 삼영사, 1985.
_____, 「鴨綠·豆滿江 國境問題에 關한 硏究」, 국민대 대학원 국사학과 박사학위논문, 1997.
김구진, 「麗末鮮初 豆滿江 流域의 女眞 分布」, 『백산학보』 15호, 백산학회, 1973.
김득황, 「조선의 北方疆界에 관하여」, 『백산학보』 41호, 백산학회, 1993.
김성균, 「朝鮮朝 北境關防定礎 略考」, 『백산학보』 15호, 백산학회, 1973.
김춘선, 「鴨綠·豆滿江 국경문제에 관한 한·중 양국의 연구동향」, 『韓國史學報』 12, 고려사학회, 2002.
남의현, 「元·明交替期 한반도 북방경계인식의 변화와 성격」, 『韓日關係史硏究』 39, 한일관계사학회, 2011.
노계현, 「高麗의 압록강 방면 영토변천 1269; 1388」, 『논문집』 18집, 한국방송통신대학교, 1994.
박용옥, 「白頭山 定界碑建立의 再檢討와 間島領有權」, 『백산학보』 30·31호, 백산학회, 1985.
배동수, 「조선 세종의 북방정책」, 『韓國北方學會論集』 8호, 한국북방학회, 2001.
양태진, 「鴨綠江 國境河川에 관한 考察」, 『軍史』 8호, 국방부 전사편찬위원회, 1984.
유재춘, 「15세기 明의 東八站 地域 占據와 朝鮮의 對應」, 『조선시대사학보』 18, 조선시대사학회, 2001.
_____, 「15세기 前後 朝鮮의 北邊 兩江地帶 인식과 영토 문제」, 『조선시대사학

　　　　보』 39, 조선시대사학회, 2006.

_____, 「중·근세 韓·中間 국경완충지대의 형성과 경계인식 – 14세기～15세기를 중심으로 –」, 『韓日關係史研究』 39, 한일관계사학회, 2011.

윤훈표, 「朝鮮前期 北方開拓과 領土意識」, 『한국사연구』 129, 한국사연구회, 2005.

이강원, 「조선 초 기록중 '豆滿' 및 '土門'의 개념과 국경인식」, 『문화역사지리』 19-2호, 한국문화역사지리학회, 2007.

_____, 「조선후기 국경인식에 있어서 豆滿江·土門江·分界江 개념과 그에 대한 검토」, 『정신문화연구』 108호, 한국학중앙연구원, 2007.

한성주, 「두만강지역 여진인 동향 보고서의 분석 – 『端宗實錄』기사를 중심으로」, 『사학연구』 86호, 한국사학회, 2007.

元末明初 朝鮮·明의 요동쟁탈전과 국경분쟁 고찰

남 의 현*

1. 머리말

　元末明初 明나라는 高麗(朝鮮)를 견제하며 遼東으로 군사적 진출을 시도하였다. 이러한 요동으로의 군사적 진출은 고려(조선)와 많은 국경분쟁을 야기할 수밖에 없었다. 명의 철령위 설치시도,[1] 공로폐쇄, 두만강 유역 10처 여진인 회유, 요동팔참으로의 진출 등은 명이 고려(조선)와 국경분쟁을 야기한 여말선초의 대표적인 사건들이라 할 수 있다.

---

* 강원대학교 사학과 교수.
1) 철령위에 대한 최근의 연구성과로는 박원호의 「鐵嶺衛의 位置에 대한 再考」(『동북아역사논총』 13호, 동북아역사재단, 2006)가 있다. 필자는 이 논문을 통해 그동안 진행된 철령위의 위치와 관련된 쟁점을 정리하여 三萬衛의 문제와 더불어 명초 압록강과 두만강 유역을 새로 보아야 한다는 관점을 제시하였다. 동시에 중국이 주장하는 강원도 북부의 철령은 지리적인 위치, 수천 명이 주둔하며 식량문제를 해결해야 하는 위소군의 특성, 그리고 당시 요동에서의 명나라 군사의 역량 등 당시 정세로 볼 때 강원도 북부는 명이 설치하려한 철령위가 설치될 수 없는 지역임을 지적하였다. 그러나 중국의 張傑 등은 논문 「明初朱元璋經營鐵嶺以北元朝舊疆始末」(『中國東北邊疆硏究』, 中國社會科學出版社, 2003, 87~100쪽)을 통해 강원도 북부의 철령을 주원장이 설치하려 한 초설지로 주장하고 있는데, 이는 곧 초기 명나라의 강역을 한반도로 확장하는 동시에 적어도 고려와 명나라와의 국경을 압록강으로 주장하려는 의도가 있는 것으로 보인다.

이러한 사건들에 대해 기존의 학계에서는 개별적인 연구를 통해 그 의미를 밝히고 있다. 하지만 위에서 언급한 사건들이 왜 여말선초에 집중적으로 발생하고 있으며 유기적으로 어떠한 상관성이 있는가, 그리고 국경문제와 관련하여 어떠한 종합적 시각으로 바라보아야 하는가 하는 문제와 관련하여 종합적으로 정리한 논문은 찾아보기 힘들다.[2]

현재 중국은 明·淸에 해당하는 근세시기 한반도와 중국의 국경을 압록강과 두만강으로 규정하고 있다.[3] 중국의 이러한 주장과는 달리 여말선초의『明實錄』과『朝鮮王朝實錄』등 양국의 관련 사료를 살펴보면 현재 중국의 주장과는 많이 다름을 알 수 있다. 근세시기에는 국경이 국경선과 같은 선의 개념 이외에 면(지역)의 개념으로 형성되어 있었다. 또한

---

[2] 대표적인 중국의 강역 관련 성과들을 소개하면 馬大正의『中國古代邊疆政策研究』(中國社會科學出版社, 1990), 顧頡剛의『中國疆域沿革史』(商務印書館,1999), 楊昭全·孫玉梅의『中朝邊界史』(吉林文史出版社, 1993), 李澍田의『東疆研究論集』(吉林文史出版社, 1993), 楊昭全·孫玉梅의『中朝邊界沿革及界務交涉史料彙編』(吉林文史出版社, 1994), 葛劍雄의『中國歷代疆域的變遷』(商務印書館, 1997), 孫建民의『中國歷代治邊方略研究』(軍事科學出版社, 2004), 趙云田의『中國治邊機構史』(中國科學出版社, 2002), 馬大正의『中國東北疆域研究』(中國社會科學出版社,2003), 張碧波의『中國東北疆域研究』(黑龍江人民出版社, 2006), 林榮貴 주편의『中國古代疆域史』4권본(黑龍江教育出版社, 2007), 楊暘 주편의『明代東北疆域研究』(吉林人民出版社, 2008) 등을 언급할 수 있다. 이러한 저서들의 공통점은 근세에 해당하는 명청시기 조선과 명, 조선과 청의 국경선을 압록강과 두만강으로 획정하고 여진지역을 명의 강역으로 포함시킴으로써 압록강 건너편의 국경지대와 여진지역의 독립성을 인정하지 않는 것이다.

[3] 남의현, 「元·明交替期 한반도 북방경계인식의 변화」, 『韓日關係史研究』 39집, 한일관계사학회, 2011.8. 초기에 명나라는 東寧衛, 三萬衛, 鐵嶺衛를 압록강과 두만강 유역에 설치하려고 시도하였으나 모두 요동 북부로 이전함으로써 두만강과 압록강 관할에 실패하였다. 이로써 압록강과 두만강은 고려(조선)와 명나라의 국경선이 될 수 없었다. 특히 압록강에서 연산관에 이르는 지역('遼東八站' 혹은 '東八站'이라고 불림)은 조선과 명의 국경중립지대 내지 군사완충지대의 성격을 가지고 있었다. 이 지역에 관한 연구성과로는 유재춘의 「15세기 명의 동팔참지역 점거와 조선의 대응」(『조선시대사학보』 18집, 조선시대사학회, 2001) 등이 있다.

중국의 주장과는 달리 명대 여진지역은 명나라의 강역이 될 수 없었다.

　명나라는 건국과 더불어 요동으로 진출하며 북원을 축출하기 시작하였고 몽골세력 축출 후 鐵嶺衛 설치시도를 통해 압록강으로 진출하고자 하였다. 그러나 최종적으로 요동 북부 鐵嶺(지금의 鐵嶺市)으로 철령위를 이전함으로써 압록강은 명의 판도 밖이 될 수밖에 없었다.

　여진지역 역시 홍무연간 三萬衛 설치를 통해 진출하고자 하였으나 좌절되었고 명 태종시기(1403~1424)에 가서야 두만강 유역의 10처 여진인을 명의 관할로 만들고자 하였다. 그러나 이미 고려시기부터 공험진 이남에서 鐵嶺에 이르는 지역이 고려의 강역으로 인정되었고 실제로 조선 역시 두만강 유역의 여진을 지속적으로 초무해왔기 때문에 두만강 유역의 10처 여진인 역시 조선의 관할이 될 수밖에 없었다.

　이러한 상황을 분쟁의 관점에서 서술하고 결론을 도출하기 위해 2장 《명의 遼東貢路 폐쇄와 고려·조선과의 갈등》에서는 명나라가 건국 직후 조선에 서둘러 사신을 파견한 이후 1373년부터 사신의 사행로인 요동을 폐쇄시키는 공로폐쇄의 문제를 갈등의 관점에서 살펴보았다. 이것은 고려가 반원정책을 전개하며 요동을 공략하는 등 고토회복의 움직임이 있었고 명나라가 북원과 고려의 연합을 차단하고 요동으로 진출하려는 전략이 상충하는 과정에서 일어난 조치였다. 결국 명나라는 요동진출을 달성하기 위해 인국과의 외교적 갈등과 분쟁을 감수하며 공로폐쇄라는 극단적인 조치를 취하는 동시에 요동을 선점하겠다는 전략을 수립하였던 것이다. 시각을 달리하면 공로폐쇄의 문제는 원말명초 요동을 어느 세력이 선점하는가 그리고 그에 따라 국경이 어떻게 설정되는가하는 문제와 관련하여 매우 민감하고도 중요한 문제였다고 볼 수 있다.

　3장 《鐵嶺衛 설치 좌절과 조선의 압록강 유역 관할》에서는 중국의 주장과는 달리 압록강 유역은 조선과 명의 국경선이 될 수 없음을 밝혀 보고자 하였다. 고려는 요동정벌을 추진하고 조선은 건국 후 압록강을 건너 여진을 방어하는 목책을 설치하는 등 압록강 대안지역으로 건너가 군사활동을 전개하였다.

　명나라는 초기 압록강 유역으로 군사력을 파견할만한 역량이 부족하였고 군사력을 요양을 중심으로 북부의 몽골방어에 집중하고 있었다. 철령위 설치 좌절과 북부로의 이전은 이와 같은 상황을 잘 보여주는 사례라고 할 수 있다. 이러한 상황으로 명초기 압록강 대안 180여리는 조선과 명 양국의 국경지대가 되었으며 압록강에서 180여리 떨어진 연산관에 명나라로 들어가는 첫 관문인 책문이 설치되었다. 이 때문에 압록강을 마주하고 있는 조선이 압록강에 대한 영향력을 행사하고 있었고 실제 여진의 위협이 예상될 경우 조선은 압록강을 건너 군사시설을 설치하는 등 군사활동을 하였던 것이다.

　4장 ≪명의 10處 여진인 관할권 상실과 조선의 국경인식≫에서는 기존의 연구성과를 참고하여 두만강 유역의 10처 여진을 흡수하려한 명 영락연간의 노력과 실패, 그리고 여진인에 대한 조선의 외교적 노력과 성과, 여진인의 성장 등을 파악하여 두만강 유역은 명나라의 힘이 미치지 못하던 지역임을 갈등의 관점에서 살펴보고자 하였다. 두만강 유역의 문제는 흑룡강, 우수리강, 송화강 등의 지역이 명의 판도에 들어올 수 없었으며, 결국 두만강 유역은 조선과 여진 사이의 관점에서 국경문제를 논해야 함에 초점을 두었다.

　위와 같은 각 장의 주제를 통하여 명과 고려(조선) 사이의 갈등과 국경분쟁을 재검토해보고 근세 요동을 둘러싼 국경에 대한 관점을 찾아보고자 하였다.

2. 명의 遼東貢路 폐쇄와 고려·조선과의 갈등

　명나라는 건국 후 요동으로의 진출을 도모하는 한편 北元과 高麗의 연합을 차단하면서 고려의 요동진출을 막고자 하였다. 명초 북원세력은 여전히 요동의 상당부분을 차지하고 있었고 고려와 접촉을 시도하며 군사적 역량을 유지하고자 하였다.

고려의 공민왕은 반원정책으로 일관하며 요동으로 진출하고 있었기 때문에 명나라는 한편으로 고려의 반원정책을 지지하면서 다른 한편 고려의 요동공벌을 경계하였다.4) 이 때문에 명초 주원장은 고려를 견제하면서 친명세력으로 만드는 것이 중대한 목표였다.5)

명나라는 우선 홍무 원년(1368) 符寶郞 偰斯를 고려에 파견하여 명나라의 건국을 이례적으로 먼저 알려왔다. 사신 파견의 기본적인 목적은 1차적으로 명나라의 건국과 자신의 즉위를 알려 고려와 우호적인 관계를 급히 수립하는 것이었다. 긴급한 외교수립의 실질적인 목적은 고려와 북원과의 관계를 단절시켜 북원을 고립시키고 이를 통해 명의 요동진출을 가속화시키고자 하였던 것이다.6) 명나라는 홍무 2년(1369)에 반원정책을 추진하던 恭愍王을 고려의 국왕으로 책봉하였고 고려의 流人 165명을 고려로 보내는 등 양국의 외교관계는 우호적으로 시작되는 듯 했다.7)

그러나 명나라의 고려에 대한 우호정책은 명나라가 요동을 석권하지 않은 이상, 그리고 고려의 북진정책이 요동을 향해 지속되는 한 유지될 수 없었다. 고려가 압록강을 건너 요동과 요서지방을 가로질러 산해관을 지나는 사행로는 북원이 차지하고 있었기 때문에 요동진출과정에 있었던 명나라에게 유리할 것이 하나도 없었다. 더구나 명 건국 후 20여년 동안 명나라가 믿고 있던 고려의 공민왕이 시해되고 고려에 왔던 명나라의 사신이 살해되었으며, 설상가상으로 禑王이 즉위하여 反明 태도를 보이는 상황으로 역전되었고 그리고 여전히 요동에 몽골군이 중요한 지역

---

4) 刁書仁・張春, 「論明初高麗王朝與明朝的關系」, 『北華大學學報』, 2000年 第1卷 第1期, 48쪽.
5) 盧啓鉉, 『高麗外交史』, 甲寅出版社, 1994年, 607쪽.
6) 『明太祖實錄』 洪武 元年 12月 壬辰.
7) 『明太祖實錄』 洪武 2年 8月 甲子.

을 점거하고 있는 상황이 겹치면서 명나라의 요동에 대한 위기감은 지속되었고 고려에 대한 믿음도 변할 수밖에 없었다.

고려는 공민왕 시기부터 압록강 건너편 원대 동녕부와 遼陽을 공략하여 다수의 여진인을 귀부시키는 성과를 거두고 있었다. 이러한 상황에서 명나라가 고려에 대해 취했던 것은 고려와 북원의 연합을 차단하는 전략의 일환으로 貢路閉鎖의 조치를 통해 고려의 요동출입을 금하는 것이었다.[8]

명나라의 고려에 대한 공로폐쇄조치로 고려와 조선의 사신들은 육로를 이용할 수 없었다. 홍무 6년(1373) 2월 고려사신 張子溫이 定遼衛에 도착하여 육로를 이용하고자 하였으나 명나라는 海路를 통해서만 올 것을 일방적으로 통보하였다. 1373년 공로폐쇄는 ① 고려의 요동공격 위험성에 대한 견제, ② 나하추 등의 북원세력과 고려의 연합단절, ③ 명나라의 요양 점거와 위소 확대의 추진, ④ 원나라의 平章이던 유익의 귀부로 인한 방어력의 정비와 확대, ⑤ 홍무 5년(1372) 북원의 나하추가 요동 최대의 군수보급 저장 창고인 牛家莊(해주위 서쪽 40리 지점으로 현재 海城市 牛庄村)을 공격하여 식량 10만여 석 등을 불태우고 5천여 명의 군사를 몰살시킨 것 등이 주요한 배경이 되었다.

북원은 고려 우왕의 즉위 이후 홍무 7년(1374), 홍무 8년(1375), 홍무 9년(1376) 7월·10월·12월, 홍무 10년(1377) 2월, 홍무 12년(1379), 홍무 16년(1383)에 지속적으로 고려에 사신을 파견하여 낙타와 말을 바치는 등 적극적인 대고려 외교를 전개하고 있었다. 명나라는 이러한 북원과 고려의 연합을 단절시켜야 하는 중대한 시기에 직면하고 있었던 것이며 공로폐쇄를 통해 고려와 북원의 연합을 차단하고자 하였던 것이다.[9]

---

8) 『高麗史』卷42 世家 恭愍王 19年 11月 乙巳; 12月 戊寅; 恭愍王 20年 2月 甲戌.
9) 명나라가 공로폐쇄 조치를 취한 이면에는 다양한 목적이 있었다. 공로폐쇄시기

명나라의 공로폐쇄와 海路를 통한 '三年一使'의 규정은 고려가 요동으로 진출하고 정보를 분석하는 데 많은 걸림돌이 되었다. 그리고 명나라 사신은 요동도사를 중심으로 위소체제가 정비되면서 요동에서 압록강 유역을 자유롭게 경유하였으나 이 지역은 여진, 몽골, 도적 등이 은거하던 지역이라 많은 위험에 노출되어 있었다. 결국 고려에 왔다가 요동을 경유해 본국으로 돌아가던 명나라의 사신 林密이 요동팔참의 開州站에서 살해당하고 蔡斌은 金義와 함께 북원으로 끌려가는 사건이 발생하기도 하였다.

이러한 상황으로 인해 명나라는 공로폐쇄를 더욱 강화하였고 육로를 경유하려는 고려의 노력은 성과를 보지 못했다. 당시 사신으로 파견된 張子溫, 金庾 등이 入京을 거부당하였고 오히려 고려와 북원은 외교관계를 확실히 단절할 것, 요양에서 난을 피하여 고려로 간 사람들을 명나라로 신속히 송환할 것, 開州站(봉황성)에서 죽은 채빈의 사건을 상세히 해명할 것 등 명나라의 강경한 입장만을 가지고 돌아왔다.

홍무 13년(1380)에도 金庾와 李海를 통해 말 900여 필을 요동도사에서 교역하며 육로를 경유해 南京으로 가고자 하였으나 역시 入京을 거부당하였다. 홍무 16년(1383)에는 鄭夢周가 요동에 이르렀으나 명 태조의 칙서를 보여주며 역시 입경을 거부당하였다. 칙서 내용 중에 고려가 나하추의 아들 文哈剌不花와 계속 통교하는 것은 명나라를 배신하는 행위이므로 그를 잡아오라는 강경한 내용이 있는 것으로 보아 사행로를 통제한 근본적인 이유 중의 하나는 고려의 요동진출을 금지하여 고려와 북원의 외교관계를 단절시키고 이를 통해 명의 요동진출을 성공시키려는 목

에 해당하는 홍무연간 고려와 조선에 대해 수만 필의 말을 요구하고 전란시기에 고려와 조선으로 넘어간 여진인과 한인들의 쇄환을 지속적으로 요구하기도 하였다. 또한 고려와 조선을 견제하기 위한 수많은 트집을 잡았는데 이것은 모두 고려와 조선의 군사력을 약화시키고 요동진출을 저지하며 명이 요동을 선점하려는 전략에서 취해진 조치라고 할 수 있다.

적이 있음을 알 수 있다.[10] 실제로 요동을 차지하고 있던 나하추가 최종적으로 명나라에 패한 것은 1388년 전후이고 이 시기는 명나라가 위소체제를 정비하고 나하추와의 전략을 수립하는 시기였으므로 고려의 요동으로의 접근을 강하게 금지시킬 수밖에 없었다.

이러한 공로폐쇄를 국경문제의 관점에서 살펴보면 우선 명나라로 들어가는 책문이 연산관에 설치되어 있었기 때문에 명나라의 영향력이 연산관을 넘지 못하고 있음을 알 수 있다. 이것은 명의 철령위 설치와 같은 압록강으로의 군사적 진출계획이 성공할 수 없었던 좋은 배경으로 이해할 수 있을 것이다. 오히려 명의 철령위 설치 통보에 고려가 압록강에 군사력을 집결시켜 요동공벌이라는 전쟁을 계획하고 있는 것을 보면 명초 압록강 유역에 명나라의 영향력이 미치고 있지 않음을 알 수 있다.

명의 책문이 요양 근처 연산관에 설치되어 있었던 점, 압록강 유역에 명의 군사가 주둔할 수 없었던 점, 명의 사신이 압록강 유역에서 살해된 점, 고려가 위화도에 군사력을 집합시켜 요동공벌을 도모한 점 등은 모두 당시 요동에서 발생한 명과 조선의 분쟁이지만, 분명한 것은 이러한 것을 통해 압록강이 명과 조선의 국경선이 될 수 없었다는 것이다. 1480년대 이전 명나라로 들어가는 책문은 연산관에 설치됨으로써 압록강~연산관에 이르는 지역이 국경지대로 설정되어 있었던 것이다. 명초 명나라의 공로폐쇄는 홍무연간 지속되었지만, 역설적으로 이는 원말명초 명나라의 압록강 유역에 대한 지배력의 한계를 보여주는 것이자 압록강이 고려(조선)와 명나라의 국경선이 될 수 없음을 알 수 있다.

---

10) 刁書仁, 張春, 앞의 논문, 48쪽.

3. 鐵嶺衛 설치 좌절과 조선의 압록강 유역 관할

명나라는 공로폐쇄조치를 지속하면서 고려에 대해 압록강 변에 鐵嶺衛를 설치하겠다고 통보하였다.11) 명나라가 압록강 중류에 철령위를 설치하고 장기간 존속시킨다면 이것은 차후 조선과 명의 국경선이 압록강이 될 수 있으며, 압록강 대안지역이 명나라의 판도가 될 수 있다는 중요한 의미를 가지고 있었다. 기존 압록강에서 180리 밖에 있는 연산관에 이르는 지역이 명의 관할지역으로 들어갈 수 있다는 의미이기 때문에 당시 요동공벌과 여진에 대한 적극적인 초무를 진행하던 고려로서는 명의 철령위 설치는 매우 심각한 상황으로 다가올 수밖에 없었다.

일반적으로 1衛는 군사 편제상 5,600명의 군사로 구성된다. 철령위를 압록강변에 설치하겠다는 것은 5,600명의 군사를 압록강에 주둔시키고 그 지역의 토지를 둔전으로 지급한다는 이야기와 같다. 곧 압록강변이 명의 영토가 된다는 의미와 같다.

명의 철령위 설치 통보와 이에 대해 전쟁을 불사하겠다는 고려의 요동공벌론의 대두는 고려의 입장에서 보면 당연한 대응이었다. ① 압록강 유역이 명나라의 영토로 귀속될 수 있다는 변경위기의식, ② 명나라 군대의 군사력 확대에 따른 고려의 경계와 군사적 갈등, ③ 명나라의 공로폐쇄와 무리한 貢馬 요구에 대한 불만, ④ 국경지대가 사라져 양국이 압록강을 사이에 두고 지속적으로 군사적 충돌을 반복할 수 있다는 위기, ⑤ 여진지역이 명나라의 판도로 들어갈 수 있다는 위기의식 등 요동공벌론은 명나라와 고려 사이에 요동을 중심으로 국경과 영토를 둘러싼 갈등들이 응축되어 종합적으로 표출된 사건이라 할 수 있다.

홍무 20년(1387) 崔瑩은 李成桂와 더불어 林堅味, 廉興邦 등의 반대

---

11) 철령위의 초설지 위치 문제에 대해서는 여러 가지 설이 있으나 최근에 연구된 박원호의 「鐵嶺衛의 位置에 대한 再考」(『동북아역사논총』 13호, 동북아역사재단, 2006)의 설을 따르고자 한다.

파를 제거하고 정국을 요동정벌군을 조직하였다. 그러나 우왕과 최영의 요동공벌계획은 이성계가 '四不可論'을 제기하고 '威化島回軍'을 단행함으로써 성취될 수 없었다. 오히려 이성계는 최영에게 요동공벌을 강행한 책임을 묻고 무력을 통해 모든 권력을 장악하였다. 결국 요동공벌의 단서가 되었던 명나라의 철령위 설치는 요동북부 몽골세력의 위협으로 명의 의도대로 압록강 변에 설치되지 못하고 심양 동남쪽의 奉集堡에 설치되었다가 다시 요동도사 북부 방어선에 해당하는 철령에 설치됨으로써 일단락되었다. 명의 철령위 설치 좌절, 그리고 요동공벌론이 무산되어 압록강에서 연산관에 이르는 180여리는 여전히 고려와 명나라의 국경중립지대로 남아있으면서 요양 남쪽 연산관에 명으로 들어가는 책문이 설치되었다.

    그렇다면 압록강 변에 설치하려한 철령위 설립이 좌절되고 명으로 들어가는 책문이 연산관에 설치된 이후 압록강에서는 어떤 일이 일어나고 있었을까. 원말명초 압록강 지역이 현재 중국의 주장처럼 중국의 강역 곧 명의 관할지역이자 국경선이었다면 명나라 군사가 점령하고 있거나 명의 군사시설이 설치되었을 것이다. 그러나 실제 사료를 살펴보면 이 지역은 명의 군사가 주둔하지 않았으며 명의 관할이 될 수 없었음을 알수 있다. 오히려 고려와 조선의 활동지역이 되었다.

    우선 철령위 설치 이전 고려말 압록강의 상황을 살펴보자. 공민왕 19년(1370) 정월 이성계는 공민왕의 명을 받아 기병 5천 명과 보병 1만 명을 거느리고 압록강을 건넜다. 이 시기 명나라 군대는 요동으로 조금씩 진출하고 있었다. 그리고 몽골군은 나하추를 중심으로 요동의 중요 거점을 차지하고 있던 시기였다. 당시 공민왕은 1370년 동녕부 지역에 대해 무력 정벌을 단행하였다. 당시 북원의 東寧府 同知 李吾魯帖木兒(곧 李原景)는 이성계의 공격 소식을 듣고 亏羅山城으로 옮겨 저항하였다. 그러나 결국 이성계 군사가 也頓村에 이르자 3백여 戶를 거느리고 와서 항복하였다. 압록강 하류와 중류의 皇城, 북쪽의 東寧府, 남쪽 압록강은 1370년대 초 고려의 판도 하에 있었던 것이다. 이것은 고구려의 고토인 요양을 회복하기 위해서는 우선 동팔참 지역인 동녕부와 그 일대를 회복해야 함을 고려가 잘 알고 있었기 때문에 취해진 조치였다.

고려는 1370년 8월 이성계 등으로 압록강을 부교로 건너 요양과 심양을 공략하여 요양의 항복을 받았다. 그러나 이후 지속적인 군사적 진출을 하지 못함으로써 요양은 고려의 영향권에서는 점차 벗어났다. 하지만 이러한 고려의 요동공략은 압록강 유역을 고려의 판도로, 그리고 요동팔참 지역을 이후 명과의 국경지대로 만드는 중요한 역할을 하였다고 볼 수 있다.

위의 사실로 본다면 고려말 압록강 유역에 일부의 몽골 동녕부 세력이 있었지만 고려의 대대적인 공격으로 압록강과 요동 일부지역이 일시 고려의 수중에 있었음을 알 수 있다. 이러한 상황은 명나라가 건국 이후 요동으로 진출하며 요동도사와 衛所를 정비해 나갔지만 압록강 유역에는 명나라 위소의 힘이 미칠 수 없었음을 의미한다. 명의 요동도사 설치와 위소설치과정을 살펴보더라도 이러한 사실을 잘 알 수 있다. 명의 위소설치 상황은 다음과 같다. 홍무 4년(1371) 2월 요동에서는 원나라의 요양행성 평장이던 유익이 右丞 董遵을 파견해 遼東州郡의 지도와 관련 서적을 가지고 명조의 경사에 이르러 투항하였다. 명나라는 유익의 귀부를 전환점으로 마침내 요양에 定遼都衛를 설치하고 유익을 指揮同知로 임명함으로서 요동진출의 토대를 만들 수 있었다.[12] 그리고 마침내 遼南 지역이 명나라의 수중에 들어옴으로써 명나라는 북쪽으로 영향력을 조금씩 확대해나갈 수 있었다.

위소정책의 결과 홍무 20년(1387) 명나라가 요동의 마지막 몽골세력 나하추를 제압하기 전 金州衛(大連 金州), 復州衛(瓦房店 復州鎭), 盖州衛(盖州), 海州衛(海城), 遼海衛(海城 牛庄鎭), 그리고 定遼左衛, 定

---

12) 『明太祖實錄』洪武 4年 2月 壬午.

遼右衛, 定遼前衛, 定遼後衛, 東寧衛13)(이상의 5개 위[衛]는 모두 요양에 치소가 있음), 瀋陽中衛, 瀋陽左衛(이 2위[衛]는 심양에 치소가 있음) 등 12개의 衛를 설치할 수 있었다. 이러한 위소 설치과정을 살펴보면 명나라가 압록강 유역에 설치한 衛所는 없음을 알 수 있다.

결국 초기에 진행된 명의 철령위 설치 시도는 명나라가 압록강으로 진출하려던 최초이자 최후의 시도였던 셈이다. 철령위 설치가 좌절됨으로써 명나라는 압록강을 그들의 군사방어지역에서 제외시켰고 이후 압록강 유역은 판도외 지역이 되었던 것이다. 결국 명나라는 압록강에서 180여리 떨어진 연산관에 조선의 사신을 맞이하는 책문을 설치하였던 것이다.

이처럼 명으로 들어가는 연산관과 압록강 사이의 180리는 양국의 국경지대로 남아있었기 때문에 수많은 사람들이 과중한 부역과 전쟁을 피해 그리고 새로운 개간지를 찾아오는 변경지대가 되었다. 실제로 사료를 살펴보면 조선 건국 이후 요동에 살던 사람들이 연산관을 지나 상당 수 조선으로 건너오고 있었다. 태종연간의 기록을 보면 도망하여 명나라 遼陽으로 들어갔던 사람들이 굶주림과 과중한 征役을 피해 그 처자를 이끌고 압록강 유역을 건너오는 자가 길을 이었다고 기록하고 있다. 이에 대해 조선에서 만약 압록강가의 州郡에 두게 되면 뒷날 요양 등처에 풍년이 들고 전쟁이 그치게 되면, 명나라와 여진 등이 우리 인구를 유인하고 소와 말을 도둑질하여 가지고 강을 건너 달아날 것이라고 확신하였다.

---

13) 明 건국 직후 遼瀋地域은 明과 北元, 高麗 사이의 삼각지대였다. 高麗는 東寧府 지역을 수복하기위해 恭愍王 시기 3차례의 征伐을 시도하였다. 이를 통해 高麗는 遼瀋 지역으로 흘러 들어간 인구와 영토를 회복하려고 하였다. 그러나 이 지역은 瀋王 세력이 일정한 영향력을 행사하고 있었으며, 진출의 걸림돌이 되었다. 元은 이전부터 高麗王族을 瀋王으로 책봉함으로써 遼東地方에 대한 정치적 지배력을 강화하고 이를 이용하여 高麗를 견제하고 있었다. 곧 明初의 遼瀋地域은 明과 高麗 이외에 瀋王勢力, 納哈出 등 강력한 세력들이 遼東을 점거함으로써 明의 요동진출을 어렵게 하고 있었다.

이 때문에 넘어온 사람들을 下三道의 여러 고을로 옮겨 驛吏와 官奴로 充用하도록 하였다. 고려와 조선인들 역시 양국의 행정력이 미치지 않는 과중한 부역을 피해 요동팔참지역으로 월경하는 사례를 많이 찾아볼 수 있다. 당시 요양을 벗어나 압록강에 이르는 지역이 명의 위소관할 지역이 아님을 알 수 있다.14)

명나라가 靖難의 變으로 내전을 겪던 시기에도 명나라의 위소병들이 압록강을 건너 조선으로 넘어왔는데 당시 상황을 보면 명의 영향력이 압록강에 전혀 미치고 있지 않음을 알 수 있다. 명나라의 東寧衛千戶 林八剌失里가 3천여 호를 거느리고 요동을 탈출하는 사건이 있었다. 당시 명나라의 河指揮·姚千戶 등이 1천 5백여 명의 군사를 이끌고 추격하다가 모두 임팔라실리에게 죽음을 당하여 길거리에 梟首되는 사건이 발생하였다. 이들은 명나라의 손길이 미치지 않은 압록강으로 이동하여 강을 건너 조선에 귀부하고자 하였던 것이다. 이들은 조선이 귀부를 받아들이지 않을 경우 압록강 국경지대에서 농사나 지으면서 살겠다고 조선에 통보하였다. 그들은 사실 공식적으로 명나라 위소인 동녕위에 소속된 사람들이었지만 정난의 변과 같은 내전에 휩싸이는 것을 피해 압록강 변으로 이동하여 조선을 향해 도망해왔던 것이다. 그들의 도망 배경은 사료를 통해서 보면 당시 定遼衛 軍官은 모두 차후 태종이 되는 燕王에 붙었지만 그들은 명나라에 반기를 들고 요동을 벗어나 조선행을 택했던 것이다. 이 기록은 당시 요동의 상당수 사람들이 형식적으로 명의 위소에 포함되어 있었으나 그 요동 위소는 조선인, 몽골인, 여진인 등 이민족으로 구성된 경우가 많았고, 더구나 위소체제가 불안정하고 부역이 과중하여 항상 명의 군사력이 미치지 않는 요동팔참지역을 지나 조선으로 도망할 수 있었음을 설명해 준다고 하겠다.15)

---

14) 『朝鮮王朝實錄』太宗 2年 2月 丁巳.
15) 『朝鮮王朝實錄』太宗 2年 4月 戊辰.

이외에도 압록강변에는 많은 섬들이 있었는데 이 섬들에는 조선인들이 건너가 농사지으며 살고 있었다. 당시 조정에서는 조선 사람들이 이들 섬에 건너가 살도록 허락하였고 나아가 조세의 대상으로 삼기도 하였다. 이에 대해 명나라는 초기에는 거의 관심을 두지 않았다.

  호조에서는 평안도 敬差官의 보고를 듣고 의주 於赤島를 세종 4년부터 압록강 밖의 땅이라 하고 경작하는 것을 금지하였으나, 이 섬은 강으로 격리되어 명나라 땅이라 할 수 없고 또 의주 성내의 주민들이 모두 이 섬을 경작하여 살고 있으니 그 전대로 백성들이 들어가 경작하는 것을 허락하였다. 또한 조세를 거두도록 하는 등 대부분 압록강 유역의 크고 작은 섬들은 조선인들이 상당수 들어가 거주하고 있었다.[16]

  이처럼 조선 초기 압록강 유역은 명의 힘이 미치지 않았고 명으로 들어가는 책문은 연산관에 설치되어 있어서 공로가 개방된 이후에도 명으로 입경하는 조선의 사신들은 압록강을 건너서 연산 파절에 도착하기까지 자체 조선호위병력을 대동해야만 했다. 연산관까지의 이동 중 산적과 여진인 그리고 산짐승 등의 위험에 노출되지 않기 위해 정사와 부사는 모두 微服 차림으로 군사들 사이에 끼어서 딴 사람들이 상사인지 부사인지 모르게 위장하는 등 철저한 군사적 경계를 취하며 연산관까지 이동하였던 것이다.[17]

  압록강이 명과 조선의 경계가 될 수 없음은 조선이 빈번히 압록강을 건너간 사례에서 알 수 있다. 조선은 수시로 명의 허락없이 압록강을 건너 여진을 방어하기 위한 군사시설을 설치하였다. 압록강 건너편은 산세가 험조하고 간혹 낮은 곳이 있기는 하나, 도로 사정이 전반적으로 불편하였고 여진의 기병이 넘어오기 어려웠다. 그러나 모두 산골의 물이 통하는 협곡이 많아 여진인들은 이들 지역을 지나오는 경우가 대부분이었

---

16) 『朝鮮王朝實錄』 世宗 6年 10月 辛未.
17) 『朝鮮王朝實錄』 世宗 20年 1月 丁未.

다. 조선은 압록강을 건너 적이 넘어오기 쉬운 산골짜기 험한 곳에 적당히 군사시설물을 설치하여 防塞하였다. 돌을 쌓으면 역사가 매우 크고 갑자기 축조하기가 어려우며, 구덩이를 판다면 土城이 부드러워 쉽게 메워지기 때문에 가지가 많은 큰 나무를 베어서 길을 막는 등 압록강을 넘어가 길주·경성 등의 여러 산골짜기에 군사 시설물을 설치하였던 것이다.18) 이러한 상황을 종합해보면 원말명초 압록강 유역과 그 대안지역은 조선의 영향력이 미치고 있었고 압록강에서 연산관에 이르는 180리 지역은 명의 힘이 미치지 못하는 국경지대이자 변경지대였던 것이다.19)

4. 명의 10處 여진관할권 상실과 변경지대의 변화

명나라는 건국 후 여진을 회유하기 위해 많은 관심을 기울였다. 우선 요동의 몽골족을 축출하고 고려를 견제하는 것이 급선무였지만 장기적으로는 여진을 통제하는 것도 매우 중요한 목표였다.

태조는 홍무 26년(1393) 5월에 欽差內史 黃永奇, 崔淵 등을 보냈는데, 그들이 가지고 온 手詔의 내용 중에는 여진과 관련된 내용이 다수 포함되어 있었다. 조선은 명나라에 아무런 통보도 하지 않고 요동팔참 지역에 거주하던 500여 명의 여진인을 거느리고 압록강을 건넜으므로 이미 조선으로 귀부한 상당수의 여진인을 다시 요동도사로 압송하여 돌려보낼 것 등을 조선에 요구하였다. 또한 잡아간 여진인들을 무사히 송환시킨다면 명나라의 군사가 양국의 국경지대에 들어가지는 않을 것이라고 위협하면서 여진에 큰 관심을 두고 있었다.

---

18) 『朝鮮王朝實錄』 世宗 22年 7月 己巳.
19) 중국에서 변경지대는 자국 영토의 주변부라는 개념으로 사용된다. 그러나 여기에서 사용한 변경은 양국의 영토에 포함되지 않으며 행정력이 미치지 않는 중립지대의 개념으로 사용하였다.

명나라가 여진인 쇄환에 관심을 둔 이유는 명 태조시기 요동도사를 운영하는데 많은 인구와 정보가 필요했고 명에 비해 조선은 여진과 변경을 접하고 있어 여진의 초무에 적극적이었기 때문에 조선을 견제할 필요가 있었다.[20]

명 태조는 여진문제에 많은 관심이 있었지만 현실적으로는 많은 군사를 여진지역에 파견할 수 없었다. 명초 최대의 문제는 여전히 북변 몽골 방어 문제였고 명나라는 몽골에 골몰하느라 동쪽의 여진에 신경 쓸 틈이 없었다. 앞서 언급한 철령위와 삼만위를 통해 압록강과 두만강을 통제하려던 명 위소정책의 시도와 좌절, 그리고 북부로의 이동은 모두 몽골의 위협 때문이었다. 더구나 고려와 조선은 압록강과 두만강을 접하고 있었기 때문에 이 지역에 거주하고 있던 여진부족을 조선으로 흡수하고 있었다. 조선이 요동을 공벌할 수 있다고 믿었던 명 태조는 요동도사를 통해 여진을 통제하였고 고려(조선)와 여진이 긴밀한 관계를 유지하는 것은 장차 명나라의 요동정책과 상충할 수밖에 없었다고 생각했다.[21] 즉 홍무연간 명나라는 조선이 요동을 공벌하거나 여진 등과의 연합을 통해 요동도사를 위협할지 모른다는 위기감을 가지고 있었던 것으로 해석할 수 있다. 더구나 명나라의 요동도사가 遼陽을 중심으로 25衛체제를 거의 갖추어 나가고 있었지만 여전히 불안정한 상태였고, 조선과 전쟁이 발생할 경우를 대비한 식량과 조선 군대를 상대해 싸울만한 전문적인 군대가 부족했으며, 그리고 요동팔참 지역의 역참이 정비되지 않아 전투력이 조선에 비해 약했다. 조선에 대해 명 태조는

> 조선은 國都에서 압록강에 이르기까지 요충지에 비축하는 식량이 1만 석에서 10여 만석에 이르고 동녕부의 여진인을 유인하고 있으며 반드시

---

20) 『朝鮮王朝實錄』 太祖 2年 5月 丁卯.
21) 朴成柱, 「15세기 朝·明간 流民의 發生과 送還」, 『慶州史學』 第21輯, 慶州史學會, 2002, 136~146쪽.

음모가 있을 것이다. … 그러나 요동은 지금 군량이 모자라며 군사들이 굶주리고 있는바 … 그들(조선)의 20만 대군이 요동으로 처들어온다면 어떻게 대응하겠는가.22)

라고 하며 막대한 비용을 들여가며 진행하던 遼王의 궁실공사마저 정지시키고 있던 상황이었다. 이는 당시 요동도사가 군사력을 북변에 집중하고 있었고 상대적으로 조선과 여진에 대해 군사력을 집중할 수 없었음을 알 수 있다. 결국 홍무연간의 여진정책은 철령위, 삼만위, 동녕위의 설치시도와 좌절에서 나타나듯이 뚜렷한 효과를 볼 수 없었으며 명 永樂年間을 기다려야만 했다.

永樂帝는 '정난의 변'을 통해 황제가 된 이후 몽고친정, 정화출사, 여진초무라는 국가적 차원의 대외정책을 시도하고자 하였다. 곧 명나라는 여진정책의 일환으로 왕가인 등을 조선에 보내 參散·禿魯兀 등 두만강 유역을 중심으로 한 10處의 溪關萬戶 奚馬哈 등을 招諭하겠다고 통보해 왔다.23)

이에 조선은 金瞻을 명의 사신 王可仁과 함께 京師에 보내 10處의 女眞인들은 오래 전에 朝鮮의 호적에 편입되어 있다고 보고하였다. 그리고 이 지역의 여진인들 역시 明에게 편입되는 것에 강한 반대 입장을 표시하였다.24) 당시 주본을 살펴보면 명에 대해 조선은 분명한 입장을 전달하였다. 즉 ① 조선의 동북지방은 公嶮鎭으로부터 孔州·吉州·端州·英州·雄州·咸州 등의 고을이 모두 고려의 땅에 소속되어 있다. ② 遼나라 乾統 7년(1107)에 東女眞이 亂을 일으켜서 咸州 이북의 땅을 빼앗아 웅거하고 있었는데, 고려의 睿王 王俁가 遼에 고하여 토벌할 것을 청하고 군사를 보내어 회복하였다. ③ 元나라 初年인 戊午年에 蒙古의 散吉普

---

22) 『明太祖實錄』卷238, 洪武 28年 4月 辛未.
23) 『朝鮮王朝實錄』太宗 4年 4月 甲戌.
24) 『朝鮮王朝實錄』太宗 4年 5月 己未.

吳 등 관원이 女眞을 거두어 부속시킬 때에, 本國의 叛民 趙暉와 卓靑 등이 그 땅을 가지고 항복하였으므로 조휘로 摠管을 삼고 탁청을 千戶를 삼아 군민을 관할하였다. ④ 이로 말미암아 여진의 인민이 그 사이에 섞여 살았으며 각각 方言으로 그들이 사는 곳을 이름 지어 吉州를 '海陽', 端州를 '禿魯兀', 英州를 '參散', 雄州를 '洪肯', 咸州를 '哈蘭'으로 각각 칭하였다. ⑤ 至正 16년(1356)에 이르러 恭愍王 王顓이 원나라 조정에 申達하여 모두 혁파하고, 公嶮鎭 이남을 본국에 환속시키고 관리를 정하여 관할하여 다스렸다.

조선은 명에 대해 이러한 명쾌한 답변과 함께 홍무연간 태조가 말한 것을 다시 재확인하였다. 즉 홍무제가 명나라의 강역을 논하면서 "鐵嶺 이북·이동·이서는 원래 開原의 관할에 속하였으니, 軍民을 그대로 요동 관할에 소속시키라."한 것과 여기에 포함되지 않는 10처 여진인 지역은 조선의 관할임을 강하게 주장하였던 것이다. 즉 參散千戶 李亦里不花 등 十處人員이 비록 女眞 人民에 속해 있기는 하나, 本國地面에 와서 생활한지 오래되었고, 納哈出 등의 군사와 倭寇의 침략을 여러 번 겪었기 때문에 凋殘하여 거의 다 없어지고, 그 遺種이 얼마 없으며 또 본국의 인민과 서로 혼인하여 자손을 낳아서 조선의 부역에 종사하고 있음을 주장하였다. 또한 조선 태조 이성계의 祖上이 일찍이 東北地面에 살았으므로, 玄祖 李安社의 분묘가 현재 孔州에 있고, 高祖 行里와 祖 李子春의 墳墓가 모두 咸州에 있으며, 洪武 7년 10월 이전에 다른 고을로 流移하여 일찍이 그곳의 戶籍에 登載되어 賦役에 종사하고 있는 자가 있음도 언급하였다.[25]

이러한 조선의 외교적 노력과 초기부터 진행해온 여진초무정책, 그리고 고려시대 공험진 문제의 정당성 등이 설득력을 얻으며 10처 여진의 관할문제는 결국 조선의 승리로 끝이 났다.[26] 그러나 여진귀속문제는 그

---

25) 『朝鮮王朝實錄』太宗 4年 5月 己未.

렇게 간단하지 않았다. 왜냐하면 10처 여진 관할문제는 조선의 승리로 일단락되었지만 명나라는 다른 여진인을 포기할 수 없었다. 이것은 요동도사 동부 변경의 안전문제와 직결되어 있었기 때문에 요동도사에 인접한 여진인들은 여전히 그들의 관심의 대상이 되었다. 특히 10처 여진 이외에도 공험진 이남에 살던 여진을 조선은 명의 허락을 통해 조선의 관할로 하고자 하였다. 그중 일파가 동맹가첩목아였다.

당시 명나라는 欽差 千戶 王敎化的 등을 통해 童猛哥帖木兒・把兒遜・着和・答失 등을 招諭하여 장차 명나라 조정에 입조케 하려는 계획을 가지고 있었다. 그러나 맹가첩목아는 이러한 명의 입장에 대해 '당초에 우리들이 兀狄哈과 서로 싸워서 家屬을 거느리고 떠돌아다니다가 조선에 이르렀는데, 이제 만약 명나라의 京師에 가게 되면, 올적합 등이 틈을 타서 가속을 擄掠하여 원수를 갚으려 할 것이므로 명나라의 경사에 갈 수 없다는 입장을 명에 전달하였다.

맹가첩목아 등은 처음에 올적합의 침략으로 조선의 동북면 慶源・鏡城 땅에 거주하였는데, 차역을 당하여 倭賊을 방어한 공이 있었으므로 鏡城等處 萬戶의 職을 맡고 있었다. 이런 과정에서 명나라가 10처 여진을 초유한다는 이야기가 있었고 이에 조선은 10처 여진을 조선의 관할 하에, 그리고 조선에서 천호의 직을 가지고 있던 맹가첩목아 역시 조선이 관할함이 적절하다고 명에 전달했던 것이다.

즉 조선은 맹가첩목아와 答失 등은 管下 1백 80여 戶와 함께 현재 공험진 이남 鏡城 지방에 살고, 把兒遜과 着和 등은 管下 50여 戶와 함께 현재 공험진 이남 慶源 지방에 살고 있으므로, 각각 호적에 편입하여 差役에 종사하게 하였고 모두 10처의 地面에 매여 있음을 명나라에 전달

---

26) 『朝鮮王朝實錄』 太宗 4年 10月 己巳. 중국의 연구성과들은 10처 여진인이 조선의 관할이 된 것은 영락제의 양보로 서술하고 있지만 당시 상황으로 보자면 명나라의 영향력이 두만강 유역에 미치지 못하였고 이 때문에 10처 여진인들이 조선의 관할이 된 것으로 이해해야한다.

하던 것이다.27)

또한 태종 문황제의 勅旨를 받아 三散 등 열 곳 여진들이 있는 곳을 주청한대로 본국의 소유로 윤허하였으며, 동창·범찰 등이 조상 때부터 살던 경성 지역도 모두 성조의 어진 정사를 베푸는 범위 안에 있는 것이니, 여진인들이 그전대로 편히 살게 하여서 본국 변방 백성들이 안심하도록 하기를 원한다고 보고하였다.28)

조선은 다양한 물품 공세를 통해 동맹가첩목아에게 上將軍의 관직을 내리고 동시에 기타 여진인들에게도 護軍, 司直, 副司直 등으로 임명함으로써 그들을 조선으로부터 이탈되지 않도록 최대한의 조치를 취하였다.29) 그런데 명나라는 동맹가첩목아의 거절에도 영락 3년(1405) 정월과 3월에 다시 천호 高時羅와 王敎化的을 보내 동맹가첩목아와 지속적으로 접촉하는 한편, 조선에게도 칙서를 보내 협조를 요구하는 이중 외교술을 전개하였다.30) 명나라 사신 왕교화적의 끊임없는 접촉과 회유로, 영락 3년(1405) 5월 동맹가첩목아는 마침내 명나라에 대한 강경한 태도를 버리고 회유되어 경사에 가고자 하였다. 그리고 명나라는 이 기회를 이용해 조선을 강하게 질책하며 조선과 동맹가첩목아의 관계를 단절시키고자 하였다.31)

명나라는 10처 여진을 조선의 관할로 넘겨주었지만 맹가첩목아를 포기할 수 없었던 것은 그 일대의 상당수 여진을 맹가첩목아가 통제하고

---

27) 『朝鮮王朝實錄』 太宗 5年 5月 庚戌.
28) 『朝鮮王朝實錄』 太宗 5年 9月 壬戌.
29) 『朝鮮王朝實錄』 太宗 4年 3月 甲寅, 己未; 太宗 5年 2月 己丑.
30) 『朝鮮王朝實錄』 太宗 5年 3月 丙午.
31) 『朝鮮王朝實錄』 太宗 5年 9月 己酉. 질책의 내용은 지난날에 동북면 10處의 人民 2천여 명을 이미 모두 請한 대로 조선에 양보하였는데 皇后의 親族인 猛哥帖木兒를 조선이 양보해야 한다는 것이었다. 그러나 실상 猛哥帖木兒가 明에 회유된다는 것은 그 일대의 女眞 部族이 모두 明의 衛所體制에 편입될 수 있다는 것이므로 朝鮮의 邊境에 불안정을 가져올 수 있는 중요한 요인이었다.

있었기 때문이다. 명나라는 이전 영락 3년(1405) 9월에 이미 아합출의 장자 金時家奴(釋加奴)에게 建州衛指揮使를 수직함으로써 그들을 명나라의 영향력 하에 두고자 하였다.[32] 영락 11년(1413)에는 建州左衛가 설치되었는데 童猛哥帖木兒는 건주위의 지휘사로 있었으나 영락 14년(1416) 이들을 다시 건주위에서 분리시켜 건주좌위로 만들었던 것이다. 당시 건주 세력은 두만강 유역 會寧(阿木河)을 중심으로 거주하고 있었다. 두만강 유역의 會寧지역은 토지가 비옥하고 농경에 적합한 지역이었고 조선과의 왕래를 통해 耕牛와 생산기술 등을 손쉽게 수입할 수 있는 장점이 있었기 때문에 여진인들이 많이 거주하던 지역이었다.

이후 여진인들은 명의 허락 없이 그들의 생존을 위해 각 부족별 거주지를 이동하였다. 영락 20년(1422)이 되자 건주위는 渾江(길림성 동남의 通化와 요녕성 동부의 桓仁·寬甸) 유역으로 南遷하였다.[33] 건주위가 이동해 온 渾江(婆猪江) 지역은 李顯忠의 아들 李滿住에 의해 관할되고 있었다. 명나라는 宣德 원년(1426) 건주여진을 통제하기 위해 이만주를 建州衛指揮使에서 都督僉事로 승직시켰다.[34] 건주위가 혼강 유역으로 이동할 당시 이미 그들의 분포범위는 매우 넓었기 때문에 조선과 크고 작은 분쟁들을 야기하였다.[35]

영락 21년(1423) 6월 동맹가첩목아는 523호를 거느리고 다시 慶源府로 들어왔으며 阿木河에서 식량을 요청하며 거주하기를 원하였다.[36] 더불어 당시 명나라에 대해 비협조적이던 楊木答兀 또한 임시로 이곳으로 피해오고 있었는데, 그는 管下 5백여 호를 거느리고 두만강 밖에 주둔하고 있었으며, 이후에 5백여 호가 더 이동해 올 예정이었다. 즉 상당히 많

---

32) 『朝鮮王朝實錄』 太宗 6年 3月 丙申.
33) 渾江은 婆猪江으로, 鴨綠江으로 흘러드는 지류이다. 혼강은 朝鮮의 국경과 접하고 있었으므로 女眞이 이 지역으로 이동하면서 朝鮮과의 충돌은 불가피하였다.
34) 『明宣宗實錄』 宣德 元年 3月 辛丑.
35) 『朝鮮王朝實錄』 世宗 15年 2月 己亥.
36) 『朝鮮王朝實錄』 世宗 5年 4月 乙亥, 6月 癸酉.

은 건주여진이 명의 허락 없이 다시 회령으로 몰려 들어오고 있었던 것이다.37)

그러나 회령으로 이주해온 건주좌위에게도 위기가 찾아왔다. 우선 楊木荅兀에게 납치된 사람을 송환시키기 위해 온 명나라의 사신 2명이 올량합과 한편이던 兀狄哈에게 살해되는 사건이 발생하였다. 그리고 親明의 태도를 취하던 建州左衛 역시 楊木荅兀의 공격을 받는 등 여진지역은 세력경쟁을 하고 있었다. 양목답올은 七姓野人 등 각처의 야인 8백여 명을 규합하여 동맹가첩목아·범찰의 집 등을 포위하고 불을 질렀다. 이 전투에서 동맹가첩목아·權頭(阿谷, 또는 阿古) 등은 모두 살해되었고, 많은 부녀자들이 포로로 끌려갔다.38) 동맹가첩목아 사후 조선은 會寧지역에 軍鎭을 설치하였다.

선덕 7년(1432) 11월 건주위의 이만주는 4백여 명의 기병을 거느리고 조선의 여연 지방을 약탈하는 등 조선의 변경을 약탈하였다.39) 조선은 명의 허락없이 여진을 토벌하였다. 이에 대해 명나라는 조선을 힐책하면서 함부로 군사를 일으켜 변경으로 들어 온 것을 지적하며 잡아간 여진인을 다시 송환하도록 하였다.40) 건주좌위의 凡察과 童山 등은 마침내 선덕 10년(1435) 회녕 지역의 건주좌위 등의 무리를 거느리고 婆猪江 유역으로 이동하여 李滿住와 회합하고자 하였다. 정통 원년(1436) 건주위 都指揮 이만주는 파저강 유역으로부터 요양에서 가까운 草河부근으로 옮기고자 하였다. 이만주는 초하 유역에 거주할 수 있는 허락을 얻기 위하여 男古納哈을 보내 조공을 하고 잡아간 40여 명의 명나라 사람을 송환하는 등 적극적인 외교 자세를 보였다. 그러나 요동총병 무개는 여진이 초하 유역으로 들어오는 것을 허락할 수 없었다. 초하는 요동

---

37) 『朝鮮王朝實錄』 世宗 5年 6月 丙子.
38) 『朝鮮王朝實錄』 世宗 15年 11月 乙巳.
39) 『朝鮮王朝實錄』 世宗 15年 5月 丁巳, 6月 乙酉.
40) 『朝鮮王朝實錄』 世宗 15年 6月 庚戌.

팔참 사행로의 동쪽 편을 끼고 흘러내려오다가 靉陽河와 합류하여 압록강으로 흘러들어 가는 지류로, 遼東八站의 모든 중진과 연결될 수 있는 지리적인 요충지였다. 또한 초하는 요동도사와 요동팔참 사행로에서 멀지 않은 곳에 위치하기 때문에 사행의 요로인 요동팔참 주위에 여진인들이 몰려들어 建州·毛憐 등이 큰 세력을 형성한다면, 조선과 명나라의 사신들이 위험에 처해질 수도 있었다.

당시 조선은 세종시기로 두만강과 압록강 방면의 여진세력을 가장 효율적으로 초무하고 있었으며, 압록강을 건너 桓仁縣의 兀剌山城(현재의 五女山城, '于羅山城'이라고도 함)까지 공격하여 그들의 본거지까지 급습하고 있었다. 여진은 결국 초하 유역으로 이전해 오는 것을 포기하고 정통 3년(1438) 혼하 상류에 있는 蘇子河 유역으로 이동하였다.

조선은 여진에 대해 적극적인 초무와 회유를 시도하였는데, 이는 명나라를 자극하였다. 천순 3년(1459) 각각 정월과 4월에 명나라는 조선에 칙서를 보냈는데, 주요한 내용은 명나라의 허락 없이 여진과 사적으로 접촉하지 말라는 것이었다.[41] 그리고 명나라는 같은 해 3월 건주 3위의 右都督 董山, 都督同知 古納哈, 納郎哈 등에게도 역시 칙서를 보내 명나라 몰래 여진이 조선과 접촉한 것을 문책하였다.[42]

당시 조선은 압록강과 두만강 주변에서 일어나는 여진과의 갈등과 충돌을 명나라에 통보하지 않고 많은 부분을 자의적으로 처리하였다. 여진은 조선의 관직을 하사받는 것 이외에도 명나라의 눈을 피해 조선으로 넘어오는 경우도 많았다. 천순 2년(1458)에 童倉이 사신으로 보낸 多陽哈, 범찰의 아들 甫下土, 이만주 관하의 毛里 등이 귀부하였으며,[43] 조선은 이들에게 생활필수품을 제공하면서 회유하였다.[44]

---

41) 『明英宗實錄』 天順 3年 正月 乙亥, 4月 庚申.
42) 『明英宗實錄』 天順 3年 3月 甲申.
43) 『朝鮮王朝實錄』 世祖 4年 6月 丁巳.
44) 『朝鮮王朝實錄』 世祖 6年 9月 丁亥.

조선과 명은 회유와 정벌 등을 통해 여진세력을 억제하고 자국의 영향력 하에 두고자 하였다. 명나라는 요동도사의 군사를 동원하여 건주 3위 지역을 대대적으로 토벌하여 여진의 지도자 董山을 처형하였고 여진인 56명을 참수하였으며, 2백여 명을 포로로 잡았다. 조선 역시 이만주의 본거지를 공략하여 이만주 및 그 아들 古納哈 등 273명을 죽이고 포로 24명을 생포하였으며 200여 곳 이상을 불태웠다.

명나라와 조선의 토벌전으로 건주부는 수천 명의 사상자와 재산의 손실, 그리고 1천여 명이 포로로 잡혔다. 무엇보다도 그들을 이끌던 李滿住, 童倉, 古納哈 등의 죽음은 지도자의 부재라는 현상을 낳음으로써 그들을 더욱 어려운 상황으로 만들었다.[45] 그러나 2년 후 건주좌위 都指揮 佟那和札이 내조하였는데 그는 董山의 아들 脫羅는 都指揮同知로, 李古納哈의 조카 完者禿은 指揮僉使로 추천하여 명나라의 승인을 받아 냄으로써 건주여진은 다시 재기의 기회를 가질 수 있었다.[46]

성화 14년(1478) 2월 요동총병관 都督同知 歐信과 副都御史 陳鉞은 이미 건주 3위를 공격하여 적의 본거지 53寨와 가옥 2백여 채 그리고 2백여 명을 참수하는 등 강경한 군사적 방법으로 여진을 습격하였다.[47]

성화 15년(1479) 9월 명나라는 태감 왕직을 都督軍務로 삼고 撫寧侯 朱永에게 征虜將軍의 印을 주어 總兵官에 임명하면서 재차 건주여진 토벌을 계획하였다.[48] 그리고 11월 대대적으로 건주지역을 공격하여 659명을 참수하고 486인을 포로로 잡았다.[49] 당시 조선에서도 여진의 위협

---

45) 『明憲宗實錄』 成化 4年 3月 戊寅.
46) 『明憲宗實錄』 成化 4年 3月 戊寅.
47) 『明憲宗實錄』 成化 14年 2月 庚申.
48) 『明憲宗實錄』 成化 15年 9月 丁亥.
49) 『明憲宗實錄』 成化 15年 11月 丁未. "謂建州賊在萬山中, 山林高峻, 道路險狹, 臣等分爲五路, 出撫順關, 半月抵其境, 賊據險迎敵, 官軍四面挾攻, 且發輕騎, 焚其巢穴, 賊大敗, 擒斬六百五十九級, 俘獲四百八十六人, 破四百五十寨, 獲牛馬千余".

이 심각하여 압록강을 건너 여진 지역을 토벌하였는데 성화 16년(1480) 2월에 여진인 16명을 참수하는 등 여진 지역을 공략하였다.[50]

　조선의 입장에서 보자면 이러한 여진 토벌의 이면에는 공험진의 문제가 존재한다. 세종시기 고려시대 윤관이 설치했던 공험진을 경계로 동북의 국경을 정하려던 기록이 나타나고 있다. 그러나 조선 후기 지도에 백두산 북쪽 수백 리 지점으로 나타나고 있지만 공험진의 위치는 부정확하다. 그러나 선춘점에 윤관이 세운 비가 있으며 또한 성이 있다고 들었으므로 그 위치를 추적하도록 명하는 것을 보면 그 정확한 위치는 알 수 없더라도 조선 세종시기 공험진의 문제는 동북지역 국경을 획정하는 문제, 영토의 귀속문제와 매우 중요한 관련성이 있는 문제임을 알 수 있다. 특히 명나라는 '공험진 이남은 조선'이라는 수식어를 많이 사용하였다. 즉 여진족들과 경계를 논하거나 강역의 귀속문제를 논할 때 이 공험진은 당시 매우 중요한 역사적 근거가 되고 있었다. 이러한 관점에서 보자면 공험진과 선춘령 남쪽에 있는 백두산은 당연히 조선에게 귀속될 수밖에 없다. 특히 강의 근원을 정하는 데에도 그 근원을 모두 백두산에 두고 있다. 압록강, 두만강과 산맥이나 고을을 논할 때 그 시작점을 백두산에서 시작하는 것으로 하고 있다. 따라서 이 지역에 살던 여진족은 조선의 입장에서 보자면 조선의 강역 속에 살고 있는 '또 다른 조선'과 같이 인식되는 종족이었다.

　그렇다면 현재 명대의 백두산과 두만강 유역에 대한 중국의 입장은 어떠한가. 명나라는 1417년에 내관 장동아를 통해 군사 1천여 명을 거느리고 백두산의 사찰에 단청을 칠하기 위해 왔다.[51] 이 기사를 보면 백두산 지역으로 요동도사의 군사를 이끌고 왔음을 알 수 있다. 명나라는 초기에 철령위와 삼만위의 설치를 통해 압록강과 두만강을 자국의 판도내

---

50) 『明憲宗實錄』 成化 16年 2月 壬申. "引兵渡江, 進搗巢穴, 斬首十六級, 生擒南婦十五人, 幷獲遼東被掠婦女七人, 及驅其牛馬 毁其廬舍".
51) 『朝鮮王朝實錄』 太宗 17年 4月 辛未.

로 삼으려는 시도를 했었다. 그러나 식량수송의 어려움, 군사주둔의 곤란, 여진과의 충돌 등 여러 난관에 봉착하여 철령위와 삼만위는 요동 북부로 이전하였다. 이후 백두산 지역은 명의 판도외 지역이 되었다. 특수한 목적이 있지 않으면 험준한 백두산과 두만강 지역으로 명나라 군사가 들어올 일이 거의 없었던 것이다. 특수한 목적은 영락연간 대외팽창의 분위기를 타고 새로운 여진세력의 초무, 산삼과 초피와 같은 특산물의 확보 등을 예로 들 수 있을 것이다.

    1417년간 백두산 지역으로 왔던, 1000여 명은 곧 철수한 것으로 보인다. 세종 6년의 기록을 보면 요동도사에 소속되어 있던 여진인 양목답올이 백두산 지역으로 도망하였는데, 명나라는 이들을 추궁하기 위해 명의 사신을 백두산 지역으로 보냈던 것이다. 이러한 기사를 통해서 보면, 당시 백두산 지역에는 상주하는 명나라 위소병이나 주둔군이 없었으며 명군은 결국 지쳐서 조선에 식량을 요청하기에 이르렀던 것이다.[52] 당시 명나라는 여진지역으로 자주 사람들을 보내 초피, 해동청, 인삼과 같은 특산물을 확보하러 대규모의 군사를 파견하곤 하였다. 대규모의 군사가 파견되었기 때문에 명군은 식량이 풍부한 조선에 식량지원을 요청할 수밖에 없었다.[53] 홍무연간과 영락연간 백두산과 여진지역은 명의 힘이 미칠 수 없는 판도외의 지역이었던 것이다. 이 때문에 명나라 군사가 백두산으로 진출한 기사는 극소수이다. 또한 10처 여진 사건 이후 백두산과 두만강을 두고 명과 조선이 국경분쟁을 벌인 일은 없으며 명이 백두산을 가지고 문제를 삼은 적이 없다. 오히려 이것은 조선과 여진 사이의 문제였다.

    이러한 역사적 사실로 미루어보아 명나라는 결코 여진지역 내지 백두산, 두만강 지역을 그들의 강역으로 삼은 적이 없음을 알 수 있다. 그들

---

52) 『朝鮮王朝實錄』 世宗 6年 8月 癸亥.
53) 『朝鮮王朝實錄』 世宗 14年 3月 丙戌.

이 여진지역에 설치했다고 하는 여진위소는 여진부락에 자의적으로 이름을 붙인 것이 불과했으며, 여진은 그들의 생계유지를 위해 명과 토산물을 교화하며 衛印을 받은 경우가 있지만 결코 그들의 땅이 명나라의 땅이라고 생각한 적이 없다.

5. 맺음말

원말·명초 고려(조선)와 명 사이에 요동을 놓고 수많은 분쟁이 발생하였다. 명나라의 공로폐쇄와 철령위 설치시도, 고려의 요동공벌론, 명나라 사신의 피살, 명나라의 10처 여진인 요구와 좌절 등은 몇몇 사례에 불과하다. 이러한 사건들은 모두 국경분쟁의 관점에서 접근이 가능하며 한중관계사에 중요한 쟁점이 될 수 있다.

고려는 공민왕 시기 요양과 우라산성 지역 공략을 통해 명이 진출하기 전 요동을 선점해 나가고 있었다. 고려의 요동진출과 맞물려 요동으로 진출하고 있던 명은 衛所를 확대해 나가는 과정 속에서 고려에 공로폐쇄를 통보하고 압록강 중류에 철령위를 설치하고자 하였다.

공로폐쇄는 명나라가 요동을 선점하고 고려의 요동진출과 북원과의 연합을 막으려는 조치였다. 그리고 철령위 설치를 통해 압록강으로 진출하여 압록강을 국경선으로 확보하고자 하였다. 고려에서는 이에 촉발되어 요동공벌론이 제기되었다. 그러나 요동공벌론은 많은 군사들이 압록강의 위화도에 주둔하였으나 오히려 군사를 돌려 회군함으로써 조선이 건국되는 배경이 되고 말았다. 명나라가 설치하려 했던 철령위는 명초 요동 군사력의 불안정, 몽골의 지속적인 침입, 고려말 고려의 요동공벌 등과 충돌하면서 요동북부로 이전되어, 결국 압록강을 국경으로 삼으려는 명의 의도는 좌절되었다. 이는 결국 명나라가 공로폐쇄 조치를 취하고 철령위 설치를 시도하였지만 역량의 부족으로 압록강~연산관 지역에 이르는 180리 지역이 고려와 명의 국경지대로 남게 되었고 압록강은 명초 명나라의 관할지역 밖에 있었음을 말해준다 하겠다. 이로써 압록강은 조선과 명의 국경선이 될 수 없었다.

압록강은 오히려 조선이 접하고 있었기 때문에 조선의 영향력이 미치고 있었다. 압록강변의 도서에는 중앙의 허락을 받은 조선인들이 농사를 지어 조세를 부담하고 있었다. 또한 여진인들이 국경지대에 숨어 있다가 조선의 변경을 약탈하고 있었기 때문에 조선은 압록강을 건너가 길목에 군사시설물을 설치해 여진을 방어하였다. 이는 원말명초 압록강이 조선의 관할하에 있었음을 의미한다.

두만강 유역 역시 명과 조선의 국경선이 될 수 없었다. 이것은 10처 여진인 관할권 문제와 여진인의 성장을 통해 알 수 있다. 명나라는 영락연간 두만강 유역 10처 여진과 지속적으로 교섭하여 자국의 판도로 귀속시키고자 시도하였으나 결국 조선에게 관할권을 양보해야만 했다. 조선은 두만강 유역의 여진 귀속문제를 중요한 현안으로 삼고 지속적으로 추진한 결과, 알타리부를 이끌고 가던 맹가첩목아를 초기에 조선의 영향력하에 둘 수 있었다. 요동도사 관할 바깥 지역에 해당하는 압록강과 두만강 유역을 비롯한 여진지역을 자국의 판도로 귀속시키려는 명나라의 계획은 명초부터 한계에 직면하고 있었다.

원말명초 고려와 조선의 강역관에는 항상 공험진이 자리 잡고 있었다. 명나라 역시 공험진 이남을 조선의 강역으로 인정하였으며 조선 역시 공험진을 경계로 동북 세력과의 국경을 정하려던 기록이 나타나고 있다. 그러나 공험진의 위치가 부정확하고 선춘령에 세워진 윤관의 비를 추적하지 못함으로써 그 정확한 위치추적에 실패하였다. 그러나 적어도 그 비는 고지도 속에 백두산 북쪽에 위치하고 있다는 공통점을 가지고 있으므로, 조선 세종시기 공험진의 문제는 백두산과 그 대안지역을 조선의 강역으로 삼는 지표가 되었다.

명나라는 건국초기부터 공험진 이남은 조선의 영역이라는 것에 공감하고 있었고 조선 역시 여진족들과 경계를 논하거나 강역의 귀속문제를 논할 때 이 공험진이 역사적 근거가 되었다. 이러한 관점에서 보자면 공험진과 선춘령 남쪽에 있는 백두산은 당연히 조선에게 귀속될 수밖에 없다. 중요한 사실은 조선이 두만강 대안 지역에 거주하는 상당수의 여진인을 회유하고 있었는데 조선의 인식에 여진지역은 또 다른 조선이라는 강역관이 자리 잡고 있었다는 사실이다.

명초 명나라는 거듭되는 토벌전을 시도하여 여진에 충격을 주었지만 백두산을 비롯한 여진지역을 그들의 판도로 만드는 데 실패하였다. 오히려 여진은 조선과 명의 변경을 위협하는 세력으로 성장해 갔다. 여진족은 遼東都司 동부 지역을 공격하는 등 요동을 위협하였고, 결국 명나라는 撫順 남쪽의 東州堡・馬根單堡・淸河堡・靉陽堡 등 변장을 수축 정비하며 국경선에 해당하는 방어선을 구축해 나갔다. 이러한 변장 수축사업은 일종의 국경선 형성으로 여진지역은 명의 영향력이 미치지 못하는 지역임을 증명하는 중요한 증거가 될 수 있다. 두만강 지역은 명과 조선의 국경선이 아니라 조선과 여진사이의 분쟁지역이었다.

요약하면 명초의 공로폐쇄, 압록강변 위소설치의 실패, 그리고 10처 여진인 문제를 둘러싼 고려(조선)와 명의 분쟁을 고찰해 본 결과 현재 중국이 주장하고 있는 조선과 명의 압록강과 두만강 국경설, 그리고 백두산이 명의 관할이라는 것, 명대 여진지역이 명나라의 판도였다는 것 등은 역사적 사실과 부합하지 않는다는 것을 알 수 있었다. 원말명초의 압록강과 두만강을 둘러싼 조선과 명의 분쟁은 결국 명 방어선의 후퇴로 인한 압록강 대안 180리 국경지대를 형성하였고 그리고 두만강과 백두산 지역은 조선과 여진의 관계 속에서 재인식해야 하는 과제를 남기고 있다.

참고문헌

1. 사료

『明太祖實錄』,『明宣宗實錄』,『明英宗實錄』,『明憲宗實錄』,『高麗史』,『朝鮮王朝實錄』.

2. 단행본

葛劍雄,『中國歷代疆域的變遷』, 商務印書館, 1997.
_____,『中國移民史』 第5卷, 福建人民出版社, 1997.
姜龍範 외,『明代中朝關係史』, 黑龍江朝鮮民族出版社, 1999.
顧頡剛·史念海,『中國疆域沿革史』, 商務印書館, 1999.
奇文瑛,『明代衛所歸附人研究』, 中央民族大學出版社, 2011.
吉林省 社會科學院 歷史研究所 編,『明實錄東北史資料輯』 二, 遼沈書社, 1990.
김한규,『遼東史』, 문학과 지성사, 2004.
南義鉉,『明代遼東支配政策研究』, 강원대학교 출판부, 2008.
盧啓鉉,『高麗外交史』, 甲寅出版社, 1994.
盧明輝,『北方民族史研究』 三, 中州古籍出版社, 1994.
董曜會,『瓦合集-長城研究文論-』, 科學出版社, 2004.
童超 主編,『中國軍事制度史-后勤制度』, 大象出版社, 1997.
馬大正,『中國古代邊疆政策研究』, 中國社會科學出版社, 1990.
_____,『中國東北疆域研究』, 中國社會科學出版社, 2003.
孟森,『明元淸系通紀』, 中華書局, 2006.
朴元熇,『明初朝鮮關係史研究』, 一潮閣, 2002.
孫建民,『中國歷代治邊方略研究』, 軍事科學出版社, 2004.
楊昭全·孫玉梅,『中朝邊界史』, 吉林文史出版社, 1993.

楊昭全·孫玉梅,『中朝邊界沿革及界務交涉史料彙編』, 吉林文史出版社, 1994.
楊暘 主編『明代東北疆域研究』, 吉林人民出版社, 2008.
楊雨蕾,『燕行與中朝文化關系』, 上海辭書出版社, 2011.
유재춘 외,『근세동아시아와 요동』, 강원대학교 출판부, 2011.
李澍田,『東疆研究論集』, 吉林文史出版社, 1993.
林榮貴 主編,『中國古代疆域史』, 黑龍江教育出版社, 2007.
張碧波,『中國東北疆域研究』, 黑龍江人民出版社, 2006.
趙云田,『中國治邊機構史』, 中國科學出版社, 2002.
한성주,『조선전기 수직여진인 연구』, 경인문화사, 2011.

3. 논문

남의현,「元·明交替期 한반도 북방경계인식의 변화」,『韓日關係史研究』 39, 2011.
朴成柱,「15세기 朝·明間 流民의 發生과 送還」,『慶州史學』 21, 2002.
박원호,「鐵嶺衛의 位置에 대한 再考」,『동북아역사논총』 13, 2006.
유재춘,「15세기 명의 동팔참지역점거와 조선의 대응」,『조선시대사학보』 18, 2001.
張傑,「明初朱元璋經營鐵嶺以北元朝舊疆始末」,『中國東北邊疆研究』, 中國社會科學出版社, 2003.
刁書仁·張春,「論明初高麗王朝與明朝的關系」,『北華大學學報』, 2000年 第1卷 第1期.

조선 명종대 豆滿江 이북지역에 대한 '鎭' 설치 시도
-伊應巨島의 子母鎭 설치와 女眞과의 분쟁을 중심으로-

한 성 주*

1. 머리말

조선이 건국된 직후, 조선의 영토는 압록강과 두만강유역까지 완전하게 편입하고 있지는 못하였다. 동·서북면에 대한 행정 편입 조치로 조선의 영역이 확대됨에 따라 『태조실록』에 압록강과 두만강을 경계로 하였다는 기록이 있지만, 兩江지역 일대가 모두 조선의 영토로 완전하게 편입된 것은 세종대에 이루어진 4군 6진의 설치 이후라고 할 수 있다.

4군 6진의 설치는 당시 조선 북방에 있던 여진 세력의 변화에 따른 것이었다. 4군은 압록강의 지류인 파저강일대에 거주하던 이만주를 두 차례에 걸쳐 공격하고, 이에 대한 방어와 압록강 중·상류지역을 조선의 영토로 편입하기 위해 이루어진 것이다. 또한 6진은 건주좌위 동맹가첩목아의 패망 이후, 두만강유역이 다른 여진에게 점거되는 것을 방지하고, 祖宗舊地의 회복과 수호라는 차원에서 이루어졌다.

조선에서는 두만강유역에 대해 왕조의 발상지이자 '조종의 옛 땅'이

---
* 강원대학교 사학과 강사.

라는 조종구지 의식이 있었고, 이 지역에 거주하는 여진인들은 조선의 '藩籬(울타리)'라는 인식을 하고 있었다. 또한 고려시대 윤관의 여진 정벌과 9성 축조 이래 선춘령과 공험진 이남은 조선의 영역이라는 인식이 있었다. 따라서 이 지역에 6진을 설치하는 것은 여진의 땅을 빼앗는 것이 아니라 당연한 것이었다.

그렇지만 여진의 입장에서는 어떠하였을까? 여진인들의 입장에서 보면 4군과 6진 지역은 여진인들이 거주하던 지역이었다. 조선의 군과 진 설치뿐만 아니라 이후에 이루어진 徙民정책은 여진인들의 거주지역을 빼앗는 것이었다. 여진인들은 견고한 성 밖에 거주하는 '城底野人'으로 불렸지만 점차 그들의 지역을 빼앗기고 있었다.

결국 동맹가첩목아의 아들 동창과 이복동생 범찰은 조선이 붙잡아 번리로 두려는 여러 노력에도 불구하고 압록강유역의 이만주에게 합세하여 건주삼위의 시대를 열게 되었다.[1] 또한 중종대 폐사군지역에 대한 여진인 驅逐과정에서 여진인들은 자신의 거주하는 땅에서 쫓겨나는 것에 대해 반발하고 있었다.[2] 이러한 사례들은 4군 6진을 설치하고 관리하는 것에 있어 여진인들의 반발이 있었던 점을 말해주고 있다.

그렇지만 두만강과 압록강 이남지역이라는 점을 두고 볼 때, 조선의 4군 6진 설치는 조선 측에 당위성과 명분을 제공해 준 측면이 있다. 이것은 조선이 자신의 경계를 두만강과 압록강으로 하였다는 인식에서 연유한다. 즉 조선의 영토는 두만강과 압록강 이남이었다는 것이다. 그러나 다른 한편으로 조선의 영역은 두만강과 압록강 이북지역이라는 인식이 있어 왔다.[3] 특히 두만강유역에 대한 영역인식의 연원은 상당히 오래되

---

1) 한성주, 「조선전기 두만강유역 '女眞 藩籬·藩胡'의 형성과 성격」, 『한국사학보』 41, 2010 참고.
2) 김순남, 「조선 中宗代의 북방 野人 驅逐」, 『조선시대사학보』 54, 2010 참고.
3) 이에 대해서는 한성주가 두만강유역에서 '관할 조선'과 '영역 조선'이 나타나는 범위가 서로 다르며, 조선전기 두만강유역에는 서로 다른 두 개의 조선상이 나타난다고 주장하였다(한성주, 「조선전기 豆滿江流域에 나타나는 두 개의 '朝鮮'」,

었고 구체화된 것이었다. 그것은 공험진과 선춘령 이남은 조선의 영역이고, 두만강유역은 왕업이 일어난 조종구지이며, 두만강유역 내외의 여진인들은 조선의 번리라는 것이었다. 따라서 조선은 얼마든지 두만강 경계를 넘어 5진처럼 그곳에 진을 설치할 수 있는 것이었다.4)

그러나 두만강 밖 경계를 넘어 진을 설치하는 것은 그렇게 간단한 문제만은 아니었다. 본고에서 살펴볼 명종대 伊應巨島(仍巨島)의 子母鎭 설치가 바로 그러하다. 이응거도는 두만강 越邊지역으로, 두만강 이북 여진지역에 있던 곳이었다. 조선에서는 이곳에 石城까지 만들어 鎭을 설치하고 耕作을 시도했지만 2년 만에 철폐할 수밖에 없었는데, 바로 여진인들과의 분쟁 때문이었다.

伊應巨島의 子母鎭 설치에 대해서는 河內良弘이 명종대 西水羅사건을 설명하면서, "서수라사건은 조선국정부의 국초 이래 국시인 국권신장의 민족주의적 운동을 배경으로, 그 연장선상에서 필연적으로 일어난 사건"으로 평가하기도 하였다.5) 최근에는 鎭 설치를 주도한 경흥부사 金秀文에 대한 설명을 하면서 鎭 설치 및 서수라사건을 간략히 언급하기도 하였다.6)

『명청사연구』 37, 2012 참고).
4) 한명회의 다음과 같은 언급이 대표적이다. "우리나라 경계는, 先春嶺 이남으로부터 모두 우리의 옛 땅인데, 國家에서 너희들 무리가 돌아갈 곳이 없음을 가엾이 여겨 (우리) 百姓과 같이 보고 그 땅에 살게 하였는데도 너희가 스스로 마음을 고치지 아니하고 스스로 불안하게 만드니, 어찌 능히 우리 土地에서 의거하겠느냐? 마땅히 풀을 깎고 날짐승을 잡아 없애고 그 가운데에 마을을 개척하여 역시 五鎭과 같게 할 것이다."(『세조실록』 권25 7년 9월 임인).
5) 그러나 河內良弘의 이러한 시각은 조선의 북진정책에 대한 단선론적 인식임에 틀림없고, 서수라보 사건을 이해하기 위해서는 이응거도의 자모진 설치 배경 및 두만강유역에 대한 조선의 영역인식 등을 함께 살펴볼 필요가 있다(河內良弘, 「中宗・明宗時代の朝鮮と女眞」, 『朝鮮學報』 82, 1977, 92쪽 및 『明代女眞史の硏究』, 同朋舍出版, 1992, 707쪽).
6) 국방부군사편찬연구소, 『한국 군사인물열전－조선편Ⅰ』, 2011, 107쪽.

따라서 여기서는 우선 이응거도의 위치와 자모진의 설치 배경을 살펴보고, 이에 대한 여진의 西水羅堡 침입 및 조선의 草串 征討, 그리고 그에 대한 여진의 造山堡 침입을 살펴보는 한편, 자모진 설치 좌절과 그에 대한 당대의 평가를 살펴보고자 한다. 이를 통해 16세기 조선의 두만강 이북 지역에 대한 鎭 설치 시도를 구체적으로 살펴보고, 여진과의 분쟁 과정으로 인해 이것이 좌절되는 양상을 고찰해 보고자 한다.

2. 伊應巨島의 위치와 子母鎭의 설치 배경

伊應巨島는 두만강 안에 있던 섬[島]이었다. 이응거도와 관련된 築城 기사에는 이응거도의 다른 표현으로 仍巨島라고 하고 있어, 이응거도 또는 잉거도라 불리었음을 알 수 있다.7) 그 위치는 6鎭 중 하나인 慶興鎭에서 두만강 건너편에 있던 섬이었다.8) 이응거도에 대해서는 '豆滿江越邊伊應巨島'라고 되어 있어 두만강 이북이라 생각되었고, 鎭 설치가 실패한 것과 관련한 결과론적이지만 변경을 넘은 곳이라 생각되었음을 알 수 있다.9) 또한 '彼地', '奪彼故居'라고 하고 있어 여진인들의 땅으로 인식되었다.10) 이곳은 여진인 중에서도 骨幹兀狄哈이 海鹽을 업으로 하고 있었는데, 海採의 이익 또한 매우 많았다.11)

이응거도는, 경흥진 북쪽으로 10리에 있는 多弄浦·波泰 2개의 烽燧에서 이응거도에 나타나는 적을 망보도록 되어 있었고,12) 북쪽으로 13

---

7) 『명종실록』 권12, 명종 6년 12월 을해; 권13, 명종 7년 5월 병오; 권16, 명종 9년 1월 병오.
8) 『명종실록』 권13, 명종 7년 5월 병오.
9) 위와 같음.
10) 『명종실록』 권13, 명종 7년 8월 병인; 10월 경술.
11) 『명종실록』 권13, 명종 7년 8월 병인; 10월 임술.
12) 『制勝方略』 卷之1, 列鎭防禦 慶興鎭. 『新增東國輿地勝覽』에는 多弄哈 봉수

리인 堀陷(多弄浦) 守護·15리인 浦項 수호·20리인 軍堡 수호에서 이응거도의 賊路에서 나타나는 적을 망보도록 하고 있는 것13)을 보아 경흥진에서 북쪽으로 10~20리 사이에 두만강을 사이로 접하고 있었음을 알 수 있다.

한편 경흥 주변에는 여러 개의 섬이 있었는데, 이들은 海島이거나 두만강 안에 있던 섬들이었다. 이들 섬의 명칭들은 赤島(경흥에서 남쪽 40리), 卵島(경흥에서 남쪽 70리 또는 서수라보에서 1息, 海島), 厚羅島(동해쪽으로 60리, 서수라보에서 북쪽 2식, 조산보에서 동쪽 2식·水路 1식), 伊應巨島(仍巨島), 不京島(동쪽 15리), 鹿屯島(沙次磨島, 동해쪽으로 55리), 楸島(북쪽 45리), 獐子島(동해쪽으로 50리), 檜島(동해쪽으로 50리), 麻田島(북쪽 40리) 등이었다.14) 따라서 이들 섬 중에서 이응거도(잉거도)가 경흥진과 가장 가까운 것을 알 수 있다.

그런데 이러한 섬들 가운데 유독 伊應巨島(仍巨島)의 이름에 '巨'자를 쓰고 있음을 주목할 필요가 있다. 조선시대의 고지도 중에는 경흥 바로 앞에 명칭이 나타나진 않지만 매우 큰 섬이 그려져 있는 것이 있다(〈지도 1〉 참고). 〈지도 1〉은 18세기에 그려진 「西北彼我兩界全圖」인데, 두만강이 양쪽으로 갈라지면서 큰 섬을 형성하였고, 섬 안에는 八池(八池水)가 있었음을 보여준다. 또 섬의 오른쪽에는 다음 〈사료 1〉에 나타나는 瑟海

는 경흥부의 북쪽 8리, 波泰 봉수는 북쪽 18리에 있는 것으로 되어 있다(『新增東國輿地勝覽』 권50, 咸鏡道 慶興都護府).
13) '守護'는 들판의 농민을 보호하는 제도로, 五更 初에 守護將이 군사를 이끌고 점검을 나가, 두만강변 일대를 순찰하고 守護廳에 이르러 갑옷을 벗지 않고 말에 안장을 갖춘 채, 멀리 망 보면서 적의 침입을 경계하다가, 해가 질 때에 들판의 농민들과 함께 鎭堡로 철수하는 것을 말한다(『制勝方略』 卷之2, 軍務二十九條). 따라서 여기서의 '수호'는 수호청이 있던 곳을 뜻한다.
14) 경흥부근에는 이 외의 섬들도 있었을 것으로 생각되지만, 기록 상 섬의 명칭과 거리가 나타나는 경우를 취합하였다(『세종실록』 地理志, 咸吉道 慶興都護府; 『新增東國輿地勝覽』 권50, 咸鏡道 慶興都護府; 『制勝方略』 卷之1, 列鎭防禦 慶興鎭).

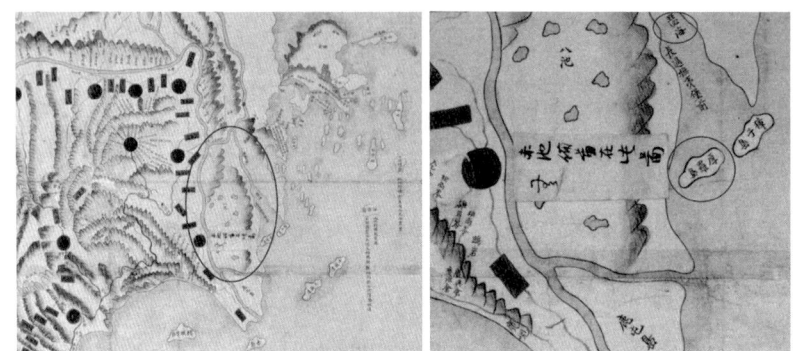

〈지도 1〉「西北彼我兩界全圖(18세기)」에 나타난 伊應巨島 추정 지역

및 厚羅島가 보이며, 밑에는 鹿屯島가 그려져 있다. 필자는 바로 이 섬이 당시의 이응거도(잉거도)가 아니었을까 추정해 보고자 한다.

한편 경흥에서 동쪽으로 가면 슬해가 나타나고, 서쪽으로 가면 팔지(팔지수)가 나타나는데, 두 길 사이에는 진흙창과 늪지대가 있어서 가까스로 통행할 수 있었지만, 이 지역을 지나면 경흥 부근으로 들어오는 길이 종횡으로 사방으로 뚫려 있었다.15) 또한 경흥진에 소속된 造山堡에 대한 설명 중 다음 부분은 이응거도 및 그 주변의 모습을 보다 상세히 파악하게 해 준다.

〈사료 1〉

① 이날 낮에 동성을 나서서 강가의 길을 따라가 慶興의 河陽坪에 도착하였다. 강물이 양쪽으로 갈라져 흐르면서 그 가운데가 하나의 섬으로 되어 있었다.16)

② 조산보 … 정동쪽으로 강 건너편은 큰 들이 아득하게 넓었으며, 깎아지른 듯한 큰 산 하나가 해안가에 서 있는데, 阿草串이라고 불렀다. 그 동북쪽에는 瑟海가 있는데, 물이 곧바로 慶興府 북쪽 伊應

---

15) 『制勝方略』 卷之1, 列鎭防禦 慶興鎭.
16) 『鶴峯逸稿』 권3, 北征日錄 경진(1580, 선조 13) 1월 11일 신해.

巨島로 흘러 들어간다. 슬해의 동북쪽에는 草串山이 있는데, 바로 신해년(1551, 명종 6)에 들어가서 오랑캐를 정벌하던 곳이다. 아초곶의 동쪽에는 섬이 있는데, 이름을 厚羅島라고 하며, 후라도의 동북쪽에 있는 섬은 虎羅山이라고 부른다. 이곳들은 모두 호인들이 들어가서 사는 곳이다.17)

위의 〈사료 1〉의 ①을 보면, 두만강이 양쪽으로 갈라져 흐르면서 그 가운데 하나의 섬이 형성되어 있음을 알 수 있다. 또한 ②의 내용은, 경흥의 조산보 정동 쪽 강 건너편에 큰 들이 매우 넓고, 해안가의 아초곶 동북쪽에는 슬해가 있으며, 강물이 경흥부 북쪽 이응거도로 흘러간다는 것이다. 그리고 아초곶 동쪽의 섬은 후라도라고 한다는 것이다. 결국 〈사료 1〉의 이응거도 및 그 주변의 모습에 대한 기록은 〈지도 1〉에 보이는 두만강이 두 갈래로 갈라지면서 큰 섬을 형성한 모습과 동북쪽에 슬해, 동쪽에 후라도를 위치시킨 것과 일치한다.

두만강이 두 갈래로 나뉘면서 큰 섬을 형성한 것은 아래의 〈지도 2〉에서도 확인할 수 있다. 〈지도 2〉의 좌측 지도는 「遼薊關防地圖(1706)」로 두만강이 두 갈래로 갈라지면서 경흥 앞에 큰 섬이 있었고, 그 섬 안에 팔지가 있었음을 보여 준다. 그런데 우측 지도인 「大東輿地圖(1861)」를 보면 팔지 지역은 육지가 되었음을 알 수 있다(왼쪽 원이 八池 지역). 그렇지만 오른쪽에는 그대로 슬해라는 지명이 나타나고 있다(오른쪽 원이 瑟海).

따라서 〈지도 2〉의 두 지도를 비교해보면 팔지 지역으로 추정되는 이응거도는 18세기 초까지 큰 섬으로 되어 있다가 지금의 녹둔도처럼 북쪽으로 連陸되었음을 알 수 있다.18)

---

17) 『鶴峯逸稿』 권3, 北征日錄 경진(1580, 선조 13) 1월 16일 병진.
18) 두만강유역의 섬들이 육지와 連陸된 이유는 정확히 알 수 없지만, 인구의 증가와 농지 개간이 계속되었기 때문으로 추측된다. 15~16세기 사이 두만강유역의

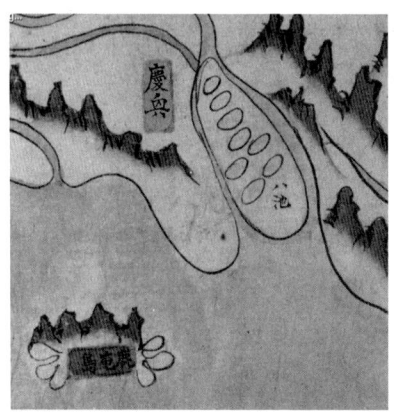 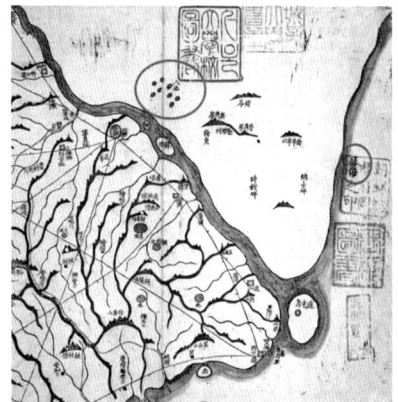

〈지도 2〉「遼薊關防地圖(1706년, 좌)」와 「大東輿地圖(1861년, 우)」

한편 이응거도에 자모진을 설치한 배경은 다음 〈사료 2〉를 통해 알 수 있다.

〈사료 2〉

① 삼공이 아뢰기를, "慶興 땅은 해마다 水災가 나서 계속 굶주림에 시달리고 있으므로, 신들이 다음과 같이 의논하였습니다. 豆滿江 건너편 伊應巨島에 경작할 만한 곳이 있으니, 사신을 보내 賊人이 출몰하는 요로에 鎭을 설치하는 것의 편부를 살펴 子母鎭을 설치한다면 경흥 사람들이 영원히 이로움을 얻을 것은 물론, 防禦도 허술할 걱정이 없게 될 것입니다."하니, 아뢴 대로 하라고 답하였다.19)

여진인 부락 수는 5배, 가구 수는 10배 이상의 비약적 발전을 하고 있고, 16세기 말 여진의 농경 수준은 집약농경 단계로 이행하고 있었다(한성주, 앞의 논문, 2010, 180~183쪽). 이후 조선인들의 이주와 개간에 따른 토사의 유입으로 섬들의 연육이 빠르게 진행되었을 것이다.

19) 子母鎭 명칭은 여기에 처음 보이며, 이후 나타나지 않는다(『명종실록』 권13, 명종 7년 5월 병오).

② 강물이 불어나면 큰 들판에 널리 퍼져서 전답과 벼가 다 잠기곤 하는 탓에, 府의 백성들이 해마다 수재를 당하여, 버려진 고을이 될 지경이라 몹시 염려스러웠다. 甲寅年(1554, 명종 9) 무렵에 金秀文이 府使가 되어서 伊應巨島에 진을 설치하고, 백성들에게 변경을 넘어서 胡人지역에 가 농사를 짓도록 하였다.20)

③ 慶興 땅은 우리의 선대 王室이 나라를 일으킨 터전인데, 자주 水害를 만나서 우리 백성들이 옛날에 경작해 먹고 살던 江陽陵坪은 모두 없어지고, 主將이 새로 개간하고자 하는 밭은 伊應巨島에 붙어 있다.21)

〈사료 2〉의 ①, ②, ③을 종합해 보면, 경흥은 강물이 불어나면 전답과 벼가 다 잠기게 되었고, 해마다 水災를 당하면서 백성들이 계속 굶주림에 시달리던 상황이었던 것이다. 더구나 경작하던 큰 들판이 잠기거나 江陽陵坪이 모두 없어지기도 하였다. 경흥의 수재는 명종대뿐만 아니라 그 이전부터 계속 문제가 되고 있었다. 중종대인 1540년(중종 35)에는 항상 水災와 旱災로, 간혹 風災로 軍民이 거의 다 떠도는 실정이라 鎭을 포기하고 폐읍이 될 지경이었고,22) 1543년(중종 38)에도 풍재·수재가 심해 경흥이 모두 다 텅 비었으므로 徙民을 해야 할 정도였다.23) 명종대인 1550년(명종 5) 윤6월에는 큰 비가 내려 두만강이 넘쳐 경흥진 및 그 관할의 아오지·무이·조산보 등 강에 연접한 田地가 모두 침수되어 수확할 가망이 전혀 없을 뿐만 아니라 창고의 곡식도 침수될 정도로 수재가 심하여 野人이나 朝鮮人 모두 굶주림에 처해 있었다.24)

---

20) 『鶴峯逸稿』 권3, 北征日錄 경진(1580, 선조 13) 1월 11일 신해.
21) 『退溪先生文集』 卷之6, 敎咸鏡道巡邊使李浚慶書.
22) 『중종실록』 권93, 중종 35년 4월 병인.
23) 『중종실록』 권101, 중종 38년 10월 기축.
24) 『명종실록』 권10, 명종 5년 8월 계해.

따라서 두만강 건너편 이응거도에 경작할 만한 곳이 있었기 때문에 賊人이 출몰하는 요로에 자모진을 설치하여 경흥 사람들의 이로움을 얻는 것뿐만 아니라 방어하는데도 유리하게끔 하였던 것이다(〈사료 2〉의 ①). 결국 이응거도에 진을 설치하고, 백성들에게 변경을 넘어 胡人지역에 가 농사를 짓게 하였는데(〈사료 2〉의 ②), 새로 밭을 개간하려는 것이었고(〈사료 2〉의 ③), 그것은 경흥의 수재로 인해 경작할 땅을 얻기 위함이었다.

3. 子母鎭의 설치 시기 및 便不에 대한 논란

자모진 설치를 주도한 것은 咸鏡北道兵使 金舜皐와 慶興府使였던 金秀文이었다(〈사료 3〉). 자모진의 설치 시기에 대해서 앞서의 〈사료 2〉의 ①은 1552년(명종 7) 5월이고, ②는 1554년(명종 9)이지만, 김수문은 이미 1551년(명종 6) 12월 이전에 이응거도에 城을 수축하였던 것으로 보인다. 이와 관련해서 아래 〈사료 3〉을 살펴보자.

〈사료 3〉
간원이 아뢰기를, "城池를 수축하고 기회를 살펴 적절히 대응하는 것은 邊將의 직책입니다. 그러나 城堡를 新設함에 이르러서는 범연히 관례대로 하는 일이 아니므로 반드시 조정에 품신하여 그 지시를 받아서 조처한 연후에야 조정은 經略의 권한이 있고 변장은 천단하는 과오가 없게 되는 것입니다. ㉠이제 慶興의 仍巨島에 축성함에 있어 변장이 조정의 조치를 기다리지 않고 임의로 쌓았는데, 이것이 비록 나라를 위하여 關防을 설치하고 백성을 위하여 이익을 도모하려는 계책에 의한 것이기는 하지만, 변장이 임의로 천단하는 조짐은 자라게 할 수 없습니다. 만약 일 만들기를 좋아하는 자가 변방의 임무로 위임받고서 조정의 계획을 기다리지 않고 임의로 오랑캐와의 일을 처리하게 된다면 뒷폐단이 끝이 없을 것입니다. 북도병사 金舜皐와 경흥부사 金秀文을 추고하게 하소서."하였다.[25]

〈사료 3〉은 1551년(명종 6) 12월의 記事인데, 간원이 북도병사 김순고와 경흥부사 김수문을 추고할 것을 주장하는 내용이다. 그 이유는 변장이 城堡를 新設하는 것은 반드시 조정에 품신하여 그 지시를 받아 조처해야 하는데, 경흥의 잉거도에 축성하면서 조정의 조치를 기다리지 않고 임의로 쌓은 것(〈사료 3〉의 ㉠)에 있었다. 그리고 잉거도의 축성은 石城이었으며,[26] 심지어 館舍까지도 완성되어 있었다.[27] 따라서 김수문의 자모진 설치는 1551년 12월 이전에 이미 이루어진 것으로 보아야 한다.

자모진의 크기는 알 수 없지만,[28] 석성으로 쌓았기 때문에 많은 노동력과 공력이 들었을 것을 짐작할 수 있다. 과연 두만강 이북 지역에 '鎭'을 설치하면서 변장이 조정에 보고하지 않고 임의로 이러한 석성을 설치할 수 있는 것이었을까? 자모진 설치에 대해서는 간원의 간쟁(〈사료 3〉)뿐만 아니라 그 편부에 대해서도 많은 논란이 있었는데, 李浚慶을 咸鏡道巡邊使로 임명하여 축성과 설진의 형세와 편부를 살피게 한 것을 볼 수 있다.[29] 그런데 이경준을 함경도순변사로 임명한 敎書에는 '처음에는

---

25) 『명종실록』 권12, 명종 6년 12월 을해.
26) 『退溪先生文集』 卷之6, 敎咸鏡道巡邊使李浚慶書.
27) 『명종실록』 권13, 명종 7년 8월 병인.
28) 경흥진은 4,225척이고, 경흥진에 소속된 서수라보는 1,270척, 조산보는 1,622척, 무이보는 3,900척, 아오지보는 3,379척(『制勝方略』 卷之1, 列鎭防禦 慶興鎭)이었기 때문에 자모진 역시 최소한 1,000척 이상이었을 것으로 생각된다.
29) 『명종실록』 권13, 명종 7년 6월 갑술. 『명종실록』에는 이때 조정에서 北道에 축성과 설진을 하려 했기 때문에 이준경을 순변사에 제수하여 형세의 편부를 살피게 한 것(至是, 朝廷以北道將築城、設鎭, 故以浚慶爲巡邊, 審其形勢便否)으로 나타나지만, 이응거도의 자모진은 이미 설치되어 있었던 것을 〈사료 3〉을 통해 알 수 있다.

木柵이나 우선 세워 보도록 허락했는데, 어느새 石城이 거의 완성되었다고 보고해 왔다'라고 되어 있다.30) 즉 김수문과 김순고는 경흥지역 수해의 대비책으로 두만강 이북 이응거도에 대한 경작과 방어시설의 필요성을 보고하였고, 조정에서는 우선 목책을 세워보도록 허락을 하였던 것을 알 수 있다. 그렇지만 당시 조정의 허락은 많은 논의를 거쳐서 된 것은 아니었고, 임시적인 목책에 대해서였기 때문에 석성을 쌓고 관사까지 지은 것이 보고되면서 '鎭' 설치에 대한 논란을 촉발시켰던 것이다. 앞서의 〈사료 3〉은 이러한 상황에서 나타난 것으로 보아야 한다. 한편 '진' 설치에 대한 便不 논란은 다음 〈사료 4〉에 잘 나타나 있다.

〈사료 4〉

당초 진을 설치하는 일에 대해 시비가 각각 달라서 옳다고 하는 자는 ㉠ '경흥 땅은 水沒이 되어 경작할 만한 전답이 없는데 이 섬의 전답에서는 풍부한 이익을 취할 수 있다. 비록 저들 땅이라 하지만 진을 설치하여 그들의 침입을 막고 군대를 주둔시켜 요새를 지키면 끝내 다른 걱정이 없다. 경작할 만한 땅을 버려둔 채 한 고을의 백성을 굶주리게 하는 것은 땅을 개척하여 나라를 부하게 하는 방책이 아니다.'하였고, 그르다고 하는 자는 ㉡ '우리 국경은 두만강이 한계이고 조종조부터 경흥을 경계로 하였으니 이러한 天險은 인력으로 옮기기 어렵다. 조종조에서 버린 것은 깊은 뜻이 있는 것이며, 더군다나 傍海의 骨幹은 海鹽을 업으로 삼고 있고 深處野人은 이를 파는 것에 의존하고 있는데, 하루아침에 골간을 내몰아 쫓아서 생활하는 길을 끊는다면 그들은 분함을 품고 반드시 땅을 다투게 될 것이다. 더군다나 심처 야인 역시 魚鹽에 의한 이익을 잃는데 어찌 한마음으로 힘을 합쳐 결사적으로 대항하지 않겠는가? … 한 고을을 위하여 오랑캐 땅을 취하려 하면 변방의 분쟁[釁端]이 조석간에 생길

---

30) "始許木柵之姑試, 遽報石城之粗完(『退溪先生文集』 卷之6, 敎咸鏡道巡邊使李浚慶書)"

것이다.'하였습니다. 그러나 잘못이라고 한 자의 의논이 끝내 옳다고 한 자의 의논을 이기기 못하였습니다. 金舜皐와 金秀文은 조정에 품하여 命을 받지 않고 마음대로 築城하고 심지어 館舍까지도 다 지었으므로, 南宮淑이 그 일을 보고 불가함을 진술한 것이 10여 條에 이르렀으나 논하는 자들이 옳다고 하지 않았습니다.31)

鎭을 설치하는 것에 대해 옳다고 하는 주장은 ㉠으로, 앞서의 진 설치 배경과 같다. 즉 진 설치에 대한 타당성은 첫째, 경흥지역이 수몰되어 경작할 전답이 없는데, 이응거도의 전답에서 풍부한 이익을 취할 수 있다는 것이다. 둘째, 비록 여진의 땅이지만 진을 설치하고 군대를 주둔시켜 여진의 침입을 막아 지키면 된다는 주장이다. 결국 이응거도에 대한 자모진 설치는 경작할 만한 땅이 있으므로 개척하여 나라를 부유하게 하는 방책이라는 것이다.

이에 반해 진 설치의 부당성은 ㉡으로, 첫째, 조선의 국경은 두만강이 한계이고 경흥이 경계인데, 이러한 天險은 인력으로 옮기기 어렵다는 것이다. 즉 자연지리적으로 형성된 국경과 경계를 인위적으로 변경하는 것의 어려움을 말하고 있는 것이다. 둘째, 여진과의 분쟁이 발생할 수 있다는 것이다. 경흥지역은 여진 부족 중 骨幹兀狄哈이 거주하였는데,32) 바닷가의 골간올적합은 海鹽을 업으로 삼아 深處野人에게 이것을 파는 것으로 생활을 의존하고 있었다고 되어 있다. 그런데 이들을 내쫓아 생활을 곤란하게 하면 반드시 땅을 다투게 되고, 심처야인 또한 魚鹽의 이익 때

---

31) 『명종실록』 권13, 명종 7년 8월 병인.
32) 骨幹兀狄哈은 綵芬河에서 豆滿江 어귀에 이르는 넓은 동해안 연안 일대에 거주하였는데, 바다가 그들의 생활 근거지였고, 다른 여진인들과 달리 漁撈生活을 영위하였으며, 이것이 골간올적합의 큰 특징이었다(김구진, 「骨看 兀狄哈 女眞 硏究」, 『사총』 20, 1976, 184쪽). 조선에서는 골간의 이러한 특징 때문에 '水兀狄哈'이라 부르기도 했으며, 이들은 태조대부터 조선에 入朝한 이래 대체로 조선과 우호적인 관계를 맺고 있던 경흥지역의 '藩籬'였다.

문에 힘을 합쳐 결사적으로 대항할 것이라는 주장이다. 결국 경흥지역을 위해 여진의 땅을 빼앗으면 변방의 釁端이 생길 수밖에 없다는 것이다.

한편 이응거도의 진 설치 문제에 대해서는 南宮淑이 그 부당성을 10여 條에 걸쳐 진술하기 까지 하였으나,33) 결국에는 진 설치가 부당하다고 하는 의논이 타당하다는 의논을 이기지 못하였던 것으로 되어 있다. 그리고 명종 역시 간원이 김순고 등을 탄핵하자 '아뢴 뜻은 합당하지만, 나라를 위해 한 일을 잘못이라고 할 수 없다.'라고 하면서, 여러 차례 윤허하지 않았다.34) 이후 三公이 자모진 설치를 아뢰고, 명종이 이를 허락하였고(앞의 〈사료 2〉 ①), 李浚慶을 北道巡邊使로 임명하여 築城의 형세와 鎭을 설치하는 편부를 다시 살펴보게 하였다.35) 당시 이경준에게 내린 敎書를 보면 다음과 같은데, 앞서의 내용들을 확인할 수 있다.

〈사료 5〉
… 요새를 구축하여 나라를 지키는 것은 방위의 규모를 튼튼하게 하려 해서이다. … 그곳에 城을 쌓는 것을 어떤 이는 위태한 방법으로써 경솔한 행동이라고 염려하지만, 옛 城堡를 방비하는 것은 모두가 해 볼 만한 좋은 계책이라고 말한다. 이리하여 是非가 결정되지 않아서 시설하는 데 어려움이 있으니, 변방의 형편을 살펴서 길이 남을 위대한 업적을 세우는 것을 어찌 조금이라도 늦출 수 있겠는가. … 이 慶興 땅은 우리의 선대 王室이 나라를 일으킨 터전인데, ㉠ 자주 水害를 만나서 우리 백성들이 옛날에 경작해 먹고 살던 江陽陵坪은 모두 없어지고, 主將이 새로 개간하고자 하는 밭은 伊應巨島에 붙어 있다. 처음에는 木柵이나 우선 세워 보도록 허락했는데, 어느새 石城이 거의 완성되었다고 보고해 왔다. ㉡

---

33) 이응거도의 진 설치의 부당성을 지적한 南宮淑의 10여 條는 자세히 전하진 않고 있다.
34) 『명종실록』 권12, 명종 6년 12월 을해.
35) 『명종실록』 권13, 명종 7년 6월 갑술.

백성들의 이익으로 보면 야산처럼 크겠지만 변방 분쟁[釁端]의 실마리가 매우 커질까 두렵다. 또 白山 되놈들은 함부로 고기를 잡고 사냥을 하며, 黃洞城은 오랫동안 황폐하여 황무지가 되었다. 어찌 외따로 떨어져 있는 甫老와 寶化 두 城堡를 연결하여 다시금 천연의 요해지에 萬戶를 두어 수비하는 곳으로 재건하지 않겠는가. ㉢ 이는 모두 변방에 있는 장수들의 계획으로 누차 조정의 신하들과 함께 의논한 것이다. … 경은 可否를 깊이 검토하여 널리 물어서 取捨하고 利害를 참작하여 조처하라. …36)

〈사료 5〉를 보면, 경흥이 자주 수해를 만나 경작하던 땅이 없어져서 邊將이 이웅거도를 새로 개간하려 하였음을 확인시켜 준다. 또한 방어시설의 설치를 허락받았지만, 이미 石城이 거의 완성되었다는 앞에서 살펴본 내용을 뒷받침하고 있다. 그리고 이에 대한 是非가 있어 시설하는데 어려움이 있었지만 형편을 살펴 늦출 수 없다고 하고 있다(이상 〈사료 5〉의 ㉠). 그러면서도 역시 백성들의 이익은 크겠지만 변방의 분쟁[釁端]이 생길 것을 염려하고 있다(〈사료 5〉의 ㉡). 이러한 여진과의 분쟁에 대한 염려는 앞서의 〈사료 4〉의 ㉡의 내용을 받아들인 것으로, 진을 설치하면서 여진과의 분쟁의 소지가 있다는 것을 인지하고 있었음을 보여준다. 그렇지만 진 설치는 모두 변방에 있는 장수들의 계획, 즉 북도병사 김순고와 경흥부사 김수문 등의 계획으로 여러 차례 조정의 신하들과 함께 의논한 것임을 밝히고 있다(〈사료 5〉의 ㉢).

따라서 이웅거도의 자모진 설치는 경흥의 수재로 인한 새로운 경작지를 개척하는 것에서 실시되었는데, 북도병사 김순고와 경흥부사 김수문이 주도하여 여러 의논을 거쳐 명종의 재가를 받은 후에 실시되었음을 알 수 있다. 그러나 진의 설치에 대한 논의에서 이미 여진인들의 반발과 분쟁이 발생할 우려가 있음이 지적되고 있었고, 이러한 우려는 여진인들

---

36) 『退溪先生文集』 卷之6, 教咸鏡道巡邊使李浚慶書.

의 西水羅堡 침입으로 현실화되었다.

4. 여진의 西水羅堡 침입과 조선의 草串 征討

이준경을 북도순변사로 임명하여 이응거도 자모진의 축성 형세와 진 설치 편부를 살펴보게 한 지 얼마 되지 않아[37] 여진인들의 西水羅堡[38] 침입이 있었다. 즉 함경도병사 金舜皐가 賊胡가 慶興 땅 西水羅에 돌입하여 사람과 가축 40여를 살략한 것을 보고하고, 이에 대해 경흥부사 金秀文이 이미 추격한 것을 치계한 것이다.[39] 그러나 여진의 침입으로 인한 서수라보의 피해는 이것보다 더 심각했다. '海口를 지나 300여 명이 者皮船을 타고 와서 100여 일 동안이나 약탈하다가 갔다.'[40]거나 '서수라에선 포로로 잡힌 우리 백성이 150명이나 된다.'[41]는 기록도 있다. 또한 '골간 수적이 자피선 3백여 척을 타고 갑자기 침입했다'[42]는 기록도

---

[37] 李浚慶은 1552년 6월 갑술일(23일)에 北道巡邊使를 사직하려는 것을 明宗이 만류하는 것을 보아 6월 중순에 이미 북도순변사로 임명되었음을 알 수 있다(『명종실록』 권13, 명종 7년 6월 갑술). 그리고 7월 을미일(15일)에는 이준경이 李戡을 從事官으로 삼은 것을 볼 때 그가 함경도로 떠난 것은 7월 중순 이후임을 알 수 있다(『명종실록』 권13권, 명종 7년 7월 을미).

[38] 西水羅堡는 경흥진과의 거리가 60리, 바로 옆 造山堡와의 거리는 35리였으며, 성의 둘레는 1,270척, 토병 24명, 남쪽에서 부방하는 군사 18명이었다(『制勝方略』 卷之1, 列鎭防禦 西水羅堡). 서수라보는 경흥진 남쪽 海口로(『세종실록』 권90, 세종 22년 7월 기사) 두만강과 동해가 만나는 지점이었다. 18세기에 만들어진 『輿地圖書』에는 돌로 성을 쌓았는데 둘레가 1,875척, 높이가 8척이고, 토병이 지키며, 權管 1명을 둔다고 되어 있다(『輿地圖書』 咸慶道 咸鏡北道慶興都護府邑誌 鎭堡).

[39] 『명종실록』 권13, 명종 7년 7월 정미.

[40] 『鶴峯逸稿』 권3, 北征日錄 경진(1580, 선조 13) 1월 17일 정사.

[41] 『명종실록』 권15, 명종 8년 12월 신사.

[42] 『北關邑誌』 4册(同治 10年, 1871年), 慶興府邑誌尾附事例, 雜記(한국학문헌연구소편, 『咸鏡道邑誌』 1册, 아세아문화사, 1992). 『북관읍지』에는 서수라보

있지만 가장 구체적인 기록은 다음과 같다.

〈사료 6〉

지난 壬子年(1552년, 명종 7) 7월경에 骨看의 水賊이 者皮船 2백여 척을 타고서, 생각지도 않게 西水羅堡의 土城을 갑자기 침입하여, 木柵 안에 있던 軍民과 閑人・雜人 아울러 80여 명의 손을 묶어서 사로잡아 갔는데, 城에서 떨어져서 죽은 자가 4명이었고, 화살에 맞아서 죽은 자가 1명이었다. 말 13필과 소 14마리를 아울러 사로잡아서 갔는데, 소와 말은 中路에서 도살하여 고기만을 싣고서 가버렸다. 옛날부터 사로잡혀 간 사람이 이때만큼 피해가 큰 적이 없었다. 그중에서 送還된 사람이 2명이었고, 도망하여 돌아온 자가 2명이었다. 그때에 慶興府使 金秀文이 賊變을 미리 알았는데, 보고를 들은 즉시 말을 달려가서 먼저 자피선을 파괴하였다면, 적들을 남김없이 섬멸할 수가 있었을 것이다. 그러나 그는 伊應巨島에서 적변이 일어날까 의심하여, 이응거도로 말을 달려서 갔다가, 비로소 서수라보의 적변을 듣고서 말을 달려가서 구원하였으나, 적들이 이미 배를 타고서 가버린 다음이었다. 이것을 後世 사람들이 한스럽게 여기고 있다.[43]

〈사료 6〉을 보면, 서수라보를 침입한 여진인들은 骨看(骨幹)兀狄哈의 水賊으로 者皮船 2백여 척을 타고 침입한 것을 알 수 있다. 자피선은 가죽으로 만든 소형의 배로, 1~2인 밖에는 타지 못했으므로,[44] 침입 인원은 2백~4백으로 추정된다. 목책 안에 있던 軍民・閑人・雜人 등 80여 명이 사로잡혀 갔고, 5명이 죽었으며, 말 13마리와 소 14마리가 약탈당

    침입이 嘉靖 戊子(明 世宗 7年)로 쓰여 있지만 이것은 壬子(조선 명종 7년)를 잘못 기록한 것이다. 그리고 『制勝方略』의 내용(〈사료 6〉)이 축약되어 있다.
43) 『制勝方略』 卷之1, 列鎭防禦 西水羅堡 故事.
44) 세종대왕기념사업회, 『국역 제승방략』, 1999, 9쪽 각주 2번 참고.

했는데, 사로잡혀 간 사람이 이때만큼 피해가 큰 적이 없었다고 기록하고 있다.45)

그런데 이때 경흥부사 김수문은 적변을 미리 탐지하였음에도 불구하고 伊應巨島에서 적변이 일어날까 의심해서 이응거도로 먼저 갔다가 서수라보의 적변을 듣고 달려갔지만 적들이 이미 배를 타고 가버렸다고 되어 있다. 즉 김수문은 새로 설치한 이응거도의 자모진에 대한 방어에 치중하였고, 이 때문에 서수라의 적변을 막지 못한 것이다.

한편 이응거도의 자모진 설치에 대한 논의에서 이미 여진인들의 반발과 분쟁이 발생할 우려가 있음이 지적되었는데, 마침 여진인들이 서수라에 침입하자 그 즉시 명종과 대신들은 鎭 설치가 여진과의 혼단을 열었다고 언급하게 되었다.

〈사료 7〉

① … 金秀文은 연소한 사람으로 멀리 생각하지 못하고 오랑캐와 원한을 맺어 변경에 사단이 생기게 하였으니, 잡아다 推鞫해야 마땅하다. … (明宗)", "… 우리나라 인물이 많이 살상되고 노략질을 당하였으니 변장을 잡아다 추국하는 것이 마땅합니다. 다만 이번 일은 우리나라가 伊應巨島에 鎭을 설치하고 경작하는 일에 대해 저들이 꺼려한 나머지 일으켰을 것입니다. …(三公)"46)

② 순변사 李浚慶에게 전교하였다. "북방의 큰일을 오로지 경에게 위임한다. 김수문은 연소한 사람으로 선처하지 못하여 胡地에다 진을 설치함으로써 혼단을 열어 귀순한 野人들로 하여금 모조리 離叛하게 하였는가 하면, 심지어 우리 백성을 살상하게 하였으니 매

---

45) 이것은 두만강유역의 5鎭이 점차 안정화되고 5진 주변의 여진인들이 조선의 藩籬 또는 藩胡로 구축되면서 여진인들과 이렇다 할 큰 문제가 발생하지 않았던 것에서 기인한다고 할 수 있다.
46) 『명종실록』 권13, 명종 7년 7월 정미.

우 놀라운 일이다. 경은 모름지기 詢問하여 오라.47)

〈사료 7〉을 보면, 골간올적합의 서수라보 침입으로 불과 수일 사이에 명종과 삼공 등의 의논이 바뀐 것을 알 수 있다. 심지어 김수문을 잡아다 추국해야 한다고 하고 있고, 서수라보의 일은 이응거도에 진을 설치하고 경작한 일에서 비롯되었다고 하고 있다(〈사료 7〉의 ①). 또한 김수문이 胡地, 즉 여진의 땅에 진을 설치하면서 여진과의 흔단을 열었고, 귀순한 여진인들로 하여금 모두 離叛하게 하여, 우리 백성들이 살상당하였다고 하고 있다(〈사료 7〉의 ②). 그리고 서수라보 침입으로 순변사 이경준의 역할이 바뀐 것을 알 수 있다. 이경준을 북도순변사로 임명한 것은 이응거도 자모진의 축성 형세와 진 설치 편부를 살펴보게 하려는 것이었는데, 이제 서수라보 사건에 대한 詢問으로 그 역할이 바뀐 것이다(〈사료 7〉의 ②).

이경준은 임무를 마치고 그해 10월 復命하였는데, 그가 아뢴 내용 중에는 이응거도의 진 설치에 대한 여진인들이 반발이 잘 나타나 있다.

〈사료 8〉

… ㉠ 內地에 살던 胡人중에 건너편으로 옮겨와 산 자가 혹 50여 가구라고도 하고 혹 15~16 가구라고도 하는데, 仇信浦에 사는 호인 6~7가구와 鵝鶻巖에 사는 호인 15~16가구가 일시에 내쫓겨 妻子가 서로 붙들고 통곡하면서 떠났다고 합니다. 이로 본다면 분을 내어 변을 일으킨 것은 반드시 그 일 때문이라고 생각됩니다. … '深處胡人 骨幹酋長 一夫가 그때 ㉡ 「조선이 이미 豆滿江을 경계로 해놓고 무단히 胡地에다 진을 설치한 것은 무슨 까닭인지 모르겠다. 西水羅가 허술하다 하니 시험 삼아 人物을 노획해다가 요구해 보자.」했다.'하였는데 이튿날 과연 적변이

---

47) 『명종실록』 권13, 명종 7년 7월 경술.

있었습니다. 또 서수라에서 사로잡혔던 金加達이 와서 '골간 등이 「너희 나라가 이처럼 심하게 하지 않았다면 어찌 이런 변이 있겠는가?」하였다.' 하였으니, ⓒ 서수라의 변은 반드시 이응거도의 일 때문입니다. … '저 一夫가 「당초 사람들의 말을 곧이듣고 慶興府使와 兵使를 죽이려고 침구하였는데 이제 들으니 부사와 병사가 모두 죄를 입었다 하므로 나 역시 후회스럽다. 大國에서 만일 옛날처럼 잘 대해 준다면 내가 마땅히 인물을 쇄환하여 귀순하겠다.」했다.'합니다. …', 전교하기를, "아뢴 뜻을 자세히 보니, ㉣ 진을 설치한 일은 과연 잘못되었다. 비단 호인들과 원수를 맺었을 뿐만 아니라 우리나라 사람들이 많이 사로잡혀 갔으니, 金舜皐·金秀文을 죄주는 것은 애석할 것이 없다. 골간 등을 다시 와서 살게 하는 일은 조정에서 다시 의논하여 조처하라."하였다. ㉤ 그 후 조정의 의논은, 모두 新鎭을 버려야 편리하다 하였다. 그리고 골간 등이 다시 와서 사는 일에 대해서는 어떤 이는 군사를 일으켜 問罪해야 한다 하기도 하고, 어떤 이는 그들이 정성을 바쳐 服罪하기를 기다려 다시 와서 살게 해야 한다고 하였다.[48]

〈사료 8〉을 보면, 이응거도에 진을 설치하고 경작을 하면서 그곳에 거주하는 여진인들 50여 가구 또는 15~16가구를 쫓아내었는데, 이들은 쫓겨나면서 妻子가 서로 붙들고 통곡한 것으로 되어 있다(〈사료 8〉의 ㉠). 여진인들이 분을 내고 변을 일으킨 것은 이처럼 여진인들의 삶의 터전을 억지로 빼앗은 것에서 기인한다는 것이다. 또 심처호인 골간추장의 말처럼 胡地, 즉 여진의 땅에 진을 설치하였기 때문에 서수라를 시험 삼아 침입한 것이다(〈사료 8〉의 ㉡). 결국 여진인들의 반발과 서수라보 침입은 여진의 땅인 이응거도에 진을 설치하고 경작하면서 여진인들을 내쫓은 것에 기인한다는 것을 현지의 조사와 증언을 빌려 말하고 있다

---

48) 『명종실록』 권13, 명종 7년 10월 임술.

(〈사료 8〉의 ㉢). 이것은 헌부가 이미 김순고와 김수문을 탄핵하면서 '여진인들의 옛 거주지를 빼앗아 그들과 원망을 맺었고, 경흥 한 진이 텅 비게 된 것은 축성을 한 것에 비롯된 것'[49]이라고 한 것과 동일하다.

또한 〈사료 8〉의 ㉡을 통해 조선과 여진과의 경계에 대한 골간올적합의 인식을 알 수 있는데, 골간올적합은 조선이 이미 여진과 두만강을 경계로 하였다고 하고 있음이 주목된다. 이러한 인식은 조선의 두만강 이북지역에 대한 조선의 진 설치 시도와는 상반된 인식이라고 할 수 있다.[50]

이경준의 보고에 대해 명종은 이응거도에 진을 설치한 것이 잘못되었고, 여진인들과 원수를 맺었을 뿐만 아니라 조선인들이 많이 사로잡혀 갔다(〈사료 8〉의 ㉣)고 평가하게 되었다. 또한 그 후 조정의 의논은 모두 新鎭, 즉 이응거도의 자모진을 버리는 것이 편리하다고 하게 되었으며, 골간에 대해서는 군사를 일으켜 죄를 물어야 한다고 하거나, 정성을 바치고 服罪하기를 기다려 다시 살게 해야 한다는 의논의 일어났음을 알 수 있다(〈사료 8의 ㉤). 이러한 의논으로 결국 이응거도의 자모진은 포기되었으며, 조선의 두만강 이북에 대한 진 설치 시도는 좌절되었다.[51]

---

49) 『명종실록』 권13, 명종 7년 10월 경술.
50) 두만강을 경계로 하였다는 인식은 조선에서도 보이지만, 자세히 살펴보면 그것은 행정구역, 즉 조선의 관할지역에 해당하는 것이고, 조선의 영역에 대한 인식은 관할지역인 두만강을 넘어 구현되고 있었다. 관할지역과 영역지역이라고 인식한 것에는 차이가 있었다고 생각된다(이에 대해서는 한성주, 앞의 논문, 2012 참고).
51) 이응거도의 자모진이 언제 폐기되었는지는 정확하게 나타나진 않는다. 그러나 이때 폐기에 대한 모두의 의견이 일치하였기 때문에, 서수라보 사건 직후 철폐되었을 것이다. 『鶴峯逸稿』에는 金秀文이 이응거도에 진을 설치한 시기가 甲寅年(1554, 명종 9)으로 되어 있고, 설치한지 2년 만에 철폐한 것으로 나타난다 (『鶴峯逸稿』 권3, 北征日錄 경진[1580, 선조 13] 1월 11일 신해). 그러나 진은 이미 1551년(명종 6) 12월 이전에 완성되었고, 1552년(명종 7) 7월에는 골간올적합이 서수라보 침입을 하였으므로, 폐기는 그 직후일 것이다.

그러나 조선은 골간올적합에 대한 草串 征討를 단행하면서 이응거도의 자모진 설치에서 비롯된 여진과의 분쟁은 지속되었다.

明宗은 서수라 사건이 일어나자 이응거도의 자모진 설치가 잘못된 것이라고 하였고, 골간올적합이 다시 와서 살게 할 일을 조처하라고 하였지만(〈사료 8〉의 ㉣), 점차 '胡人들이 1백 년 동안 귀순했었는데 작은 혐원으로 우리 백성들을 그악스럽게 살략하였다'[52]는 인식을 가지게 되었다. 그리고 '허물을 뉘우치고 주모자들을 잡아와서 스스로 복종하여 정성을 바친다면 마땅히 옛 거처로 다시 와서 사는 일을 허락한다.'[53]는 것으로 골간올적합이 다시 와서 살게 하는 방법을 제시하기도 하였다. 그렇지만 골간올적합은 노략질한 人物을 돌려보내지도, 주모자를 잡아오지도 않아서 도무지 복죄하고 성의를 표하는 태도도 보이지 않으면서 전에 살던 곳으로 다시 돌아와 거주하고 있었다.[54]

마침내 서수라 사건 직후 새로이 咸鏡北道兵使로 임명된 李思曾은 草串에 돌아와 사는 胡人 17戶를 습격할 것을 청하게 되었다.[55] 草串은 『단종실록』에는 慶興鎭에서 동쪽으로 1日程 江外로, 골간올적합 20家, 壯丁이 42명이 있었던 것으로 되어있으며, 『제승방략』에는 造山堡에 있던 藩胡部落 중 하나로, 조산보에서 동쪽으로 거리가 2息, 酋長 豊陽阿 등 6戶가 거주하는 것으로 되어있다.[56] 西水羅堡는 경흥진 남쪽 海口로 두만강과 동해가 만나는 지점이기 때문에 초관이 서수라보와 가장 가까운 여진 번호부락이었다. 또한 '서수라보를 침입한 胡人은 반은 초관 사람이고 반은 他部 사람'[57]이라는 정보도 있어 초관부락이 征討의 대상

---

52) 『명종실록』 권13, 명종 7년 10월 병인.
53) 위와 같음.
54) 『명종실록』 권15, 명종 8년 12월 신사.
55) 위와 같음.
56) 『단종실록』 권13, 단종 3년 3월 기사; 『制勝方略』 卷之1, 列鎭防禦 造山堡 藩胡部落.
57) 『명종실록』 권16, 명종 9년 1월 을축.

이 되었던 것이다.

　조선에서 초관 정토를 단행한 배경은 앞서의 〈사료 8〉의 ⓜ과 관련이 있다. 즉 군사를 일으켜 골간의 죄를 물어야한다는 것에는 조선의 진 설치가 잘못이지만 여진의 침입 역시 조선을 욕되게 한 것이라는 인식이 있었다.58) 이러한 인식에는 경흥 주변을 비롯한 두만강유역에 거주하는 여진인들이 조선의 울타리인 藩胡(藩籬)라고 생각한 것에 기인한다. 조선에서는 여진 번호들이 조선의 백성과 다름없고 조선이 관할하고 있다고 생각하였다.59) 따라서 조선이 그 지역에 鎭을 설치했더라도 번호들이 조선을 침입한 것은 잘못이며, 조선은 國威가 손상된 것이나 다름없었다. 右議政 尹漑가 "서수라의 변을 일으켰던 胡族은 모두 우리 관할 안에 있어서 여느 백성과 다름이 없는데, 잉거도에 진을 설치한 것이 비록 변장의 실책이라 해도 그들이 어찌 감히 기회를 노려 흉포를 부릴 수 있단 말입니까?"60)라는 말은 이를 잘 대변해준다.

　조선의 국위 손상은 두만강유역에 있어 번호들의 통제에 지장을 초래할 수 있는 심각한 문제였다. 더구나 번호들이 서수라보 침입에 대해 아무런 변명이나 사죄가 없었던 것은 조선의 국위를 다시 손상시키는 것과 다름이 없었다. 이에 이사증의 초관 정토 요청에 대해서 골간올적합이 조선에 복죄하지 않은 것은 조선의 "國威를 경멸한 것이기 때문에 죄가 더욱 중한 것"으로 생각되었고, '불문에 부치고 놓아두는 것은 옳지 않

---

58) 『명종실록』 권14, 명종 8년 3월 경진(尹春年이 군사를 일으키는 것을 반대하면서 '군사를 일으켰다가 이기지 못한다면 이것은 모욕을 두 번 받는 것'이라 하였는데, 이것은 여진의 서수라보 침입으로 조선은 이미 모욕을 받았다고 인식하고 있었음을 알 수 있다);『명종실록』 권14, 명종 8년 윤3월 갑자(북도순변사였던 이준경 역시 서수라 사건은 '그 화가 비록 변장의 잘못에서 나온 것이지만 나라를 욕되게 한 것이 심하였다'고 하고 있다).
59) 서수라보 사건은 조선에서 이응거도에 진을 설치한 것이 원인이 되었을지라도 조선 중기 번호 반란의 시발점이 된다고 할 수 있다. 그리고 이때부터 번호들의 조선 침입 경험이 소위 '니탕개의 난'까지 이어졌을 것이다.
60) 『명종실록』 권16, 명종 9년 1월 병오.

다'는 의견이 일어나게 된 것이다.61) 또한 초관 정토의 방법으로는 "절도사로 하여금 비밀리에 정병을 선발하고 기습하되, 水陸으로 한꺼번에 나아갈 것", "귀순해 온 호인을 앞장세우고 빠른 속도로 달려가서 뜻하지 않고 있을 때 습격할 것", "우리의 군비와 군량이 풍족해지기를 기다렸다가 일거에 짓밟을 것" 등 구체적인 방법까지 의논되었다.62)

그러나 초관 정토에 대해서도 반대 의견이 없었던 것은 아니었다. 주요 반대 의견들을 살펴보면 다음 〈사료 9〉와 같다.

〈사료 9〉

① 좌의정 尙震 : 저 야인들은 몇 대에 걸쳐 뿌리 깊은 원한이 맺혀 있으니, 반드시 죽기를 각오하고 보복하여 들 것입니다. … 초관에서의 水陸의 거사를 또한 성급하게 시작한다면 후일 변방의 소요가 이로 말미암아 비롯될 것입니다. 이거도 크게 이로울 것이 없고 그냥 두어도 역시 손해될 것이 없으니, 우선 참고 다스리지 않는 방법으로 다스리자는 것이지 싸움을 잊자는 것이 아닙니다.63)

② 홍문관 부제학 鄭浚 : 백성을 수고롭게 하고 많은 사람을 움직여 다시 外夷와 원한을 맺고자 하십니까. … 전하의 걱정거리는 바로 조정에 있는데 도리어 먼 변방의 일에 종사하여 뒷날의 끝이 없을 釁端을 열려 하십니까. 설사 한 번 싸워 이겨서 백리의 국토를 넓힌다 해도 옳지 않은데 하물며 오랑캐의 허실을 알기 어려우니 어찌 北伐을 떠나는 군사들의 萬全을 기필할 수 있겠습니까. 만에

---

61) 『명종실록』 권15, 명종 8년 12월 신사. '골간이 邊將의 명령을 따르지 않고 罪魁를 잡아 바치거나 잡아간 포로를 刷還하는 일도 없이 아무 일 없었던 듯 초관으로 와서 사는 것은 그 오만함이 극에 다다른 것', '족속이 멀리 옮겨갔다가 갑자기 돌아온 것은 나라의 위엄을 두려워하지 않기 때문'이라는 언급들도 초관 정토에 대한 당위성을 주장하기 위한 것이었다(『명종실록』 권16, 명종 9년 1월 병오).
62) 『명종실록』 권15, 명종 8년 12월 신사; 권16, 명종 9년 1월 병오.
63) 『명종실록』 권16, 명종 9년 1월 병오.

하나 성공한다면 그 내리는 상은 변장들이 받겠지만 뒷날 환란이 생기면 그 害는 국가가 당해야 할 것인데, 한때의 요행스러운 공 때문에 뒷날의 禍根을 열려고 하니 변장들이 자신들을 위한 꾀를 계획한 데 있어서는 훌륭하다 하겠으나 나라 일에 있어서는 어떠 할지 모르겠습니다.[64]

〈사료 9〉의 ①을 보면, 좌의정 尙震은 야인들을 공격하면 반드시 죽기를 각오하고 보복할 것이고, 수륙으로 거사를 성급하게 시작한다면 후일 변방의 소요가 초관 정토에서 비롯될 것으로 예견하고 있다. 또한 초관에서 이겨도 크게 이로울 것이 없으며 그냥 두어도 손해될 것이 없다고 하였다. 상진은 이전에도 "지금은 恐懼修省할 때이지 군사를 일으킬 때가 아니며 우리가 먼저 道를 잃고 憤兵을 일으키면 저들에게 위엄을 보여줄 수 없고 後患만을 부르게 될 것"이라고 주장하기도 하였다.[65]

또한 〈사료 9〉의 ②를 보면, 홍문관 부제학 鄭浚은 이응거도의 자모진 설치에 더해 초관 정토는 다시 여진인들과 원한을 맺는 것이고 뒷날 변방의 끝이 없을 釁端을 열려

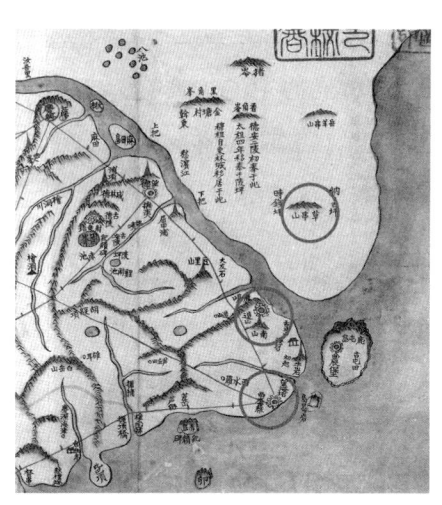

〈지도 3〉 金正浩의 「東輿圖(1861)」에는 草串山이라는 지명이 나타나는데, 바로 초관산 앞, 造山堡 건너편이 草串이었을 것이다. 조산보 밑에는 西水羅堡가 있다.

---

64) 위와 같음.
65) 『명종실록』 권14, 명종 8년 3월 경진.

한다고 비판하고 있다. 또한 오랑캐의 허실을 알기 어렵기 때문에 北伐을 떠나는 군사들의 萬全을 기필할 수 없다고 하고 있다. 그리고 초관 정토로 인해 환란이 발생하면 그 害는 국가가 당해야 하는 것이고 禍根을 여는 것임에도 功을 세우려고 정토를 주장한 변장들을 비판하면서 정토를 재고하도록 요청하였다. 특히 정준은 '남의 땅을 이롭게 여겨 치는 것을 貪兵이라 하고 조그만 일을 원한 삼아 다투는 것을 忿兵이라고 한다'고 하면서 '탐하는 것으로 시작해서 분노하는 것으로 끝내려 한다면 敗하지 않는 경우는 없다'라고 하는 등 이응거도의 진 설치부터 초관 정토 계획까지 잘못임을 비판하였다.[66]

尹春年 또한 이응거도에 진을 설치할 때 모두 불가하다고 하였지만 결국 진을 설치하여 골간의 침입을 받았는데, 다시 재상들이 問罪하는 군사를 일으켜야 한다는 잘못된 의논을 하고 있다고 비판하였다.[67] 이렇듯 초관 정토에 대한 "대신들의 의견이 각기 달라 혹은 북쪽을 치는 일이 위험하다며 치지 않으려 하기도 하고 혹은 國威가 위축되었으니 정토하는 것이 불가하다.'고 하는 사람이 있었으며, '조정 상하의 말이 분분하여 의논이 하나로 통일되지 않았다."[68] 그러나 명종과 조정 대신들의 의논은 대체로 초관을 정토해야 한다는 것으로 귀결되어 갔으며, "下諭한지 여러 날이 되어 중지시킬 수 없는 형세"가 되었다.[69]

마침내 초관을 목표로 한 정토군은 1554년(명종 9) 1월 3일에 두만강을 건너 4일에는 초관을 掩襲하였다.[70] 賊胡들이 해안가 낭떠러지 굴속

---

66) 『명종실록』 권16, 명종 9년 1월 병오.
67) 『명종실록』 권14, 명종 8년 3월 경진.
68) 『명종실록』 권16, 명종 9년 6월 을해.
69) 『명종실록』 권16, 명종 9년 1월 병오.
70) 『명종실록』 권16, 명종 9년 1월 무오(이하 이 記事를 참조). 초관 정토에 대해서는 강성문이 조선의 여진에 대한 '8차 정벌전'으로 규정하면서 대략적인 소개를 한 바 있는데, 승리의 요인으로는 적의 규모가 작았을 뿐만 아니라 기밀을 철두철미하게 유지하면서 기습섬멸전을 전개시킨 데 있었다고 평가하였다(강성문, 「朝

으로 달아나 숨고서 험준한 지세를 믿고 항복하지 않자, 굴 입구에 불을 놓아 연기와 불꽃이 굴속에 들어가게 하여 뛰쳐나오게 하였다. 여진인 59명을 참획하고 여자 4명과 어린아이 2명을 사로잡았으며, 時羅孫 등 3명은 도주하였다. 정토군의 피해는 3명이 화살에 맞아 전사하였고, 중상을 입은 사람은 없었다.

초관 정토는 성공적이어서 "변방 백성들의 분을 조금이나마 풀어주고 국위를 떨쳤으니 매우 훌륭한 일", "賊胡를 토벌하여 조금이나마 國恥를 설욕한 것"이라는 평가를 받기도 하였지만,[71] 그 직후부터 골간의 재침입과 그로 인한 변방의 혼단이 생기지 않을까 우려되었다.[72] 즉 초관 정토 후 호인들의 원한이 골수에 맺혀 갖가지로 보복하려고 계획하고 있다는 정황이 들려왔다.[73] 더구나 그해 5월에는 野人 羅時哈이 '骨幹의 賊胡 등이 阿之乃船 30척과 者皮船 1백여 척을 이달 8~9일간에 이미 呼羅島에 정박시켰으며, 또한 자피선 1천여 척과 馬兵이 同力하여 뒤따라와 이달 12~13일 사이에 호라도에 모이고 14~15일에서 20일 사이에 造山과 慶興 등처에서 作賊하자고 약정하였다'고 전하면서 위기감이 고조되었다.[74] 그리고 수일 후 나시합의 보고처럼 造山堡가 골간올적합에게 포위 공격당하면서 조선의 우려는 현실화되었다.

5. 여진의 조산보 침입과 '鎭' 설치에 대한 평가

조산보가 여진인들의 침입을 받은 것은 초관 정토 후 4개월이 지난

鮮시대 女眞征伐에 관한 연구」, 『군사』 18, 1989, 62~63쪽).
71) 『명종실록』 권16, 명종 9년 1월 무오; 2월 경진.
72) 『명종실록』 권16, 명종 9년 1월 무오; 을축; 5월 무오; 정묘.
73) 『명종실록』 권16, 명종 9년 5월 정묘.
74) 『명종실록』 권16, 명종 9년 5월 무오.

1554년(명종 9) 5월 22일이었다.[75] 여진의 조산보 침입은 앞서 초관의 정토시에 도망한 3명의 골간올적합 중 時羅孫이 원망하는 마음을 견디지 못하여 자기를 따르는 원근의 적호들을 유인하여 허술한 틈을 타 침범한 것으로 밝혀졌는데,[76] 결국 초관의 정토가 여진의 조산 침입 원인이었던 것이다. 당시 조산보에 賊胡들이 무수하게 갑자기 들이닥쳐서 城을 몇 겹으로 포위하였고, 밤새도록 싸웠다고 되어 있지만,[77] 다음 〈사료 9〉를 통해 여진인들의 조산보 침입 상황을 더욱 구체적으로 알 수 있다.

〈사료 9〉

5월 22일 寅時에 골간의 賊胡 등의 보병과 기병 4백~5백 명이 몰래 조산보의 성 밖에 와서 浦港에 둘러 심은 나무를 뽑아버리고 숨어서 엿보며 일부러 胡箭을 쏘고 사다리를 만들어 토성에 오르려 하였다. 이때 臺에서 망보던 군사들을 쳐서 혹은 때리고 혹은 활을 쏘아 사상자가 매우 많았다. 적의 기병과 보병은 성 밖을 에워싸고 서로 싸웠는데 巳時가 되어 將卒이 모두 피로하여 성이 거의 함락되게 되었을 때 적군 한 사람이 白馬를 타고 동서로 달리며 활을 가지고 지시를 하니 적병들이 進退를 모두 그의 명령에 따라 하였다. 그런데 助防將 崔漢貞이 片箭을 쏘아 맞추어 땅에 떨어뜨리니 이로 인해 퇴각하였는데 보병이 먼저 물러나 耆皮船을 타고 모두 건너간 뒤에 기병이 후군이 되어 말을 타고 강을 건넜으므로 쫓아가 잡지 못하였다. 너무 급하여 바로 烽火를 올리지 못하고

---

75) 『명종실록』 권16, 명종 9년 6월 갑술.
76) 『명종실록』 권17, 명종 9년 8월 정해. 時羅孫은 조산 침입시 '내가 조선에 죄를 지은 일이 없는데 나의 세 아내를 잡아갔고, 죽은 자는 그만이지만 아내 한 명은 살아 있다 하니 나에게 돌려준다면 원수를 맺거나 원망하지 않겠다'라고 소리 높여 크게 외친 것으로 되어 있다(『명종실록』 권17, 명종 9년 7월 계해).
77) 『制勝方略』에는 가을에 일어난 일로 되어 있지만 『명종실록』의 기록이 더 정확하다고 생각된다(『制勝方略』 卷之1, 列鎭防禦 造山堡 故事).

날이 어두워서야 연기로 서로 통하였다. 적호가 버리고 간 것은 방패 30
부, 사다리 30능, 호전 1천 46개였고 長木이 부지기수였다. 아군의 전사
자는 3명이고 나머지 軍官, 軍保 등 21명은 화살에 맞기는 하였으나 중
상에 이르지는 않았다.[78]

이를 통해 보면, 여진의 침입은 寅時(3시~5시)부터 巳時(9시~11시)
까지 이루어졌고, 보병과 기병 4~5백 명의 규모였음을 알 수 있다. 이들
은 우선 조산보의 성 밖 浦港에 둘러 심은 나무를 뽑았고 이후 토성을
오르려 하였으나 조선군의 저항으로 사상자가 많이 발생하였다. 여진인
들의 거센 공격으로 성이 거의 함락될 지경까지 이르렀지만 助防將 崔漢
貞이 편전으로 적의 수괴를 쏘아 맞추어 모두 퇴각했기 때문에 조산보가
무사할 수 있었다. 이때 조선군은 3명이 전사하고 21명이 화살을 맞는
부상을 입었는데, 이것을 보면 조산보의 모든 군사가 힘써 싸운 셈이
다.[79]

여진의 조산보 침입 소식은 조선을 놀라게 하였고, 북방의 일이 매우
위급한 것으로 인식되는데, "한번 기회를 놓치면 摩天嶺 이북을 모두 잃
게 될 것이고, 마천을 잃게 되면 鐵嶺 이북도 우리 것이 아니다."라고 언
급되기도 하였다.[80] 조선은 방어를 위해 助防將 崔豪를 파견하는 한편
무재 있고 활 잘 쏘는 자 20인을 택하여 別軍官을 삼아 내려 보내어 요
해처에 주둔하면서 수비하도록 하였고, 공을 세운 최한정은 그대로 조산

---

78) 『명종실록』 권16, 명종 9년 6월 갑술.
79) 造山堡는 경흥진과의 거리가 35리, 남쪽으로 西水羅堡와는 35리였으며, 성의
    둘레가 1,622척(1586년, 선조 19년에 새로 쌓음), 토병 48명, 남쪽에서 부방하
    는 군사 30명으로 되어있다(『制勝方略』卷之1, 列鎭防禦 造山堡). 18세기에
    만들어진 『輿地圖書』에는 돌로 성을 쌓았는데 둘레가 1,579척, 높이가 8척이고,
    예전의 鎭邊堡이고 水軍兵馬萬戶 1명을 둔다고 되어 있다(『輿地圖書』咸慶道
    咸鏡北道慶興都護府邑誌 鎭堡).
80) 『명종실록』 권16, 명종 9년 6월 갑술; 무인.

보의 萬戶를 겸하여 성을 지키게 하였다.[81] 또한 한편으로는 변방의 방비를 조처하게 하면서도 城底胡人들을 무휼하여 편안히 살게 하여 동요하지 않고 변방이 안정되도록 하고 있었다.[82]

한편 조산을 침입한 여진인들은 형세가 그리 왕성하지 않았고, 이후 조선이 변장을 죄주고 赴防軍을 내보내 방어를 완비하면서, 장차 問罪하는 군사를 보낼지도 모른다는 불안을 가지고 있었다.[83] 영경연사 尹漑는 이것을 이용 '先聲後實', 즉 용병하여 토벌할 것처럼 하여 두려움을 가지게 만들어 발호하는 마음을 거두고 조선에 귀순하도록 건의하였는데,[84] 실제로 이러한 방법은 효과를 거두었던 것으로 보인다. 골간올적합은 조산보를 포위했어도 함락하지 못해 큰 소득이 없었고, 조선과 원한을 맺게 되어 오히려 공격을 받을지도 모르는 상황이 되자, 정벌을 주도했던 시라손을 탓하게 되었던 것이다.[85] 결국 시라손은 조선에 항복하고 귀순하였고, 조선은 시라손을 처벌하기 보다는 용서하여 歸附하는 마음을 굳혀 은덕을 갚도록 하면서도 조선을 배반할 경우 토벌할 것을 반복해서 타이르도록 하였다.[86] 이로써 명종대 두만강 이북 이응거도의 자모진 설치에서 비롯된 여진의 서수라보 침입, 그에 대한 조선의 초관 정토와 여진의 조산보 재침입으로 이어진 여진과의 분쟁은 일단락되었다.[87]

이응거도의 자모진 설치부터 초관 정토까지 여진과의 분쟁 우려 때문에 반대 의견이 있었음은 앞에서 살펴보았다. 반대 의견에도 불구하고

---

81) 『명종실록』 권16, 명종 9년 6월 갑술.
82) 『명종실록』 권17, 명종 9년 7월 갑자.
83) 『명종실록』 권17, 명종 9년 8월 임오.
84) 위와 같음.
85) 『명종실록』 권17, 명종 9년 8월 임오; 정해.
86) 『명종실록』 권17, 명종 9년 10월 신묘; 권18, 명종 10년 4월 기묘.
87) 이후 조선에서는 西水羅堡에 權管을 두는 것이 가장 좋은 계책으로 여겨져서 (『명종실록』 권17, 명종 9년, 8월 정해), 마침내 石城을 쌓고 권관을 배치하게 되었다(『鶴峯逸稿』 권3, 北征日錄 경진[1580, 선조 13] 1월 17일 정사).

실행되어 마침내 여진과의 분쟁이 일어났기 때문에 그에 대한 부정적 평가가 당대 및 그 후에도 대부분이었다. 즉 '邊患이 생긴 것은 伊應巨島에 鎭을 설치한 것에서 비롯되어 草串의 賊胡를 섬멸한데서 형성되었다'[88]는 평가가 주를 이루었는데, 다음 〈사료 10〉을 통해 주요한 평가들을 살펴보자.

〈사료 10〉

① 史臣曰 : 仍巨島에 鎭을 설치한 것이 西水羅의 賊變을 부르게 된 것이다. 이번 草串의 일이라고 어찌 뒷날의 환란이 없겠는가. 몇 달이 못 가 또 造山의 포위가 있었으니 이쪽에서 이미 실수를 하면 저쪽에서 반드시 반격하는 것은 그 형세가 그러한 것이다.[89]

② 史臣曰 : 仍巨島에 鎭을 설치한 것은 이미 앞서 잘못한 것인데 草串의 斬伐은 뒤에 재차 잘못한 것이다. 군졸들은 飛輓하기에 고달프고 조정에서는 의논하기에 피로하니 이는 누가 그렇게 만든 것인가. 변경을 지키는 장수들의 공을 좋아하여 일을 만들어 내는 마음은 진실로 열어 놓아서는 안 되는 일이다.[90]

③ 말썽은 반드시 큰 데에서만 일어나는 것이 아니라 작더라도 禍가 맺히는 수가 있습니다. … 慶興府使가 백성의 식량이 모자라기 때문에 豆滿江을 건너 저들의 땅에 침입하여 빼앗았으므로, 伊應巨島에서 경작하는 호인이 원한을 갖고 厚羅島・棘城堡 등에서 도둑질하여 兵禍가 잇달아 있었으니, 이것도 경계해야 합니다.[91]

④ 녹둔도는 … 3월 초하루가 되면 섬에 들어가서 농사를 짓고 10월 초하루에는 조산으로 돌아오는데, 이를 入疊이라고 부른다. 해마

---

88) 『명종실록』 권17, 명종 9년 8월 정해.
89) 『명종실록』 권16, 명종 9년 1월 병오.
90) 『명종실록』 권16, 명종 9년 5월 무오.
91) 『선조실록』 권7, 선조 6년 2월 병진.

다 풍년이 들어 변경 군사들의 식량이 충분하였는데, 이응거도에 보를 설치하여 호인들과 틈이 생긴 뒤부터는 포로로 잡혀갈까 염려하여 지금까지 농사짓는 것을 금단한다고 한다.92)

⑤ 伊應巨島의 古城, 金舜皐가 이곳에 성을 쌓아 변방의 흔단을 크게 일으켰으므로 이를 인하여 철폐하였다.

긴 강은 예부터 하늘이 만든 垓字인데 / 괜히 미친 꾀를 써서 변경 개척하려 했네 / 수졸들은 까닭 없이 瑟海를 방비하고 / 藩胡는 무슨 죄로 朱川으로 몰아냈나 / 쌈 잇달아 화 불러옴 이때부터 시작됐고 / 나라 욕됨 백성 해침 몇 해나 되었도다 / 만리에 객이 와서 지난 일을 추억하니 / 버려진 성 거친 풀에 한을 씻기 어렵구나.93)

〈사료 10〉의 ①과 ②는 조산보에 여진이 침입한 직후의 기록으로 명종대 史臣들의 논평이다. ①은 이응거도에 진을 설치한 것이 서수라의 적변을 불러 일으켰고, 이에 대한 초관 정토가 다시 조산의 포위를 불러왔다는 것이다. ②는 이응거도에 진을 설치한 것은 잘못된 것인데, 다시 초관을 정토한 것은 재차 잘못된 것이라는 지적이다.

③은 선조대 柳希春의 언급으로, 경흥부사가 두만강을 건너 여진의 땅을 빼앗아, 이응거도에서 경작하는 여진인들이 원한을 가졌기 때문에 병화가 일어난 것을 지적하였다. 그러면서 이응거도의 진 설치로 말미암은 여진과의 분쟁은 작은 것에서 일어나 큰 禍가 된 사례로 평가되고 있다.

④와 ⑤는 金誠一이 함경도지역을 둘러보고 쓴 글인데, ④의 鹿屯島

---

92) 『鶴峯逸稿』 권3, 北征日錄 경진(1580, 선조 13) 1월 18일 무오.
93) 『鶴峯逸稿』 권1, 詩 '伊應巨島古城'. 長江自古天爲塹, 謾逞狂謀欲拓邊, 戍卒無端疆瑟海, 藩胡何罪斥朱川, 兵連禍結從玆日, 國辱民殘積數年, 萬里客來追往事, 廢城荒草恨難湔'.

와 관련된 것은 매우 흥미롭다. 김성일은 이 지역에서 보고 들은 견문을 바탕으로, 녹둔도에서 농사짓는 방법인 入疊이 금지된 것이 이응거도에 보를 설치하여 여진인들과 틈이 생긴 뒤부터라고 하고 있다. 조선은 초기부터 여진의 침입을 경계하면서도 녹둔도에서 경작을 실시하여 왔는데, 『조선왕조실록』에는 중종대까지만 녹둔도의 경작에 관한 기사가 나오고, 명종대에는 나오지 않는다. 그러다가 선조 20년이 되어서 鄭彦信이 녹둔도 개간을 발의한 것으로 나타나고,94) 『制勝方略』에도 '계미년(1583, 선조 16)에 生釁 以後, 감사 정언신이 경흥부사 元豪로 하여금 둔전을 설치하게 하였다'라고 되어 있다.95) 즉 『선조실록』과 『제승방략』은 정언신이 한동안 중지되었던 녹둔도의 농경을 다시 실시하게 한 사실이 있음을 공통적으로 말해주고 있고, 『제승방략』에서의 '生釁'은 바로 이응거도의 진 설치에서 비롯된 일련의 여진과의 분쟁이다. 왜냐하면 그 이후의 경흥을 중심으로 한 여진의 침입은 1587년(선조 20)의 녹둔도 침입이었기 때문이다. 이것을 보면 이응거도의 진 설치로부터 여진과의 분쟁으로 녹둔도의 농사마저 금지하였음을 알 수 있다.

⑤는 김성일의 '伊應巨島의 古城'이란 시로, 김순고가 이곳에 성을 쌓아 변방의 흔단을 크게 일으켰음을 지적하면서 다음과 같이 비판하고 있다. 즉 두만강은 옛날부터 하늘이 만든 垓字인데, 괜히 미친 꾀로 변경을 개척하려 해서 수졸들은 이유 없이 슬해까지 방어하고 번호들을 아무런 죄 없이 몰아내어서 싸움이 이어지는 화를 불러왔다는 내용이다.

---

94) 『선조실록』 권21, 선조 20년 10월 기미.
95) 『制勝方略』 卷之1, 列鎭防禦 鹿屯島 故事.

6. 맺음말

　조선 초기부터 북방의 경계를 두만강과 압록강으로 하였다는 인식이 있었던 반면 조선의 영역은 두만강과 압록강 이북이라는 인식이 있어 왔다. 즉 공험진과 선춘령 이남은 조선의 영역이고, 두만강유역은 왕업이 일어난 조정구지이며, 두만강유역 내외의 여진인들은 조선의 번리라는 것이었다. 따라서 조선은 얼마든지 두만강 경계를 넘어 5진처럼 진을 설치할 수 있다고 생각했다. 즉 본고에서 살펴보는 명종대 이응거도(잉거도)의 자모진 설치는 조선의 영역인식과 관련되어 실행된 사례라고 할 수 있다.

　이응거도는 두만강 越邊지역으로, 慶興鎭에서 북쪽으로 10~20리 떨어진 두만강 건너편에 있는 섬[島]이었고, 여진 중에서도 골간올적합이 거주하는 지역이었다. 조선에서 이응거도에 자모진을 설치한 이유는 경흥진 주변이 명종대 이전부터 잦은 수해를 입어 전답이 상실되고 백성들이 계속 굶주림에 시달리는 등 피해가 컸고, 이응거도에 경작할 만한 땅이 있어서였다. 즉 이응거도의 要路에 진을 설치하여 방어를 하면서, 섬을 개간하여 이익을 얻으려 하였던 것에 있었다.

　子母鎭의 설치 시기는 1551년(명종 6) 12월 이전으로, 함경북도병사 金舜皐와 경흥부사 金秀文이 주도하여 이루어졌다. 그렇지만 임시적인 목책에 대한 것이었음에도 불구하고 石城을 쌓고 館舍까지 지은 것이 보고되면서 '鎭' 설치의 便不에 대한 논란을 촉발시켰다. 鎭 설치를 반대한 사람들의 이유는 이응거도의 골간올적합을 내쫓으면 결국 땅을 다투게 되어 여진과의 분쟁[釁端]이 발생할 수밖에 없다는 것이었다.

　鎭 설치는 승인되었지만, 1552년(명종 7) 7월에 일어난 골간올적합의 西水羅堡 침입으로 조선인 80여 명이 사로잡혀 갔는데, 이응거도에 진을 설치한 것이 원인이었다. 여진의 침입 직후에는 자모진 설치가 잘못되었다는 의논이 일어나서 진이 폐기되기도 하였지만, 점차 藩胡들이 조선을

멸시한 것이며 조선의 국위가 손상된 것으로 평가되면서 草串 征討에 대한 의논이 일어났다. 이응거도의 자모진 설치가 잘못되었듯이 여진에 대한 보복 정벌 역시 잘못이라는 의견이 분분하였지만, 1554년(명종 9) 1월 초관 정토는 감행되어 여진인 59명을 참획하는 등의 성공을 거두었다.

그러나 초관 정토 후 4개월이 지난 1554년 5월 여진인들의 침입으로 造山堡가 함락 직전까지 가는 위기를 맞게 되었다. 여진의 조산보 침입은 조선의 초관 정토시에 도망하였던 골간올적합 詩羅孫이 원근의 여진인들을 유인하여 일으킨 것이었다. 조선에서는 다시 보복하기 보다는 '先聖後實', 즉 용병하여 토벌할 것처럼 하여 두려움을 가지게 해서 조선에 귀순하도록 하였는데, 조산보 침입의 주모자인 시라손이 조선에 항복하여 왔다. 이로써 이응거도의 자모진 설치에서 비롯된 여진의 서수라보 침입, 그에 대한 조선의 초관 정토와 여진의 조산보 재침입으로 이어진 여진과의 분쟁은 일단락되었다. 그러나 조선에서는 이러한 여진과의 분쟁의 영향으로 서수라보에 石城을 쌓고 權管을 배치하는 한편 녹둔도에서의 경작을 금지하게 되었다.

두만강 북쪽 여진의 거주지였던 이응거도에 대한 자모진 설치 및 초관 정토에 대한 반대 의견들은 여진과의 분쟁이 발생할지도 모른다는 것에 있었다. 분쟁을 우려한 반대 의견에도 불구하고 실행되어 결국 여진의 서수라보와 조산보 침입의 원인이 되면서 당대 및 그 후에도 상당한 부정적인 평가를 받게 되었던 것이다.

참고문헌

1. 사료

『세종실록』,『단종실록』,『세조실록』,『중종실록』,『명종실록』,『선조실록』,『新增東國輿地勝覽』,『輿地圖書』,『北關邑誌』,『咸鏡道邑誌』,『制勝方略』,『鶴峯逸稿』,『退溪先生文集』.

2. 단행본

국방부군사편찬연구소,『한국 군사인물열전 – 조선편Ⅰ』, 2011.
남의현,『明代遼東支配政策研究』, 강원대학교출판부, 2008.
세종대왕기념사업회,『국역 제승방략』, 1999.
河內良弘,『明代女眞史の研究』, 同朋舍出版, 1992.
한국학문헌연구소편,『咸鏡道邑誌』1冊, 아세아문화사, 1992.
한성주,『조선전기 수직여진인 연구』, 경인문화사, 2011.

3. 논문

강성문,「朝鮮시대 女眞征伐에 관한 연구」,『군사』18, 1989.
김구진,「骨看 兀狄哈 女眞 硏究」,『사총』20, 1976.
김순남,「조선 中宗代의 북방 野人 驅逐」,『조선시대사학보』54, 2010.
남의현,「明代 前期 遼東과 몽골·女眞의 動向」,『명청사연구』25, 2006.
박정민,「세조대의 여진관계와 정책 – 여진인 來朝를 중심으로 – 」,『한국사연구』151, 2010.
엄찬호,「고지도를 통해 본 한·중·일 경계인식의 변화」,『한일관계사연구』39, 2011.
유재춘,「중·근세 韓·中間 국경완충지대의 형성과 경계 인식 – 14세기~15세기를 중심으로 - 」, 『한일관계사연구』 39, 2011.
河內良弘, 「中宗·明宗時代の朝鮮と女眞」, 『朝鮮學報』 82, 1977.
한성주, 「조선전기 두만강유역 '女眞 藩籬·藩胡의 형성과 성격」, 『한국사학보』
　　　41, 2010.
＿＿＿, 「조선전기 豆滿江流域에 나타나는 두 개의 '朝鮮'」, 『명청사연구』 37,
　　　2012.

제1부 주제연구
제4장 일본지역

중세 왜구의 경계침탈로 본 한·일 관계

김 보 한*

1. 머리말

    역사에서 어떤 국가의 내부 모순이 경계를 초월해서 주변 국가의 사회적 환경을 바꾸어 놓는 예가 있다. 또 한 국가의 내부 혼란이 주변의 다른 국가의 정치와 외교 정책에 미치는 영향을 흔히 볼 수 있다.
    한 가지 예로서 고려와 조선에 출몰한 왜구와 그로 인한 대왜(對倭) 외교의 변화를 들 수 있다. 13세기 가마쿠라 막부의 정치적 혼란에서 시작된 왜구의 경계 침탈은 고려가 왜구를 응징하고 금지하는 적극적인 자세를 취하도록 만들었다. 마찬가지로 14세기 무로마치 막부의 대혼란으로 더욱 증가해 가는 왜구의 경계침탈은 고려로 하여금 대왜(對倭) 외교를 선결적 국가 과제로 인식하는데 일조했다. 조선시대에도 좀처럼 사라지지 않는 왜구의 경계침탈을 방지하기 위한 대왜 사신이 끊이지 않고 파견되었다. 결국 고려와 조선은 모두 선제적 방어 수단으로서 대마도정벌이라는 강경한 군사적 대응 수단을 선택하였다. 특히 대마도정벌이라는 강경책과 더불어 실시된 조선의 '삼포 개항'은 대왜인 회유정책을 능

---
* 단국대학교 교양기초교육원 교수.

동적으로 병행했다는 가시적인 증거였다.

한편 왜구의 경계침탈과 관련해서 현존하는 사료는 『고려사』와 『조선왕조실록』 등에서 한국 측 사료가 일본 측 사료보다 그 수와 양의 면에서 월등히 많다. 따라서 일부 일본학자들은 왜구의 경계침탈의 원인과 결과를 고려와 조선 중심으로 분석하는 데 치중하였다. 그리고 이러한 논리의 강화는 다수의 고려인과 조선인이 왜구에 가담하였다는 왜곡된 이론을 확대 재생산하였다.[1]

반면에 한국학자들은 『고려사』에 수록된 왜구의 침입 회수를 중심으로 시기와 성격을 분류하고 그 특징을 일본 내의 사정과 고려 내의 사정으로 나누어 분석하는 방법론을 제시하였다.[2] 그러나 일본 내부의 정치 상황의 변화에 대한 구체적인 언급 없이, 고려의 대응 수단과 그 성과 중심의 결론 도출이 많았다. 따라서 이러한 연구 성과는 일본학자가 주장하는 왜곡된 왜구의 원인과 주체를 극복할 수 있는 대응 논리로서 한계를 가지고 있었다. 그러나 이후 한국 내에서도 왜구의 원인과 그 실체를 일본사 내에서 규명하려는 연구가 진행되었다. 그리고 일본사 안에서 왜구의 원인과 주체를 입증하려는 논리를 전개하였다.[3]

---

1) 田中健夫, 『中世海外交涉史の研究』, 東京大學出版會, 1957; 『倭寇-海の歷史-』, 敎育社, 1982; 「倭寇と東アジア通交圈」, 『日本の社會史』 第一卷, 岩波書店, 1987; 田村洋幸, 『中世日朝貿易の研究』, 三和書房, 1967; 太田弘毅, 「倭寇と結託した朝鮮人-〈賊諜〉·〈奸民〉·〈詐倭〉-」, 『藝林』 36-3, 1987; 高橋公明, 「中世東アジア海域における海民と交流」 『(名古屋大學文學部研究論集)史學』 33, 1987; 太田弘毅, 『倭寇-日本あふれ活動史-』, 文藝社, 2004. 등 다수가 있다.

2) 신기석, 「高麗末期의 對日關係-麗末倭寇에 關한 硏究」, 『社會科學』 1, 한국사회과학연구회, 1957; 신석호, 「여말선초의 왜구와 그 대책」, 『國史上의 諸問題』 3, 1959; 이현종, 「왜인관계」, 『한국사』 9, 국사편찬위원회, 1973; 「왜구」, 『한국사』 8, 국사편찬위원회, 1974; 손홍렬, 「高麗末期의 倭寇」, 『사학지』 9, 1975; 나종우, 「高麗 末期의 麗·日 關係-倭寇를 中心으로」, 『전북사학』 4, 1980.

3) 남기학, 「몽고침입과 중세 일본의 대외관계」, 『아세아문화』 12, 1996; 「중세

본래 왜구 연구는 왜구의 주체가 일본인이고 왜구의 근거지가 일본열도라는 엄연한 역사성에서 출발해야 한다. 그러면 왜구는 일본열도가 동심원의 중심에 자리잡게 된다. 그 다음 동심원의 경계 밖에는 피해를 당한 고려와 조선이 존재한다. 그럼에도 기존의 연구에서는 왜구의 중심을 동심원의 안 혹은 밖 어느 위치에서 볼 것인가의 관찰 위치를 간과해 온 경향이 있다.

따라서 본 연구에서는 먼저 제2장에서 일본열도 중심적 시각에서 13세기 이후 가마쿠라 왜구4)가 자행한 경계침탈과 이에 대응하는 고려 외교의 전개 양상을 살펴볼 것이다. 그리고 제3장에서는 14~5세기 무로마치 왜구에 의해 자행된 경계침탈과 이에 대한 고려와 조선의 외교적 대응을 검토해 보고자 한다.

2. 가마쿠라 왜구의 경계침탈과 한·일 외교의 양상

1) 가마쿠라 왜구의 경계침탈과 그 폐해

가마쿠라 왜구는 나라(奈良) 시대에 등장하여 헤이안(平安) 시대를

고려, 일본 관계의 쟁점-몽골의 일본 침략과 왜구」, 『일본역사연구』 17, 2003; 이영, 「高麗末期 倭寇構成員에 관한 考察」, 『한일관계사연구』 5, 1996; 「'倭寇의 空白期'에 관한 한 考察」, 『일본역사연구』 5, 1997; 「경인년 이후의 왜구'와 松浦黨」, 『일본역사연구』 24, 2006; 졸고, 「一揆와 倭寇」, 『일본역사연구』 10, 1999; 「少貳冬資와 倭寇의 일고찰」, 『일본역사연구』 13, 2001; 「東아시아 海域의 아웃로(Outlaw)」, 『일본역사연구』 24, 2006.
4) 기존의 연구에서 '고려 말(조선 초)의 왜구', '고려(조선)에 출몰한 왜구' 등의 용어를 주로 사용해 왔다. 그러나 이제부터 왜구의 주체가 일본인이고 왜구의 근거지가 일본열도라는 사실을 분명하게 포함하는 새로운 용어를 사용할 필요가 있다. 따라서 필자는 일본사의 시기 구분에 따라 '가마쿠라 왜구'·'무로마치 왜구'·'센고쿠 왜구'로 호칭해야 한다고 생각한다.

거쳐 가마쿠라 시대에 활동하던 해적에서 그 연원을 찾을 수 있다. 고대 말 일본열도의 해적은 정치와 사회의 불안 속에서 생활의 어려움을 해결하기 위해서 항해하는 선박의 물품을 탈취하거나 포구의 창고에서 도적질을 일삼던 자들이었다.5) 또 이들은 해상 운송로로 물품을 운반할 때 선원이 되기도 하고, 겐페이(源平)의 쟁난에서는 수군으로 활약하는 등 그 기능이 변화무쌍한 해상세력이었다.

가마쿠라 시대에 접어들어서도 해상활동에 전념하던 해안 지역 주민들의 열악한 생활조건은 개선되지 않았다. 더욱이 중세에 들어오면 재지에서 자력구제의 사회현상이 만연하였으므로, 이들은 과거처럼 연안지역에서 선박을 습격하거나 공물(供物)을 탈취하는 등의 해적 행위를 멈추지 않았다. 특히 송과의 교역이 활발해지면서 해외의 재화와 유통에 관심을 갖게 되는 것은 당연한 일이었다. 그리고 송인과의 접촉이 잦아지면서 자신들에게 필요한 재화를 바다 건너 미개척의 땅에서 확보할 수 있다는 인식을 갖기 시작했다. 그리고 13세기 바다를 건너 고려를 대상으로 해적 활동, 즉 왜구로 활동하기 시작하였다.

그런데 일본열도의 연안에서 해상활동에 능숙하더라도 열도의 경계를 넘어가서 약탈하는 행위는 당시의 열악한 항해기술을 극복해내야 했고 대규모의 무력충돌도 예상해야 하는 망설여지는 모험이었다. 그러나 때마침 막부의 호죠씨(北條氏)와 천황가(公家)가 권력 장악을 놓고 일으킨 조큐(承久)의 난(1221)이 발발하였다. 이 난은 일본열도 연안의 해상세력들로 하여금 바다의 경계를 넘어 약탈이라는 위험한 왜구의 모험에 뛰어들게 만들었다.

조큐의 난은 막부의 싯켄(執權) 호조 요시토키(北條義時)에 대항해서 고토바(後鳥羽) 상황이 전국의 무사들을 모아 일으킨 정변이었다. 그

---

5) 12세기 초에 쓰여 진 것으로 추정되는 『수昔物語集』에 일본열도의 연안에서 약탈과 살인을 자행하는 해적의 활동 기록이 실려 있다.

러나 막부를 지지하는 무사보다 상황 측에 가담하는 재지무사들의 수가 터무니없이 적어 불과 1개월 만에 상황 측의 패배로 끝났다. 그리고 상황 편에 가담했다가 토지를 몰수당한 서국의 재지세력과 해상의 해적세력은 생존의 위기상황으로 내몰릴 수밖에 없었다. 따라서 중앙 지배력이 이완되고 생존 위기의 상황에서 바닷길에 능통한 해상의 해적세력이 일본열도의 경계를 뛰어넘어 고려를 침탈하는 왜구로 전환해 갔다.

〈표 1〉에서와 같이 일본의 사료인 『명월기(明月記)』에는 1226년(嘉祿 2) 친제이(鎭西)의 흉당(凶黨)(별칭, 마쓰우라당)이 10척의 병선을 이끌고 고려 별도(別島)에서 민가를 습격하고 재물을 약탈했던 사건을 기록하고 있다.6) 이것은 일본 해상세력이 경계를 넘어 고려의 영토를 침탈하는 첫 번째 일본 기록이다. 아울러 가마쿠라 왜구 주체가 일본 해상의 해적(=凶黨)이라는 사실을 명확히 제시해 주고 있다.

또 『백련초(百鍊抄)』에는 1226년(嘉祿 2) 다자이쇼니(大宰少貳)가 가마쿠라 왜구의 침구를 항의하러 온 고려사신의 면전에서 대마도의 '악

〈표 1〉 일본 사료에 보이는 가마쿠라 왜구의 고려 침구의 사례

西紀	고려 침탈의 주체	약탈 지역	사료 출전
1226(嘉祿 2)	친제이 흉당(鎭西凶黨) 병선 10척 (별칭, 마쓰우라당(松浦黨))	고려 별도(別島)	『明月記』
1227(安貞 1)	대마도 악당(惡黨) 90인	고려	『百鍊抄』
1232(貞永 1)	가라쓰(唐津) 가가미신사 (鏡神社) 주인(住人)	고려	『吾妻鏡』
1263(원종 4)	일본 선박 1척	고려 웅신현 물도 (熊神縣 勿島)	『고려사』
연도 미상 1264(弘長 4) 추정	일본국 선박 1척 (마쓰우라당-추측)	고려	『靑方文書』

6) 『明月記』 嘉祿 2년(1226) 10월 17일조, "高麗合戰一定云々, 鎭西凶黨等(號松浦黨), 構數十艘兵船, 行彼國之別嶋合戰, 滅亡民家, 掠取資財."

당(惡黨)' 90인을 참수했다고 기록하고 있다.7) 이것은 대마도가 왜구의 근거지이고 왜구 주체가 해상의 해적세력이었음을 일본 측에서 인정했던 명확한 근거이다. 한편으로는 다자이쇼니가 자진해서 일본 해적의 왜구 행위를 엄벌에 처하고 있다는 점에서, 가마쿠라 왜구의 경계침탈이 규슈 지배권력의 의도와 무관하게 발생했던 약탈 행위라는 사실을 암시해 주고 있다.

또 다른 사료인『오처경(吾妻鏡)』에서는 1232년(貞永 원년) 히가시마쓰우라군(東松浦郡)의 포구 가라쓰(唐津)에 있는 가가미신사(鏡神社) 장원의 영지 안에 살고 있는 주민(=住人)들이 고려에 침입하여 재물을 약탈했다고 기록하고 있다.8)

이처럼 조큐의 난이 발발한 이후, 바닷길에 능통할 뿐만 아니라 고려에 대한 많은 정보를 가지고 있던 북규슈의 마쓰우라(松浦)와 대마도 해상의 해적세력이 일본열도를 뛰어넘어 고려를 대상으로 경계침탈하는 왜구로 전환해 갔다. 이들의 고려 경계침탈은 고려를 대상으로 약탈을 자행하는 '가마쿠라 왜구'의 시작이었다.

일본 사료에서 확인할 수 있는 가마쿠라 왜구의 고려 경계침탈 행위는 비슷한 시기의 고려 측의 사료에서도 확인할 수가 있다.『고려사』의 기록에 따르면 가마쿠라 왜구에 의한 고려 경계침탈은 1223년(고종 10) 5월 금주(金州)로부터 시작되었다.9) 또 1225년(고종 12) 4월에는 왜선 두 척이 경상도 연해의 주현(州縣)을 침탈하고 있다.10) 그리고 1226년 (고종 13) 1월 가마쿠라 왜구가 경상도 연해의 주군을 침입하였을 때, 거제 현령 진용갑(陳龍甲)이 고려 수군을 이끌고 싸워 왜구 2명의 목을

---

7) 『百鍊抄』安貞 원년(1227) 7월 21일조, "去年大馬國惡徒等向高麗國全羅州 侵取入物. 侵陵住民事. 可報由緖之由牒送. 大宰少貳資賴不經上奏. 於高麗國 使前浦惡徒九十人斬首. 偸送返牒云々. 我朝之恥也. 牒狀無禮云々."
8) 『吾妻鏡』貞永 원년(1232) 윤9월 17일조.
9) 『고려사』권22 세가 제22, 고종 10년(1223) 5월.
10) 『고려사』권22 세가 제22, 고종 12년(1225) 4월.

〈표 2〉 가마쿠라 왜구가 고려를 침탈한 빈도수[11]

	西紀	A	B	C		西紀	A	B	C
고종 10	1223	1	1	1	충렬왕 6	1280	1	1	1
11	1224								
12	1225	1	3	1	16	1290	1	1	1
13	1226	2	2	3(2)					
14	1227	2	1	2	충숙왕 10	1323	2	2	2
원종 4	1263	1	1	1					
5	1264								
6	1265	1	1	1					

베고 물리쳤다.[12] 또 1227년(고종 14) 4월 금주에 왜구가 침탈하자, 방호별감 노단(盧旦)이 군사를 출동시켜 배 두 척을 노획하고 30여명을 살상하였다. 또 같은 해 5월에는 별장 정금억(鄭金億) 등이 웅신현에 침탈한 왜구 7명을 죽이고 물리친 것으로『고려사』에 기록되어 있다.[13]

이상에서 초기 고려를 침탈하는 가마쿠라 왜구에서 두 가지 특징을 발견할 수 있다. 첫째는 마쓰우라당이 고려의 경계를 침탈하는 시점과 고려에서 가마쿠라 왜구가 등장하는 시점이 거의 일치한다는 점이다. 따라서 마쓰우라당이 고려의 경계를 넘어 가마쿠라 왜구로 활동하는 주체 세력이라는 점에서 주목되는 바가 크다고 할 수 있다.

둘째는 초기의 가마쿠라 왜구는 적은 수의 인원으로 구성되어 있으며 고려군과의 군사적 충돌을 염두에 두고 준비된 대규모 집단이 아니었다

---

11) A는 羅鍾宇의 통계(羅鍾宇,『韓國中世對日交涉史硏究』, 원광대학교 출판국, 1996, 126쪽).
　　B는 田村洋幸의 통계(田村洋幸,『中世日朝貿易の硏究』, 三和書房, 1967, 36~37쪽).
　　C는 田中健夫의 통계(田中健夫,『倭寇と勘合貿易』, 至文堂, 1961, 4~10쪽); ( )는『中世海外交涉史の硏究』, 東京大學出版會, 1957, 4쪽의 통계임.
12)『고려사』권22 세가 제22, 고종 13년(1226) 정월.
13)『고려사』권22 세가 제22, 고종 14년(1227) 4·5월.

는 점이다. 『고려사』의 기록에 따르면 1226년부터 가마쿠라 왜구와 고려 군과의 군사적 충돌이 시작되었을 때, 초기의 가마쿠라 왜구는 고려군과의 전투에서 모두 크게 패하여 물러나고 있다. 그리고 고려군과의 전투에서 패하여 죽임을 당한 왜구의 수를 보더라도 소규모 인원으로 구성된 집단이었던 것으로 짐작된다. 다시 말해서 다음 장에서 살펴볼 14세기 중기 이후의 무로마치 왜구와 규모면에서 비교가 되지 않는 소규모 집단이었다.

2) 가마쿠라 막부와 고려의 외교 관계의 양상

가마쿠라 왜구의 침탈이라는 초유의 사건을 경험한 고려 조정은 일본에 사신을 파견하여 왜구 금지를 적극적으로 요구하였다. 『고려사』에 따르면 1227년(고종 14) 5월 고려가 일본에 서신을 보내 일본 선박의 고려 경계침탈에 대해 죄과를 묻고 우호관계와 통상을 요구하였다.[14] 이에 대해서 일본 기록인 『백련초』에 따르면, 1227년(安政 원년) 7월 다자이쇼니(大宰少貳) 무토 스케요리(武藤資頼)가 고려 사신의 면전에서 대마도 '악당' 90인을 참수하고 고려에 반첩을 보내고 있다.[15]

이처럼 다자이쇼니 측에서 고려의 왜구 금지 요구에 적극 호응하여 경계침탈 사건에 연루된 악당 세력을 처단하고 있다. 이것은 다자이쇼니가 고려의 왜구 금지 요구에 대해 매우 호의적이었음을 보여주는 증거이다. 반면에 공가(公家) 측에서는 다자이쇼니가 악당 참수와 고려에 반첩을 보내는 행동이 본조(本朝)의 수치라면서 매우 불쾌한 심정을 드러내고 있었다.

가마쿠라 왜구의 고려 경계침탈을 둘러싸고 지속되는 사신 왕래는 다

---

14) 『고려사』 권22 세가 제22, 고종 14년(1227) 5월.
15) 앞의 주 7) 참조.

〈표 3〉 가마쿠라 왜구 금지를 위한 고려와 일본의 사신 왕래

西紀	고려 사신	일본 사신	고려의 왜구 금지 요구 내용	일본의 대응	사료 출전
1227년 5월 (고종 14)	미상		일본에 서신을 보내 일본 선박의 경계침탈 죄과를 묻고 우호관계와 통상을 요구		『고려사』
1227년 7월 (安貞 1)				大宰少貳 武藤資頼 - 대마도 '악당' 90인 참수	『百錬抄』
1260년 7월 (원종 원년)	韓景胤, 洪泞		해적(왜구)의 금지 요구		
1263년 2월 1263년 4월 (원종 4)	洪泞 郭王府		2월 왜구 발생. 4월 洪泞, 郭王府 금구 사신 일본 파견-쌀120석, 주포(紬布)43필 약탈자에 대한 징벌 요구	4월 大宰少貳 武藤資頼 - 쌀 20석, 馬麥 30석, 牛皮 70장 변상	『고려사』
연도 미상 (1264년 문서로 추정)				작년 2월 23일 일본국의 배 한 척이 이유 없이 고려에 건너가 연공미(年貢米) 123석·세포(細布) 43필을 습격 약탈하였다. 이것을 되찾고, 적도(賊徒)를…(이하 결손)	『青方文書』

음 사건을 통해서도 확인할 수 있다. 〈표 3〉에서 보는 바와 같이 1263년 (원종 4년) 2월 왜구가 금주 관내 웅신현(熊神縣) 물도(勿島)에서 공선 (貢船)을 침탈해 가는 사건이 발생하였을 때이다.16)

그리고 같은 해 4월 홍저(洪泞)와 곽왕부(郭王府)가 이 사건을 해결하기 위해서 가마쿠라 막부에 파견되었다. 고려 사신이 가지고 간 국서에는 "두 나라가 교통한 이래 매년 정상적인 진봉(進奉)은 한 번이고, 한번에 배는 2척으로 결정하였으며 만일 그 밖의 배가 다른 일을 빙자하

---

16) 『고려사』 권25 세가 제25, 원종 4년(1263) 2월, "癸酉, 倭, 寇金州管內熊神縣 勿島, 掠諸州縣貢船".

어 우리 연해 지방의 촌락과 동리를 소란케 할 때에는 엄격히 처벌하며 금지하기로 약정하였다. 그런데 금년 2월 일본의 배 1척이 고려의 경계를 넘어와서 웅신현 물도에 정박 중인 고려 공선에 실려 있는 쌀 120석과 주포(紬布) 43필을 약탈해 갔고, 또 연도(椽島)에 들어와서 주민들의 의복, 식량 등 생활 필수 물자들을 모조리 빼앗아 갔으니 이러한 사실들은 원래 약정하였던 호상 통교의 본래 뜻에 크게 위반되는 것이다."라는 단호한 내용이 적혀 있었다.17) 아울러 약탈자를 끝까지 추궁하여 찾아내고 모두 징벌 제어함으로써 두 나라 간의 화친을 공고히 할 것을 요구하는 내용도 함께 다자이쇼니에게 전달되었다. 이에 대해서 8월에 다자이쇼니는 적극적으로 협조하여 쌀 20석, 마맥(馬麥) 30석, 우피(牛皮) 70장을 변상해 주면서 사건은 일단락 지어졌다.18)

그런데 1269년 6월 경상도 안찰사의 보고를 통해서 일본에 표류되었다가 송환되어 온 제주도인의 말이 고려 조정에 전해졌다.19) 송환된 제주도인이 전하는 내용은 일본이 병선을 갖추어 고려 침입을 계획하고 있다는 정보였다. 짐작컨대 그는 제주도에서 규슈로 표류하였다가 다자이후와 대마도를 경유해서 고려의 금주로 송환되었을 것이다. 그의 말은

---

17) 『고려사』 권25 세가 제25, 원종 4년(1263) 4월, "遣大官署丞洪泞‧詹事府錄事郭王府等, 如日本國, 請禁賊, 牒曰, 自兩國交通以來 歲常進奉一度船不過二艘設有他船枉憑他事濫擾我沿海村里嚴加徵禁以爲定約 越今年二月二十二日, 貴國船一艘, 無故來入我境內熊神縣界勿島, 略其島所泊, 我國貢船所載, 多般穀米幷一百二十石‧紬布幷四十三匹, …(하략).";『靑方文書』1-78, "高麗國牒使帶牒狀 去年九月之比令到着之間 披見彼狀之處 去年二月廿三日日本國船壹艘 無故 襲渡彼國 年貢米百二十三石‧細布四十三反令搜取之 賊徒可被 … (以下缺)"; 졸고, 「一揆와 倭寇」, 『日本歷史研究』 10집, 1999, 54~55쪽 참조.
18) 『고려사』 권25 세가 제25, 원종 4년(1263) 8월, "戊申朔, 洪泞‧郭王府等, 自日本還, 奏曰, 窮推海賊, 乃對馬島倭也, 徵米二十石‧馬麥三十石‧牛皮七十領而來".
19) 『고려사』 권26 세가 제26, 원종 10년(1269) 5월조, "慶尙道按察使馳報 濟州人漂風至日本還言 日本具兵船將寇我."

북규슈 혹은 대마도의 어딘가에 큰 선박을 대기시켜 놓고 약탈을 준비하고 있다는 내용이었을 것이다. 따라서 가마쿠라 왜구의 고려의 경계약탈은 적어도 사전 준비를 갖춘 계획된 행동이었던 것으로 짐작할 수 있다.

한편 몽골의 일본 침입을 전후한 시기에 가마쿠라 왜구의 출몰은 거의 사라졌다. 이 시기에 수차례의 고려와 몽골사신이 일본에 도착하였지만, 이들은 일본 초유의 사신이었지 왜구의 근절을 요구하는 사신이 아니었다.

그런데 몽골의 일본 침입 40여 년이 흐른 후, 1323년(충숙왕 10) 두 번에 걸쳐 가마쿠라 왜구의 출몰 기사가 『고려사』에 나타난다. 이때 전라도에 파견된 송기(宋頎)가 왜구와 싸워서 백여 명을 죽였다는 기록이 전하는데,[20] 이것은 왜구의 인적 구성이 점차 대규모화해 가는 추세에 접어들었음을 암시하고 있다. 그러나 14세기에 접어들어 고려는 왜구의 규모가 더욱 커지는 추세였음에도, 다자이후에 사신을 보내지 않았다. 마침내 1333년 가마쿠라 막부가 붕괴되고, 남북조내란이라는 무로마치 초기의 정치적 대혼란이 시작되었다.

3. 무로마치 왜구의 경계침탈과 한·일 외교의 양상

1) 무로마치 왜구의 고려 경계침탈과 그 폐해

무로마치 막부 초기에 발생한 남북조의 병립은 1336년(建武 3) 아시카가 다카우지(足利尊氏)가 교토에서 고묘천황(光明天皇)을 새로 옹립한 다음 겐무시키모쿠(建武式目)를 제정하자 고다이고천황(後醍醐天皇)이 요시노(吉野)로 거처를 옮기면서 시작되었다. 그리고 일본열도가

---

20) 『고려사』 권35 세가 제35, 충숙왕 10년(1323) 7월.

남조(=宮方)의 고다이고천황 측과 북조의 막부 측으로 양분되어 전국이 싸움에 휘말리는 남북조내란이 시작되었다.

막부가 군사적으로 우세하였기 때문에 내란이 빨리 종식될 것으로 기대되었다. 그러나 막부 내부에서 쇼군 다카우지와 동생인 다다요시(直義) 사이의 대립으로 내란은 쉽게 끝나지 않고 오히려 더욱 복잡한 양상으로 전개되었다. 막부 내부에서 발생한 아시카가 일족의 내홍은 쇼군 다카우지의 집사인 고노 모로나오(高師直)와 다다요시의 갈등으로부터 시작되었다. 이것이 막부의 내홍과 규슈를 큰 혼란에 빠뜨리는 간노죠란(觀應擾亂)의 단초가 되었다. 1349년(貞和 5) 9월 다카우지의 친아들이며 다다요시의 양자인 아시카가 다다후유(足利直冬)가 고노 모로나오 측의 습격을 받고 규슈로 피신하였다.

한편 규슈의 정세는 막부 측의 잇시키 노리우지(一色範氏)와 남조 측의 가네요시친왕(懷良親王)이 서로 대결하고 있었지만 비교적 평온을 유지하고 있었다. 그런데 다다후유가 규슈에 내려온 이후 재지무사에게 '이서안도장(裏書安堵狀)'을 발급하면서 자신의 지지 세력을 적극적으로 규합해 나갔다. 그 결과 규슈의 정세는 재지무사들이 북조, 남조, 다다후유 등의 군사력으로 동원되어 싸움에 가담하면서 매우 혼란스러워졌다. 이러한 규슈의 삼파전 양상은 다다후유가 자기세력이 불모지인 규슈에서 독자적인 무사 세력을 확보하려는 강한 의지 때문에 나타난 현상이었다. 그리고 자기세력을 강화시키려는 다다후유의 의지가 강할수록 규슈에서 재지무사의 분열은 더욱 가속화될 수밖에 없었다.

그리고 다다후유가 1352년(文和 원년) 11월 규슈를 떠난 이후에도, 규슈의 재지무사들은 막부 측의 쇼니씨(少貳氏), 또는 남조 측의 가나요시친왕(懷良親王) 편에 가담해야 했으므로 계속해서 혼란스러울 수밖에 없었다. 결과적으로 혼돈에 빠진 규슈 정세는 재지무사가 해상의 해적세력과 함께 경계를 넘어 고려를 대상으로 하는 약탈의 길을 모색하게 만들었다. 이것이 〈표 4〉에서처럼 1350년 이후에 무로마치 왜구의 경계침탈이 급격하게 증가하는 원인이었다. 아울러 『고려사』에 표현되어 있는 '경인년 이후 왜구'[21]의 시작이었다.

그리고 1355년(文和 4) 막부 측의 잇시키씨(一色氏) 마저도 규슈를 떠난 전후에 남조측의 가네요시친왕이 규슈를 독자적으로 지배하는 과정에서 일시적으로 왜구의 활동이 잠잠해졌다. 그러나 1357년(延文 2) 2월 쇼군 아시카가 다카우지가 규슈에서 세력을 만회하기 위해 규슈 토벌 계획하면서, 무로마치 왜구가 다시 증가하기 시작하였다. 물론 규슈 토벌 계획은 다음해 아들 아시카가 요시아키라(足利義詮)의 간언으로 중지되었다. 그러나 1359년(延文 2) 4월 이후 쇼니 요리히사(少貳賴尙)가 가담한 북조 세력과 가네요시 친왕이 이끄는 남조 세력이 벌린 치쿠고(筑後) 오보바루(大保原) 전투의 혼란이 계속되면서 무로마치 왜구의 고려 출현도 끊이질 않았다. 이후 1360년대에 중반 이후부터 무로마치 왜구가 감소하는데, 다음 절에서 그 원인을 고려의 왜구 금지 외교와 관련해서 살펴보도록 하겠다.

한편 1370년(應安 3) 6월 막부는 규슈에서의 열세를 만회하고 전국 지배를 관철시킬 목적으로 이마가와 료슌(今川了俊)을 규슈단다이(九州探題)로 임명하였다. 371년(應安 4) 12월 료슌은 충분한 사전 준비를 끝내고 규슈에 내려왔다. 그의 첫 번째 목표는 본격적인 규슈의 경영에 앞서 다자이후(大宰府)를 탈환하는 것이었다. 마침내 그는 1372년(應安 5) 8월 다자이후의 탈환에 성공하고,[22] 1374년(應安 7) 10월 남조를 히고(肥後)의 기쿠치(菊池)로 밀어내는데 성공하였다.[23]

그런데 〈표 4〉에서처럼 1372년 이후에 무로마치 왜구의 경계침탈이

---

21) 『高麗史』 권37 세가 제37, 충정왕 2년(1350) 2월조.
22) 『入江文書』應安 8년(1375) 일(『南北朝遺文』九州編 5卷 〈5171〉) "至于同八月十二日宰府凶徒沒落之期".
23) 『阿蘇文書』應安 7년(1374) 12월 晦日(『南北朝遺文』九州編 5卷 〈5157〉) "去十月十七日注進狀 披露訖 菊池以下凶徒 高良山沒落事"; 川添昭二, 『今川了俊』, 106쪽 참조.

〈표 4〉 무로마치 왜구가 고려·조선을 침탈한 빈도수[24]

고려 말					조선 초				
	西紀	A	B	C		西紀	B	C	D
충정왕2	1350	7	6	6	태조1	1392	2	1	1
3	1351	4	3	4	2	1393	9(10)	(8)	11
공민왕1	1352	8	12	7	3	1394	14	(6)	14
2	1353				4	1395	5	(1)	6
3	1354	1	1	1	5	1396	13	(8)	13
4	1355	2	2	2	6	1397	11	(9)	13
5	1356				7	1398			
6	1357	4	3	4	정종1	1399	4	(4)	4
7	1358	10	10	6	정종2	1400			
8	1359	4	5	4	태종1	1401	4	(3)	5
9	1360	8	5	5	2	1402	5	(2)	5
10	1361	10	4	3	3	1403	8	(8)	8
11	1362	1	2	1	4	1404	6	(5)	6
12	1363	2	2	1	5	1405			
13	1364	11	12	8(10)	6	1406	12	(6)	
14	1365	5	3	5(3)	7	1407	6	(9)	12
15	1366	3	3	0	8	1408	17	(13)	7
16	1367	1	1	0	9	1409	2	(1)	1
17	1368				10	1410			4
18	1369	2	2	1	11	1411			
19	1370	2	2	2	12	1412			
20	1371	4	4	1	13	1413			1
21	1372	19	11	3	14	1414			
22	1373	6	7	3	15	1415	1	(1)	1
23	1374	12	13	10(11)	16	1416			1
우왕1	1375	10	16	11(7)	17	1417	1	(1)	3
2	1376	46	20	39(12)	18	1418	1	(1)	1
3	1377	52	42	54(29)	세종1	1419	7		9
4	1378	48	29	48(22)	2	1420			2
5	1379	29	23	37(15)	3	1421	4		4
6	1380	40	21	40(17)	4	1422	4		4
7	1381	21	19	26(19)	5	1423			2
8	1382	23	14	23(12)	6	1424	2		2
9	1383	50	28	47(24)	7	1425			2
10	1384	19	16	20(12)	8	1426	5		5
11	1385	13	16	12	9	1427			
12	1386				10	1428	1		1
13	1387	7	5	7(4)	11	1429			
14	1388	20	17	14(11)	12	1430	1		
창왕1	1389	5	11	5	13	1431			1
공양왕2	1390	6	3	1	14	1432			
3	1391	1	1	2	15	1433	3		3
4	1392	1	2	1	16	1434			2
					17	1435			
					18	1436	1		1
					19	1437	1		3
					20	1438	1		1
					21	1439			1
					22	1440	1		1
					22	1441			
					24	1442	1		3
					25	1443	2		2

'경인년 이후 왜구'보다 훨씬 더 빈번하게 일어났다. 이것은 이마가와 료순이 남조를 압박하여 독자적인 규슈 지배를 관철시키고 더 나아가 규슈의 '단다이 분국화(探題分國化)'를 추진하며 지역권력체로 성장하는 과정에서 발생한 재지의 혼란과 그 부작용의 산물이었다.25)

그럼에도 이마가와 료순은 정치적 야망을 멈추지 않았다. 그는 1375 (永和 원년) 7월 히고(肥後)의 미즈시마(水島)에서 남조와 교전을 벌이고 있었다.26) 남조의 본거지가 의외로 강하여 규슈 3대 세력인 오오토모 치카요(大友親世), 시마즈 우지히사(島津氏久), 쇼니 후유스케(少貳冬資)에게 지원을 요청하였다. 그리고 우지히사에게 부탁하여 다자이후가 위치한 치쿠젠(筑前)의 슈고인 후유스케(冬資)를 미즈시마 전투에 출전하도록 종용하였다. 마침내 1375년(永和 원년) 8월 료순은 마즈시마 진영에서 후유스케를 암살해 버렸다.27) 후유스케 피살은 규슈 세력을 재편하기 위한 료순의 정치적 도박이었다. 결과적으로 남규슈의 실세인 시마즈씨(島津氏)를 적대 세력으로 만들었지만, 료순은 스스로 치쿠젠(筑前)의 슈고가 되어 치쿠젠을 '단다이 분국'으로 만드는데 성공하였다.

한편 료순의 후유스케의 피살 이후에 나타난 규슈의 정치적 혼란과

---

24) A, B, C는 주 9) 참조.
D는 한문종의 통계(한문종, 「조선 초기의 왜구대책과 대마도」, 『전북사학』 19·20, 1997, 166쪽 참조).
25) 졸고, 「少貳冬資와 왜구의 일고찰」, 『일본역사연구』 13, 2001, 70쪽 참조.
26) 『阿蘇文書』(永和 원년)(1375) 7월 13일(『南北朝遺文』 九州編 5卷 〈5211〉)
"十三日卯時 菊池口水島原二陳ヲ取候了 於今者菊池勢一モ人不可出候 … (下略)".
27) 『花營三代記』應安 8년(1375) 9월 14일조 "九月十四日. 去八月廿六日午剋 御肥後國軍陣 太宰府少貳冬資 爲探題今川伊與入道被誅之由 使者到來"; 『薩藩舊記』前篇 卷 28 永和 원년(1375) 8월조 "八月十一日 了俊會 公於水島 少貳冬資不來會 了俊使 公徵之 冬資乃來 二十六日 了俊令賊殺冬資於水島"; 『太宰少貳系圖』筑後將士軍談 권 34; 『深江文書』 永和 3년(1377) 3월 일조 등 다수가 전한다.

세력의 재편은 이웃한 고려 사회에 큰 영향을 주었다. 쇼니 후유스케가 피살되는 다음 해인 1376년부터 무로마치 왜구의 경계침탈이 가히 폭발적으로 늘어나고 있기 때문이다.

한편 1370년대 말과 80년대 초 고려 내의 사정은 무로마치 왜구의 침입으로 말미암아 조세를 나르는 뱃길이 막혀 창고들이 텅 비게 되었고,[28] 싸움이 그칠 날이 없어 백성이 생업을 잃고 굶주리며 떠돌아다니는 상황으로 악화되어 있었다.[29] 이처럼 고려의 내부의 사회적 혼란은 료슌의 정치적 야망으로 발생한 무로마치 왜구의 고려 침탈과 깊게 연계되어 있었다.

그러면 창궐하는 무로마치 왜구의 경계침탈에 대해 고려와 조선은 외교적으로 어떻게 대응해 갔는지 살펴보도록 하겠다.

2) 무로마치 막부와 고려의 외교와 대마도정벌

한편 고려는 무로마치 왜구의 경계침탈에 대해 군사적 대응에만 의존한 것이 아니었다. 고려는 왜구 침탈 문제를 해결하기 위해서 1366년(공민왕 15) 처음으로 김용(金龍)을 무로마치 막부에 파견하였다.[30] 무로마치 왜구의 경계침탈에 대한 고려의 항의 서신 내용은 1367년(貞治 6) 2월 『善隣國寶記』기사에 구체적으로 기술되어 있다. 막부에 전달한 첩장에는 해적 다수가 일본에서 나와 합포(合浦) 등의 관청을 불사르고 백성을 살해하여 10여 년 동안 선박이 왕래하지 못하고 있다는 항의 내용이 담겨져 있었다. 이에 대해서 2대 쇼군 아시카가 요시아키라(足利義詮)가 사신을 보내서 고려에 회신하였다.[31] 그런데 『고려사』에는 구체

---

28) 『高麗史』권80 지 제34, 식화3, 녹봉, 諸衙門工匠別賜, 신우 4년(1378) 5월조 참조.
29) 『高麗史』권104 열전 제17, 김방경전, 신우 7년(1381)조 참조.
30) 『고려사』권133 열전 제46, 신우 3년(1377) 6월조.

적인 내용의 언급 없이 정이대장군이 왜구 금지를 약속해 왔다는 간략한 내용만을 기술되어 있다.32)

또 1366년(공민왕 15)년 11월에도 고려는 교토에 김일(金逸)을 파견하여 왜구의 경계침탈을 막아주도록 요구하고 있다.33) 무로마치 막부는 김일을 성대하게 대접하고34) 1368년(공민왕 17) 1월에 일본 승려 범탕(梵盪)·범유(梵鏐)와 함께 보내 고려에 답례하였다.35)

이후에도 고려와 무로마치 막부, 또는 고려와 대마도 사이에 왜구 금지를 위한 지속적인 사신 왕래가 있었다. 1368년(공민왕 17) 7월 대마도가 사자를 보내오자, 윤7월 고려는 답례로 이하생을 대마도에 파견하였다.36) 또 11월에 대마도에서 송종경(宋宗慶)이 사자를 보내 입조해 왔을 때, 고려가 쌀 천 석을 답례품으로 전달하는37) 것으로 보아 상호 우호적 입장에서 무로마치 왜구의 경계침탈 방지에 노력하고 있음을 알 수 있다. 이처럼 고려와 무로마치 막부, 고려와 대마도의 사신 왕래, 그리고

---

31) 『善隣國寶記』 貞治 6년(1367) 丁未條; "古記曰 二月十四日 高麗使万戶左右衛保勝中郎將金龍·檢校左右衛保 … (中略) … 通書 其略曰 海賊多數 出自貴國地 來侵本省合浦等 燒官廨 擾百姓 甚至于殺害 于今十有余歲 海舶不通 边民不得寧處云 … (中略) … 六月卄六日 將軍家 以高麗回書 授使者".
32) 『고려사』 권133 열전 제46, 辛禑 3년(1377) 6월조. "丙午年間 差萬戶金龍等 報事意 卽蒙征夷大將軍禁約 稍得寧息 …(後略)".
33) 『고려사』 권41 세가 제41, 恭愍王 15년(1366) 11월조 "壬辰 遣檢校中郎將金逸如日本 請禁海賊"; 『善隣國寶記』 貞治 6년(1367) 丁未條 "同卄七日 重中請 大夫前典義 令相金一來朝".
34) 『善隣國寶記』 貞治 6년(1367) 4월 18일조; 『師守記』 貞治 6년(1367) 4월 18일조; 5월 19일조.
35) 『고려사』 권41 세가 제41, 恭愍王 17년(1368) 1월조 "戊子 日本國 遣僧梵盪 梵鏐 偕金逸來 報聘".
36) 『고려사』 권41 세가 제41, 恭愍王 17년(1368) 7월조 "秋七月 乙亥 日本遣使來聘 己卯 對馬島萬戶遣使 來獻土物 … (中略) … 閏月 以旱放影殿役徒 遣講究使李夏生于對馬島".
37) 『고려사』 권41 세가 제41, 恭愍王 17년(1368) 11월조 "十一月 丙午 對馬島萬戶崇宗慶 遣使來朝 賜宗慶米一千石".

규슈에서 남조의 가네요시 친왕과 북조 사이에 정치적 안정 등의 결과로, 〈표 4〉에서 보는 바와 같이 1366년부터 1371년까지 수년간 왜구의 경계침탈이 비교적 줄어들고 있었다.

한편 이마가와 료슌의 정치적 야망에서 비롯된 무로마치 왜구의 경계침탈이 이전보다 증가하고 있었음에도, 1372년(공민왕 21)부터 1374년까지 사신 왕래는 한 건도 없었다. 그런데 왜구가 더욱 증가함에 따라, 1375년부터 79년까지 거의 매년 고려 사신이 막부에 도착하였다. 1375년(우왕 원년) 2월 고려에서 나흥유가 교토로 파견되었고,[38] 또 다시 파견되었던 나흥유가 다음 해 10월에 일본 승려 양유(良柔)와 함께 귀국하였다.[39] 이때 고려와 막부의 중개자 역할을 담당했던 승려 주좌(周左)의 서신을 함께 전하였다. 그 서신에는 왜구 주체가 '서변 해도의 완민'이므로 규슈만 평정하면 왜구의 경계침탈을 금지시킬 수 있다는 내용을 담고 있었다.[40]

그리고 1376년(우왕 2)부터 고려 조정의 기대와는 달리 오히려 무로마치 왜구의 경계침탈이 가히 폭발적으로 증가하는 추세였다. 1377년(우왕 3) 6월 안길상을 통해서 무로마치 막부에 전해진 고려의 첩장은 왜구 금지 약속의 불이행을 강력히 항의하는 내용이었다. 즉 규슈가 평정될 때까지는 왜구의 경계침탈 금지를 즉시 이행할 수 없다는 승려 주좌의 서신에 강력한 불만을 표시하면서 상호 통호와 바닷길의 안정이 일본 측의 처리에 달려있다는 경고의 메시지였다.[41]

---

38) 『고려사』 권133 열전 제46, 신우 원년(1375) 2월조 "判典客寺事羅興儒 聘日本"; 『東寺文書』 永和 원년(1375) 11월 19; 永和 원년(1375) 12월 9일.
39) 『고려사』 권133 열전 제46, 신우 2년(1376) 10월조 "十月 羅興儒 還自日本 日本遣僧良柔 來報聘 … (下略)".
40) 『고려사』 권133 열전 제46, 신우 2년(1376) 10월조 "惟我西海一路 九州亂臣 割據 不納貢賦 且二十餘年矣 西邊海道頑民 觀釁出寇 非我所爲 … (中略) … 庶幾克復九州 則誓天指日禁約海寇".
41) 『고려사』 권133 열전 제46, 신우 3년(1377) 6월조 "遣判典客寺事安吉祥于日

이에 대한 회답으로 1377년(우왕 3) 8월 규슈단다이 이마가와 료슌(今川了俊)이 승려 신홍(信弘)을 보내왔다. 신홍의 고려 파견은 일본에서 순직한 안길상에 대한 위문과 왜구 금지 요구에 대한 회답사의 성격을 가지고 있었다. 신홍이 가져온 왜구 금지에 대한 다자이후의 답신은 왜구의 주체가 '포도배(逋逃輩)'이므로 막부 명령을 잘 따르지 않아 금지시키는 것이 용이하지 않다는 내용이었다.[42] 그리고 같은 해 9월에는 정몽주가 교토와 다자이후에 파견되었다.[43] 또 1378년(우왕 4) 10월 이자용과 한국주가 파견되었고, 다음해 윤5월에는 윤사충이 일본에 파견되었다.[44] 이와 같이 고려는 사신을 적극적으로 파견하여 무로마치 막부와 다자이후에게 왜구의 침탈방지를 요구하는 왜구 금지 외교를 지속적으로 추진해 나갔다.

한편 무로마치 막부는 초기부터 일본열도에서 해적 행위를 금지하는 '추가법(追加法)'[45]을 공포하여 해상세력의 해적활동을 막기 위해 노력하였다. 또한 규슈단다이 이마가와 료슌도 고려의 왜구 금지 요구에 매우 적극적으로 호응하였다. 그럼에도 무로마치 왜구의 고려 경계침탈은 좀처럼 사라지지 않았다. 그 이유는 첫째로 무로마치 막부가 일본열도의 해상세력을 일원적으로 통제하지 못하였고, 둘째로 이마가와 료슌의 지

本 請禁賊 書曰 … (中略) … 後據羅興儒賚來貴國回文言稱 此寇 因我西海一路 九州亂臣割據 西島頑(民)然作寇 實非我所爲 未敢卽許禁約 得此叅詳 治民禁盜 國之常典 前項海寇 但肯禁約 理無不從 兩國通好 海道安靜 在於貴國處之如何耳".

42) 『고려사』 권133 열전 제46 신우 3년(1377) 8월조 "日本國遣僧信弘 來報聘 書云 草竊之賊 是逋逃輩 不遵我令 未易禁焉".
43) 『고려사』 권133 열전 제46, 신우 3년(1377) 9월조 "遣前大司成鄭夢周 報聘于日本 且請禁賊 … (下略)".
44) 『고려사』 권133 열전 제46, 신우 4년(1378) 10월조;『고려사』 권134 열전 제47, 신우 5년(1379) 윤5월조; 신우 6년(1380) 11월조.
45) 『中法制史料集』 第2卷 「追加法」 貞和 2년(1346) 월 일, "山賊海賊事"; 貞和 2년(1346) 12월13일, "山賊海賊事".

〈표 5〉 무로마치 왜구 금지를 위한 고려와 일본의 사신 왕래

시기	고려 사신	일본 사신	내 용	사료 출전
1366년 ?월 (공민왕 15)	金龍		丙午年間 差萬戶金龍等 報事意 卽蒙征夷大將軍禁約 稍得寧息(1377년(우왕 3) 6월조 참조)	『고려사』
1367년 2월 (貞治 6)	(金龍)		古記曰 二月十四日 高麗使万戶左右衛保勝中郎將 金龍·檢校左右衛保	『善隣國寶記』
1366년 11월 (공민왕 15)	金逸		壬辰 遣檢校中郎將金逸如日本 請禁海賊	『고려사』
1367년 2월 (貞治 6)	金一 (=金逸)		同卄七日 重中請 大夫前典義 令相金一來朝	『善隣國寶記』
1367년 6월 (貞治 6)		미상	六月卄六日 將軍家 以高麗回書 授使者	『善隣國寶記』
1368년 1월 (공민왕 17)		梵盪, 梵鏐	戊子 日本國遣僧梵盪梵鏐 偕金逸來 報聘	『고려사』
1368년 7월 (공민왕 17)		미상 (對馬島萬戶)	秋七月乙亥 日本遣使 來聘 已卯 對馬島萬戶遣使來 獻土物	『고려사』
1368년 윤7월 (공민왕 17)	李夏生		遣講究使李夏生于對馬島	『고려사』
1368년 11월 (공민왕 17)		對馬島萬戶 崇宗經	十一月 丙午 對馬島萬戶崇宗經 遣使來朝 賜宗慶米一千石	『고려사』
1375년 2월 (우왕 원년)	羅興儒		判典客寺羅興儒 聘日本	『고려사』
1376년 10월 (우왕 2)	羅興儒 재귀국		아래의 사료 참조/1377년 10월 사료 참조	『고려사』
1376년 10월 (우왕 2)		僧 良柔 〈周左 書〉	十月 羅興儒 還自日本 日本遣僧良柔 來報聘 … (中略)…其國僧周佐 寄書曰 惟我西海一路 九州亂臣割據 不納貢賦 且二十餘年矣 西邊海道頑民觀釁出寇 非我所爲	『고려사』
1377년 6월 (우왕 3)	安吉祥		遣判客寺事安吉祥于日本 請禁賊	『고려사』
1377년 8월 (우왕 3)		僧 信弘	日本國遣僧信弘 來報聘 書云 草竊之賊 是逋逃輩 不遵我令 未易禁焉.	『고려사』
1377년 9월 (우왕 3)	鄭夢周		遣前大司成鄭夢周 報聘于日本 且請禁賊	『고려사』
1378년 6월 (우왕 4)		僧信弘	日本九州節度使源了俊 使僧信弘 率其軍六十九人來捕倭賊	『고려사』
1378년 7월 (우왕 4)	鄭夢周 귀국	周孟仁	七月 鄭夢周 還自日本 九州道節度使源了俊 遣周孟仁 偕來	『고려사』
1378년 10월 (우왕 4)	李子庸, 韓國柱		遣版圖判書李子庸 前司宰令韓國柱 如日本 請禁海賊	『고려사』
1378년 11월 (우왕 4)		覇家臺倭使	(覇家臺倭使 來泊蔚州 信弘言 彼若見我 必歸告其國 遂給曰 高麗將拘汝 使懼逃歸)	『고려사』
1379년 2월 (우왕 5)		僧 法印	二月 日本國遣使僧法印 來報聘 獻土物	『고려사』
1379년 5월 (우왕 5)		朴居士	韓國柱還自日本 大內義弘 遣朴居士 率其軍一百八十人 偕來	『고려사』
1379년 윤5월 (우왕 5)	尹思忠		遣檢校禮儀判書尹思忠 報聘于日本	『고려사』
1380년 11월 (우왕 6)		探題將軍五郎兵衛	押物中郎將房之用還 探題將軍五郎兵衛等使 偕來 獻土物	『고려사』

나친 정치적 야망이 오히려 규슈의 정치적 혼란을 촉진시켰기 때문이었다. 즉 무로마치 왜구는 권력의 통제를 벗어난 동아시아 해역의 아웃로(Outlaw)와 같은 존재였기 때문에 막부나 규슈단다이가 의도하는 대로 쉽게 사라지지 않았다.

한편, 고려에서도 1376년(우왕 2)의 최영의 홍산대첩, 1380년(우왕 6) 나세·심덕부·최무선이 화포를 이용한 진포대첩, 1380년(우왕 6) 이성계의 황산대첩 등의 왜구의 3대첩에서 큰 승리를 거두었지만 왜구의 근절에는 실패하였다. 따라서 고려는 극단적인 처방을 내릴 수밖에 없었다. 1389년(창왕 원년)에 실시된 박위의 대마도정벌이 그것이었다. 박위는 100척을 동원하여 대마도를 정벌하고 돌아왔다.[46] 박위의 대마도정벌은 이제까지 고려가 수세적인 방어에서 벗어나 선제적인 방어가 가능하다는 자신감을 심어주는 데 일조했다. 그러나 무로마치 왜구의 고려 침탈이 원초적으로 근절된 것이 아니었다.

따라서 고려 조정이 군사력을 동원한 대마도정벌을 통해서도 근절시키지 못한 무로마치 왜구의 경계침탈은 새로 건국한 조선의 대왜(對倭) 외교의 우선 과제로 넘어갈 수밖에 없었다.

3) 무로마치 막부와 조선의 외교와 대마도정벌

조선 개국 이후에 다시 증가하는 무로마치 왜구의 출현은 대왜 외교의 최대 현안이었고 선결 문제였다.

〈표 6〉에서처럼 조선은 개국 직후 교토의 무로마치 막부, 규슈의 다자이후, 대마도 등지에 수시로 사신을 파견하며 왜구 금지 외교를 시도하였다. 그리고 무로마치 막부와 정치 세력들은 조선의 왜구 금지 외교

---

46) 『고려사』 권116 열전 제29 박위전; 『고려사』 권137 열전 제50, 신창 원년 (1389) 2월조.

와 궤를 같이 하는 적극적인 호응을 보여주고 있었다. 이것을 통해서 조선이 왜구에게 잡혀갔던 피로인의 송환이라는 부수적인 성과를 이루어낼 수는 있었다.

〈표 6〉 태조 시기 무로마치 왜구 금지를 위한 조선과 일본의 사신 왕래

시기	조선 사신	일본 사신	내용	사료 출전
1392년 10월 (태조 1)		僧 藏主·宗順 (筑州)	日本 筑州太守藏忠佳遣僧藏主宗順等, 歸我被虜人民, 且請修好.	『태조실록』
1392년 11월 (태조 1)	覺鎚		仲冬の初め、貴國の僧覺鎚來り、諸相國の命を將て、書を我が征夷大將軍府に達し…(하략)	『善隣國寶記』
1392년 12월 (태조 1)		僧 壽允	(상략)…今臣僧壽允を遣わし、細に情實を陳べしむ．…	『善隣國寶記』
1393년 6월 (태조 2)		僧 建哲 (一岐)	日本一岐島僧建哲, 使人來歸我被擄男女二百餘人.	『태조실록』
1393년 9월 (태조 2)		-?-	日本國遣使來獻劍二十柄, 上賜諸大臣, 還時坐宮.	『태조실록』
1394년 5월 (태조 3)	金巨原	僧 梵明	日本回禮使金巨原與僧梵明, 領被擄本國人五百六十九名以來.	『태조실록』
1394년 5월 (태조 3)		僧 梵明	日本九州節度使源了俊使者, 與我所遣僧梵明來, 歸我被擄男女六百五十九人.	『태조실록』
1394년 9월 (태조 3)		-?- (日本)	上視朝. 日本及琉球國使人隨班行禮.	『태조실록』
1394년 10월 (태조 3)	-?-		上送鵓鴿三雙于日本國九州節度使源了俊. 從其請也.	『태조실록』
1394년 10월 (태조 3)	崔龍蘇		遣前工曹典書崔龍蘇于日本, 使都堂致書九州節度使源了俊.	『태조실록』
1394년 12월 (태조 3)		-?- (今川了俊)	日本國鎭西節度使源了俊使人求《大藏經》.	『태조실록』
1395년 3월 (태조 4)	金積善		重承國使戶曹典書金積善護送兩《藏經》, 今歲三月初八日, 繫纜于此岸.	『태조실록』
1395년 4월 (태조 4)		-?- (薩摩)	日本薩摩守總守藤伊久 發還被擄人口. 又中伊集院太守藤原賴久 稱臣奉書獻禮物, 歸我傳到來人口.	『태조실록』
1395년 7월 (태조 4)		僧 原正泉 (今川了俊)	日本九州節度使源了俊遣僧原正泉等, 來獻土物.	『태조실록』
1395년 7월 (태조 4)		僧 宗俱 (今川了俊)	日本回禮使崔龍蘇與九州節度使了俊所遣僧宗俱來, 歸我被虜男女五百	『태조실록』

			七十餘口…蒙諭禁賊之事, 罄力於一岐, 對馬, 已久矣.…	
1395년 7월 (태조 4)		-?- (日向)	日本國日向州人來獻土物。	『태조실록』
1395년 7월 (태조 4)		-?- (薩摩)	日本國薩摩州人來獻土物。	『태조실록』
1395년 12월 (태조 4)	金積善 귀국		回禮使金積善至自日本。	『태조실록』
1395년 12월 (태조 4)		-?- (大內)	日本大內多多良, 遣人來獻土物。	『태조실록』
1396년 3월 (태조 5)		僧 通竺·永琳 (大內)	日本國左京權大夫多多良義弘遣通竺, 永琳兩禪和, 來達禁賊及擄掠人還送事, 仍獻禮物, 兼求≪大藏經≫。	『태조실록』
1396년 7월 (태조 5)	李子瑛 귀국		李子瑛來自日本。初子瑛以通事, 偕禮賓少卿裵厚, 回禮暹羅斛國, 與其使者林得章等, 還到羅州海中, 爲倭寇所虜盡殲之。子瑛獨被生擒以歸, 至是乃還。	『태조실록』
1397년 5월 (태조 6)	朴仁貴		遣前司宰少監朴仁貴, 通書于日本對馬島。書曰…	『태조실록』
1397년 6월 (태조 6)		-?- (今川了俊)	日本九州節度使源了俊, 遣人來獻土物。	『태조실록』
1397년 7월 (태조 6)		-?- (今川了俊)	日本九州節度使遣人來獻土物。	『태조실록』
1397년 7월 (태조 6)		-?- (大內)	日本六州刺史多多良朝臣義弘, 遣使致書都堂。	『태조실록』
1397년 8월 (태조 6)		-?-	被擄本國男女十九人及倭三人, 唐二人, 來自日本。	『태조실록』
1397년 10월 (태조 6)		僧 梵明	日本九州節度使使者, 與本國僧梵明, 來獻土物。	『태조실록』
1397년 11월 (태조 6)		僧 永範·永廓 (大內)	日本國六州牧義弘, 遣僧永範, 永廓, 來獻土物。	『태조실록』
1397년 12월 (태조 6)	朴惇之		日本國六州牧義弘使者永範, 永廓還, 上以前秘書監朴惇之爲回禮使遣之。	『태조실록』
1397년 12월 (태조 6)		-?- (涉川滿賴)	日本關西道九州探題源道鎭, 使人獻禮物, 求≪大藏≫。	『태조실록』
1398년 7월 (태조 7)		-?- (肥前)	日本肥前州駿州太守源慶, 使人獻禮物。	『태조실록』
1398년 7월 (태조 7)		僧 靈智 (大內)	日本六州牧多多良義弘, 承相國大夫人之命, 遣僧靈智, 獻禮物, 求≪大藏經≫。	『태조실록』

그러나 1396년(태조 5) 7월에 섬라곡국(暹羅斛國)에 회례사(回禮使)로 갔던 사신 일행이 전라도 나주(羅州) 근처에서 왜구에게 죽임을 당하고, 겨우 이자영(李子瑛)만이 일본에 붙잡혀 갔다가 살아 돌아오는 사건이 일어났다.[47] 같은 해 8월에는 무로마치 왜구가 영해성(寧海城)을 함락시키고[48] 10월에는 동래성을 포위하였다가 물러가면서 병선 21척을 불사르는 사건을 일으켰다.[49]

조선 태조는 군사를 동원하여 바다와 육지에서 함께 공격하여 왜구를 일거에 섬멸하는 강경책을 선택하였다. 1396년(태조 5) 12월 조선은 김사형을 오도병마도통처치사로 삼아 남재, 신극공, 이무 등과 함께 이키(一岐)와 대마도를 정벌하도록 명하였다.[50] 조선 초기에 경계를 침범하여 수시로 약탈을 일삼는 왜구를 군사력을 동원하여 바다와 육지에서 일거에 섬멸하는 왜구의 근거지 토벌을 실시한 것이다.

그러나 한편으로 조선은 1396년 대마도를 정벌한 다음 해, 처자를 거느리고 조선에 들어온 일본 승려 원해(原海)에게 전의박사(典醫博士)와 평(平)씨라는 성을 하사하는[51] 회유정책을 즉시 시행하였다. 또 1398년(태조7) 2월 투화해 오는 등육(藤六)과 임온(林溫)에게 장군직(將軍職)을 하사하고,[52] 1407년(태종 7) 7월 투화한 왜인 평도전(平道全)을 원

---

47) 『태조실록』 권10 태조 5년(1396) 7월 11일조, "李子瑛來自日本. 初子瑛以通事, 偕禮賓少卿裵厚, 回禮暹羅斛國, 與其使者林得章等, 還到羅州海中, 爲倭寇所擄盡殲之. 子瑛獨被生擒以歸, 至是乃還".
48) 『태조실록』 권10 태조 5년(1396) 8월 23일조.
49) 『태조실록』 권10 태조 5년(1396) 10월 27일조.
50) 『태조실록』 권10 태조 5년(1396) 12월 3일조, "丁亥 以門下右政丞金士衡爲五道兵馬都統處置使 以藝文春秋館太學士南在爲都兵馬使 中樞院副使辛克恭爲兵馬使 前都觀察使李茂爲都體察使 聚五道兵船 擊一歧 對馬島".
51) 『태조실록』 권10 태조 6년(1397) 8월 25일조. "日本僧原海率妻子來. 稍精醫術, 命長髮, 授典醫博士, 姓平".
52) 『태조실록』 권13 태조 7년(1398) 2월 17일조, "以降倭萬戶㳄六, 改名藤六, 爲宣略將軍, 行中郞將; 羅可溫改名林溫, 爲宣略將軍, 行郞將".

외사재소감(員外司宰少監)으로 삼고 은대(銀帶) 하사하는53) 등의 회유정책을 지속적으로 유지해 갔다. 이처럼 조선은 무로마치 왜구를 근절시키기 위해 대마도정벌이라는 군사적인 강경책뿐 만 아니라 회유책을 적절하게 병행해 나갔던 것이다.

그런데 1419년(세종 1) 5월 왜구가 비인현(庇仁縣)에서 백성을 살해하고 병선을 불태우는 사건을 일으켰다.54) 다시 고개를 드는 무로마치 왜구의 만행은 조선으로 하여금 회유정책을 강경정책으로 선회하게 만든 결정적인 요인이 되었다. 병권을 장악하고 있던 상왕 태종은 왜구의 소굴이며 집결지인 대마도에 대한 군사적인 응징을 결정하였다.55) 같은 해 6월 9일 태종은 대마도 정벌의 이유를 교서로 내리고,56) 같은 달 19일 이종무를 삼군도체찰사(三軍都體察使)로 삼아 대마도로 발진시켰다.57) 20일에 대마도의 두지포(豆知浦)에 상륙한 이종무가 장기전에 대비하자, 종정성(宗貞盛)이 수호(修好)를 요청해 왔고, 이것을 받아들여 이종무는 7월 3일 거제도로 철군하였다.58) 이것이 이종무의 대마도 정벌(=己亥東征)이었다. 조선의 대마도정벌은 무로마치 막부와의 경계에 위치한 왜구 근거지를 초토화시켜서 왜구의 만행을 엄중하게 문책하는 군사적 징벌이었다.

한편 조선은 이미 1407년(태종 7) 이전부터 부산포와 내이포에 포소를 운영하고 있었고 대마도 정벌 직전인 1418년(태종 18) 3월 염포(鹽

---

53) 『태종실록』 권14 태종 7년(1407) 7월 15일조, "以平道全爲員外司宰少監 賜銀帶 道全 日本人之投化者也".
54) 『세종실록』 권4 세종 원년(1419) 5월 7일조, "本月初五日曉 倭賊五十餘艘 突至庇仁縣之都豆音串 圍我兵船焚之 烟霧曚暗 未辨彼我".
55) 『세종실록』 권4 세종 원년(1419) 5월 14일조.
56) 『세종실록』 권4 세종 원년(1419) 6월 9일조.
57) 『세종실록』 권4 세종 원년(1419) 6월 19일조; 이종무의 대마도정벌은 병선 227척과 17,285명의 병사, 그리고 65일분의 식량 등을 가지고 출전하였다(『세종실록』 권4 세종 원년(1419) 6월 17일조).
58) 『세종실록』 권4 세종 원년(1419) 7월 3일조.

浦)와 가배량(加背梁)에 왜관 설치를 결정하여 왜인 거주를 허락하고 있었다.[59] 그리고 대마도정벌 직후 10월에는 종준(宗俊)이 와서 투화하면 그 공적에 따라서 벼슬을 주겠다고 설득하고 있다.[60] 이처럼 조선은 지속적으로 왜인의 투화를 권유하고 큰 상을 내리는 원칙을 유지해 나갔다. 더 나아가 투화 이후에도 조선에서의 생활이 안정되게 의복과 식량을 지급하고 조세와 10년 동안 역(役)을 면제해 주는 등의 세심한 배려를 아끼지 않았다.

그리고 조선은 15세기 중반 왜구가 사라진 이후에도 '삼포'를 중심으로 강경책과 유화책을 적절히 운용하며 대왜인 정책의 기조를 유지해 나갔다. 비록 이것은 조선에게 막대한 재정적 부담을 안겨주는 정책이었지만 국내의 안정을 유지하고 왜구 문제를 조선이 주도적으로 전개할 수 있는 최선의 방법이었다.

4. 맺음말

이상에서 살펴본 왜구의 경계침탈과 외교의 양상을 몇 가지로 요약 정리해 볼 수 있다.

첫째, 가마쿠라 왜구의 시작은 조큐의 난의 발발과 관련되어 있었다. 그리고 가마쿠라 왜구는 고려 관군과의 군사적 충돌을 염두에 두지 않은 소규모 집단의 약탈로부터 시작되었다.

둘째, 가마쿠라 왜구의 등장은 마쓰우라당에 의한 고려의 경계를 침

---

[59] 1419년(세종 1) 대마도 정벌로 인해 대마도와 왕래가 단절되고 조선 내의 포소가 폐쇄되었다. 그러나 1423년(세종 5) 부산포와 내이포, 1426년(세종 8) 염포가 다시 개항되어 '삼포'의 시대가 열리게 되었다.
[60] 『세종실록』 권5 세종 1년(1419) 10월 11일조, "其必如宗俊等親來投化 乃許其降 大者爲官 小者爲民 聽其所願 使安生業. 汝往曉諭島人 其速來報".

탈하는 시점과 거의 일치하는 것으로 보아, 초기 가마쿠라 왜구는 마쓰우라당이 주체적으로 가담한 약탈 행위였다.

셋째, 다자이후는 왜구의 경계침탈을 막아줄 것을 요구하는 고려 사신 면전에서 '악당(Ackutou)'을 참수하거나 약탈한 물품을 변상하는 등의 매우 우호적인 자세를 보여주고 있었다.

넷째, 무로마치 막부는 고려에 보내온 첩장에서 무로마치 왜구가 남북조내란기의 규슈의 정치 혼란과 직접 관련되어 있다고 인정하였다. 그리고 무로마치 막부는 고려와 조선에서 왜구의 경계 침탈 금지를 요구하는 사신이 오자 답례의 사신을 적극적으로 파견하였다. 그러나 막부의 호의적인 대(對)조선 외교 자세에도 불구하고 무로마치 왜구의 고려 경계침탈이 즉각적으로 사라지지 않았다.

다섯째, 무로마치 왜구는 해적금지령을 공포한 막부의 강한 의지와 재지 세력의 자구적 노력, 그리고 조선의 대왜인 강온정책 등의 상호 촉매 작용으로 인해 점차 근절되어 갔다.

이상에서 협소한 지면으로 인하여 미처 분석하지 못한 대마도정벌 이후의 무로마치 막부와 조선의 외교 교섭, 그리고 조선의 대왜인 정책의 문제는 추후의 과제로 미루고자 한다.

참고문헌

1. 사료

『고려사』,『태조실록』,『태종실록』,『세종실록』,『今昔物語集』,『明月記』,『百鍊抄』,『吾妻鏡』,『阿蘇文書』,『南北朝遺文』,『花營三代記』,『薩藩舊記』,『太宰少貳系圖』,『深江文書』,『善隣國寶記』.

2. 단행본

나종우,『韓國中世對日交涉史硏究』, 원광대학교 출판국, 1996.
田中健夫,『中世海外交涉史の硏究』, 東京大學出版會, 1957.
_____,『倭寇と勘合貿易』, 至文堂, 1961.
_____,『倭寇-海の歷史-』, 敎育社, 1982,
田村洋幸,『中世日朝貿易の硏究』, 三和書房, 1967.
太田弘毅,『倭寇-日本あふれ活動史-』, 文藝社, 2004.

3. 논문

김보한,「一揆와 倭寇」,『일본역사연구』10, 1999.
_____,「少貳冬資와 倭寇의 일고찰」,『일본역사연구』13, 2001.
_____,「東아시아 海域의 아웃로(Outlaw)」,『일본역사연구』24, 2006.
나종우,「高麗 末期의 麗·日 關係-倭寇를 中心으로」,『전북사학』4, 1980.
남기학,「몽고침입과 중세 일본의 대외관계」,『아세아문화』12, 1996.
_____,「중세 고려, 일본 관계의 쟁점-몽골의 일본 침략과 왜구」,『일본역사연구』 17, 2003.
손홍렬,「高麗末期의 倭寇」,『사학지』9, 1975.
신기석,「高麗末期의 對日關係-麗末倭寇에 關한 硏究」,『社會科學』1, 한국

사회과학연구회, 1957.

신석호,「여말선초의 왜구와 그 대책」,『國史上의 諸問題』3, 1959.

이영,「高麗末期 倭寇構成員에 관한 考察」,『한일관계사연구』5, 1996.

____,「'倭寇의 空白期'에 관한 한 考察」,『일본역사연구』5, 1997.

____,「'경인년 이후의 왜구'와 松浦黨」,『일본역사연구』24, 2006.

이현종,「왜인관계」,『한국사』9, 국사편찬위원회, 1973.

_____,「왜구」,『한국사』8, 국사편찬위원회, 1974.

한문종,「조선 초기의 왜구대책과 대마도」,『전북사학』19·20, 1997.

太田弘毅,「倭寇と結託した朝鮮人 -〈賊諜〉·〈奸民〉·〈詐倭〉-」,『藝林』36-3, 1987.

高橋公明,「中世東アジア海域における海民と交流」,『(名古屋大學文學部研究論集)史學』33, 1987.

田中健夫,「倭寇と東アジア通交圏」,『日本の社會史』第一卷, 岩波書店, 1987.

전근대 시기 '釣魚島諸島'에 대한 中·日의 영토인식 고찰

신 동 규*

1. 머리말

본고에서는 중국과 일본 및 대만과의 사이에서 현재진행형의 심각한 영토분쟁을 일으키고 있는 조어도제도(釣魚島諸島)[1]를 중심으로 전근대 시기에 중국과 일본이 어떠한 영토 인식을 가지고 있었는가를 고찰해 보고자 한다. 조어도제도는 동중국해 남서부, 즉 동경 123도 30분~124도 34분, 북위25도 44분에서 56분에 위치한 8개의 소군도를 말한다. 한국에서는 조어도(釣魚島)나 센카쿠도(尖閣島)라고도 불리고 있으며, 중국에서는 '댜오위다오(釣魚島)', 대만에서는 '댜오위타이(釣魚臺)'라고 불리고 있다. 하지만, 1개의 섬이 아니기 때문에 중국에서는 '釣魚島及其附屬島嶼'라고도 하며, 대만에서는 '釣魚臺列嶼', 일본에서는 센카쿠제도(尖閣諸島)[2]라고 불린다.

---

* 동아대학교 국제학부 일본학전공 교수.
1) 본고에서는 제일 빠른 시기에 사용된 명칭으로서 편의상 '조어도제도(釣魚島諸島)'로 통칭하는데, 특정 국가의 영토를 인정하는 의미는 아니며, 본고에서 잠정적으로 사용하는 용어임을 밝혀 둔다.
2) '센카쿠'라는 명칭은 메이지(明治)정부로부터 이 지역을 무상증여 받았던 코가 타츠시로(古賀辰四郎)의 요청을 받아 1900년 5월에 해당 지역을 조사한 쿠로

이곳이 영토분쟁지역으로서 문제가 된 것은 1968년 한국·일본·대만의 과학자들을 중심으로 한 ECAFE(유엔아시아극동경제위원회)가 동중국해 일대를 조사한 결과 대만의 북동쪽의 해저 약 20만㎢ 일대에 풍부한 석유자원이 매장되어 있을 가능성이 제기되어 주변국의 관심을 끌게 되었고, 1970년 후반이 되어 중국 측에 의한 영유권 주장이 제기되면서부터라는 것이 알려지고 있다.[3]

중국과 일본 사이에 조어도제도를 둘러싼 분쟁의 횟수는 너무나 많아 대표적인 분쟁 사건만 보면, 1996년 9월에 홍콩 주민이 센카쿠도 근해에서 시위 중에 익사하는 사고,[4] 2010년 9월 7일에는 중국어선이 조어도제도 부근에서 조업하다가 일본해상보안청의 순시선에 발견되어 정선을 권고하였으나, 무시하고 도주하다가 순시선 2척을 파손한 중국인 선장을 공무집행방해죄로 체포한 사건[5]이 발생하기도 하였다. 더욱이 2012년 4월 16일 도쿄도지사 이시하라 신타로(石原愼太郎)는 방문 중인 미국 워싱턴에서의 강연에서 센카쿠제도를 도쿄도(東京都)의 예산으로 매입하는 계획이 추진 중이라는 사실을 언급하며, 이미 원래의 토지소유자인 민간인과도 계약을 성사시키고 있다고 주장[6]하여 중·일 간의 외교관계에 불씨를 던지고 있다.

일본 극우주의자이기도 한 이시하라의 발언은 이전부터 조어도제도에 대한 영유권 주장의 연장선상에서 살펴보아야 하겠지만, 분쟁지역을 매입한다는 이번 발언은 "도쿄도가 일본을 지킨다."고 하여 일본정부의

  이와 히사시(黑岩恒)가 명명한 것으로『영국해군수로지』에 있는 'The Pinnacle Islands'라는 용어를 의역한 것이다(高橋庄五郎,『尖閣列島ノート』, 靑年出版社, 1979, 49~50쪽).
3) 芹田健太郎,『日本の領土』, 中央公論新社, 2010, 121~122쪽.
4) 박종귀,『아시아의 분쟁』, 새로운 사람들, 2000, 287쪽.
5) 「産經新聞」(2010년 9월 8일).
6) 「東京都が尖閣諸島買い取り:所有者と合意, 年內に契約」, 「時事通信」, 2012년 4월 16일. 2012/06/01 검색.

대중국 외교를 비판한 것이기도 하다. 뿐만 아니라, 4월 29일에는「일본외국특파원협회」에서 "티베트를 정치적으로 말살한 뒤에 패권주의로 이번에는 센카쿠(尖閣)을 노리고 있다."고 중국을 자극함과 동시에 "센카쿠 문제로 중국에 벌벌 떨고 있다면, 그 사이에 五星紅旗(중국의 국기)의 여섯 번째 별은 작은 '히노마루(日の丸, 일본의 국기)'가 될지도 모른다."[7]고 하면서 일본정부에 대한 비판의 강도를 높이며, 일본의 조어도제도에 대한 영유권을 극렬하게 주장하고 있다. 이러한 현상은 비단 이시하라의 문제만은 아니다. 최근 23만여 명을 대상으로 한 여론조사에서도 93%의 회답자가 이시하라의 조어도제도 매입계획에 찬성하고 있으며,[8] 일본정부를 포함해 수많은 일본인들은 조어도제도가 일본 고유의 영토임을 정당하게 여기고 있다.

그러나 전근대 일본의 영토는 고대 이래 규슈(九州)·시코쿠(四國)·혼슈(本州)라고 하는 '三島 영토관'이 정착되어 있었고, 이러한 영토관이 에도막부(江戶幕府) 말기까지 지속되고 있었다는 것[9]을 염두에 두면 과연 일본의 영토주장이 얼마만큼의 역사적 사실을 배경으로 하고 있을까 의문이 든다. 더욱이 조어도제도 문제를 이른 시기에 역사적으로 고찰한 이노우에 키요시(井上清)는 『尖閣列島-釣魚諸島の史的解明』[10]에서 일본이 1895년 이래 '無主地'를 '선점'하여 실효적 지배를 주장하고 있는 것에 대해 『琉球國中山世鑑』과 『籌海圖編』·『順風相送』을 비롯해 『使琉球雜錄』·『琉球國志略』 등의 『琉球册封使錄』을 이용해 조어도제

---

7) 「產經新聞」(2012년 5월 30일).
8) 「尖閣諸島購入に突き進む石原都知事」,「JAPAN REALTIME」, 2012년 4월 25일. 2012년 4월 25일자, 2012/06/04 검색.
9) 申東珪,「일본의 私撰地圖로 본 전근대 '三島領土觀'에 대한 고찰」,『전근대 일본의 영토인식』, 동북아역사재단, 2012.
10) 井上清,『尖閣列島-釣魚諸島の史的解明』, 第三書館, 1996, 序. 원래 이 저서는『「尖閣」列島-釣魚諸島の史的解明』, 現代評論社, 1972의 제1부「釣魚諸島の歷史と領有權」만을 발췌하여 1996년에 상기의 제목으로 출판한 것이다.

도가 단 한 번도 일본이나 류큐(琉球)에 부속된 적이 없는 중국의 영토임을 주장하고 있다. 전근대의 사료를 이용하고 있다는 점에서도 본고가 시사 받은 점이 많은 것은 말할 것도 없지만, 이 저서의 서문과 본문에 걸쳐 일본의 센카쿠도 영유권 주장이 제국주의와 군국주의의 재발이 아닌가라는 위기감을 환기시키고 있어[11] 사방에 영토문제의 소용돌이 속으로 주변국을 끌어들이는 지금의 일본을 생각하면 동아시아 세계의 평화유지라는 측면에서 의미 있는 연구라고 사료된다.

다만, 이노우에의 주장은 일본에서 거의 유일한 것이지만, 이후 그의 연구는 그야말로 상상을 초월할 정도로 일본에서 파장을 초래하며 비판을 받았다. 특히, 그중에서도 오쿠하라 토시오(奧原敏雄)는 「明代および淸代における尖閣列島の法的地位」, 「尖閣列島問題と井上淸論文」과 「動かぬ尖閣列島の日本領有權-井上淸論文の「歷史的虛構」をあばく」, 「尖閣列島領有權の根據」, 「尖閣列島-中國及び臺灣の領有論據批判」 등 다수의 연구를 발표하고 있는데,[12] 거의 같은 내용으로 이노우에가 주장한 중국의 조어도제도 선점에 대해 법리적 무효론과 사료해석에 대해 집중적으로 비판하고 있다. 또한, 문부교관을 지내기도 했던 하라다 노부오(原田禹雄)는 『尖閣諸島-册封琉球使錄を讀む』[13]의 서문에서 "내용이 궁색한 책이라고 생각된다. … 이노우에 키요시의 그 책은 제대로 된 역사학적 서

---

11) 위와 같음.
12) 奧原敏雄, 「尖閣列島の領有權問題」, 『沖繩』 58, 1971; 同, 「明代および淸代における尖閣列島の法的地位」, 『季刊 沖繩』 63, 1972; 同, 「尖閣列島問題と井上淸論文」, 『朝日アジアレビュー』 4-1, 1973; 同, 「動かぬ尖閣列島の日本領有權-井上淸論文の「歷史的虛構」をあばく」, 『日本及日本人』, 1515, 1973; 同, 「尖閣列島領有權の根據」, 『中央公論』 93-7, 1978; 同, 「尖閣列島-中國及び臺灣の領有權權論據批判」, 『AFAシリーズ』 78, アジア親善交流協會, 1979. 한편, 이노우에 키요시(井上淸)와 오쿠하라 토시오(奧原敏雄)의 논쟁에 대해서는 다카하시 쇼고로(高橋庄五郎)의 『尖閣列島ノート』, 靑年出版社, 1979, 191~207쪽)을 참조.
13) 原田禹雄, 『尖閣諸島-册封琉球使錄を讀む』, 榕樹書林, 2006, 서문.

술이라고는, 다시 말하면 史的解明이라고는 결코 생각하지 않는다."라고 이노우에의 연구를 강렬하게 비판함과 동시에 이노우에가 이용한 사료들에 대해 전면적인 재해석과 비판을 가하여 조어도제도에 대한 일본 영유권을 주장하고 있다. 이러한 동일선상에 서서 국제법학자인 세리타 켄타로(芹田健太郎)도 『日本の領土』14)에서 조어도제도가 福建省과 대만의 부속도서가 아니었다는 논증을 펼쳐 전술한 이노우에의 주장을 전면적으로 부정하고 있다. 그런데 흥미로운 것은 정작 세리타의 연구에서는 전근대 조어도제도의 일본영유권을 주장할 만한 사료적 근거와 논증에 대해 단 한마디의 언급도 없다는 점이다. 그만큼 주장의 토대가 될 만한 일본측의 사료 부재로 인한 것으로 추측되지만, 이노우에의 연구에 대한 일본 내의 비판은 외교적, 학술적, 교양적 차원을 불문하고 기본적인 비판의 대상이 되고 있다는 것만큼은 확실하다.

이외에 전근대를 연구범위로 삼고 있지는 않지만, 1895년 이후 조어도제도의 일본 영유권에 대해서 언급한 연구들이 상당수 있다. 대표적으로 호사카 마사야스(保阪正康)는 『歷史でたどる領土問題の眞實』15)의 제5장에서 1895년 일본의 '센카쿠제도 편입'에 의한 일본영유권을 언급하고 있는데, 대부분 戰後의 중·일 간 영토분쟁을 대상으로 삼고 있으며, 이를 통해 중국의 왜곡된 내셔널리즘에 대한 비판과 일본정부의 적절한 대응을 피력하고 있다. 이러한 호사카의 논조는 2012년에 토고 카즈히고(東鄕和彦)와 공동 출판한 『日本の領土問題-北方四島, 竹島, 尖閣諸島』16)에서도 전후처리와 '無主의 땅'에 대한 선점의 법리를 주장하며 계속되고 있다.

---

14) 芹田健太郎, 앞의 책, 135~151쪽.
15) 保阪正康, 『歷史でたどる領土問題の眞實』, 朝日新書 309, 朝日新聞出版, 2011, 199~226쪽.
16) 保阪正康/東鄕和彦, 『日本の領土問題-北方四島, 竹島, 尖閣諸島』, 角川書店, 2012, 115~144쪽.

이와 같은 논리는 히라마츠 시게오(平松茂雄)도 마찬가지로 그는『中國はいかに國境を書き換えてきたのか』[17]에서 조어도제도는 메이지(明治) 초두 이래 일본의 영토였으며, 특히 1895년 이후 일본의 영토가 확정되었다는 것이다. 또한, 일본 방위대학 교수를 역임한 마고사키 우케루(孫崎享)는『日本の國境問題』[18]에서 "1870년대 이전에 센카쿠제도가 일본의 영토였던 적은 없었다."(同書 61쪽)는 점을 지적하고는 있는데, 역시 1895년 이후 일본의 조어도제도 선점에 의한 영유권 확보 과정을 강조하고 있다. 다만, 이 연구의 결론 부분에는 일본의 영토분쟁의 해결이라는 측면에서 불필요한 마찰의 회피, 국제사법재판소에의 제소(제3자의 개입), 중일간의 군사력 사용의 금지, 다각적 상호의존관계의 구축 등 다양한 방책을 제시하고 있어 향후 일본의 행보를 가늠해본다는 측면에서 무시할 수 없는 연구라고 판단된다.

한편, 한국에서도 이어도 문제, 독도문제가 중국이나 일본과의 사이에서 발생하고 있어 金明基의「獨島 問題와 釣魚島 問題의 比較考察」,[19] 남종호의「중·일 양국의 조어도열도 영유권분쟁과 이어도문제」[20]에 보이는 바와 같이 그 연장선상에서 중·일간의 조어도제도에 관한 연구가 최근에 들어와 일정의 성과를 보이고는 있지만, 대부분은 전근대 시기를 대상으로 한 것이 아니라, 근대 이후나 1970년대 이후의 분쟁을 대상으로 국제법적인 양국 주장과 입장에 대한 비교가 주된 소재였다.[21]

---

17) 平松茂雄,『中國はいかに國境を書き換えてきたのか』, 草思社, 2011, 223~228쪽.
18) 孫崎享,『日本の國境問題』, ちくま親書905, 筑摩書房, 2011. 다만, "1870년대 이전에 센카쿠제도가 일본의 영토였던 적은 없었다."고 하면서도 1870년대 이전에 과연 어디의 영토에 포함되고 있었는가에 대한 구체적 논증이나 근거되는 사료는 없다.
19) 金明基,「獨島 問題와 釣魚島 問題의 比較考察」,『강원법학』10, 1998.
20) 남종호,「중·일 양국의 조어도열도 영유권분쟁과 이어도문제」,『한중사회과학연구』23, 2012.
21) 최장근,『일본의 영토분쟁−일본 제국주의 흔적과 내셔널리즘−』, 백산자료원,

이상과 같은 선행연구를 볼 때, 일본의 조어도제도 영유권의 주장 근거는 일본정부가 조어도제도의 오키나와현(沖繩縣) 편입을 비공개로 결정하여 일본영토로 규정한 1895년 1월 14일의 이른바 '센카쿠제도 편입'이라는 것을 알 수 있다. 그렇다면, 과연 중국과 일본의 조어도제도를 둘러싼 논쟁의 요점은 무엇일까. 이에 대해 1971년 「釣魚臺列嶼의 주권에 관한 臺灣當局外交部聲明」,22) 1971년 「釣魚島 등의 주권에 관한 중화인민공화국 외교부 성명」23)과 1972년 「센카쿠제도의 영유권문제에 대한 일본 외무성 기본 견해」24)를 비롯해 중·일 양국의 주장을 정리한 연구25)를 토대로 조어도제도를 둘러싼 논쟁점을 살펴보면, ①역사적으로 어느 쪽이 선점하고 있었는가, ②역사적으로 어느 쪽이 먼저 영유를 주

2005, 305~332쪽; 박정현, 「근대 중국의 해양인식과 영유권 분쟁」, 『아세아연구』 48-4, 2005; 김선화, 「중·일간 조어도의 영유권 분쟁에 대한 고찰」, 『海事法硏究』 19-2, 2007; 이은자, 「한중간 영토 분쟁에 대한 비판적 검토」, 『아시아문화연구』 14, 2008, 183~188쪽; 이문기, 「중국의 해양도서 분쟁 대응전략: 조어도와 남사군도 사례를 중심으로」, 『아시아연구』 10-3, 2008, 33~39쪽; 李昌偉, 「중국의 도서와 해양경계 문제」, 『국제법학회논총』 54-1, 2009, 137~140쪽; 이정태, 「조어도 분쟁에서 '무주지 선점론'과 '역사주권론'」, 『국제정치연구』 14-1, 2011; 권태환, 「일·중 영유권 갈등과 전망-尖閣列島를 중심으로-」, 『한일군사문화연구』 11, 2011; 진필수, 「센카쿠(댜오위타이)제도 영유권 분쟁에 있어 이시가키시 의회의 과잉애국심과 지역활성화의 논리」, 『비교민속학』 47, 2012.
22) 浦野起央, 『尖閣諸島·琉球·中國-日中國際關係史』, 增補版, 三和書籍, 2010, 237~239쪽, [자료12] 「釣魚臺列嶼の主權に關する臺灣當局外交部聲明」 참조.
23) 위의 책, 239~240쪽, [자료13] 「釣魚島などの主權に關する中華人民共和國外交部聲明」 참조.
24) 위의 책, 241~242쪽, [자료15] 「尖閣諸島の領有權問題についての日本外務省基本見解」 참조.
25) 奧原敏雄, 「尖閣列島領有權の法理-日·中·臺の主張の根據と對立点」, 『日本及日本人』 1507, 1972; 上地龍典, 『尖閣列島と竹島:中國·韓國との領土問題』, 敎育史, 1978, 83~102쪽; 濱川今日子, 「尖閣諸島の領有をめぐる論点-日中兩國の見解を中心に-」, 『調査と情報』 565, 2007; 浦野起央, 앞의 책, 13~32쪽; 芹田健太郎, 앞의 책, 123~166쪽; 孫崎享, 앞의 책, 58~72쪽.

장했는가, ③1895년 '센카쿠제도의 일본편입'을 어떻게 보는가(일본편입의 적법성 문제), ④제2차 세계대전 이후 조어도제도가 오키나와의 일부로 처리되었는가, 대만의 일부로 처리되었는가(제2차 세계대전의 전후처리 문제)라는 네 가지 점으로 정리할 수 있다. 하지만, 본고는 전근대의 釣魚島諸島만을 소재로 삼고 있기 때문에 ③과 ④의 논쟁점에 대해서는 금후의 과제로 삼고 ①과 ②에 한정하여 고찰해보도록 하겠다.

따라서 본고에서는 전술한 ①과 ②의 논쟁점을 염두에 두고, 다음과 같은 목적을 가지고 조어도제도에 대한 영토인식을 고찰해 보고자 한다. 첫째는 선행연구에서 언급된 전근대, 즉 중세와 근세시기의 문헌에 대한 재검토와 본고에서 새롭게 소개하는 사료들을 중심으로 조어도제도가 어떻게 인식되고 있었는가를 국경의 인식이라는 측면에서 검증하고, 둘째는 중·일 간 조어도제도를 둘러싼 논쟁의 중심에 위치한 전근대 시기의 조어도제도가 과연 '無主의 땅'인지, 아니면 어느 한 쪽에 선점권이 있었는지를 규명해보고자 한다. 물론, 그간 선행연구에서 누락되어 왔던 문헌과 논점에 대해서도 새롭게 검토할 것이다. 다만 본고의 목적이 어느 특정 국가의 조어도제도 영유권을 강화시키거나 찬성하는 논리로서의 연구가 아니라는 것도 여기서 먼저 밝혀두도록 하겠다.

2. 明代의 釣魚島諸島 인식

조어도제도는 주지한 바와 같이 동중국해 남서부에 위치한 8개의 소군도로서 현재 일본이 1895년 이후 '실효지배'를 하고 있는 곳이다. 그러나 실효지배라고 하더라도 이곳에 관한 전근대(중세·근세) 시기의 문헌은 없다고 해도 과언이 아니다. 이노우에 키요시(井上淸)의 연구[26]에

---

26) 井上淸, 앞의 책, 24~25쪽. 더욱이 이노우에에 의하면, 『琉球國中山世鑑』도 중

의하면, 메이지 이전 일본의 문헌으로서 그나마 하야시 시헤이(林子平)가 저술한 『三國通覽圖說』의 附圖인 「琉球三省幷三十六圖之圖」단 1건뿐이며, 당시 류큐(琉球)의 문헌으로도 『琉球國中山世鑑』(1650, 권5), 류큐의 지리학자 테이준소쿠(程順則)가 저술한 『指南廣義』의 「針路條記」와 附圖뿐이 없다. 또한, 류큐인에게 조어도제도는 明의 福州에서 나하(那覇)까지 오는 항로에 해당되는 것 이외에 아무런 관계도 없었고, 류큐에서 조어도제도까지는 역풍과 역류였기 때문에 당시의 항해술로는 다가설 수 없는 곳으로 류큐인은 중국인을 통해서만 이곳의 정보를 얻을 수밖에 없었다고 한다.

하지만, 중국에서는 조어도제도와 관련된 상당수의 문헌들이 전근대에 작성되고 있었다. 바로 중국에서 류큐로 파견된 책봉사절의 왕래가 있었기 때문인데, 전근대 시기(明·淸)에 파견된 책봉사는 1372년부터 시작되어 1866년까지 확인된 것만 24회로 이 기간 동안에 이른바 琉球册封使의 기록이 다수 남아 있다(〈표 1〉「琉球册封使 일람」참조).[27]

이들 사료에 대해서는 전술한 이노우에의 연구에서도 일부 언급이 되고 있지만,[28] 이 중에서 조어도제도와 관련된 가장 빠른 기록은 1534년에 류큐에 도착한 책봉사로 정사 陳侃이 기록한 『使琉球錄』이다. 여기에는 조어도제도와 관련하여 다음과 같은 기록이 보이고 있다.

국의 책봉사 陳侃의 『使琉球錄』으로부터 중국의 福州에서부터 나하(那覇)에 이르는 항로 관련 기사를 초록하면서 '釣魚嶼'라는 명칭이 나와 있을 뿐이라고 한다.
27) 〈표 1〉의 「琉球册封使 일람」은 우라노 타츠오(浦野起央)의 연구(앞의 책, 62~63쪽)와 하라다 노부오(原田禹雄)의 연구(앞의 책, 8~9쪽), 夫馬進編,『使琉球錄解題及び研究: 研究成果報告書』(京都大學文學部東洋史研究室, 1998)을 참조하여 작성함.
28) 井上淸, 앞의 책, 24~41쪽.

〈표 1〉 琉球冊封使 일람

횟수	연도 (책봉사도착)	왕조	정사명	수봉국왕	사록명칭
1	1372(洪武5)	明朝	楊載	察度	
2	1404(永樂2)	〃	時中	武寧	
3	1416(永樂14)	〃	陳季若	他魯每	
4	1425(洪熙元年)	〃	柴山	尙巴志	
5	1443(正統8)	〃	餘忭	尙忠	
6	1447(正統12)	〃	陳傅	尙思達	
7	1452(景泰3)	〃	陳模	尙金福	
8	1456(景泰7)	〃	李秉彝	尙泰久	
9	1463(天順7)	〃	潘榮	尙德	
10	1472(成化8)	〃	官榮	尙圓	
11	1479(成化15)	〃	薰旻	尙眞	
12	1534(嘉靖13)	〃	陳侃	尙淸	陳侃(『使琉球錄』)
13	1562(嘉靖40)	〃	郭汝霖	尙元	郭汝霖(『重編使琉球錄』)
14	1579(萬曆7)	〃	蕭崇業	尙永	蕭崇業/謝杰(『使琉球錄』)
15	1606(萬曆34)	〃	夏子陽	尙寧	夏子陽(『使琉球錄』)
16	1633(崇禎6)	〃	杜三策	尙豊	
17	1663(康熙2)	淸朝	張學禮	尙質	張學禮(『使琉球紀』『中山紀略』)
18	1683(康熙22)	〃	汪楫	尙貞	汪楫(『使琉球雜錄』『中山沿革志』『冊封疏鈔』)
19	1719(康熙58)	〃	海寶	尙敬	徐葆光(『中山傳信錄』)
20	1756(乾隆21)	〃	全魁	尙穆	周煌(『琉球國志略』)
21	1800(嘉慶5)	〃	趙文楷	尙溫	李鼎元(『使琉球記』)
22	1808(嘉慶13)	〃	齊鯤		齊鯤/費錫章(『續琉球國志客』)
23	1838(道光18)	〃	林鴻年	尙育	
24	1866(同治5)	〃	趙新	尙泰	趙新(『續琉球國志略』)

〈사료 1〉

(1534년 5월) ⓐ 9일, 어슴푸레 작은 산이 보였는데, 곧 小琉球이다. 10일, 남풍이 심히 빠르게 불어와 배가 날아가는 것과 같다. 그래도 바다의 흐름에 따라 갔는데, 그럼에도 심하게 흔들리지 않았다. ⓑ 平嘉山을 지나, 釣魚嶼를 지나, 黃毛嶼를 지나, 赤嶼를 지났는데, 눈감을 틈이 없었다. 하루 밤낮 사이에 3일의 거리를 나아갔다. 오랑캐의 배는 돛이 작아 능히 미치지 못하여 서로 잃어버려 뒤쳐졌다. ⓒ 11일 저녁, 古米山(久米島)를 보았다. 즉 류큐(琉球)에 속하는 것이다. 夷人(琉球人)은 배에서 북을 치고 춤을 추며, 집에 도착한 것을 기뻐하였다. 밤이 지나 동틀 무렵 바람이 동쪽으로 바뀌어 한 치를 나아갔다 한 자를 물러섰다 하다가 그 본래 갈 곳을 잃었다. ⓓ 또 하루가 지나 비로소 그 산에 이르렀는데, 夷人(琉球人)이 작은 나룻배를 타고 와서 내문하여 夷通事에게 말을 전하고 그대로 떠났다. 13일, 곧이어 그 나라에 도착하였다.[29]

〈사료 1〉의 밑줄 ⓐ를 보면, 5월 9일 小琉球에 도착하였다고 했는데, 이는 대만을 말하는 것이다.[30] 밑줄 ⓑ에서는 平嘉山, 釣魚嶼, 黃毛嶼,

---

[29] 陳侃, 『使琉球錄』(『沖繩の歷史史情報』第8卷, 重点領域硏究「沖繩の歷史情報硏究」CD-ROM版硏究成果報告書, URL: www.tulips.tsukuba.ac.jp/limedio/dlam/B1241191/1/vol08/8-5.htm). 이하 이 자료는 「沖繩の歷史情報硏究CD-ROM版(第8卷)」으로 약칭하여 사용함. "九日, 隱隱見一小山, 乃小琉球也. 十日, 南風甚迅, 舟行如飛 然順流而下, 亦不甚動. 過平嘉山, 過釣魚嶼, 過黃毛嶼, 過赤嶼, 目不暇接. 一晝夜兼三日之程, 夷舟帆小, 不能及, 相失在後. 十一日夕, 見古米山, 乃屬琉球者, 夷人鼓舞於舟, 喜達於家 夜行徹曉, 風轉而東, 進寸退尺, 失其故處. 又竟一日, 始至其山, 有夷人駕小舠來問, 夷通事與之語而去. 十三日, 風少助順, 卽抵其國."

[30] 小琉球라는 지역은 원래 대만의 屛東縣 琉球鄕을 말하며, 대만 사람은 이곳을 小琉球라고도 부른다. 다만, 경우에 따라서는 대만 전체를 의미하는 경우와 류규(琉球)의 일부를 의미하는 경우도 있는데, 〈사료 1〉의 『使琉球錄』에 보이는 小琉球의 경우는 대만을 가리키는 것으로 생각된다. 한편, 大琉球는 일반적으로 오키나와(沖繩) 본도 지역을 말한다.

赤嶼를 지났다는 기록이 보이고 있는데, 여기서 平嘉山은 彭佳嶼, 釣魚嶼는 釣魚島, 黃毛嶼는 黃尾嶼(중국명)로 현재 일본명으로 쿠바지마(久場島)를 가리키고, 赤嶼는 赤尾嶼(중국명)로 현재 일본명으로는 다이쇼지마(大正島)를 가리키며 당시 책봉사들이 조어도제도를 항로로 이용하고 있었음을 알 수 있다. 보통은 3일 걸리는데, 빠른 바람을 타고 하루만에 이곳까지 도착했다고 한다. 또한, 밑줄 ⓒ에서는 11일 저녁에 古米山, 즉 현재의 쿠메지마(久米島)를 보았는데, 이곳은 류큐에 속한다고 당시 책봉사의 정사였던 陳侃은 기록하고 있으며, 밑줄 ⓓ를 보면, 책봉사들이 결국 12일에 류큐 본도의 근해에 이르러서 13일에 도착하고 있음을 확인할 수 있다(본고에서 언급된 지명들의 위치에 대해서는 하기의 〈지도 1〉「조어도제도의 위치와 지명 및 책봉사 항로」를 참조).

다만, 여기서 중요한 부분은 밑줄 ⓒ의 부분에 기술된 부분으로 古米

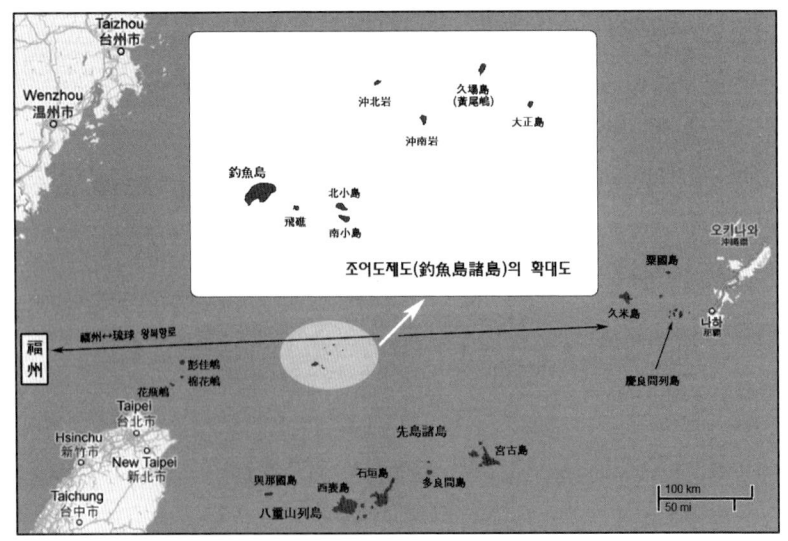

〈지도 1〉 조어도제도의 위치와 지명 및 책봉사 항로

*본 지도는 구글맵스(http://maps.google.co.kr/)를 참조하여 필자가 일본지명과 중국지명을 넣어 편집한 것이며, 「조어도제도의 확대도」 부분은 필자가 위치를 파악한 후 그려 넣은 것이다.

山, 즉 구메지마(久米島)를 보았는데, 류큐(琉球)에 속하는 것이라고 단정하고 있다는 부분이다. 이것은 쿠메지마가 류큐의 영토라는 의미이며, 그 이전은 어느 나라와의 경계라는 언급은 없었지만, 당연히 중국과의 경계라는 것을 의미한다. 왜냐하면, 福州를 출발하여 대만을 거쳐 平嘉山(彭佳嶼) → 釣魚嶼(釣魚島) → 黃毛嶼(黃尾嶼, 久場島) → 赤嶼(赤尾嶼, 大正島)의 항로를 거치면서 단 한 번도 소속 영유권을 언급하지 않다가 구메지마(久米島)를 보고 류큐에 속하는 곳이라고 한 것은 그 이전까지는 중국의 영토이기 때문이다. 이점은 1562년 책봉사인 郭汝霖의 『重編使琉球錄』에서 더 명확해진다.

〈사료 2〉
<u>閏5월 1일, 釣嶼(釣魚島)를 통과했고, 3일에 赤嶼(赤尾嶼, 大正島)에 이르렀다. 赤嶼는 류큐(琉球)지방의 경계가 되는 산이다.</u> 다시 하루의 바람으로 가면, 곧바로 姑米山(久米島)을 바라볼 수 있을 것이다. 그런데, 어찌하랴, 병예(屏翳, 바람의 신)가 멋대로 하여 작은 티끌조차 움직이지 않는구나. 조수는 평탄하고 파도는 잠잠하였으며, 해양의 웅장하고 장대한 경관은 실로 기이하였다.[31]

위의 〈사료 2〉 밑줄 부분에서도 釣魚島를 통과한 후 赤嶼, 즉 중국명으로 赤尾嶼, 일본명으로 다이쇼지마(大正島)에 이르렀는데, 이 赤嶼가 류큐지방의 경계가 되는 산이라고 보고 있다. 다시 말하면, 〈사료 1〉의 ⓒ에서 "古米山(久米島)를 보았다. 즉 류큐(琉球)에 속하는 것이다."라는 기술과 종합하여 생각해보면, 현재의 다이쇼지마(大正島)와 쿠메지마(久米島) 두 섬을 기점으로 明과 류큐의 경계가 되고 있어 다이쇼지마

---

31) 郭汝霖, 『重編使琉球錄』二卷(『四庫全書存目叢書史部』, 雜史類49, 齊魯書社, 1996). "閏五月初一日過釣嶼, 初三日至赤嶼焉. 赤嶼者界琉球地方山也. 再一日之風, 即可望姑米山矣. 奈何屏翳馳纖塵不動. 潮平浪靜, 海洋大觀貞奇絶也."

이전까지가 明의 영토임을 확실하게 증명해주는 것이다.

이에 대해서 세리타 겐타로는 조어도제도가 원래 아무도 선점하지 않았던 '무주의 땅'이었기 때문에 1895년부터 실효적 지배를 했던 일본영토라고 주장하고 있으며,[32] 오쿠하라 토시오는「尖閣列島の領有權問題」에서 '册封使錄의 증거가치'를 논하면서 이들 사료는 단지 쿠메지마(久米島)가 류큐의 영토라는 것을 명확히 언급한 것에 지나지 않으며, 센카쿠열도가 중국의 영토라는 것을 입증하는 자료는 아니라고 비판하고 있다.[33] 또한, 하라다 노부오(原田禹雄)는『明史』권323 列傳의 外國4를 보면 鷄籠, 즉 대만이 외국에 포함되어 있기 때문에 '小琉球=대만'은 명대에 중국 고유의 영토가 아니었다고 하며, 小琉球를 중국령으로 보는 이노우에의 주장은 완전히 허구라고 부정하고 있다.[34] 즉, 하라다의 주장은 반대로 생각하면, 대만이 중국에 속해 있지 않았기 때문에 조어도제도는 중국에 속한 것이 아니라는 것이며, 오히려 대만에 속한 것이라는 의미이다. 그러나 하기의 〈사료 3〉에 보이는 바와 같이 대만에는 영토를 영유할 주권과 국가라는 것이 없었다.

〈사료 3〉
ⓐ 雞籠山은 彭湖嶼의 동북쪽에 있으며, 옛 이름은 北港으로 또한 東番이라고도 부르는데, 去泉州와 상당히 가깝다. 그 땅에 깊은 산과 큰 못이 많으며, 취락이 별과 같이 흩어져 있다. ⓑ 君長이 없으며, 15개의 단체가 있고, 그 단체는 많으면 천여 명, 적으면 혹은 500~600명이다. 요역과 부과되는 세금이 없고, 여자가 많기 때문에 사람들은 남자로 하여금 號令을 맡긴다. 비록 해중에 있지만, 혹독한 바다를 두려워하여 배를 조

---

32) 芹田健太郞,『島の領有と經濟水域の境界確定』, 有信堂高文社, 1999, 215~221쪽; 芹田健太郞, 앞의 책, 151~161쪽.
33) 奧原敏雄,「尖閣列島の領有權問題」,『沖繩』58, 1971.
34) 原田禹雄, 앞의 책, 21쪽.

정하는 것이 서투르며, 늙어 죽을 때까지 隣國과의 왕래가 없다.35)

위의 사료는『明史』鷄籠條로서 밑줄 ⓐ부분을 보면, 鷄籠山(정확하게는 현재 대만의 基隆市를 말하지만, 소유구와 마찬가지의 의미로서 현재의 대만을 가리킨다)은 彭湖嶼(彭湖島)의 동북쪽에 있고 옛 이름은 北港, 또는 東番이라고 하며, 밑줄 ⓑ에서는 君長이 없어 단지 15개의 단체가 있을 뿐이며, 요역과 세금이 없고 여자가 많아 남자가 단지 명령을 내릴 뿐이라는 사실을 언급하고 있다. 즉, 대만에는 그 어떠한 권력도 존재하지 않았던 곳이며, 특정 지역을 영유할 만한 주권이나 권력 자체가 없었다는 것을 의미하고 있다. 더욱이 위의 사료 후술 부분을 보면, "영락제 때 정화가 동서양을 편력했는데, 보배를 바치지 않은 것을 연유로 두려워한 후에 東番만이 멀리 피하여 이르지 않았다."36)는 기술이 있어 明의 지배력의 영향권하에 있었다는 것을 추측할 수 있다. 물론, 이것은 사료상의 기술이지만, 대만에 권력이 형성되어 있었다고 하더라도 조어도제도가 일본에 영유권이 없다는 것은 분명한 사실이다. 이를 염두에 두고 〈사료 1〉과 〈사료 2〉를 살펴보면, 적어도 조어도제도를 포함한 적서(赤嶼, 赤尾嶼), 즉 다이쇼지마(大正島) 이전까지의 항로에 보이는 제지역은 明의 세력하에 있었다고 보는 것이 타당하다.

한편, 조어도제도가 明의 영토인식에 포함되어 있었다는 보다 명확한 사료가 있는데, 바로 明代에 왜구침구에 대한 해상방어와 강구방어의 방책을 서술한 鄭若曾(1503~1570)의『鄭開陽雜著』(1562)이다. 여기에는 각 지역의 海圖가 수록되어 있으며, 특히「萬里海上防圖論上」의 福建界

---

35)『明史』권323, 外國4, 鷄籠條. "鷄籠山在彭湖嶼東北, 故名北港, 又名東番, 去泉州甚邇. 地多深山大澤, 聚落星散. 無君長, 有十五社, 社多者千人, 少或五六百人. 無徭賦, 以子女多者爲雄, 聽其號令. 雖居海中, 酷畏海, 不善操舟, 老死不與鄰國往來."
36) 위의 책. "永樂時, 鄭和徧歷東西洋, 靡不獻琛恐後, 獨東番遠避不至."

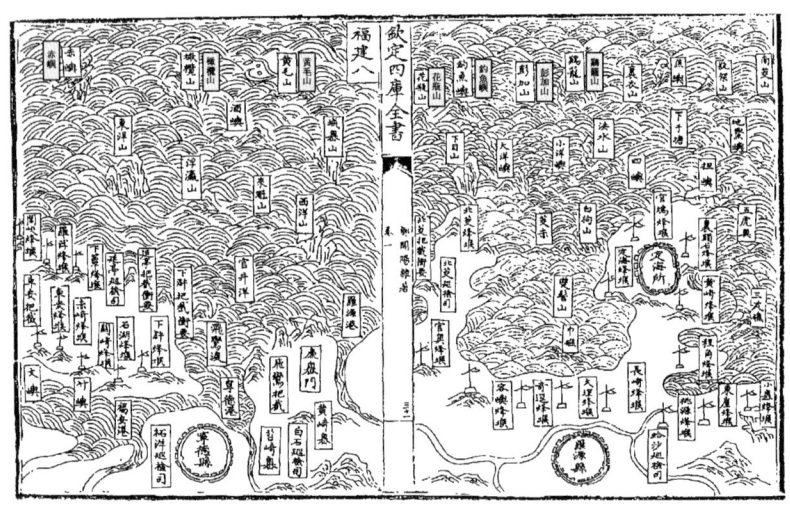

〈지도 2〉 『鄭開陽雜著』(권1)의 「萬里海上防圖論上」(福建八)

를 보면(〈지도 2〉 참조),[37] 鷄籠山, 彭加山(彭佳嶼), 釣魚嶼(釣魚島), 花瓶山(花瓶嶼), 黃毛山(黃尾嶼), 赤嶼(赤尾嶼) 등이 포함되어 있다. 다만, 花瓶山이 釣魚島의 다음에 그려지고 있어 위치관계에 오류가 있어 보이지만,[38] 이를 제외하고는 모두 적합한 순서로 그려지고 있으며, 이 지도가 해상방어를 위해 그려진 지도라는 것을 염두에 두면, 당연히 釣魚嶼, 黃毛山, 赤嶼 등의 조어도제도는 명의 지배하에 있었고, 福建界라는 명칭으로부터도 이는 조어도제도가 명의 경계 안에 포함된다고 하는 영토인식이 있었다는 것을 의미한다. 이러한 인식은 동시기에 같은 계통의 문헌으로서 胡宗憲이 편찬한 『籌海圖編』(권1)에도 보이고 있다(〈지

---

[37] 鄭若曾, 『鄭開陽雜著』 권1, 「萬里海上防圖論上」, 福建界, 福建八(『文淵閣四庫全書 電子版』, 이후 『四庫全書』로 약칭). 참고로 『鄭開陽雜著』권8 「海防一覽」의 「第六幅東南向」에도 鷄籠山, 彭加山, 北山, 釣魚嶼, 黃毛山, 花瓶山, 赤嶼 등 수많은 섬들이 그려지고 있다.

[38] 원래 福建에서 류큐까지의 항로 순서대로라면, 鷄籠山 → 花瓶山 → 彭佳山 → 釣魚嶼 → 黃毛山 → 赤嶼의 순서가 정확하다.

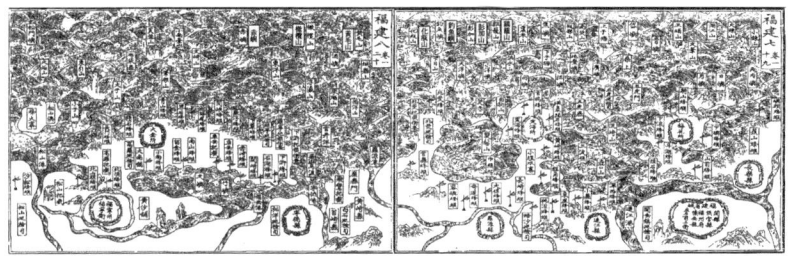

〈지도 3〉『籌海圖編』(권1)의 福建界(福建七~福建八)

도 3〉 참조).39)

 이외에 明代의 영토인식과 직접적인 관련은 없지만, 상당수의 자료에서 조어도제도와 관계된 명칭들이 보이고 있다. 대부분은 류큐까지 왕래하는 항로를 표기한 것으로 대표적인 몇 가지만 보면,『鄭開陽雜著』의 「福建使往大琉球鍼路」40)에는 梅花 → 小琉球 → 鷄籠嶼 → 花瓶嶼 → 彭嘉山 → 釣魚嶼 → 黃麻嶼 → 赤坎嶼 → 古米山 → 馬齒山 → 大琉球(那覇)로의 항로가 서술되어 있고, 1579년 제14차 책봉사인 蕭崇業과 四傑의『使琉球錄』에 수록된「琉球過海圖」(〈지도 4〉 참조)41)에는 복건에서 류큐까지 이르는 과정의 島嶼들을 항로의 방향에 준하여 순차적으로 기입하고 있는데, 梅花頭 → 東沙山 → 小琉球 → 彭佳山 → 釣魚嶼(釣魚島) → 黃尾嶼 → 赤嶼 → 粘米山 → 琉球의 루트로 조어도제도를 경유하고 있음을 알 수 있다. 1606년 제15차 책봉사인 夏子陽의『使

---

39) 胡宗憲,『籌海圖編』권1, 福建界, 福建七·福建八(『四庫全書』). 위의 〈지도 3〉은 福建七과 福建八을 편집하여 붙인 것이다.
40) 鄭若曾,『鄭開陽雜著』권7,「琉球圖說」,「福建使往大琉球鍼路」(『四庫全書』).
41) 蕭崇業·謝杰,『使琉球錄』卷首,「琉球過海圖」(「沖繩の歷史情報硏究CD-ROM版(第8卷)」). "梅花頭正南風東沙山, 用單辰針六更, 船又用辰巽針二更, 船小琉球頭乙卯針四更, 船彭佳山單卯針十更, 船取釣魚嶼, 又用乙卯針四更, 船取黃尾嶼, 又用單卯針五更, 船取赤嶼, 用單卯針伍更, 船取粘米山, 又乙卯針六更, 船取馬齒山直到琉球." 한편,「琉球過海圖」는 전체 7圖인데, 여기서는 조어도제도 부분 2圖만을 편집함.

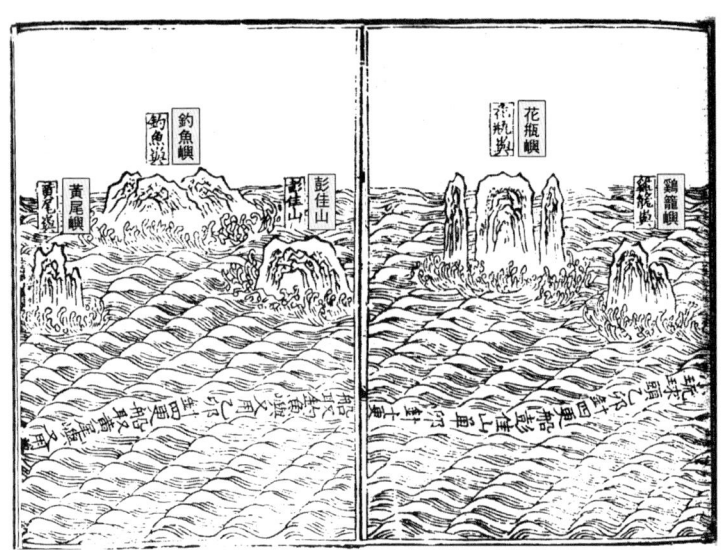

〈지도 4〉『使琉球錄』의「琉球過海圖」일부

琉球錄』[42])에도 小琉球 → 彭佳山 → 花瓶嶼 → 釣魚嶼 → 黃尾嶼 → 粘米山 → 琉球의 루트가 이용되고 있다. 물론, 이들 루트로 이용된 장소들이 직접적인 영토인식의 표출이라고는 할 수 없지만, 적어도 일본의 전근대 사료에 거의 없는 제1급 사료로서 전술한『使琉球錄』,『重編使琉球錄』,『鄭開陽雜著』등과 함께 조어도제도에 대한 중국의 영토인식

---

[42] 夏子陽, 『使琉球錄』(「沖繩の歷史情報硏究CD-ROM版(第8卷)」). "二十六日, 過平佳山, 花瓶嶼. 二十七日, 風忽微細, 舟不行, 而浪反顚急, 舟人以爲怪事, 請作彩舟禳之, 而仍請余輩拜禱於神. 甫拜畢, 南風驟起, 人咸異焉. 午後, 過釣魚嶼. 次日, 過黃尾嶼. 是夜, 風急浪狂, 舵牙連折. 連日所過水皆深黑色, 宛如濁溝積水, 或又如○色, 憶前『使錄補遺』稱, '去由滄水入黑水', 信哉言矣. 二十九日, 望見粘米山, 夷人喜甚, 以爲漸達其家. 午後, 有小掉乘風忽忽而來, 問之, 爲粘米山頭目, 望余舟而迎者, 獻海螺數枚, 余等令少賞之. 夷通事從余舟行者, 因令先馳入報. 是日, 舟人喜溢眉端, 其暈船嘔○, 連日不能興者, 亦皆有起色矣. 三十日, 過土那奇山, 復有一小夷舟來○, 卽令導引前行. 午後, 望見琉球山, 殊爲懽慰, 然彼國尙尙未及知. 比遣官幷引港船至, 時已夜矣. 舟人疑有礁, 不敢進, 卽從其地泊焉."

을 보여주는 사료라고 판단된다.

3. 淸代의 釣魚島諸島 인식

淸代에 들어와서도 류큐로의 책봉사는 파견되고 있었지만, 명대와 같은 책봉체제 하에서의 안정된 파견은 아니었다. 그것은 1609년에 류큐가 시마즈씨(島津氏)의 침공으로 사츠마번(薩摩藩)을 경유한 幕藩體制에 편입되기 시작했고, 이러한 상황은 明과 에도막부(江戶幕府) 사이에서 양속관계라는 특수한 형태의 외교관계를 탄생시켰기 때문이다. 더욱이 1644년 淸이 북경을 함락시켜 이른바 明·淸交替가 이루어졌지만, 아직도 대륙의 남부에서는 南明 정부가 존재하고 있었기 때문에 류큐는 일본뿐만이 아니라, 明·淸과의 외교관계로 인해 상당한 시련을 겪게 되었다. 이러한 시기의 류큐에 대해 토미야마 카즈유키(豊見山和行)는 "류큐의 명·청교체기 당시 외교자세는 '小國'의 존립을 위해 明·淸, 그리고 三藩·淸 모두에게도 대응할 수 있는 것이었다. 그러나 그 자세는 幕藩制國家의 승인을 받으면서 전개했다. 환언하면, 류큐는 늘 시마즈씨의 지시를 받을 수밖에 없는 정치구조 속에 있었다."43)고 평가할 만큼 그 국가적 측면에서의 자주성을 상실해 나가기 시작했다.

이러한 과정 속에서 1663년 淸으로부터의 제1차 책봉사가 파견되었는데, 류큐 측에서는 애당초 명확한 책봉 의사를 표명하지 않았고, 3년 전에 화재로 소실된 首里城은 재건되지 않은 상태였으며, 더욱이 사전에 통지된 책봉사의 방문이 아니었기 때문에 접대에 혼란이 있었지만, 土通事 謝必振의 적절한 대응으로 정사 張學禮 등은 무사하게 책봉의식을 마칠 수 있었다고 한다.44) 이때의 책봉사행의 기록은 張學禮의 『使琉球紀』

---

43) 豊見山和行, 『琉球王國の外交と王權』, 吉川弘文館, 2004, 78쪽.

에 남아 있는데, 역시 明代와 마찬가지의 루트, 즉 조어도제도를 경유해 류큐에 도착하고 있다. 다만, 이전과는 달리 사행의 경로에 대한 지명이나 명칭 등의 기재가 거의 없고, 또 원래 목적지였던 나하(那覇)에 도착한 것이 아니라, 날씨 등으로 인해 硫黃山(현재 硫黃鳥島)이 보이는 류큐의 北山(현재의 奄美大島)과 일본의 경계지역에 도착하였다는 점에 특색이 있다.45)

그런데, 1683년의 책봉사였던 汪楫의 『使琉球雜錄』에는 조어도제도의 영유문제와 관련된 중요한 기사가 수록되어 있다. 이에 대해서는 학자들 간에 논쟁이 많아 여기서 보다 구체적으로 논증해 보도록 하겠다. 약간 길지만, 다음과 같은 내용이다.

〈사료 4〉

海圖를 보면, 東沙山을 지나고 후에 小琉球, 鷄籠嶼, 花瓶嶼의 여러 산을 지나가게 되어 있다. ⓐ 24일, 새벽이 되어 산을 보니 彭佳山이었다. 여러 산들은 언제 지나가버렸는지 알 수 없었다. 辰刻(오전 8시)에 彭佳島를 지나 酉刻(오후 6시)에 드디어 釣魚嶼를 지났다. 배는 마치 하늘을 높이 나는 것 같았고, 때때로 배는 기울어질 때도 있었다. 守備가 선례에 따라 免朝牌를 걸어둘 것을 청하였기에 그것을 허락했다. 파도는 결국 조용해졌다. ⓑ 25일 섬을 보았는데, 응당 앞의 것은 黃尾嶼, 뒤의 것은 赤嶼일 것이다. 얼마 안가서 赤嶼에 이르렀는데, 黃尾嶼는 아직도

---

44) 西里喜行, 「明淸交替期の中琉日關係再考-琉球國王の冊封問題を中心に」, 『International journal of Okinawan studies』 1-1, 2010, 21~34쪽.

45) 張學禮, 『使琉球紀』(馬俊良輯, 『龍威秘書』 7集, 早稻田大學圖書館 소장, 청구번호:文庫01_01521). "十五日, 有風自北來. 又見一山如長蛇, 蜿蜒水中. 至晚抵山下, 見柴薪堆積, 知有居民. 恐有礁石不敢近, 遠山行以待天明. 居民驚疑, 遯入深山. 差王大夫鄭通使, 上山探問云, 是琉球北山與日本交界. 擧舟歡怃. 隨有地方官, 進水薪. 居民亦至, 間所見小山云, '乃尤家埠硫黃山也'. 北去日本, 東去弱水洋 矣."

보이지 않았다. 해질녘에 郊[혹은 溝라고도 쓴다]를 지났는데, 바람과 파도가 크게 일었다. 살아있는 돼지와 양을 1마리씩 던지고, 5斗의 쌀죽을 뿌렸으며, 종이를 태웠다. 배에서는 징을 울리고 북을 쳤으며, 여러 군인들은 모두 무장을 하고, 뱃전을 구부려보면서 적을 막아내려는 자세를 취하기 시작했다. 그것을 오랫동안 행했는데, 비로소 멈추었다. ⓒ "郊라는 것은 어떠한 의미로부터 말하는 것인가?"라고 물으니, "中外의 경계입니다."라는 것이다. ⓓ "경계는 무엇으로 분별하여 정하는가?"라고 말하니, "추량일 뿐입니다. 그렇지만, 조금 전에 지난 곳은 마침 그곳에 해당되는 곳이며, 억측이 아닙니다."라고 하는 것이었다. 먹을 것을 바친 것과 병사의 恩威가 어울려 구제받을 수 있었던 것이다. 赤嶼를 지난 후에 지도를 보았다. 응당 赤坎嶼를 지나면, 비로소 姑米山(久米島)에 도착할 것이다. 26일에 어느덧 이미 馬齒山에 도착했다. 돌아보니, 姑米山은 왔던 길에 옆으로 펼쳐있었다. 그러나 배 안의 사람들은 모두 지나왔던 것을 느끼지 못하였다.46)

위의 사료 밑줄 ⓐ를 보면, 6월 24일 汪楫 등의 책봉사절은 彭佳島를

---

46) 汪楫, 『使琉球雜錄』(「尖閣諸島問題」 사이트, http://www.geocities.jp/tanaka_kunitaka/senkaku/). 본 사료는 동 사이트 「중국의 문헌」에 원문화상자료를 이용함. 한편, 전술한 「沖縄の歴史情報研究CD-ROM版(第8卷)」에도 동 사료가 수록되어 있으나, 조어도제도 관련 부분만이 삭제되어 비공개로 되어 있음. "按海圖, 過東沙山後應過小琉球鷄籠嶼花瓶嶼諸山. 及二十四日天明, 見山則彭佳山也. 不如諸山何時飛越. 辰刻過彭佳山, 酉刻遂過釣魚嶼. 船如凌空而行, 時復欹側. 守備請循例, 掛免朝牌許之. 浪竟卒. 二十五日見山, 應先黃尾後赤嶼. 無何遂至赤嶼, 未見黃尾嶼也. 薄暮過郊[或作溝], 風濤大作. 投生猪羊各一, 潑五斗米粥, 焚紙. 船鳴鉦擊鼓, 諸軍皆甲露, 乃俯舷作禦敵狀, 久之始息. 問郊之義何取曰, 中外之界也. 界拾何辨曰, 懸揣耳, 然頃者恰當其處, 非臆度也. 食之復兵之恩威幷濟之義也. 過赤嶼後接圖. 應過赤坎嶼, 始至姑米山. 乃二十六日倏忽已至馬齒山, 回望姑米橫亘來路. 而舟中人皆過之不覺." 위에서 '[ ]' 표기는 원문에 부기되어 있는 내용을 의미함.

지나 오후 6시 무렵에 釣魚嶼(釣魚島)를 지났으며, 밑줄 ⓑ로부터 25일에는 赤嶼(赤尾嶼, 大正島)를 지났고, 해질녘에 '郊'라는 곳을 지나가고 있음을 확인할 수 있다. 여기서 '郊'라는 것은 '국경', '끝'이나 '가장자리'를 의미하는 것으로 『使琉球雜錄』의 원문에는 '或作溝(혹은 溝라고도 쓴다)'라는 부기가 붙어 있다. '溝'라는 용어는 '도랑'이나 '해자', '사이를 띄우다'라는 의미를 가지고 있는데, 이러한 의미를 모르는 상태에서 徐葆光이 '郊'라는 용어를 사용했다고는 볼 수 없다. 즉, 徐葆光이 '郊'라는 용어를 쓴 것은 이곳이 류큐와의 경계가 된다는 것을 명확하게 인식하고 있었다는 것을 의미하는 것이다. 같은 의미로서 '溝'라는 용어는 1606년 夏子陽의 『使琉球錄』, 1719년 徐葆光의 『中山傳信錄』,47) 1756년 周煌의 『琉球國志略』에도 같은 지역을 가리키는 용어로 사용되고 있다. 이곳은 사료 상에서 赤嶼로 불리는 현재 다이쇼지마(大正島)와 古米山이나 粘米山으로도 불렸던 현재 쿠메지마(久米島) 사이의 수심이 깊은 해역을 가리키는데, 밑줄 ⓑ에서 "해질녘에 郊를 지났는데, 바람과 파도가 크게 일었다."라는 것으로부터 알 수 있듯이 해역이 험난하기 때문에 海神에게 생 돼지와 양을 바다에 던지고 쌀죽과 함께 지전을 태웠던 것이다. 한편, 보다 중요한 부분은 밑줄 ⓒ부분으로 汪楫이 '郊'의 의미를 묻자, "中外의 경계입니다."라고 대답했다는 것은 이곳이 바로 중국과 외국(류큐)과의 경계라는 것을 대답한 사람이 명확하게 인식하고 있다는 것을 의미하며, 이것은 부인할 수 없는 사료적 근거가 된다.

그러나 상기와 같이 명확한 사료적 근거가 있음에도 우라노 타츠오(浦野起央)는 "단지, 이러한 (徐葆光의) 변경인식을 가지고 그것을 지

---

47) 徐葆光, 『中山傳信錄』 권1, 「後海行日記」(早稻田大學圖書館 소장, 청구번호:文庫08_c0123. 1721년 序刊本의 飜刻). 한편, 동 사료는 「沖繩の歷史情報研究CD-ROM版(第8卷)」에도 수록되어 있음. "二十日丁巳, 日出, 轉艮寅東北順風. 日中, 轉甲卯, 用辛戌四更. 日入, 轉乙巳風, 大雨. 船共行二十六更半. 是日, 海水見綠色. 夜過溝, 祭海神. 轉巽巳風, 用辛酉三更半, 至明".

배의 경계로 볼 수는 없다. 즉 항해를 통한 인식과 이해가 그대로 版圖의 확인이라고 해석할 수 없기 때문이다. 여기서 '溝'의 의미가 '中外의 界'로서 '경계를 접한다.'고 해석되고 있지만, 그것은 항해루트의 표식으로서 자연의 경계를 말하는 것이며, 이것을 가지고 지배의 경계설정을 확인한 것이라고는 말할 수 없다."[48]고 '溝'의 경계설을 비판하고 있다. 하지만, '溝'가 단순한 자연적 경계로서의 의미가 아니라, 국가의 경계가 되고 있다는 것은 〈사료 4〉의 기술로부터 명확하며, 후술하는 徐葆光의 『中山傳信錄』으로부터도 규명된다.

이와 관련해 하라다 노부오(原田禹雄)도 '郊'가 중외의 경계라는 것에 대해 추량일 뿐이며, 여기서 "경계라는 것은 바다의 難所, 즉 落深라는 더블 이미지를 가진 두려워할 곳으로서 바다 사람들에게 알려져 있어 결코 나라와 나라의 경계가 아니었다는 것도 이 말에서 명백하다."라고 사료 자체를 부정하고 있다. 하지만, 하라다는 사료를 명확하게 분석하지 않았다. 그것은 밑줄 ⓓ에 보이는 바와 같이 "경계는 무엇으로 분별하여 정하는가?"라는 물음에 추량이긴 하지만, 조금 전에 지난 곳, 즉 '郊'는 그곳에 해당되는 곳이며, 억측이 아니라고 대답하고 있었기 때문이다. 즉, 단순한 개인의 고집스런 판단이 아니라, 당시 선원들 사이에서 郊라는 지역이 중국과 류큐의 경계로서 인식되고 있었다는 일반적이며 객관적인 사실임을 보여주고 있는 것이다. 이를 근거로 판단할 때, '郊'를 사이에 두고 조어도제도의 동쪽 끝에 있는 다이쇼지마(大正島)까지는 중국영토, 쿠메지마(久米島)부터는 일본영토라는 것을 확인할 수 있으며, 결국 조어도제도가 이 당시에 중국영토였다고 추측하는 것은 어려운 일이 아니다.

한편, 청대에 들어와 1719년 책봉사절의 일원이었던 徐葆光의 『中山傳信錄』에도 조어도제도 관련기사가 있다. 여기에서는 지금까지의 문헌

---

48) 浦野起央, 앞의 책, 74쪽.

에 보였던 釣魚嶼라는 명칭 대신에 釣魚臺라는 용어가 혼용되어 쓰이기 시작하는데,49) 본고에서 흥미롭게 취급하고 싶은 것은 明代 鄭若曾의 『鄭開陽雜著』에 수록된 「琉球圖」의 오류를 지적한 다음 부분이다.

〈사료 5〉
ⓐ 臣 葆光이 생각건대, 예부터 전해지는 島嶼에는 오류가 심히 많다. 선인들의 使錄에 이미 많다는 것은 분명하다. 앞의 명나라 때 『一統志』 에서 말하기를, "䰇鼊嶼는 나라의 서쪽에 있고 물길로 하루가 걸리며, 高華[혹은 英으로 쓴다]嶼는 나라의 서쪽에 있는데, 물길로 3일 걸린다."고 하는데, 지금 2개의 섬을 생각하니, 모두 없다. ⓑ 또 말하기를, "彭湖島는 나라의 서쪽에 있는데, 물길로 5일 걸린다."고 하는데, 彭湖와 臺灣을 생각하니, 泉州에 가까워 류큐(琉球)의 屬島가 아니다. ⓒ 崑山 鄭若曾의 저술한 「琉球圖」는 완전히 잘못되었다. 우선, 針路로서 취한 彭家山·釣魚嶼·花瓶嶼·鷄籠·小琉球 등의 산은 류큐에서 2·3천리 떨어져 있는 것인데, 모두 위치는 姑米山 나하항(那覇港)의 왼쪽 가까이에 있다. 어긋난 오류가 특히 심하다.50)

〈사료 5〉의 밑줄 ⓐ부분에서 徐葆光은 예부터 전해져 왔던 島嶼에는 오류가 많다는 사실을 지적하고 있는데, 그 사례로서 밑줄 ⓑ에서는 "彭

---

49) 徐葆光, 『中山傳信錄』 권1, 「前海行日記」. "二十七日己亥, 日出, 丁午風. 日未中, 風靜船停, 有大沙魚二, 見于船左右. 日入, 丁午風起, 至二漏, 轉丁風, 用乙辰針二更半. 天將明, 應見釣魚臺, 黃尾, 赤尾等嶼, 皆不見. 共用卯針二十七更半, 船東北下六更許."
50) 徐葆光, 『中山傳信錄』 권2, 「封舟到港」. "臣葆光按, 舊傳島嶼誤謬甚多. 前人使錄已多辨之. 前明一統志云, 䰇鼊嶼, 在國西, 水行一日, 高華[一作英]嶼, 在國西, 水行三日, 今考二嶼, 則皆無有. 又云, 彭湖島, 在國西, 水行五日. 按彭湖與臺灣, 泉州相近, 非琉球屬島也. 崑山鄭子若曾所著, 琉球圖, 一仍其誤, 且以針路所取彭家山, 釣魚嶼, 花瓶嶼, 鷄籠, 小琉球等山, 去琉球二三千里者, 俱位置在姑米山那覇港左近. 舛謬尤甚."

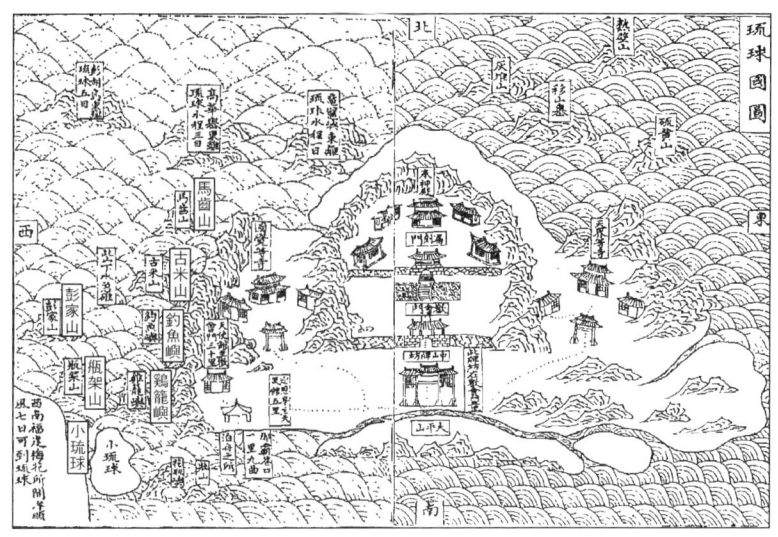

〈지도 5〉『鄭開陽雜著』권7의「琉球國圖」

湖島는 나라(淸)의 서쪽에 있는데, 물길로 5일 걸린다."고 明代의『一統志』는 기술하고 있지만, 彭湖와 臺灣을 생각하니, 泉州에 가깝기 때문에 류큐(琉球)의 屬島가 아니라고 그 오류를 지적하고 있다. 즉, 臺灣은 독자적인 지역이 아니라, 淸의 영토라는 것이다. 또 밑줄 ⓒ에서는 본고에서도 전술한 鄭若曾의『鄭開陽雜著』에 수록된「琉球圖」의 오류, 즉 류큐까지의 항로에 위치했던 彭家山・釣魚嶼・花瓶嶼・鷄籠・小琉球 등의 도서지역이 모두 姑米山 나하(那霸) 항구 근처에 표기되어 있으나(〈지도 5〉참조),[51] 이곳들은 류큐에서 2~3천리 떨어져 있어 그 오류가 특히 심하다는 것을 주장하고 있다.

이러한 徐葆光의 영토인식은『中山傳信錄』(권4)의「琉球三十六島圖」에 잘 나타나 있으며(〈지도 6〉참조),[52] 이것이 바로 류큐의 영토로

---

51) 鄭若曾,『鄭開陽雜著』권7,「琉球國圖」(『四庫全書』). 양쪽을 편집한 것임.
52) 徐葆光,『中山傳信錄』권4,「琉球三十六島圖」. 양쪽을 편집한 것임.『中山傳信錄』권4에는 36개의 섬을 나열하고 있는데, 여기에도 류큐의 서남쪽 제일 마

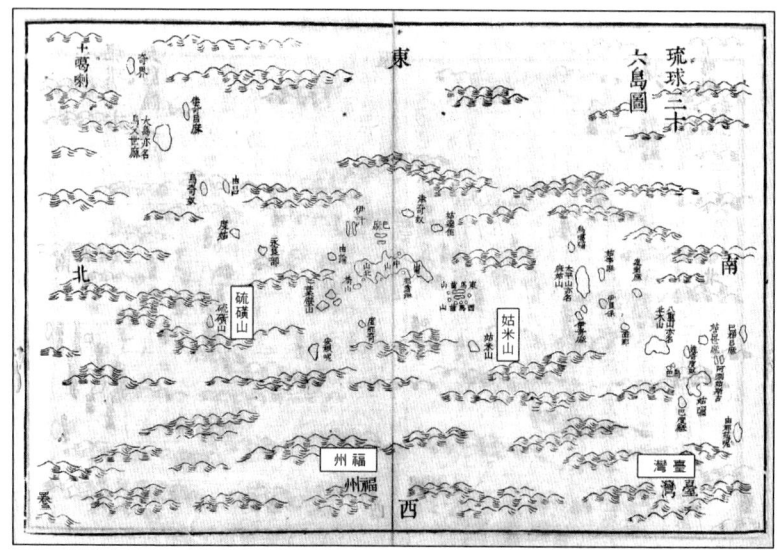

〈지도 6〉『中山傳信錄』(권4)의 「琉球三十六島圖」

서 姑米山(현, 쿠메지마[久米島]) 이후 서쪽에 福州와 臺灣을 표기한 것(〈지도 6〉의 하단 부분)은 이 지역이 바로 중국과의 경계가 된다는 것을 의미한다.

더욱이 그는 『中山傳信錄』(권1)에서 『指南廣義』의 기록을 인용하여 "姑米山[류큐(琉球)의 서남쪽 방면 경계의 鎭山]을 가려면, 單卯針을 이용하고, 馬齒를 가려면 甲卯와 甲寅針을 이용하여 류큐의 나하(那覇) 항구에 들어갈 수 있다."53)고 기술하고 있다. 여기서 姑米山에 대한 설명으

지막 경계인 姑米山까지만 수록되어 있고, 조어도제도의 섬들은 포함되어 있지 않다.
53) 徐葆光, 『中山傳信錄』권1, 「針路」. "[指南廣義云] 福州往琉球, 由閩安鎭出五虎門, 東沙外開洋, 用單[或作乙]辰針十更. 取鷄籠頭[見山, 卽從山北邊過船, 以下諸山皆同], 花瓶嶼, 彭家山, 用乙卯並單卯針十更. 取釣魚臺, 用單卯針四更. 取黃尾嶼, 用甲寅[或作卯]針十[或作一]更. 取赤尾嶼, 用乙卯針六更. 取姑米山[琉球西南方界上鎭山], 用單卯針, 取馬齒, 甲卯及甲寅針, 收入琉球那覇港."

로 "류큐(琉球) 서남쪽 방면 경계의 鎭山"이라는 부기를 붙이고 있다. 이 부기는 『指南廣義』의 저자인 程順則이 아니라, 『中山傳信錄』을 저술한 徐葆光라는 것은 이노우에의 연구54)에 의해 명확히 밝혀졌는데, 이노우에는 '鎭'의 의미는 국경이나 마을의 경계를 다스리는 '鎭守'의 역할로서, 姑米山은 중국에서 류큐를 왕래할 때의 국경이라고 주장하고 있다.55) 이에 대해 전술한 오쿠하라 도시오, 하라다 노부오를 비롯한 수많은 일본 학자들이 이노우에를 비판을 하고 있지만, 사료상의 해석으로서 전혀 문제가 없다고 판단된다. 왜냐하면, 실제로 '鎭'은 한자적 의미로도 "요해지나 전략상의 요긴한 곳"이며, 동사로도 "지키다."를 의미하는데, "류큐(琉球) 서남쪽 방면 경계의 鎭山"이라고 붙인 것은 姑米山, 즉 쿠메지마가 류큐의 요해지로서 반드시 지켜야 할 국경의 섬이었기 때문이다. 이러한 사실을 徐葆光는 명확하게 알고 있었기에 자신이 저술한 『中山傳信錄』에 위와 같은 부기를 일부러 첨부한 것이고, 그렇기 때문에 「琉球三十六島圖」에 조어도제도를 제외시킨 것이다.

결론적으로 『中山傳信錄』의 〈사료 5〉의 내용과 〈지도 6〉을 염두에 두고 생각해본다면, 姑米山 즉 쿠메지마가 류큐의 서남쪽 국경이 되고, 중국 쪽으로 있는 조어도제도는 류큐의 영토가 아니라, 중국의 영토였다고 판단할 수 있다.

또한, 1756년 책봉사의 일원이었던 周煌의 『琉球國志略』에도 조어도제도에 관한 기술이 보이고 있다. 이때의 책봉사도 鷄籠山 → 釣魚臺 → 赤洋 → 溝 → 姑米山의 항로를 이용해 류큐에 도착하고 있었는데,56) 이 사료가 흥미로운 것은 여기에 수록된 「琉球國全圖」(〈지도 7〉 참조)57)이다. 즉, 전술한 徐葆光의 『中山傳信錄』에 보이는 「琉球三十六島

---

54) 井上清, 「釣魚列島(尖閣列島等)の歷史と歸屬問題」, 『歷史學硏究』 381, 1972.
55) 井上清, 앞의 책, 40~41쪽.
56) 周煌, 『琉球國志略』권5(「沖繩の歷史情報硏究CD-ROM版(第8卷)」).
57) 周煌, 『琉球國志略』首卷(상동).

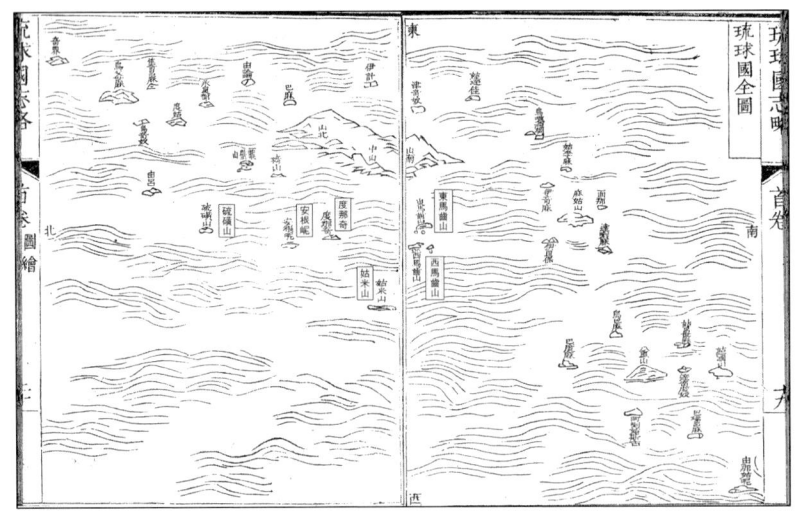

〈지도 7〉『琉球國志略』(首卷)의 「琉球國全圖」

圖」(〈지도 6〉)와 마찬가지로 姑米山(현, 쿠메지마[久米島])까지를 류큐의 영토로 그리고 있다는 점이며, 조어도제도는 이 지도상에서 류큐의 영토에 포함되어 있지 않았음을 알 수 있다. 이점은 1616년부터 1785년까지 각종 典章制度와 연혁, 沿革을 건륭제의 명으로 嵆璜 등이 1747년에 편찬한 『皇朝文獻通考』의 「琉球」를 설명한 부분에서 "지형은 동서로 협소하고, 남북은 길며, 사방은 모두 바다이다. 海中의 섬이 원근으로 둘러싸여 류큐(琉球)에 속하고 있는데, 무릇 36개의 섬을 관할한다. … 福州에서 그 나라까지는 반드시 姑米山을 바라보고 가야하는데, 이로써 기준으로 삼는다."[58]라는 기술이 있고, 36개의 섬에 조어도제도의 섬들이 포함되지 않았다는 것으로부터도 중국의 영토라는 것이 증명된다.

한편, 1800년 책봉사 李鼎元의 『使琉球記』에는 조어도제도와 관련해 彭家山 → 釣魚臺 → 赤尾嶼 → 姑米山의 루트가 언급되어 있으며,[59]

---

58) 『皇朝文獻通考』 권295, 「四裔考」, 東, 琉球條(『四庫全書』). "地形東西狹, 南北長, 四際皆海, 海中島遠近環列 屬琉球 轄凡三十有六. … 由福州至其國 必望取姑米山, 以爲準."

1808년 책봉사 齊鯤·費錫章의 『續琉球國志畧』60)에는 花瓶嶼 → 梅花嶼 → 釣魚臺 → 赤尾嶼 → 姑米山, 1866년 책봉사 趙新의 『續琉球國志略』61)에는 牛架山 → 釣魚山 → 久場島(黃尾嶼) → 久米赤島(赤嶼) → 姑米山의 루트만이 언급되어 있을 뿐이다. 다만, 李鼎元의 『使琉球記』에 기술된 조어도제도와 쿠메지마 사이, 즉 중국과 류큐 사이의 경계가 되고 있는 '溝'에 대해서는 학자들 간의 심각한 논쟁이 있어 다음에서 면밀히 검토해 보도록 하겠다.

〈사료 6〉
(10월 6일) 이날, 介山(정사 趙文楷의 호)과 함께 반찬과 술을 갖추어 손님들을 초청하여 술을 마셨는데, 한창 마시고 있을 때 ⓐ <u>한 손님의 말하기를, "바다는 서쪽으로 黑水溝와 閩海를 사이에 두고 경계로 한다고 들었습니다. 옛날 명칭은 滄溟 또는 東溟이라고도 말하였는데, 류큐 사람은 모릅니다. 이번 사행에 또한 이곳을 지나지 않았는데, 어찌된 일입니까."</u>라고 하였다. 내가 말하기를, ⓑ <u>"도해하는 사람은 많고, 책을 쓰는 사람은 적습니다. 배를 타고 토하지 않고(=배멀미를 하지 않고), 하루 종일 지휘하는 곳에 앉아서 친히 그 본 바를 쓰는 것은 특히 적습니다. 한 사람이 창을 하면 따라서 많은 사람들은 그것에 서로 응하는데, 남이 하는 말을 그대로 듣고 말하는 것을 어찌 다 믿을 수가 있겠습니까.</u> ⓒ <u>류큐 사람은 매년 1번 바다를 건너지만, 黑溝의 법칙을 모릅니다. 즉, 이르자면 黑溝라는 것은 없는 것입니다."</u>라고 하였다.62)

---

59) 李鼎元, 『使琉球記』권3(「沖繩の歷史情報硏究CD-ROM版(第8卷)」).
60) 齊鯤·費錫章, 『續琉球國志畧』 권3(「沖繩の歷史情報硏究CD-ROM版(第8卷)」).
61) 趙新, 『續琉球國志略』 권2(「沖繩の歷史情報硏究CD-ROM版(第8卷)」). 동 사료는 早稻田大學圖書館(請求記號號: ル04_03457)에도 소장되어 있음(온라인 열람 가능).
62) 李鼎元, 『使琉球記』권6(「沖繩の歷史情報硏究CD-ROM版(第8卷)」). "是

즉, 밑줄 ⓐ를 보면, 李鼎元은 술자리에서 만난 류큐 사람으로부터 류큐의 바다 서쪽으로 '黑水溝와 閩海'63)를 사이에 두고 경계로 한다는 것을 전해들은 이야기와 함께 류큐 사람은 이곳을 모른다는 사실을 듣고 있었으며, 또 李鼎元 일행이 류큐로 올 때는 '溝'를 지나지 않았음을 확인할 수 있다. 그리고 밑줄 ⓑ에서는 경험하지 않고 남이 하는 말을 그대로 믿을 수 없다는 자신의 신조를 언급하고 있다. 때문에 자신이 '溝'를 통과하여 직접 경험하지 못한 것에 대한 자의식 속에서 밑줄 ⓒ에서는 류큐 사람의 말을 근거로 '黑溝'라는 것은 없다고 단정하고 있다.

이에 대해 하라다 노부오(原田禹雄)는 李鼎元의 위와 같은 '溝' 인식에 대해 "나는 李鼎元의 이 센카쿠제도 항해의 문장을 사랑한다. 실로 아름답고 우아한 문장이다."64)라고 찬미함과 동시에 이노우에 키요시(井上淸)의 연구에 대한 비판을 행하고 있다. 더욱이 그는 "바다의 難所라는 의미의 溝를 부정한 李鼎元 단지 한 사람의 체험을 추종하여 그를 전후한 책봉사들이 함께 인정하고 있는 '中外의 界'를 도저히 부정할 수 없다."라고 언급한 이노우에의 주장을 비판하면서, "이것이 국립대학 연구소에서 역사학을 전공하는 교수로서 지위와 급여를 받고 있는 입장의 인간이 할 수 있는 것인가, 여기서 나는 이노우에 키요시를 용서할 수 없게 되었다."고 비학술적인 용어를 스스럼없이 사용하여 비판하고 있다.65)

日與介山, 具餚酒鏡招從客飮酒酣有客曰, 聞海面西距黑水溝與閩海界. 古稱滄溟亦曰東溟, 球人不知. 此行亦未之過何也. 余曰, 渡海者多著書者少. 登舟不嘔, 日坐將臺, 親書其所見者, 尤少. 率一人倡之衆人和之, 耳食之談, 何可盡信. 球人歲一渡海, 而不知黑溝則. 卽謂無黑溝也."

63) 黑水溝는 제 기록에 보이는 '郊'나 '溝'와 같은 지역을 말한다. 閩海는 福建省 지역에 살고 있던 옛 종족의 이름이 '閩'이었던 것으로부터 현재 福建省의 앞쪽의 大洋을 가리킨다.
64) 原田禹雄, 앞의 책, 102쪽.
65) 위와 같음.

그러나 『使琉球記』에 류큐에서 福州까지의 귀로를 기술한 10월 25일 자의 기술에는 "해면을 보니 깊어 검은 색이고, 하늘과 물이 멀리 떨어져 있는데, 즉 이른바 黑溝라는 것인가. 아마도 여기에 온 사람은 모두 남의 말을 그대로 듣고서는 감히 자신이 보지도 않고, 드디어는 거짓으로 기이한 것을 만들어 내는구나. 이 모두 가히 알지 못하겠지만, 내가 목격한 것은 진실로 다른 이상함은 없었다."66)라고 하여 '溝'를 통과하고 있었다. 즉, 李鼎元은 류큐와 중국의 경계로서 '溝'의 존재를 부정한 것이 아니다. 이에 대해 이노우에(井上)도 하라다(原田)도 李鼎元이 '溝'의 존재를 부정하고 있었던 것처럼 판단하고 있으나, 어디까지나, 李鼎元이 말한 것은 '溝'라는 곳은 남들이 말할 때 험난한 곳이고, 이곳에서 바다의 신에게 제사를 지내기도 하지만, 자신이 경험한 바에 의하면, 아무런 특이 사항이 없었다는 것을 위와 같이 기록한 것이다. 다시 말하면, '溝'는 전절에서도 언급한 汪楫의 『使琉球雜錄』에 보이는 '郊'와 마찬가지로 중국과 류큐와의 국경을 의미하는 사실적인 용어이다.

4. 맺음말

지금까지 전근대 시기의 문헌을 중심으로 釣魚島諸島에 대한 중국과 일본의 영토인식을 고찰해 보았는데, 그 논점을 간단히 정리해 보면 다음과 같다.

첫째, 明代의 조어도제도와 관련된 문헌자료는 본고에서 살펴본 바와 같이 일본에 거의 없는 것에 비해 중국에는 류큐로 도해한 책봉사들이 남긴 다수의 문헌을 비롯해 각종 사본과 지도 등이 남아 있으며, 이 기록

---

66) 李鼎元, 『使琉球記』 권6(「沖繩の歷史情報硏究CD-ROM版(第8卷)」). "視海面深黑, 天水遙接, 豈卽所謂黑溝耶. 抑來者皆耳食未敢親視, 遂妄生奇異耶. 是皆未可知以, 余目擊固無他異."

들을 통해 조어도제도가 중국의 영토로서 인식되고 있었다는 점을 들 수 있다. 이러한 인식은 우선 책봉사 관련 자료에 보이고 있는데, 1534년 陳侃의 『使琉球錄』과 1562년 郭汝霖의 『重編使琉球錄』을 보면, 姑米山(현 쿠메지마[久米島])은 류큐에 속하고 조어도제도의 동쪽 끝에 위치한 赤嶼(현 다이쇼지마[大正島])는 류큐(琉球)와 경계가 된다는 기록이 있어 현재의 쿠메지마와 다이쇼지마 사이가 중국과 류큐의 경계라는 인식이 중국 측에 있었음을 알 수 있다. 이에 대해 본고에서 언급한 일본의 상당수의 연구자들은 조어도제도를 중국(明)이 지배했다고는 볼 수 없기 때문에 중국의 영토는 아니라고 한다. 그러나 明代에 직접적으로 대만을 영토로 편입시키지는 않았지만, 지배의 영향권 안에 있었고, 더군다나 대만에는 영토권을 주장할 국가 권력이 없었다. 또한, 明代의 해상 방어책을 서술한 鄭若曾의 『鄭開陽雜著』를 비롯한 관련 자료에 수록된 「福建界」에도 조어도제도가 포함되어 있어 조어도제도에 대한 영토인식의 존재를 확인할 수 있다.

둘째, 淸代에 들어와서도 明代의 조어도제도 인식, 즉 赤嶼와 姑米山 사이를 국경으로서 보는 영토인식이 더욱 강화되고 있다는 점이다. 즉, 이미 전술한 바이지만, 1683년 책봉사였던 汪楫의 『使琉球雜錄』에는 赤嶼(다이쇼지마)와 姑米山(쿠메지마) 사이에 '郊'라는 곳이 있는데, 이곳이 중국과 류큐의 경계로서 명확하게 인식되고 있었다. '郊'라는 것은 국경의 의미로서 여러 문헌에 보이는 '溝'와 같은 지역을 가리키는 곳으로 赤嶼 이전까지는 중국의 영토라는 것을 말하는 것이다. 다시 말하자면, 조어도제도의 동쪽 끝에 위치한 赤嶼(다이쇼지마) → '郊(또는 溝)' → 姑米山(쿠메지마)이라는 위치 관계 속에서 '郊(또는 溝)'가 국경이었던 것이다. 이러한 인식은 1719년 책봉사였던 徐葆光가 『中山傳信錄』에서 조어도제도를 류큐 지도 속에 포함시킨 『鄭開陽雜著』를 비판하고, 조어도제도를 전부 누락시킨 「琉球三十六島圖」를 편찬하고 있다는 것으로부터도 입증된다. 그렇기 때문에 徐葆光는 현재의 쿠메지마가 류큐의 서남단 마지막 영토라는 인식을 가지고 『中山傳信錄』에서 姑米山에 대한 설명으로 "류큐의 서남쪽 방면 경계의 鎭山"이라고 附記한 것이다. 1747년에 편찬된 『皇朝文獻通考』에도 류큐의 부속도서에 조어도제도가 포함되지 않았는데, 이러한 사실들은 조어도제도가 류큐에 속한 것이 아니라, 당시 중국(淸)의 영토였다는 것을 보여주는 입증자료가 될 수 있다.

셋째, 조어도제도를 과연 역사적으로 어느 쪽이 먼저 선점하고 영유하고 있었는가의 문제이다. 현재, 일본 측에서는 조어도제도에 대한 지배를 명확하게 명시한 기록이 없는 이상, 조어도제도는 전근대 시기에 '無主의 땅'으로서 중국이나 대만의 영토가 아니며, 1895년 이후 일본이 해당지역을 실효적으로 지배하기 시작했기 때문에 일본의 영토라고 주장한다. 물론, 현재 일본이 실효적으로 지배하고 있다는 것을 부정할 생각은 없다. 하지만, 본고에서 대상으로 삼은 전근대 시기에 한정해 본다면, 일본에는 전근대 시기에 조어도제도에 관한 사료가 거의 없고, 그나마 남아 있는 서너 개의 사료들 중에서도 조어도제도가 일본 측이나 류큐의 영토 경계 안에 포함되어 있었다는 자료는 보이지 않는다. 반면에 중국 측에는 조어도제도에 관한 수많은 종류의 문헌자료들이 산재해 있음과 동시에 이들 중의 많은 자료들은 이곳을 중국의 경계·영토인식 속에 포함시키고 있어 '無主의 땅'이 아님을 증명하고 있다. 이러한 점에서 본다면, 조어도제도에 대한 선점권이 중국에 있든, 대만에 있든, 일본에 없다는 것만큼은 확실하다. 또한, 누가 먼저 영유를 주장했는가의 측면에서 본다면, 이것도 이미 본고에서 관련 사료로서 입증한 것들이지만, '郊'나 '溝'를 사이에 두고 중국과 류큐가 경계를 이룬다는 중국 측의 기록이 존재한다는 것은 이미 '郊'나 '溝'의 이전 지역은 중국 땅이라는 것을 천명한 것과 마찬가지이다.

그러한 의미에서 판단한다면, 결국 조어도제도는 1868년 메이지유신(明治維新)을 전후한 시기 이후의 일본 제국주의적 침략과 식민정책, 특히 1874년 대만침략을 시작으로 한 침략적 팽창정책 속에서 1895년 이후 강제 점유된 지역이라고 규정할 수 있다. 다만, 본고에서는 근대, 즉 메이지유신(明治維新) 이후의 조어도제도에 대한 영토인식과 국제법상의 문제 및 일본의 강제점유에 대해서는 다루지 않았는데, 이에 대해서는 금후의 과제로 삼도록 하겠다.

참고문헌

1. 사료

『明史』, 『使琉球錄』(陳侃), 『重編使琉球錄』(郭汝霖), 『使琉球錄』(蕭崇業/謝杰), 『使琉球錄』(夏子陽), 『使琉球紀』(張學禮), 『使琉球雜錄』(汪楫), 『琉球國志略』(周煌), 『使琉球記』(李鼎元), 『續琉球國志略』, 『續琉球國志畧』(齊鯤/費錫章), 『鄭開陽雜著』(鄭開陽), 『中山傳信錄』(徐葆光).

2. 단행본

高橋庄五郎, 『尖閣列島ノート』, 靑年出版社, 1979.
芹田健太郎, 『島の領有と經濟水域の境界確定』, 有信堂高文社, 1999.
_____, 『日本の領土』, 中公文庫686, 中央公論新社, 2010.
박종귀, 『아시아의 분쟁』, 새로운 사람들, 2000.
保阪正康, 『歷史でたどる領土問題の眞實』, 朝日新書309, 朝日新聞出版, 2011.
保阪正康/東鄕和彦, 『日本の領土問題-北方四島, 竹島, 尖閣諸島』, 角川書店, 2012.
夫馬進編, 『使琉球錄解題及び研究:研究成果報告書』, 京都大學文學部東洋史研究室, 1998.
上地龍典, 『尖閣列島と竹島:中國·韓國との領土問題』, 敎育史, 1978.
孫崎 享, 『日本の國境問題』, ちくま親書905, 筑摩書房, 2011.
原田禹雄, 『尖閣諸島 - 册封琉球使錄を讀む』, 榕樹書林, 2006.
井上 淸, 『「尖閣」列島 - 釣魚諸島の史的解明』, 現代評論社, 1972.
최장근, 『일본의 영토분쟁-일본 제국주의 흔적과 내셔널리즘』, 백산자료원, 2005.
平松茂雄, 『中國はいかに國境を書き換えてきたのか』, 草思社, 2011.
浦野起央, 『尖閣諸島·琉球·中國 - 日中國際關係史』, 增補版, 三和書籍, 2010.
豊見山和行, 『琉球王國の外交と王權』, 吉川弘文館, 2004.

3. 논문

권태환,「일·중 영유권 갈등과 전망 – 尖閣열도를 중심으로」,『한일군사문화연구』11, 2011.
김명기,「獨島 問題와 釣魚島 問題의 比較考察」,『강원법학』10, 1998.
김선화,「중·일간 조어도의 영유권 분쟁에 대한 고찰」,『海事法研究』19-2, 2007.
남종호,「중·일 양국의 조어도열도 영유권분쟁과 이어도문제」,『한중사회과학연구』23, 2012.
박정현,「근대 중국의 해양인식과 영유권 분쟁」,『아세아연구』48-4, 2005.
濱川今日子,「尖閣諸島の領有をめぐる論点 – 日中兩國の見解を中心に – 」,『調査と情報』565, 2007.
西里喜行,「明淸交替期の中琉日關係再考-琉球國王の册封問題を中心に」,『International journal of Okinawan studies』1-1, 2010.
奧原敏雄, 「動かぬ尖閣列島の日本領有權-井上淸論文の「歷史的虛構」をあばく」,『日本及日本人』1515, 1973.
_____,「明代および淸代における尖閣列島の法的地位」,『沖繩』63, 1972.
_____,「尖閣列島の領有權問題」,『沖繩』58, 1971.
_____,「尖閣列島領有權の根據」,『中央公論』93-7, 1978.
_____,「尖閣列島領有權の法理 – 日·中·臺の主張の根據と對立点」,『日本及日本人』1507, 1972.
_____,「尖閣列島問題と井上淸論文」,『朝日アジアレビュー』4-1, 1973.
_____,「尖閣列島-中國及び臺灣の領有權論據批判」,『AFAシリーズ』78, アジア親善交流協會, 1979.
이문기,「중국의 해양도서 분쟁 대응전략」,『아시아연구』10-3, 2008.
이은자,「한중간 영토 분쟁에 대한 비판적 검토」,『아시아문화연구』14, 2008.
이정태,「조어도 분쟁에서 '무주지 선점론'과 '역사주권론'」,『국제정치연구』14-1, 2011.
이창위,「중국의 도서와 해양경계 문제」,『국제법학회논총』54-1, 2009.

진필수, 「센카쿠(댜오위타이)제도 영유권 분쟁에 있어 이시가키시 의회의 과잉애 국심과 지역활성화의 논리」, 『비교민속학』 47, 2012.

제2부
답사보고서

1. 1차 답사

연해주 및 두만강·압록강 유역
- 블라디보스토크, 크라스키노, 훈춘, 도문, 연길, 용정, 백두산, 집안, 단동, 대련

1) 답사일정표 (2011년 8월 16일 ~ 8월 23일, 7박 8일)

일자	지역	교통편	시간	주요 일정	식사
제1일 8월 16일 (화)	춘천 인천 블라디보 스토크	시외 버스 KE981 전용 버스	05:30 09:50 14:20	춘천 출발 인천 국제공항 출발 블라디보스토크 도착 ● 답사 : 독수리전망대 　　　　신한인촌 기념비 　　　　안중근의사 기념비 　　　　중앙광장 　　　　태평양함대 사령부 ● 숙소 : 블라디보스톡 호텔	중 -기내식 석 -현지식
제2일 8월 17일 (수)	블라디보 스토크 크라스키노 훈춘	전용 버스		블라디보스톡 출발 크라스키노 경유 ● 답사 : 단지동맹비 　　　　크라스키노 마을 산 정상 국경통과, 훈춘 도착 　(러시아-중국 시차 3시간) ● 답사 : 용호석각비 　　　　배우성 터 　　　　두만강변 　　　　영보선사 ● 숙소 : 금빛동방국제호텔	조 -숙소 중 -현지식 석 -현지식
제3일 8월 18일 (목)	훈춘 방천 도문 연길	전용 버스		방천으로 이동(40분 소요) ● 답사 : 망해각-중·조·러 삼국국경지대 　　　　(토자비) 　　　　장고봉사건 전람관 　　　　오대징 동상 도문으로 이동(1시간 30분 소요) ● 답사 : 두만강변, 중조접경지대(광장 및	조 -숙소 중 -현지식 석 -현지식

일자	지역	교통편	시간	주요 일정	식사
				전망대) 연길로 이동(1시간 소요) ● 답사 : 연변대학교 견학 ● 숙소 : 황금성 호텔	

제4일
 	
8월
19일
(금)
	연길
	용정
	
	백두산
	
	송강하
		전용
		버스
				용정으로 이동(30분 소요)
				● 답사 : 대성중학교
				        용문교
				백두산으로 이동(4시간 소요)
				● 답사 : 천지
				        장백폭포
				송강하로 이동(2시간 소요)
				● 숙소 : 홍혜산장
					조
					-숙소
					중
					-현지식
					석
					-현지식

제5일
 	
8월
20일
(토)
	송강하
	집안
		전용
		버스
				집안으로 이동(6시간 소요)
				● 답사 : 장군총
				        광개토대왕비
				        5호묘
				        태왕릉
				        환도산성
				        압록강변
				● 숙소 : 취원호텔
					조
					-숙소
					중
					-현지식
					석
					-현지식

제6일
 	
8월
21일
(일)
	집안
	단동
		전용
		버스
				단동으로 이동(5시간 소요)
				● 답사 : 국내성 터
				        태평댐
				        호산산성
				        구련성
				● 숙소 : 우전호텔
					조
					-숙소
					중
					-현지식
					석
					-현지식

제7일
 	
8월
22일
(월)
	단동
	
	대련
		전용
		버스
				● 답사 : 압록강 단교
				        변문진 터
				        봉황성 터
				        봉황산
				대련 이동(4시간 30분 소요)
				● 숙소 : 홀리데이인 호텔
					조
					-숙소
					중
					-현지식
					석
					-현지식

제8일 8월 23일 (화)	대련 인천	전용 버스 CZ675	 18:45 20:45	● 답사 : 여순 감옥 고려박물관 공항으로 이동 대련공항 출발 인천 국제 공항 도착	조 -숙소

2) 참가자 명단

연구팀			
번 호	성 명	성 별	직 위
1	손승철	남	연구책임자(강원대학교 사학과 교수)
2	김보한	남	공동연구원(단국대학교 교양기초교육원 교수)
3	남의현	남	공동연구원(강원대학교 사학과 교수)
4	신동규	남	공동연구원(동아대학교 국제학부 일본학전공 교수)
5	엄찬호	남	공동연구원(강원대학교 인문과학연구소 HK연구교수)
6	유재춘	남	공동연구원(강원대학교 사학과 교수)
7	한문종	남	공동연구원(전북대학교 사학과 교수)
8	한성주	남	전임연구원(강원대학교 사학과 강사)
9	김수정	여	연구보조원(강원대학교 사학과 석사과정 수료)
10	원연희	여	연구보조원(강원대학교 사학과 박사과정 수료)
11	이홍권	남	연구보조원(강원대학교 사학과 강사)
12	장경호	남	연구보조원(강원대학교 사학과 석사)
13	한동환	남	연구보조원(강원대학교 사학과 박사과정)
14	홍을표	남	연구보조원(강원대학교 사학과 강사)
현지 자문			
번 호	성 명	성 별	직 위
1	김태국(金泰國)	남	연변대학교 사학과 교수(延邊大學校 史學科 敎授)
2	김홍배(金洪培)	남	연변대학교 과연처 과장(延邊大學校 科硏處 科長)

3) 답사지역 지도

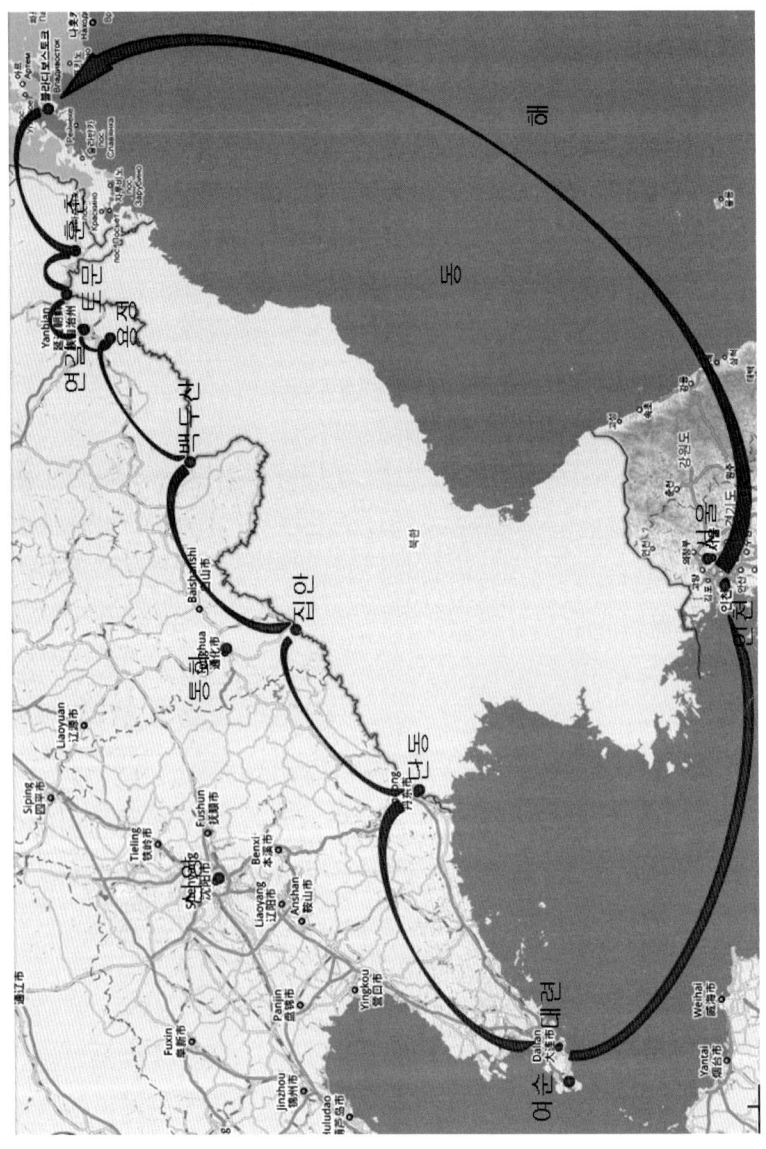

4) 답사기록

■ 제1일 : 8월 16일 화요일

• 05:30 춘천 버스터미널

　손승철 교수님, 유재춘 교수님, 엄찬호 교수님, 남의현 교수님, 한동환 선생님, 홍을표 선생님, 한성주 선생님, 원연희 선생님, 장경호 선생님은 리무진을 타고 인천공항에 7시 50분경에 도착했다. 인천공항에는 신동규 교수님, 한문종 교수님, 김보한 교수님, 김수정 선생님이 기다리고 있었다. 그 곳에서 한성주 선생님께서 답사자료집을 일행에게 나누어 주었다. 내용을 읽어보니 연구보조원들 6명이 작성하여 제출한 것을 수정 및 편집하고, 답사지역의 이동로를 지도로 작성하여 만든 것이었다.

• 07:50 인천공항

　롯데관광 직원들이 있는 곳에 가서 여권과 비행기 표를 받은 뒤 롯데관광에서 나온 송길자 씨의 안내를 받으며 짐을 부치기 위해 8시쯤에 카운터에서 대기하다가 대부분 8시 15분경에 짐을 부쳤다. 이후 탑승장에 들어가기 위해 검색대 앞에서 20여 분을 줄을 서서 기다려야 했다. 다음 약속시간과 장소는 9시 30분, 11번 게이트였다.

• 09:50 인천공항 출발

　비행기에는 9시 30분에 탑승했다. 비행기는 9시 50분에 움직여 10시 7분에 이륙하고 8분이 되자 고도에 올라 선 것 같았다. 24분에는 안전띠를 풀어도 된다는 방송이 나왔다. 11시경에 기내식이 나와 점심을 먹었다. 기내식은 고기, 스테이크, 빵, 베이컨 소스 등이 나왔다. 답사팀 일행이 탄 비행기는 예정된 항로를 따라 동해로 날아 온 것이 아니라 서해를 경유하여 만주를 지나왔다.

• 14:20 블라디보스토크 공항

공항에 도착하니 비가 내렸다. 그러나 그다지 많은 비는 아니었다. 현지시각으로 오후 2시 20분경에 비행기에서 내렸는데 비가 와서 그런지 비행기로부터 입국장까지 짧은 거리인데도 버스를 운행해 주었다.

답사 일행은 'Pass port control'이라고 쓴 출구에서 나가기 위해 줄을 서서 기다리고 있었는데, 한성주 선생님이 출구를 향해 사진을 찍었다. 그런데 공항 직원이 와서 사진 찍은 것을 지우라고 하는 행동을 보였다. 그리고 심사를 기다리는 동안 선생님들 사이에서 스마트폰과 일반 핸드폰에 대한 즐거운 논쟁(?)이 벌어졌고, 동쪽으로 계속 가면 늙지 않는다는 재미있는 이론도 등장했다. 이곳의 입국 수속은 오래 걸리고 복잡해서 공항 출구로 나가기까지 20분 정도는 기다린 것 같다.

가이드는 한국인으로 블라디보스토크 영주권을 갖고 있는 이원석 씨이다. 러시아 이름은 '유라'라고 했다. 그는 8살 때 아버지를 따라 이곳에 와서 18년간 생활했으며 블라디보스토크에 있는 극동대학교 한국경영학과에 다녔다고 한다. 러시아는 대학의 수학과정이 5년제인데, 대학에 들어가기는 쉬워도 학년 올라가기가 매우 어렵고, 매 학년마다 진학 시험을 보기 때문에 우리나라로 치면 수능시험을 5번 보는 셈이라고 했다.

이원석 씨는 가이드 생활이 7년차인데 최근에 한국인이 경영하는 기업에 취직되어 가이드 일은 이번이 마지막이라고 한다. 그는 이동하는 긴 시간을 이용하여 쉬지 않고 블라디보스토크에 대해 설명해 주었다.

한동환 선생님의 보충 설명에 의하면 연해지방은 한말 이래 한국 교포들의 망명지가 되어 상당수가 그곳에 거주하고 있었으나, 1937년에 러시아 정부가 韓人들을 중앙아시아로 강제 이주시켰다고 한다. 만약 그들이 현재까지도 이곳에 거주하고 있었다면 독립이나 자치에 대한 열망이 매우 높았을 것이다. 러시아는 그것을 방지하기 위해 현지 주민들을 강제 이주시켰다고 생각된다. 그래서 지금은 독립이나 자치를 주장할 수 있는 주민들이 없는 것 같다.

주변의 지형은 한국과 다를 바 없지만 나무와 가옥이 다르다. 2012년에 이곳에서 APEC 정상회의가 개최될 예정이기 때문에 지금은 공항에서부터 회의장까지의 도로가 공사 중이라고 했다. 가는 길 내내 공사가 한창이라 차량이 많이 밀려 운행이 지체되었다.

이곳에는 일본차가 80%를 차지한다. 또한 가이드는 이 곳 러시아 사람들은 게을러 한국인이라면 하루에 할 수 있는 일을 며칠씩 걸려야 하기에 한국에서 온 기업인들이 애를 먹고 있다고 말했다.

이원석 씨는 이곳의 영주권을 받았지만 대한민국에서 군복무를 하여 화천에 있는 포병대대에서 군 생활을 했다고 한다.

- **16:25 독수리 전망대**

답사 일행이 처음 찾아 간 곳은 독수리 전망대였다. 전망대에 올라가니 시가지가 다 내려다 보여서 항구와 높은 건물도 보였다. 그곳에 세워놓은 동상은 항구를 내려다보고 있었다. 옆 건물 위에 청동으로 된 돔형식의 십자가가 있었는데, 이것은 러시아 정교회 표시라고 한다. 동상은 두 사람의 사제가 십자가와 성경책을 들고 있는 모습이었다. 동상 앞의 자물쇠가 많이 진열되어 있었는데, 사연이 있는 것이었다. 경치가 좋은 전망대에 신혼부부가 와서 진열된 자물쇠를 사서 자물쇠 위에다가 '우리 사랑 영원하라'라는 문구를 새기어 넣고 자물쇠를 잠그고 바다에 버리는 의식을 한다고 한다. 그 앞에는 큰 다리를 놓는 공사가 진행 중이었다. 관람 중 비가 조금씩 내렸지만 젖을 정도는 아니었다. 전망대의 지하 상점에는 마트로슈카 인형 등 기념품들이 많았다.

- **17:15 신한인촌 기념비**

다음 일정은 신한인촌 기념비였다. 이곳은 평상시에 잡인들이 출입하여 엉망으로 만들어 놓기 때문에 문을 잠근다고 했다. 그런데 가이드는 답사팀을 위해 한국총영사관에 연락하여 열쇠를 가지고 왔다고 말하며 문을 열어 주었다. 탑이 세 개 솟았는데 가운데 긴 것은 남한, 왼쪽은 북한, 오른 쪽은 도래인(渡來人)을 상징한다고 한다. 답사 일행은 이곳에서 단체사진을 찍고, 장경호 선생님이 비석을 낭독했다.

- **17:35 안중근 의사 기념비**

이후 답사 일행은 극동대학교 의과대학에 있는 안중근 의사 기념비로 향했는데, 이 때 안중근이 한국에서 유명한 의사(義士)라서 의사(醫師)들을 키우는 의과대학에 안중근의 기념비를 세웠다는 가이드의 농담도 있었다. 안중근 의사 기념비에는 오후 5시 35분경에 도착하여 잠깐 답사하고서, 바로 중앙광장으로 이동했다. 가이드는 이후의 답사 장소로 블라디보스토크 역보다는 중앙광장을 보는 것이 더 좋다고 추천했기 때문이다. 광장에 가는 길목에 교통정체가 있어, 시간이 약간 지체되었다.

- **17:55 중앙광장 및 태평양함대 사령부**

광장에 올라가보니 중앙의 큰 동상 좌우에 전투를 상징하는 작은 동상이 하나씩 있었다. 그리고 예전에는 이곳에 전차(트람바에, 7년 전에 없앴다고 한다)가 있었지만 지금은 없어졌고 지하철도 없다고 했다. 하지만 외곽에는 아직 운행하는 곳이 남아있다고 한다.

이후 태평양함대 사령부에 갔다. 대국 러시아의 함대 사령부 건물이라고 하기는 좀 초라했다. 기념 공원에는 참전자인지 희생자인지 모르지만 군인들의 명단을 헤아릴 수 없이 새겨 놓았고 그 앞에 잠수함도 진열되어 있지만 입장료를 받아 내부는 들어가지 못했다. 소원을 빌 수 있는 개선문도 있었다.

- **18:30 저녁식사**

저녁식사를 위해 들어간 곳은 '시티 고르니치'라는 러시아의 전통식당이었다. 식사는 러시아 전통음식들로 이미 차려져 있었고, 답사 일행들이 도착하자, 맥주와 보드카가 나왔다. 먼저 맥주를 한 잔씩 따라 놓고 손 교수님이 축배를 하신 후에 저녁식사를 했다.

- 20:30 숙소 도착

식당을 나와 호텔에 도착했다. 다음 날인 17일 아침 현지시간으로 5시 50분에 로비에 집결하기로 했다.

■ 제2일 : 8월 17일 수요일

- 06:10 블라디보스토크 출발

답사일행은 5시 50분까지 호텔 로비에 집결하여 6시경에 버스에 탑승했다. 여정이 멀기 때문에 호텔 조식은 먹지 못했고, 아침 식사대용으로 호텔에서 준비해 준 도시락과 물을 나눠 주었다. 본래는 6시에 탑승하여 바로 출발할 예정이었으나, 6시 10분을 조금 넘긴 시각에 블라디보스토크 호텔을 떠날 수 있었다.

일행이 가는 목적지는 안중근 의사가 단지동맹을 한 곳으로 5시간 이상을 가야했다. 가는 길에 '고리나얼치'라는 다리를 건넜는데, 이곳은 북극과 가까워 여름에는 낮이 길고 겨울에는 밤이 길다고 한다. 날이 밝자 차창 밖으로 우리 호남평야와 같이 넓은 평원이 펼쳐졌다.

- 08:37 바르바세프카(휴게소) 도착

바르바세프카라는 국경 가기 전의 유명한 휴게소에 도착했다. 화장실 사용료가 10루블로 우리 돈 400원이라고 한다. 아침 기온이 한국의 늦가을 같이 춥다. 휴게소에 서 있는 동안 일행 모두 아침 도시락을 먹었다. 도시락은 야채를 넣은 샌드위치 식빵과 작은 빵, 오렌지, 요플레, 사과 등이 각각 하나씩 들어 있었다.

- **10:40 단지동맹 기념비**

단지동맹기념비에서는 크라스키노에서 안중근 의사가 11명의 동지들과 단지동맹한 것을 기념하기 위해 조성한 장소를 둘러보면서 15개의 돌에 앉아 단체 사진도 찍었다.

- **11:15 크라스키노 마을 산 정상**

기념비의 답사 이후 일행을 태운 버스는 11시에 크라스키노로 출발했다. 가이드와 운전기사가 산 정상으로 올라가는 길을 잘 몰라 몇 사람에게 물어 본 뒤 찾아 갔다. 정상에는 11시 15분에 도착할 수 있었다. 이곳에 올라와 보니 주변 일대의 전경이 다 보였다. 산 정상에는 동상 하나가 세워져 있었는데, 이것은 특별한 인물을 상징한 것이 아니고 혁명을 기념하는 동상이라고 한다. 이곳의 앞에 보이는 마을이 연해주 크라스키노 마을인데 전쟁 때 혼자 살아남은 소위를 기리기 위해 마을 주민들이 건의하여 이름을 바꿨다고 했다.

크라스키노 성은 녹둔도 방향으로 40분 정도 소요되는데, 국경 통과 버스를 타야하기 때문에 갈 수 없었다. 그곳은 옛날 발해성이 있던 자리로 발해가 일본과 교역하던 해상 길의 출발점이라고 한다.

손 교수님이 일행들에게 지도를 찾아보자고 했지만, 자세하게 나온 현지 지도를 갖고 있는 사람이 없었다. 마침 엄찬호 교수님이 작년에 블라디보스토크에서 구입한 지도를 갖고 왔기에 그 지도를 바닥에 펼쳐 놓고 다 같이 볼 수 있었다.

이후 아래 마을로 내려가 러시아인이 운영하는 음식점에 11시 50분쯤에 도착하여 식사를 하고, 국경을 건너는 버스의 시간을 맞추기 위해 식당에서 기다리다가 오후 1시 10분쯤에 답사 일행은 버스터미널로 출발했다.

버스터미널에 도착하고 나니, 블라디보스토크에서부터 우리를 수송하고 안내했던 버스기사와 가이드는 여기서 헤어진다고 했다. 가이드인

이원석 씨와 아쉬운 작별을 뒤로하고 버스는 1시 30분에 출발했다. 답사 일행이 탄 버스는 우리나라 삼성전자에서 사용하던 중고 버스를 구입하여 도색도 안 하고 그대로 쓰고 있었다.

- **14:45 러시아 국경 초소**

러시아 국경 초소는 현지시각으로 14시 45분경에 도착했다. 14시 55분에 군복인지 경찰복인지 알 수 없지만 제복을 입은 여자 한 명이 차에 올라 와서 승객들의 비자 검사를 했다. 얼마 더 가자 세관 입구에서 2차 검사를 실시하더니, 세관에서는 짐 검사도 했다. 세관은 굉장히 규모가 작았는데, 점심시간이 되자 뒤에 서있는 승객들의 줄은 아랑곳 않고 볼일을 보러 출국심사를 하다 말고 중간에 나가는 직원들도 있었다.

세관 검사 후, 탑승한 버스가 출발하기 전에 제복을 입은 여자 검사원이 또 올라와 비자 검사를 했다. 모두 4번 검사를 받았다.

- **12:30(시차 3시간) 중국 측 입국 수속장**

이후 중국 현지시각(러시아와 중국의 시차는 3시간)으로 12시 30분 쯤에 중국 측 입국 수속장에 도착하였다. 중국은 차량 방역부터 한다. 그리고 개인의 검역 검사를 위해 필요한 서류가 구비되지 않아 답사 일행은 잠시 입국심사대 앞에서 기다렸다. 지체되던 수속은 중국 측 가이드가 서류를 가져오자 금방 해결되었다. 이후 여권검사와 세관검사를 끝내고 1시가 되어서야 나갈 수 있었다. 밖에는 이홍권 선생님이 기다리고 있었다. 이홍권 선생님은 차가운 생수를 일행에게 나눠주었다.

현지시각 오후 1시 20분에 중국에서 온 31인승 버스를 탔다. 가이드는 연변에 사는 조선족 3세 박철 씨였다.

- **13:32 용호석각비**

청나라 오대징이 러시아와 담판하여 국경문제를 해결한 기념으로

1886년에 세웠다는 용호석각비에 들렀다. 〈용루공원(龍淚公園)〉안, 〈용호정(龍虎亭)〉이라고 쓴 정자 안에 비가 있었다.

- **14:00 배우성 터**

고구려의 옛 성이자 발해가 사용했다는 배우성의 옛터에 찾아갔다. 성의 주변 모두가 밭이나 논으로 경작지가 되어 있었다. 가이드의 설명에 따르면 예전에는 황량한 벌판이었던 것을 이주해 온 한인들이 가꾸어 지금과 같은 옥토가 되었다고 했다.

- **14:25 두만강변**

두만강을 구경하려고 더 안쪽으로 들어갔다. 두만강변에 도착한 시간은 14시 25분경이다. 이곳의 두만강변은 국경초소도 보이지 않고 북한과 가까워서 바로 건너갈 수 있을 듯 했다.

- **15:12 영보선사**

현지시각 15시 12분에는 호텔에 가기 전 잠깐 영보선사라는 절에 들렀다. 훈춘 시내에서는 가장 크고 유명한 절이라고 한다.

- **15:45 숙소도착 및 저녁식사**

답사 일행이 호텔에 도착한 시간은 15시 45분이다. 호텔의 이름은 금빛동방국제호텔(金色東方國際酒店)이었다.

식사 장소로 가기 위해 오후 6시 20분에 버스에 승차하여 10분 뒤에 춘자음식점(春子快餐店)이라는 식당에 도착했다. 식사자리에는 이곳에 사는 이홍권 선생님의 숙부님이 참석하였다. 식사를 마친 시간은 저녁 8시쯤이었다.

답사 일행은 이홍권 선생님의 숙부님과 함께 2차 장소로 이동했다. 맥주집에서 술을 마시던 일행 중 한문종 교수님, 김보한 교수님, 원연희 선생님, 김수정 선생님은 9시 40분쯤 호텔에 일찍 돌아갔다.

2차가 끝난 11시 20분경에는 3차 장소로 '옥선쩸성'이란 꼬치집에 갔다. 이곳에서는 꼬치를 쩸이라고 한다. 이홍권 선생님은 양고기와 콩팥, 메추리 등을 시키고 중국술과 맥주를 시켰다. 3차를 마치고 남은 일행들은 12시쯤에 호텔로 돌아갔다.

■ **제3일 : 8월 18일 목요일**

● **08:00 호텔 출발**

이 날 아침의 모닝콜은 현지시각으로 새벽 6시였다. 7시부터 2층 식당에서는 호텔 조식을 먹을 수 있었다. 식단은 간단한 뷔페식으로 준비되어 있었다. 그런데 이 호텔의 조식은 모든 음식이 심하다 싶을 정도로 짰다. 입술이 얼얼할 정도였다.

식사 후에 객실에 올라가 이동할 준비를 해서 7시 40분에 1층 로비에 내려가 버스를 기다렸다. 버스가 도착하자 가방을 싣고 8시경에 출발했다. 잠시 후에 연변대 김태국 교수님과 김홍배 선생님 두 분이 합승하였다. 모두 조선족으로 한국말을 잘 했다.

달리는 버스의 왼쪽 창밖에는 북한지역의 산들이 보인다. 북한은 산꼭대기까지도 나무를 베어내고 영농을 해 겨울이면 푸른 산이 없다고 했다. 눈에 보이는 산들에는 큰 나무가 안 보이고 모두 녹초지대였다. 김태국 교수님은 많은 시간을 할애하여 여러 가지 설명을 해 주었다.

● **09:10 망해각, 토자비**

답사일행은 9시 10분경에 토자비를 보기 위해 망해각에 도착하였다. 전망대 안에는 적지 않은 사람들이 관람하고 있었다. 일행은 우선 전망대에 올라서 북한, 러시아, 동해의 경계를 바라보고 각자 기념 촬영도 했다. 동해 경계의 팻말은 웬일인지 떨어져 있었는데, 그곳의 직원으로 보이는 사람들이 다시 붙이기 위해 작업을 하고 있었다. 그런데 그 팻말에는 동해(東海)가 아닌 일본해(日本海)라고 쓰여 있었다. 작업이 끝나고 붙어있는 일본해라는 팻말에 화가 난 답사 일행은 일본해라는 팻말을 가리고 단체사진을 찍기도 했다.

전망대에서 내려오면서 이흥권 선생님이 입구에 앉아 있던 초소병들에게 토자비 방문에 대해 묻는다. 이흥권 선생님이 우리에게 들려주었던 말에 의하면 토자비까지 가는 길에는 높이를 제한하는 차단기가 있기 때문에 버스로는 들어갈 수 없다고 한다. 걸어가는 것도 위험하여 금지되어 있고, 토자비까지 가려면 소형차를 타고 가야 한다고 했다.

이흥권 선생님과 몇몇 일행이 소형차를 섭외하기 위해 주차장으로 간 사이에, 망해각 입구에 갑자기 차량 몇 대가 비상라이트를 켜고 전망대 안으로 빵빵거리고 달려오니 초병이 급히 나가서 차단기를 올리고 경례한다. 그런 사이에 답사 일행 중 6명 정도가 탈 수 있는 소형차가 섭외되었지만, 갑자기 높은 사람이 와서 안 된다며 승용차로도 못 간다고 했다. 아마 사단장급 정도 되는 사람이 방문한 것 같다. 그래서 결국 토자비는 방문하지 못했다.

- **10:04 장고봉사건 전람관**

장고봉이라는 이름은 그 곳 지형의 늪이 장구처럼 생겨서 만들어진 이름이라고 했다. 그곳은 일본군과 러시아 홍군의 전투 장소로 러일전쟁 직전에 일본이 소련의 전투력을 시험해보기 위해 벌인 전투라고 한다. 장고봉사건전지전람회(長鼓峰事件戰地展覽會)라고 쓴 건물에서 장고봉사건 전람관의 가이드가 입구에서부터 전투에 관하여 차근차근 안내해 주었다.

- **10:40 오대징 동상**

10시 40분에는 淸의 대신 오대징의 동상이 있는 곳으로 갔다. 그는 러시아와 담판을 지어 이곳을 차지한 인물이라고 한다. 오대징이 썼다는 한시(漢詩) 7언율시(七言律詩)를 죽간과 같은 모양에 써놓은 것을 볼 수 있었다.

11시에 토문을 향해 출발한 버스는 12시 25분쯤 토문 톨게이트를 지났다. 토문 지역은 북간도에서 제일 크고, 훈춘처럼 중요한 도시라고 한다.

점심은 12시 35분쯤 도착한 시내의 스리랑 식당에서 먹었다. 점심을 먹은 답사 일행은 1시 15분에 두만강 광장으로 출발했다.

- **13:20 두만강 광장 및 전망대**

두만강 광장에 도착하여 두만강 위를 관람할 수 있는 배를 타러 갔다. 우리들이 탄 배는 의자가 좌우로 마주보도록 설치되었다. 두만강 강물은 진흙물 같이 매우 탁했다. 북한 근처의 강가를 우리 배가 지나가는데 북한 초소의 군인인지 사람의 움직임이 살짝 보였다.

두만강을 뒤로 하고 오후 2시에 전망대에 도착한 일행은 국방경계선이 있는 다리를 건너며 주변을 구경할 수 있었다. 어느 정도 걷다가 북한과 중국의 국방경계선이 나왔는데, 벌써 많은 관광객들이 국방경계선에서 기념사진을 찍고 있었다. 답사 일행은 다른 팀의 촬영이 끝날 때까지 잠시 기다렸다가, 다 같이 국방경계선 위에 올라가 단체사진을 찍기도 했다. 국방경계선 이후로는 갈 수가 없어 다시 입구로 돌아와 옆 건물에 있는 전망대에 올라가기로 했다. 전망대는 건물 꼭대기에 위치하였는데, 계단이 매우 가파르고 좁아, 굉장히 위험했다. 전망대에 올라가자 아까 직접 밟아 보았던 국방경계선 너머의 모습을 한눈에 볼 수 있었다.

- **15:20 연변대학교**

일행은 전망대 관람을 마치고 나서, 오후 2시 25분경에 서둘러 연변대학으로 향했다. 이 곳 전망대에서 40~50분정도 걸린다고 했다. 3시 정각에 연길로 들어오는 게이트로 버스가 지나갔다. 환영한다는 연길 자치주의 문구가 보인다. 인구는 25만 명 정도가 사는 시라고 한다. 연길도 훈춘처럼 한글 간판이 많이 보였다. 일행이 연변대학에 도착한 시간은 3시 20분쯤이다. 먼저 연변대학 본부 건물 로비에 있는 모형도에 가서 김태국 교수님으로부터 많은 설명을 들었다. 많은 설명 중에 '연변대학은 조선족 문화의 최후의 보루'라는 부분이 인상적이었다.

이후 버스를 타고 다른 건물에 있는 역사학과에 올라갔다. 윤현철 학과장님이 미리 연락받고 우리를 기다리고 있었다. 회의실이라는 곳에 모여 인사를 나눈 뒤 연길대학과 사학과의 연혁에 대하여 많은 설명을 들은 뒤 좌담했다. 연변대학은 1949년에 강매산 교수에 의해 설립되었고, 사학과는 조선역사 위주로 가르치며 조선의 역사와 중조한일관계사도 같이 교육하고, 길림성을 중점적으로 연구한다고 했다. 사학과에만 교수 12명, 강사 4명이 있고, 교수, 부교수, 강사, 조교 등으로 구성되어 있다고 한다.

홍을표 선생님은 그들에게 연변대학의 학문이 어디서부터 왔는지 물었다. 즉 고려나 조선의 전통을 이어 받았는지, 아니면 일제의 식민사관을 답습하고 있는지, 그것도 아니라면 중국이나 북한의 학문을 전습 받았는지 알려 달라고 했다. 앉아 있던 연변대학의 교수님들은 홍을표 선생님이 질문한 것은 정치적으로 예민한 사항이라 언급하기 어렵다고 했다. 또한 이곳에서는 고조선의 역사와 고구려·발해·동북삼성·간도 등에 대한 문제나 역사는 아주 예민한 사항이라고 한다. 조선족 자치라고 하지만 중국 정부의 강한 통제를 받는다는 것이다. 일시적으로 갑자기 분위기가 엄숙해 졌다. 손승철 교수님은 분위기를 풀기 위해 귀속문제는 별개로 다뤄야 할 일이고 역사는 사실 그 자체를 연구하는 것이 더 중요하다고 하시며 엄숙한 분위기를 풀어주셨다.

이후 일행은 다시 버스를 타고 조금 올라가 집중연구센터에 들렀지만, 그 곳 사정으로 답사는 하지 못했다.

- 16:50 서점 탐방 및 자유 시간

이 날은 연변대 교수들과 저녁 식사가 예정되어 있었다. 그런데, 저녁 식사까지 시간이 많이 남았기 때문에 오후 4시 50분부터 5시 30분까지는 각자 서점 탐방 및 자유 시간을 가질 수 있었다.

- 17:50 저녁식사

저녁 식사 장소인 청와대 식당에 도착했다. 식단은 점심 때 먹은 것과 비슷했다. 연변대 교수님들과 이 지역 및 조선족의 역사와 문화에 대한 많은 이야기를 나눌 수 있었다. 답사 일행은 7시 50분쯤에 호텔에 도착하여 쉴 수 있었다.

■ 제4일 : 8월 19일 금요일

- 07:10 용정으로 출발

일행은 6시부터 아침 식사를 시작했고, 7시 10분에 모두 로비에 모여 용정으로 출발했다.

용정으로 가던 중, 가이드 박철 씨가 우측 창밖에 보이는 과수원들이 '사과배'라는 나무라며 이 과일의 유래를 알려 주었다. 덧붙여 중국의 모든 토지는 정부 소유라 국민들은 정부로부터 이용권만 받는다고 알려주었다. 그래서 한국이나 외국에서 토지를 구입하려고 투자했다가 낭패 보는 사람들이 적지 않다고 했다.

- 07:50 대성중학교

용정시에 있는 대성중학교에 도착했다. 이곳은 윤동주 시인이 다닌 학교로 유명하다. 학교 안으로 들어가 보니 30대 여교사에게 대성중학교에 대한 여러 가지 설명을 들을 수 있었다. 윤동주 시인은 독립운동을 하다 체포되어 감옥에서 일제의 생체 실험용으로 만든 이름 모를 주사를 맞고 사망했다고 한다.

　가이드는 이곳에 도착하기 전에 이 학교의 실정을 말하면서 기념품도 많이 팔아 주고 기부도 많이 하라고 당부한 바가 있었는데, 여교사의 안내를 다 듣고 난 후에 방명록에 서명하라고 해서 서명하는데 끝에 기부금 액수를 쓰는 곳이 있었다. 자율 기부가 아닌 강제 기부 같은 분위기에 모두들 눈살을 찌푸리기도 했다.

● 08:45 용문교

　용문교에 도착하여 길가에 주차하고 용다리에서 기념사진을 찍으며 단체 사진도 촬영하였다. 그리고 그곳에서 지나면서 왼편 먼 산 위에 있는 일송정 정자를 봤다. 가이드는 정자에 얽힌 얘기를 해 주며 선구자 노래를 같이 부르자고 하여 따라 불렀다. 8시 52분에는 일송정이 잘 보이는 길가에 정차하고 사진을 찍으러 버스에서 잠깐 내리기도 했다. 백두산으로 향하던 9시 50분쯤에 길 밖에 보이는 휴게소에서 잠깐 쉬어가기도 했다.

● 11:30 점심 식사

　11시 30분에는 이도백하에 있는 고려 음식점에 도착하여 점심을 먹었다. 삶은 닭을 비롯하여 전에 들렀던 식당보다는 조금 나은 식단이었다.

　식사 후 12시가 돼서야 일행을 태운 버스는 백두산을 향해 가던 길로 다시 출발했다. 가이드 박철 씨의 말에 의하면 몇 년 전까지만 해도 하루에 백두산을 찾는 사람은 100여 명 정도 밖에 안 되었고 그 중 90명은 한국인이었는데, 지금은 하루에 수만 명이 백두산을 찾아오는데 그들 중 90% 이상이 중국인이라고 한다.

● 12:35 백두산 입구

　12시 35분에 백두산 입구 주차장에서 하차한 답사 일행은 입구 쪽에 가서 가이드가 표 사오길 기다렸다가 12시 45분에 입장하여 12시 51분에 셔틀 버스에 승차했다. 오후 1시 2분에 지프차 승차장에 도착했다. 백두산 정상에 올라가려고 지프차를 기다리는 사람들이 매우 많았다. 지프차를 타기 위해 대기하는 장소는 두 곳을 거쳐야 했다. 처음은 일반 대기소이고, 두 번째는 'ㄹ'자 형으로 만든 대기소였다. 이곳에서 한 시간 이상을 기다린 2시쯤에야 겨우 지프차에 승차할 수 있었다. 지프차 운전기사의 운전은 매우 난폭했다. 올라가면서도 차에 있는 손잡이를 놓을 수가 없었다.

- 02:30 백두산 천지

오후 2시 20분에 백두산 정상에 있는 하차장에 하차하니 춥고 바람이 강하게 불었다. 한문종 교수님과 홍을표 선생님은 외투를 빌려주는 곳에 가서 두꺼운 외투를 빌렸다. 다 모인 일행은 다 같이 천지를 볼 수 있는 곳으로 올라가기 시작했다.

주변을 둘러보며 정상에 올라가 2시 30분에는 천지를 볼 수 있었다. 운이 좋게도 답사 일행은 맑은 하늘의 멋진 천지를 감상할 수 있었다. 여기저기서 감탄사가 나왔다. 답사 일행 외에도 중국인 관광객을 비롯한 여러 나라의 관광객들이 많아 자세히 보는 데는 조금 불편함을 겪었다.

가이드는 넓은 천지를 카메라 렌즈 하나에 담을 수 있는 기념사진이 있다고 설명하며, 일행에게 그 사진 찍기를 추천했다. 우리나라 돈으로 4만원인데, 답사 일행은 4명씩 짝을 지어 천지 기념사진을 찍기도 했다. 사진 CD는 가이드가 나중에 복사 해 준다고 한다. 천지를 구경하던 중, 잠시 동안 구름과 안개가 끼어 순식간에 천지가 사라지기도 했었다.

이후에도 일행들은 천지 여기저기에서 같이 사진을 찍으며 천지를 보고 또 봤다. 일행들은 집합 시간인 3시 30분까지 승차장에 하나둘씩 모였다. 한두 분 정도 오시지 않은 선생님들을 기다리며 이홍권 선생님이 사다주신 곤계란을 맛있게 먹었다.

- **16:20 장백폭포**

  오후 4시쯤 된 시각쯤에 일행은 지프차를 타고 주차장에 내려가서 이번에는 장백폭포로 가는 버스로 갈아탔다. 현지 시간으로 4시 20분에 장백폭포 입구에 도착했다. 일행들은 장백폭포를 보기 위해 열심히 등산하기 시작했다. 장백폭포에 올라가는 길에는 유황 온천 비슷한 곳이 있었다. 그곳에서 계란을 익히는 중국인들도 어렵지 않게 볼 수 있었다. 입구에서 조금 걸어 올라가다가 다리를 하나 건너고 나니, 가파른 계단이 하나 있었다. 가파른 계단을 올라 평지를 따라 조금 걷자 장백폭포의 시원한 물소리가 들려왔다. 대부분의 일행들은 장백폭포 출입금지선 근처까지 가서 물맛도 보고, 사진도 찍었다. 일행이 다 모이고 나서, 장백폭포 앞에서 단체 사진도 찍었다.

  아까 출발했던 입구에서 장백폭포를 보고 내려온 선생님들도 있었고, 다른 일행보다 먼저 내려와 온천욕을 즐긴 선생님들도 있었다. 온천욕을 하러 간 선생님들을 기다리는 사이에 다른 일행들은 입구 앞 매점에서 간단한 요기를 했다.

  오후 5시 50분쯤 답사 일행이 모두 모이고 나서 서틀버스를 타러 갔다. 일행이 탄 버스가 막차였기 때문에 버스에 탑승하고도 출발하기까지는 조금 시간이 걸렸다. 6시 10분경에 서틀 버스가 출발했다. 이 서틀 버스는 관광객들이 타고 온 차들이 주차되어 있는 곳까지 운행해 주었다.

- **20:00 숙소 도착**

  오후 6시 40분에 일행은 주차장에 세워져있던 답사 버스에 탑승했다. 숙소까지는 1시간 20분정도 소요되었다. 8시에 호텔 도착하여 로비에 가방을 모아 놓은 뒤 호텔 식당에서 저녁을 먹었다. 일행들은 저녁식사 후 9시 10분쯤에 호텔 방을 배정 받은 후, 휴식을 취할 수 있었다.

■ 제5일 : 8월 20일 토요일

• 07:00 집안으로 출발

　전날, 장백폭포에서의 스케줄과 관련하여 가이드와 약간의 마찰이 있었음에도 불구하고, 여전히 식사에 관한 마찰이 있었다. 호텔 조식이 너무 형편없었던 것이다. 몇몇 선생님은 컵라면으로 아침을 대신했고, 몇몇 선생님은 그냥 호텔에서 조식을 먹기도 했다.

　버스는 7시에 승차하였다. 버스가 출발하자 손승철 교수님은 8시 25분에 차내 방송으로 아침 식사 문제에 관해 양해를 구했다.

　가이드 박철 씨는 차 안에서 오늘 일정을 설명해 주며 목적지인 집안까지는 6시간 정도 걸린다고 했다. 집안에는 고구려 시대의 무덤 외에 한 때 고구려 수도였던 국내성과 환도성이 있고, 광개토대왕과 장수왕의 무덤, 그리고 호태왕비와 5호묘의 벽화 등이 있다고 하며 그에 대한 얘기를 해주었다. 또 가이드의 설명에 따르면, 압록강이나 두만강 등의 수원(水源)은 백두산 근처에서 발원하지만, 천지의 물이 직접 흘러가는 강은 송화강이라고 한다. 그 말을 들으며 송화강을 보니 강가에 방목하는 소와 말들이 한가롭게 풀을 뜯고 있었다.

　9시 35분쯤에는 기사에게 시내 입구에서 정차하게 한 뒤 한성주, 이홍권 선생님이 가게에 들어가 간식을 사왔다.

　집안을 향해 가던 중, 11시 10분 무렵에 도로변에 있는 공안들이 답사 일행의 버스를 세웠다. 가이드의 설명을 들어보니 운전기사가 과속하였다고 한다. 우리나라는 차량이 범칙하였을 경우 운전기사는 운전석에 앉아 있고 경찰이 운전기사에게 가서 범칙금 고지서를 발급하지만 이곳은 기사가 차를 정차시켜 놓고 하차하여 공안에게 가 범칙금 고지서를 받는다. 벌금은 중국 돈 200원(元)이라고 한다.

　버스가 계속 서행하면서 운행하다가 12시 59분에 공안들이 서 있는 곳에 정차하니 그 공안들은 의아하게 우리 버스를 본다. 기사가 하차하여 천막 안 의자에 앉은 공안에게 가서 딱지 처리를 했다. 우리 식으로 말하면 구간단속을 하는 셈이다. 정해진 시간에 도착하면 벌금이 면제되기 때문에 천천히 왔다고 했다. 그 때문에 점심 식사 장소가 있는 집안에는 1시 30분경에야 도착할 수 있었다.

1시 35분에는 집안에 도착하여 불고기 집에 들어갔다. 이 집은 조선족이 운영한다고 하는데 점심때라 그런지 사람들이 많았다.

- **14:35 장군총**

식사 후 답사 일행은 장군총을 찾아갔다. 어느 선생님이 돌의 가장자리에 파인 홈을 보면서 고구려 사람들의 석축 기술이 뛰어나 위에 얹은 돌이 흘러내리지 않게 턱을 만들었다고 했다.

오후 2시 52분에는 옆에 있는 작은 무덤에 갔다. 이 무덤은 장수왕 후궁의 무덤이라느니 측근의 무덤이라느니 하는 여러 설이 있지만 아직 규명된 바는 없다고 한다. 무더운 날씨에 일행은 장군총 유적에 있는 매점에서 수박을 사서 먹기도 했다.

- **15:42 광개토대왕비 및 5호묘**

밖에서 사진 촬영하는 것은 허락하지만 비각 안에서는 사진을 못 찍게 하였다. 먼저 와 있는 사람들이 나간 후에야 답사 일행은 천천히 광개토대왕비를 볼 수 있었다. 광개토대왕비각 안에서는 중국인 가이드가 광개토대왕비에 대해 열심히 설명하는 듯 했다.

이어 도착한 5호묘의 묘실 입구에 들어서니 통로벽 좌우는 물론 위아래까지 습기가 꽉 차서 바닥은 습지 같이 물이 흘렀다. 5호묘의 벽화 역시 사진 및 동영상 촬영이 불가능했으나, 몇몇 분들은 몰래 촬영을 하는 듯 했다. 가이드의 안내에 따르면, 하얗게 보이는 부분들은 본래 청색이었는데 습기 때문에 변색된 것이라 했다. 그리고 5호묘의 벽화에는 본디 보석이 많이 박혀 있었는데, 도굴꾼들이 찾아내어 다 파갔다고 했다. 그

중에서 유일하게 도난당하지 않은 보석의 위치를 가이드가 알려 주었다. 약간 초록빛을 띠는 작은 보석이 벽화 속에서 얌전히 빛나고 있었다.

- 16:30 태왕릉

이 무덤은 많은 부분이 허물어졌지만 장군총보다 컸다. 원래는 장군총의 4배 정도 규모였다고 한다. 이 곳 역시 안으로의 촬영은 불가능했다. 태왕릉은 '태왕(太王)'이라는 명문이 나왔기 때문에 중국에서는 광개토대왕릉으로, 장군총은 장수왕릉으로 비정하고 있다고 한다.

- 17:00 환도산성

환도산성은 전시에 왕이 있던 곳으로, 성터가 온전하게 보존이 되어 있었지만, 저 멀리 보이는 발굴 상황을 멀리서 볼 수 있었을 뿐, 가까이에서 확인할 수는 없었다. 입구에서 걸어서 10분 정도인 오르막길을 올라 환도산성터를 볼 수 있었다. 성벽의 일부 구간 등은 생생하게 볼 수 있었다. 위태위태하게 만들어 놓은 성터 위의 의자에 앉아 바람을 즐기는 선생님도 있었고, 사진 찍느라 여념이 없는 선생님들도 있었다.

다 같이 환도산성을 내려오면서 선생님들의 손에는 환도산성 올라가던 길목에서 팔던 야채와 과일들이 각각 한 종류씩 담겨져 있었다. 그 과일들을 밑에 있던 많은 선생님들과 다 같이 나눠 먹었다. 이후 버스를 타고 내려와 고구려의 피라미드라 불리는 적석총들 앞에서 단체 사진을 찍었다.

- 17:35 압록강변

점심에 불고기를 먹었던 곳에 다시 도착했는데, 그곳에는 압록강이 넓게 펼쳐져 있었다. 일행은 그곳에서 배를 타기 위해 강가로 이동했다. 인원이 많아 2개의 보트로 나누어 탔다. 보트를 타며 오른쪽에 펼쳐진 광경은 북한 사람들이 자전거를 타고 지나가는 모습이었다. 그리고 보트가 이동하는 전면에는 북한의 공장에서 나오는 매연 굴뚝이 자리 잡고 있었다.

- 19:00 저녁식사

답사 일행은 이렇게 하루 일정을 마치고 오후 6시 15분에 호텔에서 방을 배정받아 짐을 풀고, 각자 휴식을 취한 뒤 7시쯤 다시 모여 호텔 옆에 있는 묘향산 식당에 들어갔다. 이곳은 북한 정부가 직접 운영하는 곳이라고 한다. 내부에 들어가 보니 중국인 손님들이 많았다. 북한 여자들이 무대에서 노래를 부르니 중국인들은 호응하며 박수를 치고 있다. 심부름하는 북한 여자들도 교대로 무대로 나가 노래를 했다.

북한 여가수 한 명이 우리 좌석에 와서 노래를 했는데, 지금 이 식당에 한국인은 우리들뿐이라고 했다. 여가수는 우리가 유일한 한국 손님이라는 것을 알고 특별히 우리들에게 와서 흥을 돋아 주었다.

이후 우리 일행은 저녁 8시 25분에 식당에서 나와 강변을 둘러보자며 걸어갔다. 곧 압록강변에 도착하여 우리나라의 포장마차와 같은 어느 집에 가서 꼬치와 튀김 등을 시켜 맥주를 마셨다. 앉아서 마시기 시작한지 시간이 조금 지나고, 청주에 산다는 한국 사람이 술자리에 합석하여 이런저런 얘기를 나누기도 했다. 강변에서 한 시간 정도 앉아 있던 일행들은 하나둘씩 호텔로 이동했다.

■ 제6일 : 8월 21일 일요일

- 08:00 단동으로 출발

답사 일행은 단동으로 이동하고자 7시 55분에 버스에 승차하여 8시에 출발하였다. 단동에 도착하려면 시간이 꽤 걸린다며 어젯밤에 미리 주문해서 아침에 받아 놓은 햄버거를 나눠 주었다.

- **08:10 국내성 터**

  8시 10분쯤에는 안내자가 강을 가로 지르는 다리 입구에 차를 세우고 이곳이 국내성 터라고 하며 하차하여 둘러보았다. 국내성은 고구려의 두 번째 수도였는데, 우리 일행은 바로 국내성의 성곽 및 수로 시설 등을 살펴볼 수 있었다.

  집안을 벗어나는 길은 높은 산과 깊은 계곡을 통과해야 했다. 집안의 앞에는 압록강과 서대하가 있고, 뒤에는 높은 산들이 겹겹이 막혀 있어 요동에서 들어오려면 협곡을 지나야 한다. 도로와 같이 이어지는 강변에는 옥수수 밭이 끊임없이 펼쳐져 있다.

- **09:50 버스 강의**

  9시 50분부터는 손 교수님이 버스대학을 시작하시겠다며 유재춘 교수님께 강의를 부탁했다. 유재춘 교수님 강의의 주된 내용은 고구려가 남쪽으로 천도한 이유와 성곽의 구조에 대한 것이었다.

- **10:45 태평댐**

  이동하다 보니 10시 45분경부터 큰 호수가 보인다. 누가 이곳이 수풍댐이냐고 물어보니 가이드가 말하길 수풍댐은 더 위쪽에 있고 이곳은 태평댐이라고 한다. 답사 일행은 여기에 정차하여 댐을 보며 사진을 찍었다.

  12시 45분에는 단동 시내에 들어가 예약된 식당인 옥류관에 도착해서 점심식사를 했다.

- **13:25 호산산성**

  호산산성(호산성) 입구에 도착하니 가이드 박철 씨가 입장권을 구입해 왔다. 중국인들은 호산성을 만리장성의 동쪽 기점이라며 이름도 아예 호산성이 아닌 호산장성이라고 지어 놓고 만리장성의 축조방법 그대로 답습했다고 했다. 가이드의 안내를 받으며 성 안으로 들어갔다. 손승철,

유재춘 교수님, 홍을표, 한동환, 이홍권, 원연희 선생님은 중간까지만 올라갔다. 이곳에서 김보한, 한문종, 남의현 교수님, 그리고 엄찬호, 한성주, 장경호, 김수정 선생님은 호산성 정상까지 올라갔다. 정상에서는 넓게 펼쳐져 있는 신의주 시내를 한눈에 볼 수 있었다. 호산성의 3분의 2지점에 굉장히 가파르고 위험한 계단이 있으니, 거기까지는 가지 말라고 가이드가 당부했지만, 아랑곳하지 않고 꿋꿋이 올라갔던 것이다. 산성의 정상에서 기념사진을 찍고 내려온 선생님들과 밑에서 기다리던 선생님들이 10분 정도 앉아서 담소를 나누다가 인근에 있는 북한과 중국의 접경지역으로 이동했다.

성 너머에는 작은 물줄기가 있고 그 건너가 바로 북한 땅이었다. 북한지역에는 옥수수가 자라고 있었다. 중국 쪽에는 아무 것도 설치되어 있지 않고 북한 쪽에는 울타리가 있었지만 많은 곳이 망가져 있었다.

가이드 박철 씨가 안내 하는 길을 따라 가다보니 성벽에 타원형의 큰 통로가 있었다. 이 통로를 지나 강가에 가보니 "지척(咫尺)"과 "일보과 (一步跨, 한 걸음이면 닿는다)"라는 비석이 있고 그 비석에는 먼저 온 중국인 관람객들이 사진을 찍고 있었다.

우리 일행이 강가에 도착한 시간은 2시 55분이다. 이곳에 와서 보니 북한과 중국의 경계는 10미터 정도밖에 안 되는 강물로 나뉘어져 있었다. 안내문을 보니 건너편으로 무엇이든 던지지 말고 외국인과 대화하지 말라는 등의 주의 사항이 적혀 있었다. 답사 일행은 큰 비석 앞에서 단체 사진을 찍었다.

- **15:30 구련성**

호산성 관람을 마치고 구련성을 찾아 출발했다. 얼마 가지 않아 오후 3시 30분부터 구련성 마을에 진입하게 되었는데 안내자가 비석이 있는 위치를 몰라 한참 동안 돌아다녀야 했다.

유적지를 표시한 비석을 찾고자 버스를 몇 번씩 돌려 오가면서 가이드와 운전자, 이흥권 선생님, 롯데관광 가이드 등이 노인이나 마을 사람들에게 유적비의 위치를 물어보았고, 그들이 알려 주는 곳을 찾아 갔지만 구련성 비석은 찾지 못했다. 시간이 많이 흐르자 손승철 교수님은 찾는 것을 포기하고 가자고 했는데 이흥권 선생님이 어떤 50대 남자를 만나더니 그를 버스에 태웠다. 그가 비의 위치를 알고 있다고 한다. 다시 차를 돌려 마을 안쪽으로 더 들어 가다가 길 오른 쪽에 위치한 어느 가게 처마 밑에 있는 비석 두 개를 발견하고 차를 세웠다. 구련성 마을에서 이 비석을 찾기 위해 한 시간 이상 헤맸다.

처마 밑에 놓인 두 개의 비석은 글씨를 칠한 적색이 거의 지워져 글자를 식별하기 어려웠다. 이곳은 러일전쟁이 치열했으며, 조선과 명나라의 상업지역으로 주요 지점이었다고 한다. 이 유적비가 있는 위치는 구련성 곽가보(郭家堡) 213로이다.

- 17:00 숙소도착 및 저녁식사

오후 5시경에는 단동시 압록강 주변에 있는 호텔 우전대하(郵電大廈)에 도착하여 짐을 옮겨 놓았다. 이후 식당으로 향한 시간이 6시 30분이었다. 7시쯤에 단동에서 제일 크다는 중화식당 화부주점(華府酒店)에 도착했다. 7시 10분에 별실로 된 방에 들어가 보니 음식이 잘 차려 있었다. 8시 30분 즈음 식사를 마치고 지나오다가 봤던 강가에 버스를 주차하고 다음 날 첫 번째 답사코스인 단동 철교의 야경을 감상했다. 철교 아래에는 재미있는 물건을 파는 상인들이 많았다. 사진도 찍고 물건들도 구경하며 야경을 한 시간 정도 즐기고 나서 호텔로 돌아갔다.

■ 제7일 : 8월 22일 월요일

- 09:00 압록강 단교

이 날의 아침 식사는 8시부터 시작했다. 한 시간 뒤인 9시에는 단교를 구경하기 위해 출발했는데, 15분 정도 걸려 도착했다. 날씨는 아침부터 무더웠다. 가이드 박철 씨가 단교에 올라갈 수 있는 표를 구입하기를 기다렸다가 인원을 점검한 뒤 다리 위로 올라갔다.

이 다리는 6·25 전쟁 때 중국으로부터 북한으로 전쟁 물자를 수송하던 통로였기 때문에 유엔군의 폭격에 의해 파괴되었다고 한다. 강 건너 수백 미터 떨어진 곳은 북한의 신의주 마을이 보이고, 강의 북쪽에는 중국의 단동시가 보였다.

바로 옆에 새로 놓은 다리에서는 중국 사람과 북한 사람이 걸어가고 있는 모습도 보이고 기차도 지나갔다. 강 위에는 군용인지 경찰용인지 모를 몇 척의 보트들이 지나갔다. 단교의 답사를 마치고 10시쯤에 단교를 출발하여 대련으로 향했다.

10시 50분쯤에는 앞에 큰 산이 보였다. 가이드가 저 산이 봉황산이라고 알려 주었다. 봉황산은 당 태종이 안시성을 공격할 때 주둔했던 곳이라고 했다.

● **11:20 변문진 터**

봉황산 입구를 지나 변문진 터를 찾았다. 터의 앞에는 철도가 가로질러가고 있고, 건널목에는 초소가 있었다. 이곳에서도 변문진 비석을 못 찾아 한동안 동네 사람들에게 물었다. 11시 40분쯤에 누군가가 길둑에 눕혀진 채 반쯤 묻혀 있는 비석을 발견했다. 이곳 변문은 조선의 국경도시 평북 의주로부터 48㎞ 떨어진 지점 구련성과 봉황성 사이에 위치한 곳으로, 한국인이 중국에 들어가는 관문이자 별정소(別定所)가 있어 관리들이 파견돼 상주하던 곳이었다. 옛 사신들이 압록강을 건너 명이나 청나라로 들어가기 위해 처음 만나는 관문이다. 목책을 둘러쳐서 경계를 삼았다고 해서 책문(柵門)이라고도 하고, 변경에 있는 문이라해서 변문(邊門)이라고 부른다. 병자호란 때 잡혀간 고려인들이 살았다고 해서 고려문(高麗門)으로 부르기도 한다.

- **11:50 봉황성 터**

다시 출발한 버스는 봉황성 옛터를 향해 달렸다. 길을 따라 간지 얼마 안 되서 중국군 부대 정문이 나왔다. 버스기사는 여기서 정차하더니 중국 군인을 불러 차가 들어갈 수 있는지 물었다. 그러자 그 군인은 차는 들어가지 못하게 통제한다고 알려 줬다. 그래서 결국에는 봉황성 옛터는 보지 못하고, 12시경에 차를 돌려 나와야 했다.

- **12:15 봉황산**

봉황산 출입문에 도착했다. 12시 35분에 일행은 전기차 2대로 나뉘어져 봉황성으로 올라가다가 45분에 성문에 도착하여 하차해 둘러보며 사진을 찍었다. 성문은 걸어서 통과했다. 성문을 지나고 나니 다시 입장권을 받았다. 그리고 타고 온 전동차를 다시 타고 올라갔다. 전기차가 최대한 올라갈 수 있는 곳까지 올라오니 시간은 1시 정도 됐다.

전기차를 다시 타고 내려와 버스에 승차하여 다음 장소로 이동했다. 점심은 현지식으로 맛보자고 한 손 교수님의 의견에 따라 중국에 여러 체인점을 가지고 있는 소고기 국수로 결정했다. 답사 일행은 1시 25분에 식당에 들어가 가주우육면(加州牛肉面)을 먹었다.

- **15:40 버스 강의**

점심 식사 후 차가 달리는 중에 이 날도 3시 40분부터 남의현 교수님의 버스 특강이 시작되었다. 남의현 교수님은 중국 명·청대와 관련지어 이 지역의 특성에 대해 강의했다.

남의현 교수님의 특강에 이어 이번에는 엄찬호 교수님이 한국현대사의 독립운동사에 대해 한 시간 가량 강의를 했다.

- **19:10 숙소 도착 및 저녁 식사**

이렇게 계속 달려 저녁 7시 10분에 호텔에 도착했다. 7시 55분에 천천어항(天天漁港)이라는 식당에 도착하였다. 한 시간 가량에 걸친 식사를 마치고 호텔 앞에 도착한 일행은 호텔 옆길에 쭉 늘어서 있는 노점을 구경했다. 노점을 지나 얼마간 더 가자 횟집들이 즐비했다. 호객행위를 하는 상인들을 물리치고 일행은 다시 호텔로 돌아갔다.

답사의 마지막 날의 늦은 밤, 몇몇 일행들은 호텔로 들어가지 않고, 대련시 구경을 더 했고, 몇몇 일행들은 호텔로 들어가 휴식을 취하기도 했다.

■ 제8일 : 8월 23일 화요일

- 08:30 숙소 출발

답사 일행은 호텔에서 7시 30분 정도에 호텔에서 아침식사를 하고, 8시 30분 즈음 출발했다.

- 10:25 여순 감옥

답사 버스는 여순 감옥에 도착하였다. 가이드 박철 씨가 표를 구입해 오자 인원수를 확인 받으며 입장했다. 먼저 기념비 앞에서 사진을 찍었다. 그리고 1층 입구로 들어가 관람순서대로 관람하였다. 여순 감옥은 한국과 중국의 여러 독립지사들이 순국했던 곳이었다. 답사 일행은 혼자 또는 2~3명이 함께 다니며 수감인들이 입던 옷들, 수감인들이 생활하던 방, 안중근 의사가 쓰던 방, 고문실, 고문도구, 사형장 등을 둘러보고 안중근 의사 기념관도 둘러보고 여순 감옥에서의 답사 일정을 마쳤다.

- 11:40 '1분 스피치'

여순 감옥 다음 답사지는 고려박물관이었다. 고려박물관으로 가는 여정에는 차 안에서 1분 스피치가 시작되었다. 왼쪽 맨 앞자리에 앉은 홍을표 선생님부터 1분 스피치가 시작되었다.

▶ 홍을표 선생님 : 손 선생님께 감사드리며, 일행 모두가 뜻 깊은 답사를 마치고 건강하게 일정을 끝낸 것에 대해 감사한다. 혜초, 신숙주, 박지원이 다른 지역을 답사하고 쓴 기록이 있듯이, 우리의 기록도 아마 베스트셀러가 되지 않을까 하는 생각이 든다.

▶ 한동환 선생님 : 나는 이곳에서 민족의 눈물, 그리고 영광을 봤다. 민족의 문제는 항상 중요한 것이라고 생각한다.

▶ 원연희 선생님 : 국경지역 쪽 현장답사의 중요성을 새삼스럽게 느끼게 되었다. 역사의 중요성 또한 다시 한 번 느끼게 된다.

▶ 한문종 교수님 : 민족=국가의 힘이라는 것을 느끼고, 우리 모두의 학문적인 발전이 있기를 바라는 마음이 들었다.

▶ 김보한 교수님 : 통일의 문제를 어디까지 집어낼 것인가에 대한 의구심이 들었고, 대학에서 강의하면서 끊임없이 고민해왔던 것들(예를 들면 녹둔도 문제)의 혼란이 더 가중되었고, 마음속에 숙제가 남게 되었다.

▶ 이홍권 선생님 : 비록 늦게 참여했지만, 좋은 답사였으며, 답사 자료의 미비성을 느끼게 되었다.

▶ 유재춘 교수님 : 국경지대의 긴장감이 크지 않은 것에 놀랐으며, 이러한 조건들은 시대의 역사적인 여건에 따라 달라지는 것이라고 봤다. 또한 새로운 테마와 문제의식들을 느끼게 되었다.

▶ 한성주 선생님 : 실무를 맡은 입장에서 책무가 컸다. 10년 전과 지금의 중국이 많이 변화해 있어서 계속적인 연구가 필요하다고 생각했다. 두만강, 압록강에서 본 것을 바탕으로 논문에 새로운 것들을 추가시켜야겠다.

▶ 신동규 교수님 : 다시 좋은 여행을 기대하며, 살아오면서 가장 감동과 울분이 있었던 답사가 아니었나 생각해본다. 삶에 있어서 10가지 꿈 중에 하나를 이룬 것에 대한 커다란 감사를 느끼게 되었다.

▶ 김수정 선생님 : 답사 자체의 목적인 경계인식뿐만 아니라 항일 유적을 답사 할 수 있었음에 큰 의미가 있었다.

▶ 남의현 교수님 : 민족사는 끊임없이 변하고 만주사 연구의 중요성을 깨닫게 되었다.

▶ 엄찬호 교수님 : 개인적으로 몇 가지 의미 있는 답사가 되었다. 경계 인식에서 분쟁의 문제와 관련하여 여러모로 도움이 되는 답사였다.

▶ 장경호 : 2007년 해동제국기 답사 때는 아무것도 몰라서 어딜 가는지 내가 이걸 왜 봐야하는지 조차 몰랐었는데, 이번 답사는 자료집을 주도적으로 해보니 뭔가 보이는 것 같았다. 항일 유적뿐만 아니라 압록강, 두만강 접경지대의 우리 민족의 삶의 터전을 돌아볼 수 있었다.

▶ 손승철 교수님 : 나는 3가지 정도를 정리해볼 수 있을 것 같다.
1. 영토는 현재가 중요하고 변화해야 하며, 계기가 될 수 있는 아이디어(idea)가 필요하다.
2. 연구보조원 활용과 관련하여 한일, 한중관계사 목록집을 작성할 것이다.
3. 1월이나 2월 사이에 일본답사를 가는데, 여기서 독도문제와 관련하여 시마네현, 돗토리현, 오키노시마를 4박 5일이나 5박 6일의 일정으로 답사할 예정이다. 3월이나 4월말에 보고서를 내고 6월에서 8월에 논문집을 내서 이러한 모든 논문과 답사 기록으로 단행본을 만들어 낼 것이다.

• 12:00 고려박물관

손승철 교수님을 마지막으로 1분 스피치를 마치고 고려박물관에 도착한 시간은 12시 정도였다. 답사 일행은 단체로 입장권을 구입해 들어갔다. 아래 1층은 중국 관련 박물관이고 위쪽의 2층은 고구려 관련 유물들이 전시되어 있었다. 여러 교수님들은 이 유물의 가치성에 대해서 논하시면서, 일부 교수님들은 이 유물들이 모조품이 아닌가에 대한 생각을 하셨다.

- **13:10 점심식사 및 자유 시간**

점심은 대련 시내에 들어가 먹었다. 오후 1시 10분경에 '고향집'이란 한국인 음식점에 들어가 미리 예약한 돌솥비빔밥을 먹었다.

답사의 정해진 일정은 모두 마쳤지만, 비행기 탑승까지 시간이 있어 답사 일행은 대련의 변화가에서 4시까지, 각자 2시간 정도 자유 시간을 가질 수 있었다.

3시 50분 즈음하여 선생님들이 한두 분씩 모였다. 버스를 기다리던 일행은 손승철 교수님이 사주신 월병 선물을 하나씩 받아들고 4시에 일행을 데리러 온 버스에 탑승했다.

- **16:25 대련공항**

대련 공항에 도착한 일행은 이제 연길로 떠나야하는 중국 가이드 박철 씨와 일일이 악수하며 인사를 나누었다. 짐을 다 부치고, 일행은 2번 탑승게이트에서 대기했다. 몇몇 선생님들은 기념품을 사러 다니느라 분주했다. 게이트에 앉아있는 선생님들에게 롯데관광 가이드는 인천공항에서 블라디보스토크까지 갔던 온라인 비행기 표를 각각 한 장씩 나누어 주었다.

비행기는 6시 15분에 탑승하였다. 기내에서 입국신고서를 작성하고, 기내식으로 나온 빵을 먹었다.

- **20:40 인천공항**

인천공항에는 한국시간으로 저녁 8시 40분에 도착했다. 대련과 인천공항은 한 시간이 채 안 걸렸다. 입국 수속을 밟고 나서 공항 내에서 운행되는 열차를 타고 공항 안으로 들어가 9시쯤에 각자 가방을 찾아 입국장으로 나갔다. 김보한, 한문종, 신동규 교수님과 김수정 선생님은 따로 집에 간다고 하여 일찍 작별인사를 했다. 나머지 춘천으로 가시는 선생님들은 롯데관광에서 대절한 차를 타고 춘천으로 향했다. 러시아와 중국

경계 지역을 탐방한 7박 8일의 대장정은 이렇게 끝이 났다.

기록: 김수정, 원연희, 이흥권, 장경호, 한동환, 홍을표

2. 2차 답사

돗토리, 시마네현 일대
- 요나고, 돗토리, 마츠에, 나카노시마, 사카이미나토, 이즈모, 오오다

1) 답사일정표 (2012년 1월 27일 ~ 1월 31일, 4박 5일)

일자	지역	교통편	시간	주요 일정	식사
제1일 1월 27일 (금)	춘천 인천 요나고 돗토리	시외버스 OZ164 전용차량	05:30 09:30 10:50	춘천 출발 인천국제공항 출발 요나고국제공항 도착 돗토리시 이동 • 답사 : 한일우호교류 공원(韓日友好交流公園/바람의 언덕) 　　　돗토리현립박물관(鳥取縣立博物館) 　　　돗토리대학(鳥取大學) 　　　코야마이케 아오시마(湖山池青島) • 숙소 : 워싱톤 프라자호 　　　(TEL : 0857-27-8111)	중 -현지식 석 -현지식
제2일 1월 28일 (토)	돗토리 마츠에 나카노시마	전용차량 페리 전용차량	09:00 11:25 12:50	시치루이코 이동 시치루이코 출항(페리오키 승선) 사이고코(西鄉港) 경유 히사우라코(菱浦港) 입항 • 답사 : 고토바천황묘(後島羽上皇行在跡) 　　　무라카미가(村上家) • 숙소 : 마린포트 호텔 　　　(TEL : 0851-42-1000)	조 -도시락 중 -도시락 석 -숙소
제3일 1월 29일 (일)	나카노시마 사카이미나토 마츠에	셔틀페리 전용차량	09:00 09:50 13:20	히사우라코 이동(페리 승선) 히사우라코 출항 벳푸코, 쿠리이코 경유 사카이코(境港) 입항 • 답사 : 미호노세키토다이(美保關灯台) 　　　미호노세키코(美保關港) 　　　미호노신사(美保神社) • 숙소 : 마츠에 아반호텔 　　　(TEL : 0852-22-0002)	조 -숙소 중 -도시락 석 -현지식

일자	지역	교통편	시간	주요 일정	식사
제4일 1월 30일 (월)	마츠에 이즈모 오오다	전용 차량		• 답사 : 다케시마자료실(竹島資料室) 　　　　　마츠에죠 호리카와(松江城堀川) 　　　　　마츠에죠 역사관(松江歷史館) 이즈모(出雲) 이동 • 답사 : 이즈모 신사(出雲神社) 오오다(大田) 이동 • 숙소 : 스카이 호텔 　　　　(TEL : 0854-82-6525)	조 -숙소 중 -현지식 석 -현지식
제5일 1월 31일 (화)	오오다 요나고 인 천	전용 차량 OZ163	 15:00 16:40	• 답사 : 이와미긴잔(石見銀山) 　　　　　이와미긴잔자료관(石見銀山資料館) 요나고 이동 요나고 국제공항 출발 인천국제공항 도착, 해산	조 -숙소 중 -현지식

2) 참가자 명단

연구팀			
번호	성 명	성 별	직 위
1	손승철	남	연구책임자(강원대학교 사학과 교수)
2	김보한	남	공동연구원(단국대학교 교양기초교육원 교수)
3	남의현	남	공동연구원(강원대학교 사학과 교수)
4	민덕기	남	공동연구원(청주대학교 역사문화학과 교수)
5	신동규	남	전임연구원(동아대학교 국제학부 일본학전공 교수)
6	엄찬호	남	공동연구원(강원대학교 인문과학연구소 HK연구교수)
7	유재춘	남	공동연구원(강원대학교 사학과 교수)
8	한문종	남	공동연구원(전북대학교 사학과 교수)
9	한성주	남	전임연구원(강원대학교 사학과 강사)
10	이홍권	남	연구보조원(강원대학교 사학과 강사)
11	원연희	여	연구보조원(강원대학교 사학과 박사과정)

12	장경호	남	연구보조원(강원대학교 사학과 석사과정)
13	한동환	남	연구보조원(강원대학교 사학과 박사과정)
14	홍을표	남	연구보조원(강원대학교 사학과 강사)
참여자 및 현지 자문			
번호	성명	성별	직위
1	장순순(참여)	여	경원대학교 연구교수
2	門田眞知子(자문)	남	鳥取大學校 敎授

3) 답사지역 지도

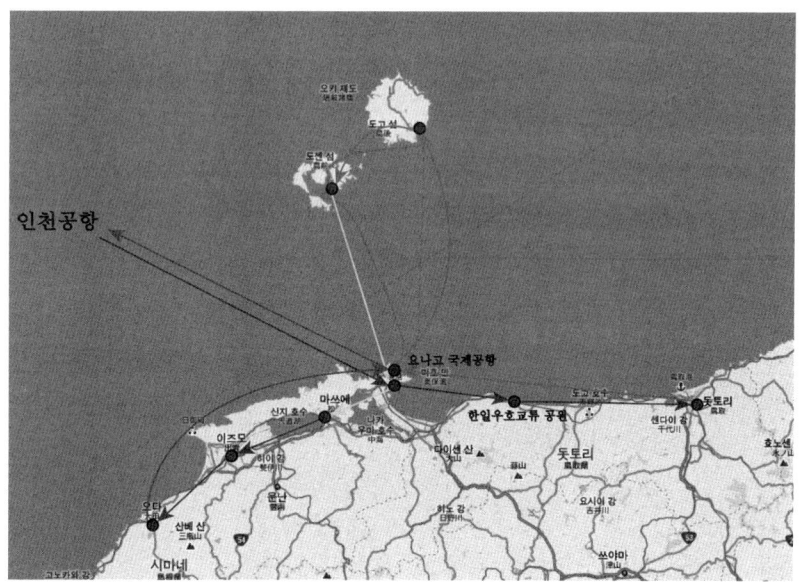

4) 답사기록

■ 제1일 : 1월 27일 금요일

• 05:30 춘천 출발

드디어 기다리던 우리의 일본 답사가 시작되었다. 밤을 잊은 우리 연구원들은 아직도 깨어나지 않은 춘천의 새벽에 터미널에 집결했다.

• 07:38 인천 공항 도착

오전 7시 49분에 롯데관광 사무소를 찾아가 일본 답사기간 동안 우리를 안내해 줄 가이드 백영호 씨를 만났다. 요나고까지 가는 여객기는 아시아나항공뿐이므로 우리는 아시아나 항공을 탔다. 요나고까지 1시간 30분 정도의 시간이 걸렸다. 전날까지 돗토리대학의 가토다 교수님은 원연희 선생님께 전화를 거셔서 돗토리의 기후가 폭설과 강풍으로 좋지 않으므로 두꺼운 옷을 준비해 오라고 많은 걱정을 하셨다. 가토다 교수님의 말씀을 전해들은 일행 모두는 완정 무장을 하고 있었다. 오키섬까지 배를 타고 가야하기 때문에 여러 가지가 걱정이 되는 것은 어쩔 수 없었다.

• 10:50 요나고 국제공항

공항 밖에는 25인승 버스가 우리 일행을 기다리고 있었다. 오전 11시 9분에 버스를 탔다. 원연희 선생님은 6년 전에 이곳에 왔을 때도 의문이 들었던 것이 보통 눈이 오면 우리나라에서는 야채가 밭에서 그냥 얼어버리는데 일본에서의 밭의 야채는 푸릇푸릇하게 그대로 있으면서 겨울을 나는 것에 놀라워했다. 땅 속이 그리 춥지 않다는 이야기이다. 이곳에서는 한국에서 보이는 수종이 그대로 일본에도 있어서 마치 한국의 산천을 지나가는 듯했다. 1만 년 전에는 이곳 일본의 땅이 한반도와 연결된 땅이었다는 사실이 그대로 믿겨지는 풍경이었다. 거리에서 일본 특유의 잇토다테가 곳곳에서 보였다. 우리는 정말 평화로운 광경이라고 느꼈다.

손승철 교수님께서는 이번 답사가 큰 의미를 가진다고 설명하셨다. 1차는 일본 기타큐슈·야마구찌 지역, 2차는 홋카이도, 3차는 러시아 블라디보스토크를 거쳐 중국 두만강·압록강 지역인 훈춘·두만강·도문·연길·백두산·집안·단동·압록강·대련 등지에 대한 답사를 마쳤고, 마지막 4차는 바로 시마네현·돗토리·오키시마에 대한 답사를 진행하여 중근세 한국과 일본의 국경분쟁에 대한 답사를 진행하는 것이라고 하셨다.

이번 답사는 1693년과 1696년의 두 차례 안용복의 도일, 나가사키에서 양양으로 귀환, 안용복의 도일행보를 거쳐 오키시마를 포인트로 하여 답사가 이루어진다. 보고서 결과물을 위하여 여행 중에 집담회를 진행할 것이며 4박 5일은 단순하지 않은 답사이다. 내일도 5시 기상, 모레는 7시 기상, 하지만 오늘 날씨는 포근하다. 전원이 무탈하게 소규모의 목적을 달성하였으면 하는 생각이다. 우리 연구팀은 9명의 연구진과 6명의 연구보조원으로 구성되었으며 장순순 선생님께서 우리 답사에 합류하였다. 또한 4박 5일 운전해주시는 기사는 요네하라 상이다.

- 11:40 바이킹구요나꼬(バイキング米子) 식당

11시 40분에 도착하여 안에 들어가 뷔페식으로 준비된 식사를 했다. 고기뿐만 아니라 초밥 등 다양한 메뉴가 있었다.

- 12:21 한일우호교류공원 '바람의 언덕'

한일우호교류공원(바람의 언덕)이라도 부르는데 이 공원의 조성 동기는 1829년으로 거슬러 올라가 우리나라 강원도 평해에서 출항한 한국 상선이 풍랑을 만나 난파하여 돗토리항 아카사끼 앞바다를 표류하던 중 돗토리번이 선장 이하 선원 12명을 구조하고 이들을 2개월 이상 따뜻하게 돌보아준 후 나가사키를 경유하여 무사히 고국으로 돌려보내 주었다 한다. 또 1963년에는 부산항을 출발한 어선이 기관고장으로 표류하여 위와 같은 장소인 아카사끼 앞바다에 표착하였는데 지역주민들의 도움으로 선체를 수리하여 무사히 고국으로 돌아가게 한 사실을 기리기 위하여 당시 표착한 바다가 내려다보이는 곳에 한일우호의 영속을 기원하기 위한 공원이 조성된 것이다. 눈이 많이 쌓여 공원 위로는 올라가기 어렵기에 박물관만 관람하였지만, 일부 선생님들은 공원 위로 올라갔다 왔다.

● **14:40 돗토리현립박물관(鳥取縣立博物館)**

근처에 돗토리성터가 있는데 해자(垓字)와 성(城)이 매우 견고하게 쌓여 있었다. 돗토리 박물관은 옛 돗토리 성터로 아직 성터의 흔적이 그대로 남아있었다. 시간이 없어서 돗토리 성터 위로는 올라가지 못하고 아래에서만 사진을 찍었다. 돗토리시 북쪽 久松山에 위치하고 1545년에 지어졌다고 한다. 池田氏가 다이묘로 거주하였던 성이었다. 지금은 성벽과 천수대, 성문, 돌담, 해자, 우물 등이 남아있다. 해자 주위는 눈이 덮여 있어서 아름다운 모습이었다. 미리 협조가 되어 많은 고문서들이 소장된 자료실에 가서 자료를 보려는데 일본인 중년 남자 한 사람이 한국말로 이곳을 소개해 준다. 그가 주는 명함을 받았는데 NHK 국제방송국의 다언어전개부에 근무하는 松澤幹治라는 사람이었다. 그분은 '구즈시'를 읽을 줄 아는 분으로 사료를 읽고 계셨다. 일본분들도 사료에 관해서는 어려워하시는데 그분은 사료를 잘 읽으시는 것으로 보아 자주 보셨던 분인 것 같았다.

이곳 학예사인 大嶋陽一 선생님에게 30여 분간 설명을 들었다. 그는 원본『어용인일기(御用人日記)』7권과, 지도 몇 장을 꺼내 안용복이 실제 문헌 속에 어떻게 기록되어 있는지 상세한 설명을 해주셨다. 박물관 내부에서 20대로 보이는 젊은 남자가 복사된 고문서를 갖고 와 설명해 주며 일기와 고지도 등도 보여 주었다. 우리 일행은 열심히 사진을 찍었다. 남자 직원은 안용복에 대한 기록이라는 부분도 알려 주며 이것들을 CD로 만들었다고 한다. 우리는 그 CD를 받아 가기로 협조 되어있었다.

우리는 원연회 선생님이 이곳에서 유학할 때 알게 되었다는 여자 교수님을 만나 그 분이 운전하는 차를 따라서 15시 34분에 이곳을 떠났다.

• **16:12 돗토리대학**

지역학부에서는 간단한 차를 준비해 주셨다. 지역학부의 건물이 칼라로 새롭게 단장되어 있었다. 깨끗하고 산뜻한 느낌이었다. 16시 12분에 돗토리 대학에 도착하여 국제학과 세미나실에 들어갔다. 60대로 보이는 남자와 20대 남학생이 맞이한다(통역을 담당한 20대의 남학생은 남서울 대학교 1학년 학생인데 일본어에 아주 능통했다). 돗토리 대학의 안내책자를 담은 봉투를 주고는 과자와 차를 준다. 40대로 보이는 교수도 왔다. 이곳 돗토리 대학은 강원대학교와 춘천교육대학교와도 교류를 하고 있는 대학이며, 실제로 춘천교육대학교에서 근무를 하신 연구교수도 있었다(지금 강원대학교는 돗토리 대학과 교환학생 협의를 맺은 상태다). 우리는 이곳 교수님들에게 공항에서 샀던 인삼차를 선물로 드렸다.

• **17:00 고야마이케 호수**

호수 안의 섬에서는 안용복이 몇 달간 갇혀 살았다. 다리 위에는 눈이 많이 쌓여 있기 때문에 안으로 들어가지 못하고 먼발치서 섬을 둘러보며 단체 사진을 찍었다. 고야마이케를 가려고 했는데 아오시마로 가는 다리에서 공사를 하고 있었다. 이곳에서 안용복이 2차 도해당시 2달 정도를 머물렀다고 하여서 꼭 답사를 하고 싶었는데 들어가 보지 못한 것이 못내 아쉬웠다. 배에서 내리지 못한 상태로 두 달을 이곳에서 어찌 머물렀는지 궁금했다. 아오시마에서 안용복이 생활했다고 해서 붙여진 가라비토후나야라는 지명이 안용복의 흔적이라고 하여서 꼭 보고 싶었는데 많은 눈이 내려 다리가 미끄러워서 들어갈 수 없었다. 우리 일행은 아쉬움을 뒤로 한 채 숙소로 갈 수밖에 없었다.

• 17:30 워싱턴 프라자 호텔

내일은 오끼섬에 가야 하기에 4시 40분에 기상하여 5시 30분에 출발하며 아침과 점심 식사는 도시락으로 준비했다고 한다. 기대했던 저녁식사는 〈쨩고나베〉라고 한다. 회 6개 종류, 튀김, 고등어조각구이, 만두, 대추잎쌈밥 등이다. 가게 이름은 和風居酒屋라고 한다.

■ 제2일 : 1월 28일 토요일

• 05:30 버스 안

오늘의 일정에 대하여 손 교수님의 브리핑이 있었다. 1905년 1월 28일 '가쓰라-테프트 밀약'으로 독도가 불법으로 시마네에 편입된 지 100년이 되는 해라 심포지움이 열렸다는 것과 한국말을 잘하는 NHK 기자에게 섣불리 대응하지 않는 것은 다행한 일이라는 것이었다. 또한 다음과 같은 말씀을 하셨다. "오늘의 일정은 항구에서 도고섬에 기항한 후, 오후 1시 30분 도젠섬에 도착예정이다. 천황의 유배지를 관리하는 사람은 궁내청 사무소장인데(무라카미 료브로) 그 사람의 조상이 고토바 천황을 시중했고, 중세 이후에 고문서를 관리한 사람이다. 나는 오래전에 무라이 쇼스케와의 공동연구로 왔었다. 이곳을 최초 방문한 기관은 MBC와 영남대학교 사학과 교수팀들이었다. 그들은 간단한 정도의 자료를 오키시마에서 입수해서 복사했으나, 나는 전체를 복사해서 탈초 번역을 하였고, 이 자료는 『한일관계사연구』 24집에 수록이 되어 있는 내용이다. 그런데 2007년 당시에는 우호적이었던 이 관리인이 지금 외출중이라는 이유로 우리를 만날 수 없다고 하였다. 그래서 오늘은 오후 4시에 호텔을 가서 그동안의 연구성과 발표를 겸한 세미나를 할 계획이다."

• 08:03 항구 도착(시치루이코항)

답사 팀은 8시 20분에 버스 안에서 아침 식사를 하다가 버스가 배에 승선해야 하기 때문에 급하게 나왔다. 결국 항구 내 대합실에서 아침을 먹었다.

* 09:05 배 안

배는 8시 35분경에 승선했다. 우리 객실은 2층으로 입구에 예약석이라는 안내문이 두 장 깔려 있었다. 객실은 의자가 없는 방바닥이고 목침같이 생긴 베개가 십여 개 있어서 의아해 했으나 배가 움직이자 멀미가 시작되어 베개가 왜 있는지 이해가 간다. 서서 가거나 앉아 있기 보다는 누워 있는 것이 편했다. 주변 경치가 괜찮아 보이기에 갑판 위로 올라가 촬영을 했다. 갑판은 2층 구조로 되어 있는 큰 배였다.

* 11:25 後島 사이고코(西鄕港)에 도착

승객들이 내리고 차도 내린다. 그러나 이 배의 승객 중에 前島 히사우라코(菱浦港)로 가는 사람은 우리 답사 일행밖에 없었다.

* 11:55 점심(배 안)

점심식사를 하고 12시 무렵 前島를 향해 출발했다. 前島로 가는 길은 바람이 더 세차다.

* 13:00 고토바천황행재소(後島羽上皇行在蹟)

이곳에서 김보한 교수님으로부터 죽은 천황에 대한 이야기를 들었다. 천황은 절대적인 존재로 알고 있었는데 이유야 어쨌든 이 먼 섬까지 유배되어 왔다는 것은 권력 싸움에는 천황의 권위도 별게 아니었다는 의미를 갖게 한다. 김보한 교수님의 고토바 천황묘 설명을 다음과 같이 요약해 보겠다.

"호조 가문의 딸인 호조 마사코(北條政子)가 미나모토노 요리토모(源賴朝)의 아내가 된 이후 요리토모가 군사를 일으키는데 협력하여 가마쿠라 막부 창립에 큰 기여를 하게 되었고 요리토모가 쇼군이 되면서 유력한 지위를 얻게 되었다. 그러나 요리토모 사후에 아들과 차남이 전부 살해되었다. 살해한 장본인은 미나모토노 요리토모의 장인인 호조 씨였다. 호조 가문은 2대 쇼군인 요리이에를 추방한 뒤 모살하고, 3대 쇼군 사네토모도 암살하고 사위인 히라가 토모마사(平賀朝雅)를 쇼군으로 세우려 했으나 딸인 마사코와 아들인 호조 요시토키(北條義時)의 반대로 뜻을 이루지 못하고 출가를 당하게 되었다. 2대 싯켄의 시대부터 다른 유력 가문을 차례로 배제해가며 싯켄 정치체제를 확립했으며 사네토모가 암살된 이후 요시토키는 교토에서 후지와라노 요리츠네(藤原賴経)를 4대 쇼군으로 맞이하여 쇼군의 지위를 명목상의 지위로 만들었다. 이후 고토바상황(後鳥羽上皇)의 막부 타도 운동인 죠큐의 난에서 승리하여 막부에 의한 지배 체제를 확립하게 된다. 이때 마사코가 외친 것은 기억이 나지 않아 잘 모르겠다(이것을 찾아보니 '은혜는 산보다 높고, 바다보다 깊은데 … '라는 구절이었다.-기록자가 인터넷에서 찾아 입력-). 그 결과 고토바와 두 아들이 이곳 도젠에 유배되었고 그를 따르던 장군들이 처형되었으며, 호조 요시토키는 왕실의 움직임을 감독하기 위해 교토 바로 남쪽 로쿠하라(六波羅)에 군사 본부를 설치했다. 또한 호조 일가는 이전까지는 그들의 지배를 받지 않았던 왕실 귀족들의 토지까지 몰수하여 가마쿠라 막부에 충성해온 가신(家臣)들에게 분배함으로써 호조 가문의 군사적, 경제적 지배력을 더욱 강화했으며, 이에 따라 가마쿠라 막부(바쿠후)는 계속해서 일본 전역을 지배할 수 있었다. 이곳 도젠섬에 고다이고 천황도 왔다. 도막운동(막부를 타도하려는 운동)을 벌인 고다이고 천황은 유배되었으나, 성공해서 섬을 탈출하지만, 고토바천황은 이곳에서 생을 마감했다."

주변 화장터 주변에는 쭉쭉 뻗어 올라간 삼나무목이 많았다.

- 13:45 무라카미가(村上家)

무라카미 씨는 이번에 다른 일이 있어서 만날 수 없다며 피했지만 우리들은 그 집 앞까지 가서 사진을 찍었다.

- 14:03 마린포트(アリンボート)호텔

창밖에 바다가 보이고 창문을 열면 한 사람이 바람을 쐴 수 있는 난간이 있다.

- 14:30 마린포트 호텔 2층 회의실

회의 내용은 다음과 같다.

> ▶ 손승철 교수님 - 이번 세미나를 통해 논문 구성, 중첩되는 사항을 명확히 밝히도록 할 것임.
>
> ▶ 민덕기 교수님 - 해금정책으로 가면서 발생하는 분쟁 상황(첨언으로 신동규 교수님은 한일 간의 경우 굳이 영토문제를 분쟁으로 인식할 필요는 없다고 했고, 유재춘 교수님은 17세기 영조의 해금 완화정책에 대해서도 고찰해보는 것이 좋다고 설명함).
>
> ▶ 엄찬호 교수님 - 분쟁에 따라 지도가 달라지는 것 조사(첨언으로 손승철 교수님은 국제법상으로 이행되는 것은 前近代 논문에 맞지 않는 것이라고 덧붙임).
>
> ▶ 한문종 교수님 - 고초도 조어조약을 통하여 시행과정에서 나타난 처리를 살펴보고자 함. 이곳이 어디인지에 대한 명확한 규정을 나타내고, 왜인에게 어업허가를 했으나 조세를 징수한 점을 들어 설명함.
>
> ▶ 손승철 교수님 - 중근세 조일 간 해양경계분쟁과 안영복 사건 고찰. 특히 안용복의 도일사건을 고찰. 양측의 기록이 차이가 있어서 서로 신빙성을 부정하고 있음을 설명함.
>
> ▶ 유재춘 교수님 - 여말선초 조·명 간의 여진 귀속문제와 성격에 관

한 글을 발표함. 조선은 10처 지역을 확보하였고 그 때문에 세종실록에 두만강 이북지역의 공험진은 우리영역에 포함이 되었음을 밝힘.

▶ 남의현 교수님 - 명나라 초기의 국경지대는 완충지대임. 결코 당시의 중국영토라고 할 수 없음. 따라서 요동팔참 동쪽지역, 두만강, 압록강의 국경지대를 연구하는 기준이 필요함.

▶ 한성주 선생님 - 여진인과 조선은 다른 인식을 가지고 있었음. 이응거도의 자모진 설치는 여진과의 영토 분쟁을 보여주는 사례라고 볼 수 있음.

▶ 김보한 교수님 - 왜구에 의한 경계 침탈 문제. 그리고 막부의 왜구 방지 노력과 그 한계 등을 고찰함.

▶ 신동규 교수님 - 중국과 일본 간의 영토문제에 일본이 승리한다면 독도 문제와 관련하여도 우리에게 불리하게 작용할 것임을 지적함.

▶ 차후 과제에 대한 논의 - 동아시아 문화 교류 및 외교 체제에 관련하여 공존의 생활방식에 대해서 연구, 표류민 연구 등에 관해 논의함.

- 18:30 저녁식사(호텔 내)
일본 호텔 정식

■ 제3일 : 1월 30일 일요일

- 08:00 조식 후 숙소 출발
호텔 2층에서 아침 식사 후 배에 승선하기 위해 항구로 출발하였다.

- 09:33 승선
우리가 타고 나갈 배는 9시 38분이 되자 정박하며 차량을 싣기 위해 앞머리를 들어올린다. 우리는 2층으로 올라가 승선하였다. 이 배는 어제 타고 온 배와 다른 구조로 되어 있었고 객실에는 베개 외에도 담요가 있었다. 승객들은 담요를 깔거나 덮고 잔다. 우리 객실은 후미 쪽에 '예약석(豫約席)'이라며 줄로 표시해 놓은 장소에 들어갔다. 전날과 마찬가지로 연구원 대부분이 누워서 숙면을 취하거나 책을 보는 등 시간을 보냈다.

- 10:50 來居港에 들림

이곳 주변 사진을 찍고 더 자다가 목적지에 다 와 간다는 말을 듣고 12시 50분경에 일어나 베개와 담요를 정리하고 나갈 준비를 했다.

- 13:20 항구에 도착

13시 20분이 되니 문이 열리고 차량들이 나간다. 항구를 나와 버스를 타고 식당을 찾아 갔다. 손 교수님은 우동이든 뭐든 간단한 것을 먹자고 했다.

- 13:23 점심식사

항구 주변의 작은 일본 식당에 갔다. 장어덮밥과 고등어 요리, 참치덮밥 등이 있었다. 식사 후 모두 버스에 승차했지만 한동환 선생님이 늦게 와 기다렸다. 한동환 선생님은 어느 만화가가 30주년 결혼을 기념하기 위해 꾸며 놓은 거리를 다녀오느라 늦었다고 한다.

- 14:34 미호노세키(美保關) 등대

그곳에 가서 보니 마침 공사 중이라 안에는 들어갈 수가 없기에 주변만 둘러보며 사진을 찍었다. 빗방울이 떨어지고 구름이 잔뜩 끼어 먼 곳을 볼 수 없는 것이 유감이다.

- 15:00 미호노세키항에 있는 미호노신사(美保神社)

어느 가게 앞에 주차하고 올라갔다. 가게에 진열된 생선 말린 것들이 눈길을 끈다. 신사에 근무하는 여자들이 흰색 옷을 입고 있는 것이 특이 했다. 이후 항구 주변의 옛 일본식 거리 등을 둘러보다 15시 50분경에 출발했다.

- **16:20 마츠에애반호텔 도착**

객실에 도착한 시간은 15시 30분이다. 우리는 우선 짐을 객실에 넣어놓고 책이나 물건들을 사러 나가기 위해 밖으로 나왔다. 홍을표, 한동환, 손승철, 한성주, 이홍권, 장경호 선생님 등은 16시 30분경에 근처 상가에 들어가 어느 서점에서 책을 골랐지만 마땅한 것이 없다. 한동환 선생님은 군사무기와 관련된 잡지를 두 권 골랐다. 원연희·남의현·민덕기·엄찬호 선생님 등은 택시를 타고 큰 서점에 가셨다. 손 교수님과 이래저래 둘러보면서 교수님이 도넛을 사주셨는데 맛이 일품이었다.

- **18:00 호텔에 모여서 저녁식사 장소로 이동**

호텔에서 다시 모인 일행은 가이드를 따라 식당으로 걸어가 식사를 하고 나왔다. 저녁식사는 사케 무한 및 일본 정식이었는데, 우리 답사 일행이 많은 양의 사케를 마시는 것을 보고 일본 식당 주인이 놀라는 모습이 인상적이었다.

■ **제4일 : 1월 30일 월요일**

- **09:08 다케시마자료실(竹島資料室)**

30일 오전 시마네현에서 제일 먼저 독도 자료실을 찾아보았다. 현재 일본에서는 우리의 독도를 죽도(竹島, 다케시마)라고 한다. 이 자료실은 2007년 4월 개설하였다. 크지 않는 자료실은 2층으로 되어 있고 설치한 목적이 단순한 홍보·선전에 있지 않고, 일본 측 연구자들이 한국 측 논리를 치밀하게 분석하고, 약점을 찾아내도록 돕기 위한 연구 거점을 만드는데 있다는 점이다. 자료실에서 보이는 외무성에서 출판한 『죽도(竹

島)』라는 얇은 책자는 외국인들도 알아볼 수 있게 '다케시마 문제를 이해하기 위한 10의 포인트'라고 한국어, 중국어, 영어, 일본어 등 4개국 언어로 번역되어 있다. 그러나 우리는 일본인들의 논리에 맞서 동북아역사재단에서 출판한 '일본이 모르는 10가지 독도의 진실'이란 책자가 있어 우리 연구자들은 일본의 주장에 맞서 강력하게 비판하고 있다. 이곳에 있는 죽도(竹島) 자료실을 찾아 가는데 눈이 내려 버스에 비치된 비닐우산을 쓰고 갔다. 자료실에 도착하여 모두 여기저기에서 전시된 자료들을 촬영하였다. 손승철 교수님은 한성주 선생님에게 일본 측 연구책자를 구입하라고 하셨다. 우리 일행들은 무료로 제공하는 안내문과 지도 등을 가지고 나왔고, 일부 선생님들은 복사를 신청하기도 하였다.

- 10:00 마츠에죠 호리카와(松江城堀川)

안내자 백영호 씨를 따라 먼저 성 안으로 들어가 성벽과 큰 나무들을 둘러보며 건물로 올라갔다. 처음에는 건물 입구까지만 가는 줄 알았는데 내부에 들어가 슬리퍼로 갈아 신고 꼭대기 층까지 갈 수 있었다. 건물 입구에서 입장권을 받기에 망설이자 한문종 교수님이 뒷사람이 갖고 온다고 말하니 올라가라고 한다.

목조로 지은 건물은 긴 기둥 하나로 전체를 지탱하는 것이 하니라 잘려진 나무를 층마다 연결하여 올려 쌓았다. 건물 안에는 층마다 옛 갑옷과 병기·그림 등이 진열되어 있었다. 마츠에죠 호리카와를 둘러보고 마츠에죠 역사관(松江歷史館)으로 걸어서 갔다.

- 11:10 미츠에죠 역사관(松江歷史館)

역사자료관에 들어가서 입장권을 사서 나눠주기를 기다렸다가 안에 들어갔다. 이곳은 마츠에죠의 역사를 한눈에 보도록 잘 전시하고 있었다.

- **12:16 점심식사(길가의 라면집)**

이후 버스를 타고 출발하여 12시 16분에는 길가에 있는 라면집에 들어가서 라면을 먹었다. 모두 일본식 라면을 시켰는데 가이드는 만두도 한 접시 먹으라고 한다. 세트를 시켜서 함께 먹었다.

- **13:40 이즈모 신사(出雲神社)**

14시 40분경에 박물관을 나와 출운신사로 출발하여 55분에 도착하였다. 신사 주변을 둘러보다가 나무에 소원을 적는 처녀 두 명을 보고 15시 5분에 사진 촬영을 하였다. 그리고 보물을 전시한다는 건물도 있었다. 1층 입구에 접수창구가 있었지만 바로 2층에 올라가니 입구에 앉아 있는 남자가 인사를 한다(이곳은 돈을 내는 곳이었다). 기념품 판매장도 있었다.

- **16:23 華藏溫泉**

온천은 16시 23분경에 도착했는데 안내자는 17시 30분까지만 하라고 한다. 온천에서 주는 수건 한 장을 받아 들고 탕 안에 들어가 보니 일본인 노인들이 많다. 홍을표 선생님이 지붕에 가로로 연결된 고리들이 무슨 역할을 하는지 물어보니 박영호 씨는 자기도 모른다며 운전자에게 물어본다. 운전자는 그것은 눈이 한 번에 땅으로 떨어지지 못하게 하는 역할을 한단다. 많은 눈들이 동시에 떨어지면 다칠 위험이 있어서라고 한다.

- **18:18 오오타 스카이호텔 및 瀧乃老養 식당**

숙소에 도착한 후 瀧乃老養 식당으로 향했다. 조그마한 일본 식당으로 우리 일행은 15명인데 4명씩 앉을 수 있는 식탁은 3개밖에 없었다. 이 식당도 규모가 작아 술잔까지 부족하다며 몇 개가 덜 나오자 박영호 씨가 다른 술잔으로 가져다주기도 하였다.

■ 제5일 : 1월 31일 화요일

• 08:30 이와미 긴잔(石見銀山)으로 출발

　이와미긴잔(石見銀山)을 향해 출발하였다. 이곳은 2007년에 세계유산으로 등록되었고, 이곳의 은이 동아시아에 널리 유통되기도 하였다. 가면서 보니 시골길과 마을이 도심과 달라 사진을 찍었다. 이 지역은 일본에서도 소외된 제3의 지역이라고 한다.

• 09:04 이와미긴잔 및 자료관

　이와미긴잔 입구에 있던 안내인은 버스를 더 위로 올라가라고 한다. 9시 6분에 입장권을 파는 곳에 도착해보니 얼마 전까지만 해도 셔틀버스를 운행했었는데 산사태가 난 뒤로는 없어져서 40분 정도 걸어가야 한단다. 아니면 자전거를 빌려 타고 가야 한다고 한다. 우리들은 할 수 없이 자료관에 들러 이와미긴잔 관련 전시물을 둘러보고 관련 자료를 구입하였다.

　시간이 좀 있어서 광산 마을의 골목을 둘러보다가 자전거라도 타고 올라갈 사람을 파악하였다. 모두 9명이 전동자전거를 빌려 타고 이와미긴잔으로 향했다. 이와미긴잔 부근에는 10시 8분에 도착했다. 여기서부터는 5분 정도 걸어가서 광산 입구에 도착하였다. 한성주 선생님이 입장권을 구입하여 14분에는 모두 갱내로 들어갔는데, 갱내는 허리를 숙이고 걸어 들어갈 정도로 작고 좁았다.

　다시 전동자전거를 타고 내려오다 보니 골목길을 돌아다니는 손승철 교수님과 한동환·남의현 선생님 등을 만나게 되었다. 그 분들이 전동자전거를 타고 내려오는 모습을 사진으로 찍어주셨다. 이와미긴잔까지 갔다 온 10명이 돌아오기로 한 시간을 지키지 않아 버스가 한참을 기다리다가 요나고 공항으로 향했다.

● **11:45 요나고 공항으로 가는 길의 '1분 스피치'**

휴게소에서 구입한 간식을 먹고 공항으로 향했다. 공항으로 가는 도중 '1분 스피치'를 하였다. 손승철 교수님이 늘 하시는 1분 스피치 시간, 언제나 그랬듯이 본인이 느낀 점을 말하는 시간이다. 첫 번째로 홍을표 선생님, 홍을표 선생님은 일본인의 민족정신을 강조하면서 우리 대한국 국민도 분발하여야 한다고 하였다. 두 번째는 한동환 선생님, 독도문제의 중요성을 이야기하셨고, 두 나라 교류가 필요하고 마지막으로 연구를 더 하여야 한다고 하셨다. 세 번째는 김보한 선생님, 오늘의 은광을 매우 인상 깊게 보셨다고 하였고, 참으로 유익한 답사였다고 하셨다. 네 번째로 원연희 선생님은 오키에 대한 깊은 인상을 남겼다고 하셨다. 다섯 번째는 유재춘 교수님, 현장에 직접 가서 확인하고 연구하고 아이디어를 구상하는 것이 의미가 있다고 하셨고, 새로운 시작을 통해서 더 깊은 연구를 하여야 한다고 하셨다. 여섯 번째는 장순순 선생님, '카리스마 손' 선생님 덕분에 좋은 답사가 되었다고 하셨다. 16세기 한일관계를 이해하는데 좋은 계기가 되었고 이와미 은광을 예로 들어 설명하셨다. 일곱 번째는 한문종 교수님, 전공은 조선전기이지만 조선후기까지 하고 싶은 생각이 많다고 하신다. 그러면서 후배 연구자들에게 폭 넓은 연구를 할 것을 격려하여 주셨다. 여덟 번째는 민덕기 교수님, 개인적으로 도저히 올 수 없었던 것에 매우 감사히 여긴다고 말씀해 주셨고, 한성주 선생님은 답사를 기획하고 답사를 잘 끝낼 수 있었던 것은 여러 선생님들 덕분이며 감사하다고 말씀해 주셨고, 남의현 교수님은 현장기록이 중요하다고 하셨다. 막내인 장경호 선생님은 여러 교수님과 선생님께 감사드린다고 하였고, 많은 것을 배워 간다고 하였다. 일일이 다 말씀드릴 수 없지만 마지막으로 우리 답사 총 책임자인 손승철 교수님이 이번 답사의 중요성을 설명하시고 안용복의 발자취를 따라 각자 받은 느낌을 실천에 옮기도록 하라고 하였고, 또 우리의 이 프로젝트는 끝이 아니라 새로운 연구의 시작이라고 하셨다. 이홍권 선생님은 독도를 위해 우리나라는 어떤 일을 하고 있는지, 우리는 우리나라 독도를 위해 어떤 일을 했는지, 독도는 우리나라에서 얼마큼 중요한지 등 많은 생각을 가지고 있어야 한다고 하셨다.

- 13:12 요나고 국제공항 도착

13시 12분에 공항에 도착하여 버스에서 짐을 내리며 米原 均 기사에게 한국말로 수고했다고 인사를 했다. 13시 19분에 짐을 부치고 21분에는 점심 먹으러 공항안의 어느 식당에 들어갔다. 주방 안에 몇 명이 있는지 몰라도 식사 나오는 속도가 매우 늦어 한 두 그릇이 나오면 다음 식사가 나오는 시간이 5분~10분 정도 걸렸다.

비행기는 오후 15시 정각에 이륙했는데 이곳은 다행히 구름만 끼어 아래가 잘 보인다. 15시 6분에는 멀리에 오끼섬 두 개가 보여 사진을 찍었다. 기내식으로 햄버거가 나왔다. 16시 28분경에야 지상이 보였다.

- 16:30 인천국제공항

한국은 눈이 꽤나 많이 왔었다고 한다. 4박 5일의 우리 답사는 이렇게 끝이 났다.

기록: 원연희, 이흥권, 장경호, 한동환, 홍을표

부 록 - 답사일기

沿海州에서 遼東半島까지 半萬里 踏査日記

홍 을 표*

序頭에

　지난 8일간 꿈같은 곳을 다녀왔다. 교과서나 책, 그리고 인터넷을 통해서만 볼 수 있었던 지역들을 직접 가서 많은 곳을 둘러보며 견학하였다.
　우리 일행이 손승철 교수님을 인솔자로 모시고 연해주와 만주 일대를 답사했다는 그 자체가 기적이다. 그리고 그 기적들은 우리 대한민국의 국력이 그만큼 신장되었기 때문에 가능했던 것이다.
　나는 이 답사일지를 쓰면서 역사적인 사건이나 답사지역에 대한 연구 조사보다는 답사팀을 따라 다니며 보고 느낀 내 개인의 소감만을 기록하였다. 물론 답사를 하면서 그 지역에 대한 역사적 사실을 새롭게 규명하거나 연구하고자 한 것이 이번 답사의 주목적이지만, 그런 내용들은 나보다 학식이 뛰어나신 교수님들의 몫이다. 내가 아무리 연구 분석을 잘해 봐야 교수님들의 수준을 능가할 수 없다. 그러기에 나는 그 분들을 따라 다니면서 겪었던 소감만을 몇 줄의 글로 남긴다.
　唐 玄裝法師의 大唐西域記나 慧超의 往五天竺國傳, 그리고 申叔舟의

---

* 강원대학교 사학과 강사.

海東諸國記나 燕巖 朴趾源의 熱河日記 등과 같은 名著들이 갖는 가치는, 그 저술들을 통하여 당시의 풍습을 엿볼 수 있기 때문이 아닐까 한다. 따라서 나의 이 기록이 현재는 별 가치가 없을지 몰라도 몇백 년 후의 후대 사람들이 보게 된다면, 그들은 우리가 조사했던 고적에 대한 답사 내용보다는 우리 일행이 답사하고 행동했던 일들에 대해 더 관심을 갖게 될 지도 모른다. 왜냐하면 오늘날 우리들이 답사했던 행적은 단순한 답사가 아니라 역사적인 사건이기 때문이다.

2011년 8월 16일 화요일

한국 구름, 연해주 잔비(음력 辛卯년 7월 17일 癸卯)

오늘은 60번째 찾아오는 내 생일이다. 생일날 두만강과 압록강 일대로 답사를 가게 되었으니 이보다 더 큰 생일선물이 없다. 정말로 기적 같은 큰 행운이다. 이런 기회를 주신 손승철 선생님께 깊이 감사드린다.

기상 시간을 3시 50분에 맞춰 놓았지만 일찍 잠이 깨었기에 2시에 일어났다. 시간이 넉넉할 줄 알았는데 생일이라며 끓여 준 미역국으로 아침을 먹으며 준비하다 보니 4시 55분이다. 시외버스터미널까지 나를 태워 주기로 한 둘째 딸이 아직 안 일어나서 자는 방에 들어가 깨우니 잠은 깨어 있었다.

5시에 출발하여 팔호광장을 지나갔다. 이곳은 항상 정체되는 길이지만 지금은 새벽이라 다니는 차들이 별로 없다. 둘째 딸에게 "생일 선물로 운동화 사 주고 아침에 차 태워 줘 고맙다."라고 했다. 5시 9분에 시외버스터미널에 도착했다. 차에서 내려 뒤 차 트렁크에 실어 놓은 가방을 꺼내 갖고 터미널 안으로 들어갈 때 둘째 딸은 "생일 축하해! 잘 다녀와요!"하고 인사한다. 그래서 "어~!"하고 손을 흔들어 줬다.

시외버스터미널 대합실에는 5시 10분에 들어갔다. 벌써 孫承喆·南義鉉 교수님과 韓東煥·元淵姬·韓成周 선생님, 그리고 張京浩 선생 등이 도착해 있었다. 50대 남자 한 명이 나에게 인사를 하여 우리 일행인 줄 알고 답례는 했지만 누군지 기억이 안 난다.

　롯데관광의 안내원은 30대 후반으로 보이는 여자 한 분이 나왔다. 한성주 선생님은 답사를 위해 만든 자료집을 나에게 준다. 내용을 읽어보니 우리 연구생들 6명이 작성하여 제출한 것을 수정해 편집한 것으로 답사지역의 이동로를 지도로 작성하여 잘 만들었다.

　柳在春 교수님과 嚴燦鎬 선생님은 좀 늦게 도착했다. 나는 일지에 기록을 하기 위해 사진 몇 장을 찍었다. 사진기에는 날자와 시간이 화면에 기록되도록 설정해 놓았다.

　버스를 기다리는 동안 한동환 선생님이 우리 일행 모두를 불러 가게에 들어가 커피를 한 잔씩 사 준다.

　김포공항과 인천공항으로 출발하는 리무진버스는 5시 20분쯤 들어와 대기하고 있다. 우리들은 먼저 짐칸에 여행 가방을 싣고 승차했다. 춘천서 탑승한 우리 일행은 9명이다. 한성주 선생님이 단체로 버스표를 끊어왔다. 먼저 탑승한 한동환 선생님이 뒷좌석 쪽에서 나를 불러 같이 앉아 갔다. 한동환 선생님은 내게 창 측을 양보했지만 나는 한 선생님의 오른쪽인 20번 좌석에 앉았다. 한 선생님은 19번 좌석이다. 손승철·유재춘 교수님은 우리 앞에 앉았다. 버스는 5시 30분에 출발하였다. 경춘 고속도로를 이용하지 않고 加平과 淸平 등을 거치며 간다. 그리고 갑자기 統一路가 보이는 것이 서울의 외곽으로 돌아 온 것 같다. 방화동으로 진입하여 김포공항에 들어가 먼저 국제선에서 하차할 승객을 내려 준 뒤, 국내선 탑승장 앞에도 내려 주고 인천공항으로 이동한다.

　인천공항은 7시 45분경에 도착하였다. 인천공항의 약속장소에 도착하니 申東珪 선생님과 金秀貞 선생이 와 있고, 전북대학교의 韓文鍾 교수님과 단국대학교의 김보한 교수님도 미리 와 있었다. 7시 48분에 롯데관광 직원들이 있는 곳에 가서 여권과 비행기 표를 받은 뒤 롯데 관광에서 나온 송길자 씨의 안내를 받으며 짐을 발송하기 위해 7시 58분에 탁송하는 곳에 가서 대기하다가 8시 15분경에 짐을 부쳤다. 이후 탑승 장에 들어가기 위해 검색대 앞에서 20여분을 줄 서서 기다려야 했다. 롯데관광에서 가이드로 따라 나온 여자 분은 9시 30분에 11번 게이트 앞에서 만나자고 한다.

한동환 선생님이 안 보여 8시 15분에 짐을 부쳤는지 전화해보니 면세품 캠코더를 사기 위해 먼저 탑승구로 들어갔다고 한다. 전화의 감명도가 불량하다. 승강장으로 들어가기 위해 입국 절차를 밟는데 사람들이 많아 20여 분간 줄 서서 기다려야 했다. 기다리는 동안 8시 22분과 8시 28분에도 한 선생님으로부터 전화가 왔지만 주위가 소란스러워 제대로 통화를 못했다.

나는 원연희·김수정 선생 등과 같이 들어가고 다른 분들은 따로 들어갔는지 안 보인다. 검색대를 통과한 뒤 11번 탑승구를 찾아가 위치를 확인한 후 주변을 돌아다니며 비행기 구경을 했다. 원연희 선생님은 과자를 샀다고 한다. 대기실 유리창 밖으로 보이는 비행기 사진을 찍었다. 오른쪽은 큰 비행기가 있고, 왼쪽은 작은 비행기가 있기에 큰 비행기로 갈 줄 알았는데 나중에 탑승하고 보니 HL7757로 작은 비행기다. 다른 분들이 안 보이는 것이 식사하러 갔거나 물품을 사러 간 듯하다. 나는 이미 아침밥을 먹고 왔기에 여기서 더 먹을 필요가 없었다.

이후 대합실에서 단국대 김보한 교수님과 같이 앉아 얘기했다. 내가 수첩을 꺼내 한자 이름을 알려 달라고 하니 金普漢이라 써 준다. 그 분이 내 신상에 대한 여러 가지 질문을 하시기에 대답하다 보니 오늘이 내 六旬이라는 말도 하게 되었다. 김 교수님의 전화번호를 물어보니 내 번호를 알려 달라고 하여 자기 휴대폰에 먼저 저장한 뒤 9시 6분에 내 전화기로 신호를 보내주어 저장시켰다.

비행기는 9시 30분에 탑승했다. 내 좌석은 44열 D석이다. 우측에는 20대 건장한 청년이 앉아 있고 그 우측 창 쪽에는 60대 러시아 남자가 앉아 있다. 내 왼쪽에는 신동규·한동환·원연희 선생님 등이 앉게 되었다.

비행기는 9시 50분에 움직여 10시 7분에 이륙하고 8분이 되자 고도에 올라 선 것 같았다. 24분에는 안전띠를 풀어도 된다는 방송이 나온다. 나는 10시 12분부터 넷북을 꺼내 일기를 타자했다. 가끔 기체가 흔들린다. 여승무원들이 이어폰과 이불을 주었지만 나는 이불은 달라고 하지 않았다. 한 선생님이 말하길 이어폰은 기증하는 것이란다. 아마 기내에 설치된 TV를 보라고 준 것 같다.

11시에 기내식이 나와 점심을 먹었다. 기내식은 빵 2개와 쇠고기 조림 등으로 간단하여 내 식사량으로는 부족했다. 원연희 선생님이 반찬 하나를 더 줘 그것까지 먹었다. '스튜어디스'라고 부르는 여승무원들이 다니면서 음료수를 주면서 뭘 마실지 물어본다. 내가 우유를 달라고 하자 갖고 나온 우유가 없다고 한다. 나는 아무거나 달라고 했지만 그 승무원은 후미에 있는 주방으로 다시 가서 가져다준다. 그래서 "감사합니다." 하였다. '서비스 정신이 대단하구나!'라는 생각이 들었다. 식사 후에 차를 주는데 나는 커피를 달라고 해 마셨다. 여행하려면 정신이 맑아야 하기 때문이다.

11시 35분경에 일부러 화장실에 다녀왔다. 학창 시절에 어느 선생님께서 "어디를 가든 그곳의 화장실과 주방을 보면 생활수준과 문화를 알 수 있다."고 가르쳐 주신 교훈을 잊지 않았기 때문이다. 기내 화장실은 후미 부분 복도 좌우 두 곳에 나뉘어 있었고, 모두 남녀 공용이었다. 2005년도에 타 본 中國南方航空機의 화장실은 후미에 달랑 한 개만 있었지만 지금의 대한항공과 같이 깔끔하지 못했다. 화장실을 다녀와 12시 45분부터 다시 일기를 쳤다.

12시 14분이 되니 휴대 전화기에서는 문자 수신음이 계속 들린다. 확인해보니 KTF통신사에서 자동로밍 되고 있는 상황을 다음과 같이 알려준다.

〔olleh알림〕위급상황 시 대한민국〔외교통상부〕영사콜센터 +82-2-3210-0404로 24시간 연락 주십시오. 숫자0을 길게 누르면+가 됩니다. 8/16 12:14 PM 8223-2100404

〔주의〕해외에서 인터넷/메일 등 DATA 사용 시 로밍요금 부과. 국내 정액/할인/DATA요금제 미적용〈문의+82-2-2190-0901(kt 로밍폰에서 무료)〉. 8/16 12:14 PM 8222-1900901

〔주의〕해외에서 핸드폰 분실 시 고액요금 발생할 수 있으니 즉시 24시간 로밍상담센터+82-2-2190-0901로(kt 로밍폰에서 무료) 신고 바랍니다. 8/16 12:14 PM 8222-1900901

〔알림〕〈러시아〉〈음성 발신:한국4450원/분〉. 현지:620원/분. 수신:1220원/분. 콜 기본료:0원건〉〈데이터:3.5원/0.5kb〉 8/16 12:14 PM 8222-1900901

〔알림〕〈러시아〉〈해외에서 수신하는 모든 문자(SMS/장문/MMS)는 무료. SMS/장문 발신:200원/건. MMS 발신:500원/건〉 8/16 12:14 PM 8222-1900901

이상의 내용들은 요즘 사람들이 볼 때는 별 것 아니겠지만 먼 훗날 이 글을 읽는 사람들에게는 중요한 참고사항이 될지도 모르기에 기록하였다.

목적지까지 14시 30분쯤 도착될 줄 알았는데 12시 20분에 도착한다. 한 선생님의 말씀에 의하면 이 비행기는 여정된 항로를 따라 동해로 날아온 것이 아니라 서해를 경유하여 만주를 지나왔다고 한다. 어쩐지 구름 사이로 육지의 산림이 보여 이상하다고 했었다. 내가 한동환 선생님께 어떻게 알았는지 물어보니 기내의 TV화면으로 안내해 줘 알았다고 한다. 나는 타자를 치느라 보지 못하였다.

공항에 도착하니 비가 내린다. 그러나 그다지 많은 비는 아니다. 12시 26분에 비행기에서 내렸는데 비가 와서 그런지 비행기로부터 입국장까지 짧은 거리인데 버스를 운행해 준다.

　검색대를 통과하여 남 교수님과 같이 지하에 있는 화장실에 갔다. 화장실에 가서 손승철 교수님을 만나 소변보며 "오늘이 제 60회 생일로 진갑인데 덕분에 큰 선물을 받았습니다."라고 감사드렸다. 남 교수님은 먼저 나가시고 나는 손 교수님과 같이 나왔다.

　우리를 태우러 나온 버스는 25인승으로 체격이 좋은 러시아 인이 운전한다. 나는 사진 찍기 좋고 가이드와 대화하기 편한 앞자리에 앉았더니 손 교수님이 내 옆에 앉으신다. 관광객을 태우러 나온 버스가 마이크 장치도 안 되어 있어서 육성으로 설명을 들었다.

　가이드는 한국인으로 이곳의 영주권을 갖고 있는 李元石이다. 러시아 이름으로는 '유라'라고 한다. 그는 8살 때 아버지를 따라 이곳에 와서 18년간 생활했으며 블라디보스토크에 있는 극동대학교 한국경영학과에 다녔다고 한다. 러시아의 대학은 수학과정이 5년이라고 한다. 대학에 들어가기는 쉬워도 학년 올라가기가 매우 어렵단다. 매 학년마다 진학 시험을 보기 때문에 우리나라로 치면 수능시험을 5번 보는 셈이라고 한다.

　이원석은 가이드 생활이 7년차인데 최근에 한국인이 경영하는 기업에 취직되어 가이드 일은 이번이 마지막이라고 한다. 그가 긴 시간을 이용하여 쉬지 않고 설명해 주는 블라디보스토크에 대한 내용은 다 기록하지 못했다.

　이곳은 본래 肅愼·靺鞨·女眞의 땅으로 중국의 지배하에 있었는데, 1858년 애훈조약(愛琿條約)에 의해 청(淸)·러시아의 공동관리하에 놓였다가 1860년 북경조약(北京條約)에 의해 러시아령이 되어 군사기지로서 블라디보스토크가 건설되었다. 1926년 원래 소비에트 극동 공화국이었던 지역이 극동지구로 바뀌었고, 1938년 극동지구의 일부가 분리되어 지금의 프리모르스키주가 되었다.

　한동환 선생님의 보충 설명에 의하면 연해지방은 한말 이래 한국 교포들의 망명지가 되어 상당수가 그곳에서 거주해 있었으나, 1937년에 러시아 정부가 韓人들을 중앙아시아로 강제 이주시켰다고 한다. 만약 그들이 현재까지도 이곳에 거주하고 있었다면 독립이나 자치에 대한 열망이 높았을 것이다. 러시아는 그것을 방지하기 위해 현지 주민들을 강제 이주 시켰다고 생각된다. 그래서 지금은 독립이나 자치를 주장할 수 있는 주민들이 없는 것 같다.

주산업은 제재업·광산업·기계제조업·금속공업 등이며, 인구밀도가 높은 우수리 강 유역에서는, 젖소와 육우가 사육되고, 곡물·해바라기 등이 재배된다. 레티호프카와 노보샤흐틴스크에는 노천석탄 광산이 있으며, 주석·납·아연·형석도 채굴된다. 1970년대에는 북부의 보스토크에 있는 텅스텐 광산이 개발되었다. 해안에는 어업기지와 포경기지가 있고, 시호테알린산맥에서는 목재가 생산되며, 모피동물이 서식한다

주요 도시로는 블라디보스토크·나홋카·파르티잔스크·우스리스크 등이 있다. 1994년 8월 한국과 러시아 학자들로 구성된 연해주 발해유물발굴조사단은 크라스키노 지역에서 발굴을 하여 금동보살입상·아미타手印 등 1,000여 점의 발해 유물을 발굴하였다. 대학은 1899년에 설립된 극동주립대학교와 교육대학 등이 있다. 이원석은 극동대학에 다닌 것을 자랑스럽게 여기고 있지만 아직 졸업은 못했다고 한다.

길을 가면서 버스 왼쪽 편 좌석에 앉은 전북대 교수님에게 한자 이름을 수첩에 써 달라고 부탁했더니 韓文鍾이라고 써 주신다. 롯데 관광에서 나온 여자 가이드에게도 이름을 부탁했더니 宋吉子라고 써 준다.

주변의 지형은 한국과 다를 바 없지만 나무와 가옥이 다르다. 2012년에 이곳에서 OPEC 정상회의가 개최될 예정이기 때문에 지금은 공항에서부터 회의장까지 도로 공사 중이라고 한다. 가는 길 내내 공사가 한창이라 차량이 많이 밀려 지체된다.

이곳에는 주로 일본차가 많이 들어 왔다고 한다. 그러나 한국의 기아차 대리점도 보이고 한국 점포 이름도 보인다. 이원석은 이곳 러시아 사

공사 중인 다리

람들은 게을러 한국인이라면 하루에 할 수 있는 일을 며칠씩 걸려야 하기에 한국에서 온 기업인들이 애를 먹고 있다고 한다.

손 교수님께서 가이드에게 러시아 말로 "감사합니다."를 뭐라고 하는지 묻자 이원석은 "슈빠 씨바"라고 대답한다. "안녕!"을 물어보니 "쥬라스찌"라고 한다. 이원석은 이곳의 영주권을 받았지만 대한민국에서 군복무를 하여 화천에 있는 포병대대에서 군 생활을 했다고 하기에 박수를 쳐 줬다.

우리 일행이 처음 찾아 간 곳은 독수리 전망대였다. 전망대에 올라가 보니 항구와 도심이 잘 보였다. 앞에는 큰 다리를 놓는 공사가 진행 중이었다.

항구는 軍港과 民港이 섞여 있어 군사보안이란 측면에는 취약하게 보였다. 보유하고 있던 항공모함도 중국 등에 팔았다고 하니 러시아는 다른 국가와의 군사적 대결은 어느 정도 포기한 듯하다.

관람 중 비가 조금씩 내렸지만 젖을 정도는 아니다. 나는 우산을 갖고

안중근 의사 기념비 옆의 한·러 협정서

나왔기에 쓰고 다녔다. 전망대의 지하 상점에는 기념품들이 많았다. 특이 호화로운 인형들이 인상적이었다. 나는 가이드 이원석에게 통역을 부탁해 수첩 크기의 관광책자 2권을 사고자 했는데 한국 돈은 받지 않고 달러와 중국 돈만 받는다고 한다. 그래서 책값으로 중국 돈 100元과 미화 4불을 냈다 우리 돈으로 계산하면 21,400원이다. 이런 정도를 국내에서 구입하면 두 권에 6,000원 정도 할 것이다. 신용카드도 된다고 하지만 이미 지불한 뒤다. 버스에서 한동환 선생님에게 바가지 쓴 것 아닌지 물어보니 한 선생님은 러시아의 책값이 비싸다고 한다.

다음은 신한인촌 기념비에 갔다. 가는 길에 가이드에게 이곳에서 가장 선호하는 직업을 물어보니 그는 러시아에서 존경받는 서열은 여자, 개, 군인, 남자라고 한다. 한국과 반대로 모든 우선권이 여자에게 먼저 있다고 한다. 블라디라는 뜻은 정복을 말하고 보스토크라는 말은 동쪽을 말하여 '동쪽의 정복'이란 의미를 갖고 있단다.

애기하다보니 기념비에 도착했다. 평상시는 잡인들이 출입하여 엉망으로 만들어 놓기 때문에 문을 잠가 놓는다고 한다. 우리를 위해 한국총

중앙광장과 혁명을 상징하는 동상

　영사관에 연락하여 열쇠를 갖고 왔다고 하며 문을 열어 주기에 따라 들어가 기념탑과 기념비 사진을 찍었다. 기념비의 비문을 찍고자 플래시를 터뜨리니 반사광 때문에 글이 안 보여 플래시 없이 찍었다. 탑이 세 개 솟았는데 가운데 긴 것은 남한, 왼쪽은 북한, 오른 쪽은 渡來人을 상징한다고 한다.
　이후 극동대학교 의과대학 안에 있는 안중근 의사 기념비에 갔다. 내가 왜 이곳에 안 의사 기념비가 있는지 물어보니 가이드가 말하길 러시아는 모든 땅을 국가가 소유하고 있는데 정부가 기념비 세울 땅을 이곳에 마련해 줘 세우게 되었다고 한다. 손 교수님은 나에게 답사계획서를 안 봤다고 하시며 테스트 해야겠다고 하신다.
　가이드는 이후의 답사 장소로 중앙광장이나 역을 봐야 하는데 역 보다는 중앙광장을 보는 것이 더 좋다고 하여 광장으로 갔다. 광장에 올라 가보니 중앙의 큰 동상 좌우에 전투를 상징하는 작은 동상도 하나 씩 있었다. 김보한 교수님과 사진을 교환해 찍고 한동환 선생님과도 찍었다.
　이후 태평양함대 사령부에 갔다. 대국 러시아의 함대 사령부 건물이라고 하기는 좀 초라했다. 에어컨이 한 대 밖에 없는지 건물 외벽에는

LG상표가 붙은 송풍기 하나만 보인다.

기념 공원에는 참전자인지 희생자인지 모르지만 군인들의 명단을 헤아릴 수 없이 새겨 놓았고 그 앞에 잠수함도 진열되어 있지만 입장료를 받아 내부는 못 들어갔다. 가이드의 말에 의하면 내부에 들어가 봐야 기념품밖에 없다고 한다.

근처에 교회가 몇 곳 있다. 가이드는 교회에 대한 설명도 해 주었지만 교회사를 공부하러 온 것이 아니기 때문에 기록하지 않았다. 손 교수님이 교회 안에 들어가려고 했지만 수녀 같이 보이는 할머니들이 못 들어가게 한다.

내 휴대전화기를 보니 러시아 영역에 들어오면서 로밍되어 시간까지 현지 시간으로 바뀌었다. 그러나 내 사진기의 시간은 안 바꿨기에 이후 모든 시간은 한국 시간으로 기록하였다. 따라서 현지 시간을 알려면 연해주는 한국시간보다 2시간이 빠르고, 중국은 한 시간 늦게 계산해야 한다.

가이드는 우리의 저녁 식사 장소로 예약한 러시아 음식점으로 안내한다. 식당이 크지는 않았지만 깨끗하였다. 나는 남의현 교수님 앞에 앉고, 내 우측에는 장경호, 그 앞에 한성주 선생님이 앉았다. 맥주와 보드카가 나온다. 먼저 맥주를 한 잔씩 따라 놓고 손 교수님이 축배를 하시더니 다음에는 나에게 축배 하라고 하시어 일어나 다른 말은 안 하고 답사가 잘 끝나기를 기원하는 말만 하며 손 교수님이 잘 쓰시는 "처음처럼! 영원히!"란 구호로 축배 했다. 손 교수님은 오늘이 홍 선생 六旬이라고 하신다.

음식 맛은 입에 맞지 않았지만 먹을 만했다. 손 교수님이 나에게 술을 권했지만 답사일지를 써야 하기에 다 마시지는 않고 조금 남겼다.

18시 22분에 식당을 나와 18시 32분에 호텔에 도착했다. 가이드는 여권을 모두 회수해 제출한다. 내일 아침은 5시에 기상이란다. 우리 시간으로는 3시이다.

열쇠를 받아들고 올라간 객실은 927호이다. 승강기를 탔지만 짝수 층만 오르내리는 것이라 10층에서 다시 내려왔다. 19시 48분에 문을 열고

들이가 보니 객실은 무덥고 노린내가 났다. 내가 환기시키고자 위쪽 창문을 열어 놓았다. 허나 창문에 방충망이 없다. 한 선생님이 먼저 화장실 다녀오는 동안 나는 짐을 정리하고 카메라 등을 충전시키기 위해 전원을 꽂아 놓은 뒤 씻을 준비를 했다. 객실에는 에어컨도 없고, 작은 냉장고 하나만 있다. 말이 호텔이지 우리나라의 싸구려 여관 수준밖에 안 된다.

한 선생님이 화장실에서 나오기에 내가 들어가 씻는데 한 선생님은 방에 모기가 있다고 한다. 19시 45분부터 오늘 찍은 사진을 넷북에 옮겨 놓고 충전한 뒤 오늘 답사일지를 정리했다. 타자를 치다가 날아다니는 모기 한 마리를 잡았다. 우리나라 같으면 호텔에 모기가 날아다니는 현상은 거의 없을 것이다.

20시 30분에 잠을 청하기 위해 누워서 한동환 선생님으로부터 연해주에 대한 역사 얘기를 들었다. 한동환 선생님은 참 박식하고 아는 것이 많은 분이다.

객실에 선풍기가 없는 줄 알았는데 한 선생님이 발견하고 켜 준다. 그리고 시간조정까지 해 놓았으나 잘 때는 춥기에 꺼 놓았다. 23시 경에 잠이 깨었다가 1시 경에 다시 잠이 들었지만 단잠은 오지 않는다.

내가 꿈같은 곳에 와 있다. 이곳은 본디 러시아 땅이 아니고 우리와 혈통을 같이 했던 여진과 숙신의 땅이며 일제 때는 우리 선조들이 한반도에서 두만강을 건너와 독립운동을 하며 척박한 토지를 개척했던 곳이다. 지금 비록 유럽에 있는 모스크바에서 이 지역을 통제하고 러시아 인들이 다수 거주하고 있지만 언젠가는 옛 고구려 발해 시대와 같이 대한의 영역으로 돌아 올 날이 반드시 있을 것이다.

2011년 8월 17일 수요일

구름(음력 7월 18일 甲辰)

눈을 떠 보니 2시 20분이다. 지난밤에 충분한 수면은 하지 못 했지만 더 이상 잠이 오지 않아 2시 30분에 살며시 일어났다. 한동환 선생님 취침에 방해가 되지 않도록 전등을 켜지 않고 넷북을 켜 일지 정리를 했다. 3시에 전화기가 울려 기상하라고 알려 준다. 그래서 일기를 중단하고 샤워 실에 들어가 씻고 짐을 챙겨 3시 45분에 나갔다. 여정이 멀기 때문에 아침도 안 먹고 일찍 출발하는 것이다. 아침 식사대용으로 호텔에서 준비해 준 도시락과 물을 나눠 준다.

　객실을 나갈 때는 한 선생님이 객실 청소하는 사람의 팁으로 1달러를 탁자에 올려놓는다 그걸 보고 "다음에는 제가 놓겠습니다."라고 했다.
　1층 로비에 내려가 보니 대부분의 사람들은 거의 다 내려왔지만 두 분이 안 내려왔다. 그 분들이 일어나 씻고 출발 준비를 하려면 꽤나 기다려야겠다고 생각되었는데 곧 승차한다. 손 교수님은 "가까운 거리라야 택시타고 오게 하지!"하시며 "오늘부터는 성격이 안 맞는 사람들끼리 바꿔 재워!"라고 하신다.
　우리가 가는 목적지는 안중근 의사가 단지동맹을 한 곳으로 5시간 이상을 가야 한단다. 달리는 차 안에서 손 교수님은 가이드에게 왜 호텔 화장실에 여름에도 난방기가 켜 있는지 물어보니 가이드가 말하길 '호텔에서 하는 일이 아니고 국가에서 통제하기 때문에 여름에도 켜 놓아야 됩니다'라고 하며 겨울에는 온도를 더 높인다고 알려 준다. 워낙 추운 곳이라 수도관 동파를 막기 위해 일상적으로 여름에도 보온을 하는 것 같다.
　가는 길에 육교를 건너자 가이드는 이 육교가 '고리나얼치'라는 다리라고 말한다. 이곳은 북극과 가까워 여름에는 낮이 길고 겨울에는 밤이 길다 그래서 한국 시간으로 5시, 현지 시간으로 3시가 되니 훤하게 동이 튼다. 5시 40분에는 먼 산에 일출이 보인다. 날이 밝자 차창 밖으로 우리 호남평야와 같이 넓은 평원이 펼쳐진다. 가이드에게 벼농사를 짓는지 물어보니, 아무 농사도 짓지 않고 가축 방목도 안 하며 그냥 놀린다고 한다. 물론 겨울이 길어 어렵겠지만 아까운 땅들을 활용하지 않는다는 생각이 들었다. 이곳이 스라비아카라 평원이라고 한다. 지금까지는 겨울이 너무 길고 추워 영농이 안 되겠지만 지구 온난화가 계속된다면 축복의 땅이 될 것이다.

유재춘 교수님은 내 뒷자리에서 부지런히 사진을 찍지만 몇 사람은 정신없이 자고 있다. 나 역시 졸리지만 차가 달리는 길 주변을 못 본다면 연해주에 온 보람이 없기에 정신 바짝 차리고 좌우를 둘러봤다.

6시 1분에는 강이 보인다. 가이드에게 강 이름을 물었지만 알지 못해 운전기사에게 묻는다. 그러나 그 역시 잘 모른다고 한다.

6시 37분에 길가 어느 곳에서 쉬었는데 화장실 사용료가 10루블로 우리 돈 400원이라고 한다. 아침 기온이 한국의 늦가을 같이 춥다. 차 안에 들어와 보니 모두 도시락을 먹고 있어서 나도 먹었다. 도시락의 내용물은 야채를 넣은 샌드위치 식빵과 작은 빵, 오렌지, 요플레, 사과 등이 각각 하나씩 들어 있고 물도 한 병 있다. 식사량이 충분하지는 않지만 시장기는 풀어 주었다.

8시 30분에는 또 강이 보여 가이드에게 무슨 강이냐고 물었더니 잘 모른다. 나중에 강이 아니고 바다라는 것을 알았다.

8시 39분에는 크라스키노에서 안중근 의사가 11명의 동지들과 단지동맹한 것을 기념하기 위해 조성한 聖地를 둘러보면서 단체 사진도 찍었다. 안중근 의사는 우리 민족뿐만 아니라 세계적으로 추앙받고 있는 분이다. 그래서 추념 비에 있는 내용을 다음과 같이 옮겨 보았다.

안중근(외 11일) 단지동맹 기념비

이 기념비는 1909년 10월 26일 하얼빈 역에서 일어난 역사적 사건(이토 히로부미 저격)이 있기 전, 같은 해 3월 5일(음력 2월 7일), 연추 지역(현 연해주 크라스키노)에서 행해진 안중근 의사를 위시한 12인의 애국의사가 맺은 단지동맹을 기리기 위해 건립되었다.

안중근 의사를 위시하여 김기룡, 강순기, 정원주, 박봉석, 류치홍, 조응

안중근 의사가 단지동맹을 한 장소

순, 황병길, 백규삼, 김백춘, 김천화, 강창두 등 12인이 참여했다고 알려진 이 사건은 『열두 사람이 모여 조국 독립에 헌신할 것을 다짐하며 자신의 왼손 무명지를 잘라 그 피로 태극기 앞면에 대한독립이라 쓰고 대한독립만세 삼창을 한 후 하늘과 땅에 맹서하고 흩어졌다(안중근 의사 자서전 중 요약)』하여 일반적으로 '단지동맹'이라 부르게 되었으며 하늘과 땅에 맹서했다는 뜻을 강조하여 '정천동맹'이라고도 부른다.

2001년 10월 18일 광복회와 고려학술문화재단이 러시아 정부의 협조를 얻어 크라스키노 외곽 쭈까노보 천변에 처음 단지동맹 유허비를 세웠으나 이후 관리의 문제로 쭈까노보 마을 가까이로 이전하였다가 2011년 새로운 기념비와 공원을 조성하면서 현재의 위치로 옮기게 되었다.

이 지역은 1930년대 국경에서 일본 첩보대와 전투 중 전사한 끄라스킨 중위를 기리기 위해 끄르스키노라 명명되기 전까지 연주 또는 엔치라 불렀다. 지역명의 변화를 통해 알 수 있듯이, 지난 수천 년간 한국, 중국, 러시아 등과 역사적 연원을 함께 하는 여러 나라들의 흥망성쇠가 잔잔히 중첩되어 있는 곳이다. 한민족의 역사로 보면, 지금의 기념비 공간 우측의 해변 습지대에 남아 있는 발해성터(일본과 교역로를 지원하던 발해의 전진기지)를 비롯하여 1800년대 중반 이후 이주하기 시작한 한인들의 적

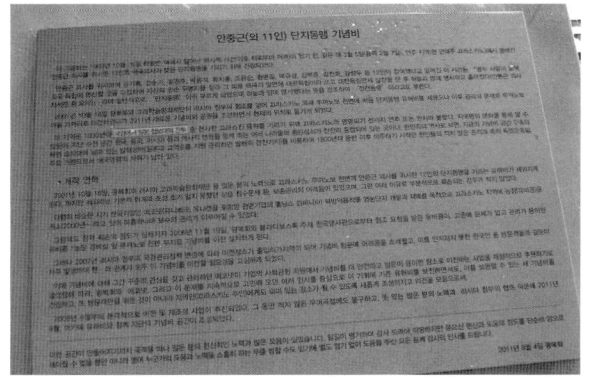

안중근 의사 단지동맹 기념비문

지 않은 흔적과 특히 독립운동의 주요 거점으로서 애국영령의 자취가 남아 있다.

○ 개략 연혁

2001년 10월 18일, 광복회와 러시아 고려학술문화재단 등 많은 분의 노력으로 크라스키노 쭈까노보 천변에 안중근 의사를 위시한 12인의 단지동맹을 기리는 유허비가 세워지게 된다. 하지만 해외라는 기본적 한계와 조성 초기 알지 못했던 상습 침수문제 등, 보존관리의 어려움이 있었으며, 그런 여러 이유로 부분적으로 훼손되는 경우가 적지 않았다.

다행히 비슷한 시기 한국기업인 에코넷(유니베라, 유니젠을 포함한 관련기업의 홀딩스 컴퍼니)이 북방약용작물 영농단지 개발과 재배를 목적으로 크라스키노 지역에 농장(유비콤)을 개소(2000년~)하고 있어 미흡하나마 보수와 관리가 이루어질 수 있었다.

그럼에도 점차 훼손의 정도가 심해지자 2006년 11월 19일, 광복회와 블라디보스토크 주재 한국영사관으로부터 협조 요청을 받은 유비콤이, 고증에 문제가 없고 관리가 용이한 유비콤 1농장 경비실 앞 쭈까노보 천변 부지로 기념비를 이전 설치하게 된다.

그러나 2007년 러시아 정부의 국경관리정책 변경에 따라 이전장소가 출입허가지역이 되어 기념비 방문에 어려움을 초래했고, 이를 인지하지 못한 한국인 등 방문객들과 갈등이 자주 발생하여 한·러 관계자 모두 이 기념비를 이전할 필요성을 고심하게 되었다.

이에 기념비에 대해 그간 꾸준히 관심을 갖고 관리하던 에코넷이 기업의 사회공헌 차원에서 기념비를 더 안전하고 방문이 용이한 장소로 이전하는 사업을 재정적으로 후원하기로 결정함에 따라, 광복회와 에코넷, 그리고 이 문제를 지속적으로 고민해 오던 여러 인사를 중심으로 이 기회에 기존의 유허비를 보전하면서도, 이를 보완할 수 있는 새 기념비를 건립하고, 또 방문객만을 위한 것이 아니라 지역민(크라스키노 주민)에게도 의미 있는 장소가 될 수 있도록 새롭게 조성하자고 의견을 모음으로써,

2008년 8월부터 본격적으로 이전 및 재조성 사업이 추진되었다. 그 동안 적지 않은 우여곡절에도 불구하고, 뜻있는 많은 분의 노력과 러시아 정부의 협조 덕분에 2011년 8월, 여기에 유허비와 함께 지금의 기념비 공간이 조성되었다.

이런 공간이 만들어지기까지 국적을 떠나 많은 분의 헌신적인 노력과 많은 도움이 있었습니다. 일일이 명기하여 감사 드려야 마땅하지만 쏟으신 헌신과 도움의 정도를 단순히 양으로 헤아릴 수 없을 뿐만 아니라 행여 누군가의 도움과 노력을 소홀히 하는 우를 범할 수도 있기에 별도 명기 없이 도움을 주신 모든 분께 감사의 인사를 드립니다.

2011년 8월 4일 광복회

이 비문의 내용을 볼 때 불과 지금부터 13일 전에 완공하고 간 것이다. 그래서 그런지 주변이 매우 깨끗하였다.

기념 공원 관람을 마친 나는 주변에 화장실이 없어서 한 선생님과 같이 근처 길가로 소변보러 갔는데 도로변에 있는 어떤 나무에 꽃다발이 걸려 있었다. 아마 이곳에서 교통사고가 나 희생된 사람을 기리기 위해 만든 것 같다. 인종과 국가를 떠나 안타깝게 죽은 이를 애도하는 마음은

같다. 다만 표현하는 방법은 지역과 민족에 따라 다르기에 이곳에서 목격한 색다른 풍습을 일지에 남겨 본다.

이후 우리를 태운 버스는 마을로 들어간다. 가이드나 운전기사가 산 정상으로 올라가는 길을 잘 몰라 몇 사람에게 물어 본 뒤 찾아 갔다. 정상에는 9시 15분에 도착할 수 있었다. 이곳에 올라와 보니 주변 일대의 전경이 다 보인다. 산 정상에는 동상하나가 세워져 있기에 가이드 이원석에게 누구 동상인지 물어보니 특별한 인물을 상징한 것이 아니고 혁명을 기념하는 동상이라고 한다. 대기가 맑아 주변이 다 보였다. 가이드는 앞에 보이는 마을이 연해주 크라스키노 마을인데 전쟁 때 혼자 살아남은 소위를 기리기 위해 마을 주민들이 건의하여 이름을 바꿨다고 한다. 안의사 기념비에 새겨 있는 내용과 가이드의 설명은 달랐다. 눈앞에 보이는 강은 포시에트 강이라고 한다.

크라스키노 성은 녹둔도 방향으로 40분 정도 소요되는데 못 갔다. 그곳은 옛날 발해성이 있던 자리로 발해가 일본과 교역하던 해상 길의 출발점이라고 한다.

손 교수님이 우리들에게 지도를 찾아보며 일정을 기록하라고 한다. 그러나 자세하게 나온 지도를 갖고 있는 사람이 없었다. 나도 블라디보스토크에서 지도를 구입하지 못했다고 하니 기념품 가게에서 물어봤으면 살 수 있었다고 한다. 마침 嚴燦鎬 선생님이 작년에 블라디보스토크에서 구입한 지도를 갖고 왔기에 그 지도를 바닥에 펼쳐 놓고 봤다.

정상에서 주변을 둘러 본 뒤 아래 마을로 내려가 러시아 인이 운영하는 중국 음식점에 9시 47분(현지시간 11시 47분)에 도착하여 9시 53분부터 점심 먹었다. 차린 것은 푸짐하지 않지만 그런대로 밥과 요리가 잘 나와 맛있게 먹었다.

나의 한국적인 인식으로 생각할 때 러시아 사람이 중국 음식점을 운영하는 것이 어울리지 않는다는 생각이 들었다.

점심 식사를 마치자 블라디보스토크에서부터 우리를 수송하고 안내했던 버스와 가이드 이원석은 여기서 우리와 헤어진다고 한다. 그래서 나는 그들에게 기념사진을 찍자고 했다. 버스 기사 이름은 드미트리라고 한다.

중국으로 가는 대형 버스가 대기하는 장소로 이동하여 11시 21분에 승차했다. 그 버스는 우리나라 삼성전자에서 사용하던 중고 버스를 구입하여 도색도 안 하고 그대로 쓰고 있었다. 버스에는 이미 많은 러시아 사람들이 타고 있어서 비어 있는 뒷자리로 갔다. 나는 처음 남의현 선생님 우측에 앉았다가 햇빛이 많이 들어와 원연희 선생님 옆에 앉았다. 김수정 선생이 나와 원연희 선생님에게 초콜릿을 준다.

러시아 국경 초소는 11시 47분에 도착했다. 11시 58분에 군복인지 경찰복인지 알 수 없지만 제복을 입은 여자 한 명이 차에 올라 와서 승객들의 비자 검사를 한다. 국경에는 엉성한 철조망을 쳐 놓았다. 얼마 더 가자 세관 입구에서 2차 검사를 실시하더니 세관에서는 짐 검사를 한다. 사람도 많지 않는데 시간을 매우 오래 끈다. 기다리는 중에 신동규 선생님 등이 화장실에 가기에 나도 버스에서 내려 화장실 가는 척하다가 세관 전경 사진을 찍으려 하니 러시아 사람들을 안내하는 남자가 급히 와서 "No! no!"하며 못 찍게 해 그냥 올라 왔다.

러시아와 중국과의 시차는 3시간이라고 한다. 휴대폰에서 계속 로밍되는 문자가 날아온다.

통관 검사는 제복을 입은 3명의 여자들이 각기 다른 통로에서 컴퓨터를 조회하면서 확인하는데 사람을 앞에 세워 놓고 컴퓨터 조회를 하다 말고 갑자기 일어나 문 잠그고 자리를 떴다가 다시와 조회하는 일이 한 두 번이 아니다. 남이야 어떻든 자기 볼 일만 보면 된다는 의식이 뿌리 깊게 내재되어 있는 것 같다.

개인의 세관 검사만 하는 것이 아니라 버스도 검사한단다. 여기서 2시간 정도 지체하며 수속을 밟다가 13시 32분에야 통과할 수 있었다. 버스 출발 전 제복을 입은 여자 검사원이 또 올라와 비자 검사를 한다. 그래서 모두 4번을 검사 받았다. 손 교수님은 "러시아 사람들은 서비스 정신이란 찾아 볼 수 없는 후진국이다!"라고 하신다.

이후 중국 측 입국 수속 장에 도착하였다. 중국은 차량 방역부터 한다. 그리고 개인의 검역 검사를 한다는데 여행사에서 뭘 안 가져왔다고 다른 일행들 먼저 검사하고 우리는 기다리게 한다. 롯데관광에서 나온 송길자 씨는 어디로 전화를 해 본다. 우리는 기다리는 중에 이곳에 비치해 놓은 안내문과 지도를 둘러봤다. 琿春을 중심으로 한 주변 지도가 잘 그려 있어 사진을 찍고 싶었다. 그러나 물어보고 찍으려고 경비원이 지나 가기를 기다렸다. 한참 만에 나온 남자 경비원에게 "請問 這照片 可以不可以?(물어 봅시다. 여기서 사진 찍으면 됩니까 안 됩니까?)"하고 물었는데 내 발음이 안 좋아 못 알아들은 모양이다. 다시 무슨 말이냐고 묻기에 내 사진기를 보여 주니 찍지 말라고 한다.

지체되던 수속은 중국 측 가이드가 뭘 가져오자 바로 해결된다. 여권검사와 세관검사도 빨리 끝나 14시 3분에 나갈 수 있었다. 밖에는 이홍권 선생님이 기다리고 있다. 러시아 국경을 통과하며 우리가 타고 온 러시아 버스는 우리 때문에 안 간다고 하여 먼저 보냈다. 밖에서 전경 사진을 찍고 매점에 들어가 지도를 사려고 물어보니 없다고 한다.

13시 34분에는 내 휴대전화기로 +827-079490296에서 전화가 왔지만 받지 않았다. 받기만 해도 비싼 요금이 부과되기 때문이다.

14시 20분에 중국에서 온 버스를 탔다. 31인승이지만 러시아 버스와 달리 마이크도 있고 깨끗하다. 가이드의 이름은 朴哲이고, 기사는 金永俊이라고 한다.

가이드 박철의 설명에 따르면, 연변 지역의 땅 밑에는 다량의 석탄이 매장되어 있어서 지난 30년 동안 캐냈어도 앞으로 30년 간 더 캐 낼 석탄이 있다고 한다. 그러나 너무 많이 캐 낼 경우 지진이 나면 무너지기에 신중하게 채굴 한단다. 채굴한 석탄들은 북한을 경유해 상해로 가기도 하고 화력발전소에 보내기도 한단다. 버스가 달리는 동안 북쪽에 보이는

용호정을 둘러보는 답사팀

영안화력발전소를 알려 준다.

훈춘은 발해 4대왕의 동경용왕부가 있던 곳이라 한다. 평야지대에는 일제 때 많은 비행장을 건설하여 지금도 격납고의 흔적이 남아 있다고 한다. 이곳은 주로 벼농사를 많이 짓고 있었지만 모두 이주해 온 한인들이 개척한 논으로 전에는 주민들의 생활이 북한만 못했지만 지금은 북한보다 잘 산다고 하며 주민의 99%가 조선족이라고 한다. 그래서 상점의 간판들도 먼저 한글로 써 놓고 중국어로 쓰도록 되어 있단다.

14시 32분에는 청나라 吳大澂이 러시아와 담판하여 국경문제를 해결한 기념으로 세웠다는 龍虎亭에 들렀다. 이곳은 도심인데도 용호정 주변에 인분들이 널려 있다. 이곳 시민들의 공중도덕 의식을 짐작케 하는 현상이다.

나는 이곳에서 우리가 타고 다닐 버스를 촬영하고 승차하여 주변을 둘러보면서 이동하다가 15시 정각에는 고구려의 옛 성이자 발해가 사용했다는 裴優城의 옛터에 찾아갔다. 당시에는 삼엄한 경계지역이었으련만 지금은 성의 주변 모두가 밭이나 논으로 경작지가 되어 있었다. 논에는 벼 이삭이 패어 벼꽃과 같이 매달려 있어 사진을 찍었다. 가이드의 실명에 따르면 예전에는 황량한 벌판이었던 것을 이주해 온 韓人들이 가꾸어 지금과 같은 옥토가 되었다고 한다. 벼를 보자 농가에 자라난 나는 벼의 소출량이 궁금했다. 그래서 가이드에게 200평당 소출이 얼마나 되는지 물었지만 알지 못한다.

　두만강을 구경하려고 더 안쪽으로 들어갔다. 어느 민가 앞에서 한 아주머니에게 물어보니 차는 못 들어간다고 하기에 버스를 그 민가 앞에 세워 놓고 걸어서 강가로 들어갔다. 두만강 변에 도착한 시간은 15시 29분이다. 사진 몇 장을 찍고 나서 가이드에게 내 사진을 찍어 달라고 부탁했지만 사진기 전원이 다 소모되어 휴대폰으로 찍었다.

　가이드의 설명에 따르면 만주 사람들은 자유롭게 북한을 왕래할 수 있다고 한다. 그리고 이곳 두만강은 물이 적어 어떨 때는 사람이 걸어서 건너다닐 수도 있다고 한다.

　두만강 넘어 보이는 북한 땅은 사람이 살고 있지 않은 것 같이 한적하다. 산의 나무들은 면도한 것 같이 깎여 있다. 가이드의 설명에 따르면 북한에서는 높은 산꼭대기까지 火田을 하기 위해 나무를 베거나 태워 버리고 경작한다고 알려 준다. 그래서 여름에는 산이 경작물로 파랗게 보이지만 겨울에는 왼 산이 누렇게 보인단다. 우리나라도 내가 어렸을 때는 그런 적이 있었다. 그때는 산림녹화가 국가적 구호였고 식목일만 되면 국민(초등)학생들까지 나무 심는 데 동원하였다. 그래서 나도 가을이면 산에 파종할 목적으로 야산의 풀 씨앗을 채취하러 다녔다. 그 뒤 꾸준한 경제개발을 성공적으로 달성하여 지금은 동아시아에서도 경제대국으로 부상하였다. 정치 지도자가 국가를 경영하는 방향에 따라 부국과 빈국의 차이가 현격하게 벌어진다는 것은 익히 알고 있었지만 이곳에 와서 다시금 실감하였다.

　나는 궁금한 것이 있으면 꼭 알아내야 하는 성격이다. 쌀 소출을 알고 싶어서 길가는 노인에게 물었지만 중국인이라 대화가 안 된다. 이홍권 선생이 와서 통역해 준다. 그 노인의 말에 의하면 1헥타르에 18,000~

靈寶禪寺의 입구

20,000근이 나온다고 한다. 듣고 있던 한동환 선생님이 저녁에 숙소에 가 환산해 보자고 한다.

가이드가 부연 설명하는 말에 의하면 연해주와 만주는 토지 사용이 다르다고 한다. 연해주는 그 넓은 땅을 놀리고 있지만 만주는 모두 경작하고 있다고 자랑하며, 러시아 인은 게으르고 못된 음식만 먹어 수명도 길지 못하다고 한다. 만주인들은 러시아 사람에 비하면 부지런하지만 한국인과 비교하면 상당히 게을러 한국에서는 적응하기 어렵다고 한다.

숙소로 가기 전 16시 12분에는 靈寶禪寺라는 절에 갔다. 그 절은 옛 사찰이 아니라 시멘트로 지어 크기만 하지 볼품이 없다. 특히 절 주변에 성곽을 쌓아 놓아 이곳이 성인지 절인지 구분이 안 될 정도였다. 절 뒤는 큰 와불이 있어 다른 절들과 다르다. 절에서 본 승려들은 완전 삭발하지 않아서 검은 머리들이 0.5~1cm 정도 자라 있었다. 확성기를 통해 불경 소리가 퍼져 나오기에 유심히 들어 봤지만 佛經 소리도 우리나라 스님들의 讀經 소리와 달리 佛心이 담겨 있지 않다. 관광객이나 끌어 모으고 불전이나 받아 내고자 광고한다는 느낌이 강하게 들었다. 예전부터 내려오던 중국의 전통 사찰 문화는 공산화되었던 시기, 그것도 문화대혁명 10년

세월 동안에 모두 사라져 버렸다고 한다. 지금에 와서 새삼스럽게 복원하려고 하니 자연스럽지 못한 것이다. 그런데도 절의 입장료는 6,000원씩으로 우리나라에 비해 매우 비쌌다.

오늘 밤을 지내기 위해 호텔에 도착한 시간은 16시 45분이다. 호텔의 이름은 금빛 동방국제호텔(金色東方國際酒店)이고 우리 객실은 801호실이었다.

롯데 관광의 송길자 씨는 중국 호텔에서도 외국인은 여권을 확인한다고 하며 우리 여권을 모두 걷어 간다. 객실 열쇠를 받아 올라가 짐을 풀고 잠깐 동안 일지를 타자했다.

18시 45분경에 한동환 선생님이 이곳의 쌀 소출량을 계산해보더니 200평당 4.5가마가 나온다고 한다. 그렇다면 한반도보다 훨씬 북쪽에 위치하여 추운 이 지방의 벼 소출량이 호남평야와 같은 것이다. 아무래도 그 노인이 거짓말 한 것 같다. 내가 중국인들은 허풍이 세다고 했다. 종업원이 객실마다 과자 두 개와 음료수 등을 갖다 준다. 과자는 먹지 않았다.

한동환 선생님은 직접 만든 답사 자료를 줘서 내 넷북에 복사했다. 구글에서 검색한 것이라고 하는데 잘 만들어 놓았다. 한 선생님은 TV를 켜 보더니 여기서도 SBS 방송이 잡힌다고 한다.

18시 50분까지 저녁 먹으러 1층 로비로 내려오라고 했기에 시간을 맞춰 내려갔다. 잠시 시간이 있어 호텔 옆에 있는 가게로 地圖를 사러 들어가 중국어로 물어보니 주인은 훈춘에 지도 파는 곳이 없다고 한다. 나중에 보니 그 가게 옆에 관광안내소가 있었는데 몰랐다.

식사 장소로 가기 위해 버스에 승차하여 20시 29분에 춘자음식점(春子快餐店)이라는 식당에 들어가서 7시 35분부터 식사를 시작했다.

나는 교수님들과 자리를 피하기 위해 일부러 구석자리로 찾아 갔는데 손 교수님이 내가 앉은 식탁에 앉으신다. 내 왼편에는 이곳에 사는 이흥권 선생의 숙부님과 그 왼편으로 손 교수님이 앉고, 다음으로 한문종 교수님과 한동환·이흥권 선생님이 앉았다. 다른 분들은 건넌방에 있는 식탁에 앉았지만 칸막이를 터놓아 모두 보였다.

이홍권 선생의 숙부님은 식사를 하고 왔는지 음식은 거의 들지 않는다. 누가 시켰는지 洮兒酒라는 중국술이 나왔다. 나도 두어 잔 마셔 보니 향기와 술맛이 좋았다. 나는 또 이홍권 선생님 숙부님에게 쌀 소출량을 물어보았다. 그 분도 4가마니에서 6가마니 정도 나온다고 한다.

식사가 거의 끝날 무렵 손 교수님은 김보한·남의현 교수님들을 차례로 불러 축배 제의를 시키기에 나는 자리를 양보하기 위해 옆방으로 갔다.

식당은 우리 시간으로 21시(중국시간 20시)경에 나왔지만, 손 교수님은 이홍권 선생 숙부님과 2차 마실 곳으로 간다. 걸어서 어느 술집에 들어간 시간은 21시 20분쯤 된다. 나는 장경호와 같은 자리에 앉아 많은 얘기를 해 줬다. 장경호는 체 한 것 같다고 한다. 하지만 내가 맥을 짚어보니 체한 것은 아닌 듯하다. 아마 차멀미 난 것 같다고 하며, 멀미 날 때 술 한잔하면 내려갔던 내 경험을 말해 주었다. 술집에서 사진을 찍으려고 하니 송길자 씨는 술집에서는 사진 찍는 것이 아니라고 하기에 그만 뒀다. 송길자 씨는 40살이 넘어 보이는데 아직 미혼이란다.

나는 피곤하고 졸리지만 먼저 숙소로 갈 수 없었다. 술 안 마시는 한동환 선생님과 주변을 서성이며 돌아다녔다. 노래방과 술집이 많지만 호객하거나 붙들지는 않는다. 원연희 선생님 등은 먼저 호텔로 갔다. 손 교수님은 우리들도 먼저 가라고 했지만, 이곳은 객지라 술 취한 일행 중에 정신 멀쩡한 사람이 있어야 하겠기에 가지 않았다. 유재춘 교수님 등에게 "춘천 같으면 벌써 갔겠지만 여기는 만주라 갈 수가 없습니다."라고 했다. 듣는 사람의 입장에 따라 반대로 들리겠지만 내 안전을 위해 안 간다는 것이 아니라 술 드시는 분들을 지켜드리기 위해 기다려 주는 것이다.

이홍권 선생의 친구 4명이 와서 이 선생과 한동안 얘기하고 간다. 학부 때 '중국문화개관' 시간에 중국인들의 친구관계는 한국인들과 비교할 수 없이 돈독하다고 들었다. 오늘 그들이 만나 대화하는 것을 보니 그 말이 맞는 것 같다.

  2차가 끝나고 12시 20분경에는 3차 장소로 '옥선뗌성'이란 꼬치 집에 간다. 이곳에서는 꼬치를 뗌이라고 한다. 이 집에는 손님들이 많았다. 이홍권 선생은 양고기와 콩팥, 메추리 등을 시키고 중국술과 맥주를 시킨다. 나는 꼬치를 먹으며 "만주에 와서 별미를 다 먹고! 잠 안 자고 기다린 보람이 있구만!"하니 모두 웃는다. 밤늦게 술 마시는 것도 이 지역의 인심과 정취를 체감할 수 있는 좋은 경험이라 생각되었다. 3차를 마치고 12시 59분에 호텔로 들어와 씻고 1시 30분경에 잤다. 이곳 시간으로는 12시 30분이다. 피곤하다.

2011년 8월 18일

목요일 구름(음력 7월 19일 乙巳)

  눈을 떠 보니 3시다. 중국 시간으로 12시 30분에 잤으니 3시간 정도 잔 것 이다. 이후 잠이 안 와 뒤척이다가 5시에 일어나 면도하고 씻었다. 그리고 여행 가방을 정리하여 출발 준비를 하고 나서 남은 시간에는 답사일지를 작성했다. 한동환 선생님은 푸짐한 소리로 코를 골며 자더니 내 컴퓨터가 부팅되는 소리에 잠을 깼는지 코골이를 멈춘다. 한 선생님과는 대마도 답사 때도 2일간 한 방을 썼기에 대략적인 느낌이 있다. 한 선생님이 코를 골면 잠을 자는 것이고, 코를 골지 않으면 잠에서 깬 것이다. 자는 척 하더라도 나는 바로 알 수 있다. 과연 한 선생님이 일어난다. 내가 미안하여 취침에 방해가 되지 않았는지 물어보니 방해가 안 되었다고 하며 내가 잘 자더라고 한다. 그 말은 나도 심하게 코 골며 잤다는 뜻이다.

  일기하고 짐 정리 후 팁 1달러를 올려놓았다. 한 선생님은 저녁이나 새벽을 가리지 않고 눕기만 하면 잠을 잘 잔다. 그러나 나는 그러지 못하여 한 번 잠이 깨면 더 이상 잠이 오지 않는다.

8시 7분에 2층 식당에 내려가 한 선생님과 같이 아침을 먹었다. 식단은 간단한 뷔페식으로 준비되어 있었다. 그러나 모든 음식이 짜다. 특히 계란 삶은 것은 소금덩어리였다. 원연희 선생님과 김수정 선생이 우리 자리에 합석한다. 원 선생님이 우유 두 잔을 갖고 왔기에 내가 한 잔을 마셨는데 다시 두 잔을 더 가져온다. 나는 麵包라는 빵을 먹어 봤다.
　식사 후에 객실에 올라가 이동할 준비를 해서 8시 40분에 1층 로비에 내려가 버스를 기다렸다. 버스가 도착하자 가방을 싣고 9시경에 출발했다. 중국 시간은 8시다. 손 교수님은 앞자리에 앉은 나에게 연변대 교수님이 앉아야 한다며 자리를 양보하라고 하시기에 일어나 원연희 선생님 자리 뒤에 가 앉았다. 잠시 후에 연변대 교수라는 두 분이 합승하였다. 모두 조선족으로 한국말을 잘 하였다. 손 교수님이 인사를 시키자 두 분도 인사를 한다. 그분들의 인사 말씀과 지역에 대한 설명이 끝나고 나서 내가 한 분에게 다가가 수첩에 성함을 써 달라고 하자 金泰國이라 쓰며 연락처와 메일 주소까지 써 주었다.
　달리는 버스의 왼쪽 창밖에는 북한지역의 산들이 보인다. 김태국 교수도 가이드와 중복되는 설명을 해 준다. 즉 북한은 산꼭대기까지도 나무를 베어내고 영농을 해 겨울이면 푸른 산이 없다고 한다, 아닌 게 아니라 눈에 보이는 산들에는 큰 나무가 안 보이고 모두 녹초지대였다. 김태국 교수는 많은 시간을 할애하여 여러 가지 설명을 해 준다.
　오늘 우리가 들어가 보기로 계획된 土字碑는 허가를 받아야 들어갈 수 있다고 한다. 앞에 보이는 강물은 琿春河라고 한다. 延邊의 총면적은 42,700㎡이며 吉林省은 韓半島의 절반 정도 되는 면적을 갖고 있다고 한다. 차창 밖으로 보이는 넓은 평야에 대해 설명하길, 이 지역이 발해의 東京으로 발해의 龍河 평야와 東京의 琿春 평야는 만주의 2대 평야로 동북아의 중심이라고 설명한다.
　장고봉 일대를 지나며 이곳은 러시아와 중국, 북한의 국경지대라고 한다. 1938년 일본과 러시아가 접전하여 일본이 패배한 곳으로 당시 일

豆滿江 하류의 한 모습

본은 러시아로 진출할 것인지 중국으로 진출할 것인지를 놓고 고민하는 기로에 놓여 있었는데 이 전쟁으로 인하여 공격 목표를 남으로 돌렸다고 한다. 왼쪽 창밖에 보이는 철조망들이 러시아의 국경선이라 한다. 철조망은 도로 바로 옆으로 이어져 있었다. 이 근처에는 한국 사람이 운영하는 소목장도 있다고 한다.

길림성에는 대략 200만 명 정도가 거주하는데 87만 명 정도는 조선족이라 한다. 예전에는 중국인과 반반 정도 되었지만 지금은 40%밖에 안 된단다. 인구의 부족은 집단수의 부족으로 이어져 학생 수도 부족해지고 있기에 한데 모여 사는 방법을 모색 중이라고 한다. 경신지역의 경신향과 흑점자도 소개해 준다. 이곳을 흐르는 하천 훈춘하와 백등산에 대한 얘기도 해 준다. 한반도와 동북삼성의 관계에 대해서도 많은 언급을 하였지만 모두 기록하지 못했다.

토자비로 가는 도중, 어느 지역인지 정확하지는 않지만 왼쪽에 무슨 행사를 하는지 천막과 깃발이 세워져 있어서 사진을 찍었다. 그리고 오른쪽에 두만강 하류가 보여 역시 촬영을 해 놓았다.

버스는 10시 5분에 매표소에 도착하였다. 이홍권 선생이 내려서 입장권을 구입해 다시 승차 한 뒤 매표소를 좀 더 지나가자 10시 9분에 전망대 정문에 도착한다. 이홍권 선생이 초병에게 가서 토자비 출입 여부를 확인하는 것 같은데 시간이 꽤 지체된다. 관망대 안에는 적지 않은 사람들이 관람하고 있었다. 이홍권 선생이 와서 들려주는 말에 의하면 토자비까지 가는 길에는 높이를 제한하는 차단기가 있기 때문에 버스로는 들어갈 수 없다고 한다. 그럼 걸어서 다녀오자고 했지만 도보로는 들어가지 못하게 한단다. 이 선생은 손 교수님과 초소를 오가며 대화하더니 토자비까지 가려면 소형차를 타고 가야 한다고 한다. 그래서 버스를 주차장에 주차 시키고 우리들은 하차했다. 이 선생 등은 소형차를 협조하러 다니는 동안 우리는 전망대 위로 올라갔다. 내 사진기는 배터리가 방전되어 더 이상 쓸 수 없었다. 그래서 휴대폰을 꺼내 사진 찍거나 다른 분들의 카메라로 찍어 달라는 부탁을 했다. 이번 답사를 준비를 할 때 완벽하게 한다고 여러 가지를 다 챙겼지만 사진기 배터리가 이렇게 빨리 방전될 줄은 몰랐다. 나는 아무리 준비를 잘한다고 해도 꼭 한두 가지 미비점이 발생되어 왔는데 이번에는 카메라 배터리를 빠뜨리고 왔다.

전망대 근처 두만강 변에는 큰 건물을 짓고 있었다. 아마 이곳을 본격적인 관광지로 개발할 모양이다.

10시 8분에는 KTF 통신사로부터 16일에 받은 내용과 똑같은 문자들이 날아왔다. 문장이 길기에 대충 적어 보면 다음과 같다.

"수신하는 모든 문자는 무료, 장문 발신은 200원, MMS 발신은 500원, 음성발신 4550원, 수신료 1220원, 중국에서는 모든 문자 수신료는 무료, SMS/장문 발신 건당 100원, MMS 500원, 음성 발신 2240원, 현지 670원, 수신 832원"이라고 한다. 이곳이 러시아와 중국의 접경지대라 내 위치를 파악하고 있는 통신사에서도 혼란이 발생하는 모양이다.

전망대로 올라가는 계단 위쪽에는 군인 몇 명이 그 우측에 앉아 있었다. 이곳은 부대 병영 초소로도 사용되는 것 같다. 전망대에 올라가 두만강 철교와 새로 짓는 건물을 보며 사진을 찍었다. 난간의 내벽에는 러시아, 북한, 중국 등의 지명을 가리켜 주는 표지판이 붙어 있었는데 동해

장고봉 전시장의 日本海(東海) 표기

쪽은 떨어진 흔적이 있었다. 10시 21분에 40대 남자와 20대 남자가 붉은 글씨로 '日本海'라고 쓰인 표지판 뒷면에 접착제를 잔뜩 바르고 있었다. 분명 한국인 관광객들이 떼어 놓았을 것 같다. 내가 그들에게 중국어로 "辛苦了!(수고하십니다!)"하고 나서 "不是 日本海! 是 東海!(일본해가 아니고 동해입니다!)"라고 했지만 40대 남자는 미소만 짓고 응답이 없다. 아마 외국인과 대화하지 말라는 교육을 받은 듯하다. 이 두 사람은 군복을 안 입었지만 머리와 복장으로 보아 군인이 틀림없다. 한국인 관광객을 의식하여 군복을 벗고 작업하는 것이다. 그만큼 중국이 대한민국을 어렵게 여기고 있다는 의미이기도 하지만 아직도 한국보다는 일본을 우선시 하고 있는 것을 알 수 있다. 이 자리에서 단체 사진을 찍었다.

전망대에서 내려와 보니 봉고차 한 대가 협조되어 6명만 들어갈 수 있다며 승차를 한다. 그런데 갑자기 차량 몇 대가 비상라이트를 켜고 전망대 안으로 빵빵거리고 달려오니 초병이 급히 나가서 차단기를 올리고 경례한다. 그들이 들어가고 나더니 높은 사람이 와서 안 된다며 승용차로도 못 간다고 한다. 아마 사단장급 정도 되는 사람이 방문한 것 같다. 그래서 토자비는 못 들어가게 되었다.

전망대 정문을 나와 좌측 아래에 있는 변소에 가보니 냄새가 나고 지

저분하다. 근처에 어떤 부인이 어린 딸과 같이 큰 조개를 팔기에 어디서 잡은 것인지 물어보았다. 그 부인은 두만강에서 잡은 것이라 한다. 『柳邊紀略』에 '만주의 어느 강에는 사람 크기만 한 물고기가 서식하고 있다'는 기록이 있었는데 이 조개들을 보니 그 기록에 신빙성이 간다.

　버스에 올라가 보니 원연희 선생님이 동북삼성 지도를 20원에 사왔다고 한다. 어디서 구입했는지 물어보니 앞에 보이는 컨테이너 안에 매점이 있다고 알려 준다. 나도 그 지도를 사기 위해 컨테이너 안에 들어가 동북삼성 지도를 집어 들고 "幾塊!(얼마요!)"하고 물으니 10元이라고 한다. 사 갖고 들어와 원연희 선생에게 얘기하니 자기는 바가지 썼다고 한다. 사실은 나도 바가지를 썼다. 다른 곳에서는 3元이었기 때문이다.

　11시 4분에는 張鼓峯事件戰地展覽舘을 둘러 봤다. 안내하는 아줌마는 러시아와 중국의 국경분쟁에 대하여 열심히 설명하고 있다. 속으로 "남의 땅 갖고 지들 끼리 잘 논다!"라는 생각이 들었다. 이곳 안내 사진에는 "日本海(東海)"라고 표기되어 중국어로 "東海를 왜 日本海라고 하느냐!"하고 물어보니 안내원은 "東海라고도 표기하지 않았느냐!"고 말한다.

　11시 41분에는 淸의 대신 吳大澂의 동상을 구경하였다. 그는 러시아와 담판을 지어 이곳을 겨우 차지한 인물이라고 한다. 오대징이 썼다는 漢詩 7言律詩를 죽간과 같은 모양에 써 놓아 대략 읽어 보니 三韓 땅을 만세토록 경영 하겠다는 구절이 했기에 손 교수님 등에게 오대징이 이곳이 조선 땅이라는 것을 인정했다고 하였다. 한문종 교수님은 삼한이 뭘 가리키느냐고 묻는다. 그래서 三韓(마한·진한·변한)이라고 하였다. 당시 중국은 한반도를 자기 영토로 인식하고 있던 시절이었다. 나는 사진기 전원이 소진되어 오대징의 시를 찍지 못했으나 8월 27일에 유재춘 교수님께서 찍으신 사진을 보며 다음과 같이 정리해 보았다.

吳大澂의 七言律詩(유재춘 교수님 촬영)

皇軍紀程討 : 황군(청조의 군대)의 정토(토벌과정)를 기록하다.

　　吳大澂 : 오대징

防患尤宜 歲未然 : 변경의 환란이 날로 심해 갔지만 대처하지 못하였기에

强鄰漸與 外藩連 : 강력한 인접 국가들에게 점차 번국을 침식당하였다(열강의 침탈을 표현).

欲從兩界 品中道 : 두 나라 경계에 따라 절충점을 찾았으니

直爲三韓 計萬年 : 바로 만년 동안 삼한(한반도)을 경영할 계책이었다(러시아에게 빼앗기지 않고).

鑄錢豈窗 俄大錯 : 경제력에 허점이 생기자 러시아는 큰 오판을 하며

臨機只東 着先鞭 : 기회가 되면 동쪽을 차지하려 선수 치는구나!

珠盤玉敦 雍容會 : 수판(數板)과 옥돈(옛 계산기)으로 회의를 통하여(담판장을 묘사)

袖裏乾坤 要斡旋 : 소매 속에 천지를 감추고 어려운 일을 해결하였다(자신의 전권 행사를 표현).

나의 초서 해독 능력이 부족하여 몇 개의 글자는 무슨 글인지 해독하기 어렵다. 오대징이 지은 한시 역시 난해하여 정확한 해독이 아니다. 그래서 대략적인 느낌만으로 위와 같이 풀어 본 것이다.

오대징 동상을 뒤로 하고 다음 목적지인 연길을 향해 출발하여 11시 45분에는 고속도로에 진입하였다. 12시 8분에 어느 휴게소에 잠시 정차하여 소변보러 가보니 화장실이 깔끔했다. 이런 화장실은 중국에서 찾아보기 어려웠다. 휴게소에서 14분에 출발하여 12시 17분에는 한반도 최북단이라는 온성을 보며 차 안에서 사진 찍었다. 12시 9분에는 통신사에서 나에게 문자를 발송해 중국에서 전화 사용할 때의 주의사항과 요금에 대해 다음과 같이 안내해 준다.

    [알림]〈러시아〉〈해외에서 수신하는 모든 문자(SMS/장문/MMS)는 무료. SMS/장문 발신:200원/건. MMS 발신:500원/건〉 8/18 10:08 AM 8222-1900901

    [알림]〈러시아〉〈음성발신:한국4450원/분〉. 현지:620원/분. 수신:1220원/분. 콜 기본료:0원건〉〈데이터:3.5원/0.5kb〉 8/18 10:08 AM 8222-1900901

    [알림]〈중국〉〈해외에서 수신하는 모든 문자(SMS/장문/MMS)는 무료. SMS/장문 발신:100원/건. MMS 발신:500원/건〉 8/18 12:09 PM 8222-1900901

    [알림]〈중국〉〈음성 발신:한국2240원/분〉. 현지:670원/분. 수신:832원/분. 콜 기본료:0원건〉〈데이터:3.5원/0.5kb〉 8/18 12:09 PM 8222-1900901

연길에 들어서며 해란강을 봤다. 시내에 들어간 시간은 12시 31분이다. 강 건너는 북한 남양시라고 하며 북쪽은 토문이란다. 점심은 12시 39분에 어느 식당에 들어가서 먹었는데 한식으로 간단하게 나왔고 음식 맛도 별로 입에 맞지 않았다.

　13시 19분에는 圖們 광장에 도착하여 두만강 위를 관람할 수 있는 배를 타러 갔다. 이홍권 선생이 입장권을 끊어 와서 들어가는데 검표하는 남자는 내가 쓴 초립을 벗으라고 한다. 다른 사람들은 모두 모자를 쓰고 다녀도 아무 말 않는데 내 초립은 얼굴을 가리고 있기 때문인가 보다. 내가 모자를 벗어 보이자 "여자 모자네!"라고 한다. 이곳 사람들은 이런 모자를 처음 본 것 같다.

　구명조끼를 입고 승선을 기다리는데 가이드는 뒤에 있는 배에 타라고 한다. 앞에 5척 정도의 배가 있는데 모두 의자가 앞을 보도록 되었지만 우리들이 탄 배는 의자가 좌우로 마주보도록 설치되었다. 우리 일행은 배 두 척에 나눠 승선했다. 내가 탄 배가 앞서 갔다. 강폭이 좁아 45미터 정도 밖에 안 되어 이곳이 두만강 같지 않았다. 숲 건너편에 다른 강줄기가 있는 줄 알았는데 건너편 숲에 북한군 병사 한 명이 보였다. 그는 우리에게 뭐라 하더니 숨는다. 내가 사진 찍으려 했지만 늦었다. 동작 빠른 사람들은 찍었다고 한다. 배를 돌려 나올 때 그 북한군이 나무 옆에 또 보이기에 재빨리 찍어봤다.

　한 바퀴 돌아와 하선한 뒤 강변에서 두만강 물에 손을 담그고 한동환과 원연희 선생님에게 사진 찍어 달라고 했다. 강물이 진흙물 같이 매우 흐리다. 강물에 손 담근 사진을 찍는 바람에 위에서 찍는 단체 사진은 못 찍었다. 원연희 선생님은 진흙도 만진다. 내가 강물을 만졌다고 하며 진흙은 피부에 좋다고 하니 김보한 교수님은 진흙물이 아니고 중금속에 오염된 물이라고 알려 준다.

　2시 10분에 전망대에 가서 구경하며 이 지역 지도를 샀다. 한 장에 15元을 달라고 한다. 전망대에서 내려와 어느 가게에 들렸더니 다른 종류의 지도가 8元이라고 한다. 전망대의 반값이다. 졸지에 바가지 썼다는 느낌을 받았다.

　이후 圖們橋 위로 올라가 북한과 경계를 하고 있는 지점까지 가서 북한 땅을 관찰하였다. 북한지역은 만주와 너무 대조적이었다. 중국인들이야 북한을 우방으로 여기고 있으니 별 관심이 없을 터이나 우리 대한민국 사람들은 누구를 막론하고 북한을 바라보면 분단의 애처로운 심경을 억제하지 못할 것이다. 중국 사람들이 이러한 안타까운 심경을 이용하여 관광수입을 올리고 있으니 한편으로는 고맙다는 생각도 들지만 다른 한편으로는 잔인하다는 생각도 들었다. 대한민국에서 찾아간 사람들의 마음도 애처롭지만 북한 주민들이 만주를 바라 볼 때 특히 대한민국 사람들을 보게 된다면 얼마나 처절하겠는가!

　이후 연변대학에 찾아 갔다. 15시에 만나기로 했는데 우리가 20분 정도 늦었다고 한다. 연변대학에 도착한 시간은 3시 17분이다. 먼저 연변대학 본부 건물 로비에 있는 모형도에 가서 김태국 교수로 부터 많은 설명을 들었다. 그러나 조형물에 조명이 없어 내부가 잘 안 보인다. 설명이 다 끝나고 질문하라는 김태국 교수에게 내가 말하길 "모형은 잘 만들었는데 조명이 없어 잘 안 보입니다."라고 했다.

　이후 버스를 타고 다른 건물에 있는 역사학과에 올라갔다. 학과장이라는 사람이 미리 연락받고 우리를 기다리고 있었다. 그러나 자료실은 책이 없다고 안 열어 준다. 회의실이라는 곳에 모여 인사를 나눈 뒤 연길대학과 사학과의 연혁에 대하여 많은 설명을 들은 뒤 좌담 시간을 가졌다. 나는 연변대학의 연혁을 기록해 왔지만 이곳에는 다 적지 못한다. 1949년에 강매산 교수가 연변대를 설립했고, 사학과는 조선역사 위주로 가르치며 조선의 역사와 中朝韓日關係史도 같이 교육하고, 길림성을 중점적으로 연구한단다. 사학과에는 교수 12명, 강사 4명이 있고, 교수, 부교수, 강사, 조교 등으로 구성되어 있다고 한다.

　나는 이 연변대학의 학문이 어디서부터 유래 되었는지 궁금하였다. 그래서 학교 연혁만을 설명하는데 열중하는 그들에게 연변대학의 학문이 어디서부터 왔는지 물었다. 즉 고려나 조선의 전통을 이어 받았는지, 아니면 일제의 식민사관을 답습하고 있는지, 그것도 아니라면 중국이나 북한의 학문을 전습 받았는지 알려 달라고 했다. 세 명의 연변대 교수들은 선뜻 내 질문을 이해하지 못하기에 다시 구체적으로 질문을 했다. 그러자 학과장이라는 사람과 김태국 교수는 답변을 안 하고 내 좌측에 있는 젊은 남자가 중국말로 대답한다. 그는 조선족으로 우리말을 잘하고 있었는데 내 질문에는 일부러 중국말로 설명하여 이홍권 선생이 가끔 통역을 해 준다. 나는 알아들을 수 있는 중국어와 이홍권 선생의 통역을 들으면서 매우 주의 깊게 경청하였다.

그의 말에 의하면 내가 질문한 것은 정치적으로 예민한 사항이라 언급하기 어렵다고 한다. 조선족 자치라고 하지만 중국 정부의 강한 통제를 받는다는 것이다. 내 질문 때문에 갑자기 분위기가 엄숙해 졌다.

손승철 교수님은 분위기를 풀기 위해 귀속문제는 별개로 다뤄야 할 일이고 역사는 사실 그 자체를 연구하는 것이 더 중요하다고 하시며 엄숙한 분위기를 풀어주신다.

내가 수첩을 꺼내 답변을 했던 교수에게 이름을 써 달라고 부탁했다. 金洪培라고 한다. 나중에 한동환 선생님은 김홍배가 기관에서 따라 나온 감시인 같다고 한다. 나도 그렇게 생각되었다.

다른 교수 한 명도 이곳에서는 고조선의 역사와 고구려·발해·동북삼성·간도 등에 대한 문제나 역사는 아주 예민한 사항이라고 한다. 중국정부의 눈치를 봐야하는 그들의 입장도 이해되었다.

이곳은 모든 학생들이 기숙사에서 생활하고 있지만 학교에 나오는 교수만 연구실이 있다고 한다. 사료의 출처를 물어보니 발해사는 안개에 가려 있어서 주변국의 역사서인 新舊唐書와 南北朝 등의 史書에서 발췌한단다.

연변대 교수들과 저녁 식사가 예정되어 있었다. 손 교수님은 저녁 식사까지 시간이 많이 남는다며 연변대 교수들에게 근처에 서점이 있는지 물어보시더니 4시 49분에는 대학을 나와 근처에 있는 서점에 들어갔다. 남의현 교수님 등은 고서점에 들어가고, 나와 한동환 선생님은 延邊民族

圖書大原이란 서점에 들어가 1층부터 5층을 오르내리며 둘러보는데 손 교수님 등도 왔다. 나는 한참 둘러보다가 길림성 지도와 책 두 권을 80원에 샀다. 책을 구입하고 보니 아무도 없다. 너무 지체한 것 같아 급히 버스로 갔다. 남의현 교수님은 고서점에서 많은 책을 샀다. 버스를 타러 가면서 커브길에서 화물차 한 대가 승용차를 들이 받아 公安들이 조사하는 것을 봤다. 우리 일행 중 한 분이 승용차가 외제라 수리비 꽤나 나올 것이라고 한다.

연변에도 짧은 치마를 입고 허벅지를 드러내 놓고 활보하는 여자들이 적지 않아 이곳이 공산국가였다고 믿어지지 않는다. 블라디보스토크에서도 많은 여자들이 짧은 치마를 입고 다녔는데 그것이 세계적인 풍조인가 보다.

5시 49분에 저녁 식사 장소인 '청와대식당'에 갔다. 안내하는 대로 2층으로 올라가보니 넓은 회식 장소 입구에 우리 식사 자리로 식탁 2개가 준비되어 있었다. 손 교수님은 연변대 교수들과 합석하여 대화해야 하는데 왜 자리를 예약하지 않았느냐고 하신다. 가이드가 한참 식당 측과 조율하여 겨우 안 쪽 객실로 자리를 옮겼다. 식당 여종업원이 불만스러운지 식탁에 차린 그릇들을 다시 옮기는 것이 요란스럽다. 이곳 식당의 종업원들은 난장판 일꾼들 같이 조심성이 없었다.

식단은 점심 때 먹은 것과 같다. 손 교수님은 송길자 씨에게 우리가 돈을 얼마나 냈는데 수학여행 온 학생들 취급하느냐며 매우 불쾌해 하신다. 그러면서 "본사에 내가 매우 화를 내더라고 전화해!"라고 하신다. 그래서 그런지 요리가 몇 개 더 나왔다. 탕수육을 먹어보니 식초를 너무 많이 부었다. 엄찬호 선생님은 우리가 소란 피워 골탕 먹이는 것 같다고 한다. 중국인 교수 두 분은 좀 늦게 왔지만 중국술을 가져왔다. 교수님들은 안쪽에 나머지는 입구에 앉았다. 식사 중에 한국인 관광객 한 패가 우리 방으로 들어와서 같이 식사를 하게 되었다.

그래서 그런지 손 교수님은 내가 생각했던 시간보다 일찍 일어나 축배를 하며 자리를 마치고 나오신다. 김홍배 교수는 우리가 묵을 호텔까지 따라왔다. 가이드는 이 호텔에서는 가방을 날라 준다고 하지만 우리들은 모두 각자가 갖고 들어갔다. 우리 객실은 431호실이다. 원연희 선생님이 나에게 넷북을 빌려 달라고 한다. 내가 밤과 새벽을 가리지 않고 일하는 것을 지켜 본 한동환 선생님은 "빌려 줄 시간이 없을 텐데요!"한다. 원연희 선생님에게 미안했지만 "내가 타자할 시간도 없습니다."했다. 내가 씻고 있는 시간에 손 교수님이 들어오더니 한동환 선생님이 따라 나간다. 나는 씻고 나와 9시 30분부터 오늘 겪었던 일을 답사일지에 타자했다. 오늘 하루도 많은 견학을 하였다.

  이 호텔은 실내조명이 어두워 책을 보거나 컴퓨터 보기가 어렵다. 일지를 쓰다가 22시경에 잤다. 내가 잠든 24시경에 한동환 선생님이 들어왔는데 내가 자고 있어 로비에 열쇠 하나 더 달라고 해 들어왔다고 한다.

2011년 8월 19일

금요일 구름(음력 7월 20일 丙午)

  4시 14분에 일어나 먼저 씻고 5시부터 답사 일지를 작성했다. 오늘은 백두산에 등정하기 위해 주황색 반팔 상의를 입었다. 바지 띠에 걸던 열쇠고리가 없어져 한참 찾았는데 여행 가방에서 나온다.

  밖에 나와 둘러보니 우리가 잔 곳은 大洲酒店이었다. 맞은편에 큰 건물이 있어 어딘지 물어보니 연길역이라고 한다.

  5시 55분에 식당에 들어가 보니 중국인만 있고 우리 조는 한 명도 안 보인다. 혼자 음식을 떠 식탁에 앉아 먹으니 한동환 선생님이 들어온다. 이후 남의현 교수님과 한문종·장경호·김보한·엄찬호 선생님 등이 차례로 들어와 식사를 하였다.

  식사를 마친 나는 먼저 객실에 올라와 워드 작업을 계속하였다. 카메라의 충전이 덜 되었다는 느낌이 들어 충전기 연결선을 확인해 보니 제

대성중학교와 윤동주 시인의 기념비

대로 꽂혀 있지 않았기에 다시 충전을 시켰다.

　우리 일행은 7시 14분에 출발하였다. 가이드는 우측 창밖에 보이는 과수원들이 '사과배'라는 나무라며 이 과일의 유래를 알려 준다. 덧붙여 중국의 모든 토지는 정부 소유라 국민들은 정부로부터 이용권만 받는단다. 그래서 한국이나 외국에서 토지를 구입한 줄 알고 투자했다가 낭패 보는 사람들이 적지 않다고 한다. 옛날 왕조 시대에도 모든 토지는 국왕의 땅이었던 시절이 있었다.

　8시 56분에는 용정시에 있는 대성중학교에 도착했다. 이곳은 윤동주 시인이 다닌 학교로 유명하다. 기념비에서 사진 찍고 안에 들어가 보니 30대 여 교사가 여러 가지 설명을 해 준다. 윤동주 시인은 독립운동을 하다 체포되어 감옥에서 일제의 생체 실험용으로 만든 이름 모를 주사를 맞고 사망했다고 한다.

　방명록에 서명하라고 해서 서명하는데 끝에 기부금 액수를 쓰는 곳이 있었다. 노골적으로 돈 달라고 한다. 허나 나는 기부금을 쓰지 않았다. 가이드는 이곳에 도착하기 전에 이 학교의 실정을 말하면서 기념품도 많이 팔아 주고 기부도 많이 하라고 당부한 바 있다. 나는 2층 서점에서

'천리 두만강'이란 책을 한국 돈 2만원에 구입했다. 책값이 비싸다. 9시 30분에는 윤동주 시인이 공부했다는 교실에 들어가 보니 안내하는 여자 셋이 있고, 유재춘 교수님이 먼저 와 있었다. 내가 촬영하려고 하니 그들은 이곳에서 사진 찍으려면 20원을 내야 한다고 한다. 유 교수님이 내겠다는 것을 내가 20원 내고 같이 사진을 찍었다.

그리고 기념품점에 들어가 七寶花甁을 샀다. 이 칠보화병은 2005년도 10월말 북경 여행 때 구입하고 싶었는데 아내가 못 사게 하여 안 샀던 것이다. 당시 가격은 우리 돈으로 개당 8,000원 정도 했지만 여기서 사려고 보니 우리 돈 35,000원이나 달라고 한다. 중국 돈으로는 208원이라고 한다. 카드도 된다고 하기에 8시 19분에(한국 시간) 카드로 구입했다. 우리나라에서는 구하기 어렵기 때문에 비싼 것 같지만 구입했다. 그러자 9시 24분에 "신한카드해외승인"이라는 문자가 왔지만 대금에 대해서는 안내가 없다.

칠보화병을 사고 나니 한동환 선생님이 와서 서예 하시는 장모님께 드린다며 붓을 고르면서 나에게 봐 달라고 한다. 내가 붓의 가격을 물어보니 늑대 털로 만들었다고 하지만 5자루에 35,000원으로 한국의 붓 한 자루 값이다. 그래서 나도 한 세트 구입했다. 이 역시 신용카드로 구입했다. 그러다 보니 버스 승차는 내가 가장 늦게 했다. 신한카드에서 8시 28분에 해외에서 카드 이용이 승인되었다는 문자가 추가로 왔다.

다음은 일송정을 보러 가면서 9시 45분에는 龍門橋에 도착하여 길가에 주차하고 용다리에서 기념사진을 찍으며 단체 사진도 촬영하였다. 그리고 더 지나면서 왼편 먼 산 위에 있는 일송정 정자를 봤다. 가이드는 정자에 얽힌 얘기를 해 주며 선구자 노래를 같이 부르자고 하여 따라 불렀다. 9시 52분에는 일송정이 잘 보이는 길가에 정차하고 사진을 찍으라고 하여 나는 도로 건너까지 가서 사진을 찍었다.

내가 가이드에게 龍井을 안 봤는데 어디에 있느냐고 물어보니 대성중학교 자리가 용정인데 지금은 모두 헐어 버리고 공사 중이라 한다. 인터

넷으로 검색할 때는 용정 터가 있었는데 못 본 것이 아쉬웠다.
　이후 이동을 계속하는데 10시 16분에는 가이드가 왼쪽 멀리 보이는 산이 발해 시기의 수도성이었다고 한다. 10시 36분에는 높은 고개를 올라가기에 이 고개 이름이 무엇인지 물어보니 화룡고개라고 한다. 아침에는 구름이 없더니 낮이 되자 구름이 끼기 시작해 지금은 짙은 구름들이 하늘을 채우고 있다. 이 상태라면 백두산에 올라가지 못하거나 올라가도 천지를 볼 수 없게 되지나 않을까 걱정되었다.
　가이드는 일제 강점기에 조선에서 이주해 온 사람들이 만주 일대를 개발하며 고생한 일을 얘기해 준다. 그러면서 수확량을 말하길 1헥타르당 벼 18,000근에서 20,000근이 나온다고 한다. 나는 지금까지 쌀 소출량으로 알아들었는데 지금 가이드의 말을 듣고 보니 벼로 20,000근이 소출된다. 그렇다면 우리 호남평야 소출량의 절반 수준이다. 이제야 이곳 소출량이 납득되었다.
　계속 백두산을 향해 가면서 화룡고개를 넘어서니 앞 먼 곳에 높은 산이 하나 있는데 정상은 구름에 가려 있었다. 직감적으로 저 곳이 백두산일 거라는 생각이 들었다. 오전에는 구름한 점 없이 맑은 날씨였는데 낮이 되니 구름이 잔뜩 끼었다. 아마도 백두산 정상은 안개로 덮여 있을 것 같다.
　고개를 넘자 甲山이라는 이정표가 보인다. 내가 어렸을 때 어려운 일을 겪는 어른들께서 "삼수갑산에 가더라도…"라는 말을 자주하시는 것을 들었는데 이곳이 바로 그 갑산이다. 험준한 고개를 넘어야 하는 만주 땅이니 그 옛날에는 갑산이란 곳이 얼마나 險地였나를 알 수 있었다.
　10시 50분에 어느 휴게소에서 쉬면서 소변도 보고 관광 상품도 구경했다. 휴게소 뒤편 산에는 산삼 재배 농장이 있다고 하며 관람객들의 출입을 허가하였고, 많은 사람들이 구경하러 갔지만 우리 일행은 가보는 사람이 없었다. 휴게소 화장실은 옛날 시골집 농가 측간과 같았다.
　내가 매장 안으로 들어가 진열된 산삼을 보고 사진 찍으려고 하니 판매인은 사진 찍는 것도 돈을 달라고 한다. 그래서 사진을 찍지 않았다. 말이 산삼이지 인삼 냄새가 전혀 나지 않는다. 가짜인 것이다. 이홍권 선생이 돌배를 사서 나눠 주기에 한 조각 먹었다. 다른 사람들이 옥수수와 참외를 사서 조금 씩 나눠 줘 역시 맛만 봤다. 모두 우리나라에서 생산된 것만큼 좋지 않았다.

  12시 28분에는 예정된 식당에 도착하여 점심을 먹었다. 한식인데 맛이 괜찮았다. 삶은 닭이 식탁마다 한 마리씩 올라왔다. 닭고기는 우리나라에서 먹는 스펀지같이 푸석푸석한 양계장 닭고기와 달리 맛있었다. 원연희 선생님은 식당 입구에 있는 가판대에서 납으로 만들었다는 文鎭을 구입한다.

  식사 후 백두산을 향해 오던 길로 다시 출발했다. 가이드의 말에 의하면 몇 년 전까지만 해도 하루에 백두산을 찾는 사람은 100여 명 정도 밖에 안 되었고 그중 90명은 한국인이었는데, 지금은 하루에 수만 명이 백두산을 찾아오는데 그들 중 90% 이상이 중국인이라고 한다. 그 말을 듣고 생각하길 '100명 일 때 90명의 한국인은 많지만, 10,000명일 때는 한국인이 1,000명 오더라도 적은 것이다. 중국 인구는 숫자가 엄청나기에 한민족이 그에 동화되면 흔적도 없이 사라진다. 중국과 우호관계는 유지해야 하지만 그에 동화되어서는 안 된다'라는 생각을 갖게 되었다.

  13시 35분에 백두산 입구 주차장에서 하차한 우리 일행은 입구 쪽에 가서 가이드가 표 사오길 기다렸다가 13시 46분에 입장하여 13시 51분에 셔틀 버스에 승차했다. 버스를 타고 가면서 앞자리에 서서 멀리 보이는 백두산 전경을 찍으려 했지만 좌우에 숲이 우거져 잘 보이지 않는다. 14시 2분에 지프차 승차장에 도착했다. 헌데 오후 시간임에도 백두산 정상에 올라가려고 지프차를 기다리는 사람들이 매우 많다. 지프차를 타기 위해 대기하는 장소는 두 곳을 거쳐야 했다. 처음은 일반 대기소이고, 두 번째는 'ㄹ'자 형으로 꼬불꼬불 하게 만든 대기소였다. 날이 선선하여 준비해 간 소매긴 얇은 상의를 입었다. 이곳에서 한 시간 이상을 기다린

『산해경』과 중국 문헌을 인용하며 써 놓은 안내문

　15시 6분에야 겨우 지프차에 승차할 수 있었다. 헌데 지프차를 타보니 유원지의 놀이기구 같이 위험천만하게 운전한다. 지프차 운전기사들은 하루에도 수십 번씩 오르내릴 것이라 숙달되었겠지만 승객의 입장에서는 매우 난폭하게 느껴진다. 승객들이야 어떻든 빨리 가면 그만이라는 식이었다.

　15시 18분에 정상 하차장에 하차하니 춥고 바람이 강하게 불어 내가 입은 옷으로는 추위를 막지 못하고 있다. 바로 콧물이 흘러나오는 것이 감기에 걸릴 것 같다. 많은 사람들이 중국군 외투를 입고 다닌다. 가이드가 커피 파는 곳을 말하는 줄 알았는데 겉옷 빌리는 곳을 알려 준 모양이다. 나도 가이드를 따라가 한문종 교수님과 같이 중국군 외투 같이 생긴 옷을 빌리러 갔다. 빌릴 때 중국 돈 100元을 내면 반납할 때 50元을 돌려준다고 한다. 옷 한 번 빌려 입는데 우리 돈으로 8,500원쯤 받는 것이다. 나는 이 기회에 중국군 외투 한 번 입어 보자는 마음도 들어서 100원을 내고 옷을 빌려 입고 보니 아래 단추가 떨어져 있어서 다른 것으로 바꿔 입었다. 그리고 스틱을 짚고 정상을 향해 올라가며 주변 경관을 둘러보니 말 그대로 장관이다. 나무는 안 보이고 잔풀들만 깔려 있는데 왼쪽의 장백폭포 계곡은 웅장한 절경을 이루고 있다. 아직 천지를 못 봤지만 이

천지의 변화 - 짧은 시간에도 수시로 물빛이 바뀌었다

곳에서 내려다보는 것만으로도 감개가 무량했다.

올라가면서 중국에서 세워 놓은 안내문을 보니 여기가 오래 전부터 중국 땅이었다며 옛 문헌들의 출처까지 밝히고 있다. 내심 백두산이 왜 중국 땅이냐는 생각을 하였다. 여기서 승하차장을 내려다보며 사진을 찍어 봤다. 해발 2,000미터가 넘은 곳이지만 관광 수입을 위해 건물을 지어 상주하고 있는 사람들이 있다. 물론 여름 한 철이지만 돈 벌이를 위해서는 수단이나 방법을 가리지 않는 중국인들의 의식을 다시 확인하는 계기가 되었다.

주변을 둘러보며 정상에 올라가 15시 30분에는 천지를 볼 수 있었다. 가히 장관이다 사진에서 본 것과 같지만 직접 바라보니 더 절경이다. 정말 경이와 신비라는 글자만으로는 표현하기가 어렵다. 흡사 외계에 온 것 같은 느낌이 든다. 평생 처음이자 마지막이 될 관광이라 가이드가 알려 준대로 이곳 사진사에게 기념사진을 찍고 싶었는데 다른 분들은 별로 내키지 않는 모양이다. 다행히 내 심정을 이해한 한동환 선생님이 주선하여 손승철 교수님과 한동환·원연희 선생님 등 4명이 어울려 관광 사진을 찍었다. 12장 찍는데 4만 원을 달라고 하지만 우리들은 갖고 있는 한국 돈도 없고, 元貨 역시 모자라 손 교수님이 4만 원을 내신다. 사진 찍은 CD는 가이드가 나중에 복사 해 준다고 한다. 구름이 끼어 천지를 못 볼까 걱정했지만 다행히 모든 지역을 다 관람할 수 있었다. 그러나 얼마 안 되어 구름이 몰려오고 안개가 끼기 시작하더니 파랗던 천지가 검은색으로 변하여 지옥같이 으스스한 기분이 들게 한다. 흡사 천지에 용이 살아 조화를 부리는 것 같다.

　이후에도 일행과 같이 사진을 찍으며 천지를 보고 또 봤다. 정말 웅장하여 보는 곳 마다 별천지 절경이며 신비하고 영험하다. 진정한 靈山이다. 구름 사이로 해가 뜨더니 다시 구름이 끼고 비가 올 것 같이 음산해지더니 천지의 푸른 물이 검게 변해 죽음의 호수 같이 보인다. 방전된 내 카메라는 한참 쉬면 다시 사진을 찍을 만큼 전원이 나온다.

　맞은 편 지역은 북한의 영역이라고 한다. 이 백두산은 본디 모두 우리 산이었는데 중국의 신세를 진 김일성이 많은 지역을 중국에게 양도해 준 것이라 한다. 남쪽 지역으로 이동해 보니 기암괴석이 솟아 있다. 누군가 말해 주길 화산이 폭발할 때 화염에 타서 저렇게 된 것이라 한다. 남의현 교수님께 부탁해 몇 장 찍었다. 잠시 후에 유재춘 교수님도 왔다. 조금 더 내려가자 언덕길이 있었는데 그 위로 올라가보면 북한 쪽이 더 잘 보일 것 같았다. 진입로에 경계선이 표시되어 있지만 출입한 흔적이 많았다. 두 분 교수님이 그 경계선을 넘어 언덕 쪽으로 올라가 사진 찍는 사이에 중국인 남자 한 명이 쫓아와 뭐라고 한다. 내가 그를 붙잡고 서툰 중국어로 우리들은 한국에서 왔다고 하니 그는 오른손 엄지손가락을 세워 보이며 한국 사람이 최고라고 한다. 그러면서 빠른 중국어로 계속 뭐라고 하는데 이 경계선이 북조선 땅이라는 것이다. 그리고 계속 뭐라고 더 얘기하는데 내가 알아들을 수 없었다. 내 휴대용 가방에서 수첩과 필기구를 꺼내 주며 써 보라고 했더니 "小費"라고 쓴다. 돈 좀 달라고 하는 것이다. 잠시 후에 군복 입은 남자가 두 분 교수님을 보고 쫓아 왔지만 이 남자가 뭐라고 하니 곧 가 버린다. 두 분 교수님이 내려왔고 유재춘 교수님이 지갑을 꺼내 중국 돈 20원을 주려고 하니 이 중국인 남자는 유 교수님의 지갑에 있는 50원짜리를 꺼내가려 한다. 그러나 유 교수님은 20원만 주고 말았다. 대단한 사람들이다. 내가 보니 북한과의 경계선은 아니고 중국 관리인들이 만들어 놓은 통제선이었다. 우리 한국 사람들이 북한 땅에 대한 염원이 깊은 것을 알고 그

심리를 이용해 돈벌이를 하는 것이다. 어찌 되었든 불쾌감을 갖고 갈 필요가 없기에 그와 악수하며 "認識你 很高興!(당신을 알게 되어 기쁩니다!)"하였다. 그 남자도 좋아한다.

어쩌다 보니 16시 30분까지 오라고 한 시간이 다 되어 간다. 그러나 천지를 뒤로하는 발걸음은 떨어지지 않았다. 난생 처음 와 본 곳일 뿐만 아니라 이제 다시 와 볼 수 없는 곳이다. 나는 평소 백두산과 금강산에 가 보고 싶어 했다. 금강산은 2005년도에 갈 수 있는 기회가 두 번 있었지만 그때는 군인 신분이라 가지 않았다. 그리고 지금 백두산에 올라왔다.

두 분 교수님을 따라 지프차 승차장에 가고 보니 빌린 옷을 반납하지 않았다. 그래서 외투를 반납하고자 빌렸던 장소에 가서 옷을 반납하고 50원을 돌려 달라고 했더니 이 중국인 아줌마는 그냥 가라고 한다. 앞에는 동업자인 듯한 중국인 남자들이 3명 있었다. 내가 왜 돈을 안 주냐고 했더니 중국인들은 잔돈이 없다고 하며 나에게 50元짜리 있으면 달라고 한다. 내가 지갑을 열어보니 중국 돈은 1元 권을 합해도 30元 정도 밖에 안 된다. 일행에게 가서 돈을 빌려 오려고 외투를 다시 달라고 했다. 그러자 이 아줌마는 자기 지갑에서 10원짜리로 5장을 준다. 바가지 씌우는 지능이 대단한 사람들이다. 승차장에 갔더니 우리 일행이 가장 뒤에 있다. 나 때문에 30분이나 늦었다고 한다. 현지 시간으로 15시 30분까지 승차장으로 오라고 했지만 나는 43분에야 합류했다. 한 선생님은 나 때문에 우리 일행이 앞줄에 서지 못하였다고 한다. 줄을 서서 한참 기다리는 사이에 난간 밑으로 빠져 새치기하는 중국여자들이 있다. 그걸 본 원연희 선생님 등도 새치기를 한다. 그러나 갑자기 지프차들이 우르르 올라오자 그 많던 사람들이 모두 승차해 버린다.

정상에서 내려 올 때 손 교수님과 한동환 선생님은 맨 뒷좌석에 중국 여자와 같이 탔고, 중간 좌석에는 나와 어린 남자아이, 그 옆에 50대 중년 남자가 탔으며, 앞에는 젊은 여자 3명이 탔다. 한 선생님은 하얼빈 여자들이 예쁘다고 하며 앞에 앉은 중국 여자 중 예쁘장하게 생긴 아가씨는 분명 하얼빈 사람일 거라고 한다. 나에게 그들이 어디서 왔는지 물어보라고 몇 번 부탁한다. 내 짧은 중국어 실력을 총 동원하여 어디서 왔는지 물어보니 大漣에서 왔다고 한다. 그래서 저 선생님이 아가씨가 예뻐서 하얼빈에서 온 것 아닌지 물어보라고 했다고 알려 주니 세 여자들이 모두 좋아하며 웃는다. 한 선생님은 또 비디오 촬영 때문에 옆에 앉은 중국여자에게 실례를 하고 있다며 "미안합니다!"라는 말을 묻는다. 나는 "對不起!"라고 알려 줬다. 한 선생님으로부터 미안하다는 말을 들은 중국 여자는 괜찮다고 한다. 옆에 앉은 남자 아이가 명랑했다. 어디서 왔는지 물어보니 장춘에서 왔다고 하며 올해 7살이라고 한다. 중년 남자가 아버지인 줄 알았는데 전혀 모르는 관계였다. 세 중국 여자가 남자 애에게 뭐라고 하자 남자 애는 "我, 聽不動(나 알아듣지 못했어)!"한다. 그 말을 듣고 나도 "我也, 聽不動(나도 알아듣지 못했다)!"했더니 모두 까르르 하고 웃는다. 짧은 시간이었지만 중국 사람들과 破顔大笑하는 기회를 가졌기에 기록해 보았다.

지프차를 타고 주차장에 내려가서 이번에는 장백폭포로 가는 버스로 갈아탔다. 현지 시간으로 16시 45분, 우리 시간으로 17시 45분에 장백폭포로 출발했다. 가이드가 말하길 온천욕을 할 사람은 17시 10분까지 내려오고 안 할 사람은 50분까지 오라고 한다. 나는 이왕 와 본 김에 온천도 해 보려고 서둘러 올라갔다. 특히 두 무릎이 좋지 않아 먼저 움직이지 못하면 뒤 떨어질 수 있다. 가다보니 엄찬호 선생님도 앞서 가기에 동행했다. 장백폭포로 올라가는 길에 엄 선생님이 나에게 암석 사이로 솟는 온천수들을 보라고 한다. 그 옆에는 온천수가 솟는 곳에 계란인지 오리 알인지를 넣고 익기를 기다리는 남자 두 명 있었다.

높은 절벽에서 많은 물들이 떨어지는 장백폭포 역시 장관이었다. 엄 선생님에게 이 높은 곳에서 어떻게 저런 물이 나오는지 물어 보았더니 천지의 바닥에서 온천수처럼 솟아난다고 한다. 통제선이 있지만 이 선 넘어에도 많은 사람들이 있기에 나와 엄 선생님은 그 선을 넘어갔다. 16

시 52분에 계곡의 물을 병에 담아 마서 봤다. 그리고 물에 손을 담가보니 매우 차다. 물맛은 특별하지 않다. 엄 선생님께 부탁해 사진 몇 장을 찍었다. 그리고 무릎 때문에 먼저 간다고 말씀 드리고 혼자 내려갔다. 가파른 계단은 뒷걸음으로 내려오니 큰 무리가 없다. 도중에 올라오는 다른 일행들을 만났다.

현지 시간 17시 10분 우리 시간 18시 10분에 온천에 도착하니 가이드가 입장권을 사 준다 그래서 온천에 들어갔더니 많은 사람들이 나가는 중이었다. 그들이 나가고 나니 탕 안에는 몇 명 남지 않았다. 저녁때라 물이 흐리다. 탕은 물의 온도가 39도와 58도로 구분된 두 곳이 있었다. 처음 샤워기에서 몸을 씻은 뒤 39도 탕 안에 들어가 물이 나오는 곳에서 몸을 담갔다가 몸이 웬만큼 데워진 뒤 58도 되는 탕 안에 들어가 앉아 봤는데 물이 뜨거워 1분 이상 몸을 담고 앉아 있기가 어려웠다. 다른 분들도 들어왔지만 나는 바로 온천을 나왔다. 나온 시간은 18시 42분이다. 백두산에서 온천수에 몸을 담갔다는 것으로 만족했다. 온천 근처에서 버스를 기다리는데 누가 온천으로 익힌 오리 알을 하나 주기에 받아먹었다. 완전히 익지 않고 반숙만 되어 있었다. 우리가 타고 가는 버스가 막차 인지 오래 기다려 잔류 인원 모두가 다 승차했는지를 확인하고 나서야 19시 33분에 출발한다. 이 셔틀 버스는 관광객들이 타고 온 차들이 주차되어 있는 곳까지 운행해 준다.

이후 우리들이 타고 다닌 중형

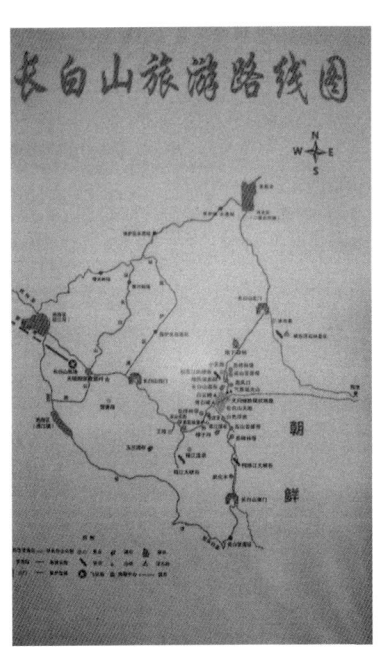

백두산의 관광도로

버스를 타고 숙소를 찾아갔다. 숙소는 다음 여정을 생각해 서쪽 지역에 정했다고 한다. 기사가 지름길로 간다고 하다가 길을 잘못 들어 되돌려 나왔다. 그리고 얼마를 더 가니 깊은 숲 사이로 난 좁은 길로 달린다. 흡사 북한의 공작원 초대소로 가는 느낌이다.

　한참을 달려 21시 2분에야 天賜旅游度假村이란 호텔에 도착해 로비에 가방을 모아 놓은 뒤 저녁을 먹으려고 안쪽 식탁에 앉으니 김보환 교수님이 나에게 그 자리는 손 교수님이 앉으셔야 하지 않느냐고 한다. 그러나 내가 생각할 때는 앞쪽 식탁이 상석일 것 같아 그대로 앉았다. 식사는 중국 음식이었지만 맛이 별로였다. 식사를 마치고 먼저 나오니 로비에서 송길자 씨가 객실 열쇠를 주며 내일 아침 5시 30분에 식사하라고 한다. 다시 식당 안에 들어가 손 교수님께 일지를 치기 위해 먼저 들어가겠다고 말씀 드린 뒤 한동환 선생님에게 객실 호수를 알려주었다. 1층에 있는 8128호이다. 내가 객실에 들어간 시간은 21시 11분이다. 창문을 열어 보니 밖은 잡초가 우거져 있고 근처에 오물장이 있다. 화장실에는 하루살이들이 붙어 있다. 다른 분들의 방에는 습기가 많았다고 한다.

　나는 저녁때 온천욕을 했기 때문에 짐을 푼 뒤 씻지 않고 일기를 타자했다. 카메라 전원이 떨어져 내 휴대폰으로 찍은 사진을 보니 어찌된 일인지 감광도가 흐려 볼 수가 없었다. 뭘 잘못 설정해 놓은 것 같아 다시 조정해 놓았다.

　22시가 되니 졸리다. 나머지는 내일 새벽에 정리하려고 넷북을 끄고 나니 이번에는 한동환 선생님이 들어와 넷북을 꺼내 정리한다. 잠시 후 손 교수님이 우리 객실에 들어오셔서 그동안 타자한 일지를 보자고 하시기에 내가 정리했던 것을 보여 드렸다. 손 교수님은 내 컴퓨터에 웬 비밀번호가 그리 많으냐고 하신다. 나는 군 생활하며 몸에 밴 습관이라고 말씀드렸다. 교수님은 "많이 썼구만! 좋은 책을 냅시다!"하시면서 여러 가지 말씀을 나누신 뒤 20~30분 정도 대화하시다 나가신다.

　한동환 선생님은 객실에 가방을 들여 올 때 잊고 안 가져 온 내 스틱을 가져다준다. 내가 꿈속의 세계를 구경하느라 정신을 차리지 못한다. 취침하기 전에 한동환 선생님에게 자판과 마우스를 빌려 주었다.

2011년 8월 20일

토요일 구름(음력 7월 21일 丁未)

　4시 2분에 일어나 씻으려고 샤워실 불을 켜니 객실과의 사이에 유리창이 있어서 객실이 훤하게 비친다. 취침 중인 한 선생님에게 방해가 될 것이라 뭘 가져다 유리를 가리려고 했지만 딱히 방법이 없다.
　씻은 뒤 일지 타자를 계속 했다. 어제 밤에 한 선생님이 넷북에 꽂는 무선마우스 잭을 안 꺼내 놓고 넷북을 가방에 넣었기에 무선마우스를 쓸 수 없었다. 불편한 대로 열심히 타자하고 있는데 5시 30분에 기상하라는 전화가 오니 한 선생님이 잠에서 깨어 받는다. 아침 기상을 알리는 전화는 언제나 한 선생님이 받았다.
　아침 식사는 6시부터라고 했지만 일찍 일어난 나는 5시 50분경에 1층 식당에 갔더니 중국인들은 이미 아침을 먹고 있다. 음식이 차려진 식탁 두 곳이 비어 있어서 먼저 먹을까 했지만 뷔페식이 아니고 단체로 먹는 식탁이기에 그냥 나왔다. 그리고 어제 저녁때 김보한 교수님이 말씀하신 것도 생각나 다시 로비에 나와 보니 김보한·한문종 두 분 교수님이 나온다. 내가 두 분께 식사하러 가시자고 하니 아침 식사는 6시 10분부터 예정되었다고 하며 반달곰을 보러 간다고 하시기에 따라가 봤다. 곰 두 마리가 좁은 우리에서 자고 있다. 야산에서 활발하게 움직여야 할 곰들이 인간의 구경거리가 되기 위해 갇혀 있는 것이다.
　6시 10분이 되어 식당에 가보니 중국인들은 아무도 없고 우리 식사만 차려져 있다. 그러나 손 교수님이 안 오셔서 아무도 앉지 않는다. 잠시 후 손승철 교수님이 들어오시더니 송길자 씨에게 항상 같은 메뉴만 나온다고 말씀하시며, 우리가 얼마를 냈는데 수학여행 다니는 학생들 취급하느냐고 하신다. 그러면서 "나는 안 먹을 테니 먹을 사람들은 먹어!"하고 식당을 나가신다. 손 교수님이 안 드신다면 우리도 당연히 먹을 수 없다. 그래서 나도 바로 따라 나왔고 다른 분들도 따라 나온다. 교수님은 로비에서 롯데 관광의 송길자 씨에게 "본사에 전화해 현실을 얘기하라"고 하신다. 나는 두 분이 말씀하는 사이인 7시 14분에 로비에 있는 백두산 안내 지도를 촬영했다.

한성주 선생님은 우리들에게 객실에 라면이 있는데 계산했으니 먹으라고 전달한다. 나는 객실에 와서 커피포트에 물을 끓이면서 한동환 선생님에게 이번 여행을 위해 건빵을 준비했다고 하자 한 선생님은 선견지명이 있다며 좋아한다. 그러나 딸이 공항 검색대에서 걸린다고 못 가져가게 하기에 놓고 왔다고 하니 아쉬워하면서 건빵은 소지해도 괜찮다고 하신다. 한성주 선생님이 다니면서 밥 먹을 사람은 먹으라고 하였지만 아무도 안 간 것 같다. 7시 41분에 물이 끓여져 컵라면을 먹었다. 중국 라면이지만 국산 못지않게 맛이 좋았다. 매일 기름진 음식만 먹다가 그보다 덜 기름진 라면을 먹어 보니 이 또한 별미다. 한성주 선생님이 깻잎조림 하나를 갖다 주기에 몇 장만 먹었다. 한동환 선생님이 옆방에도 갖다 주고 온다. 그러나 옆방의 김보한 교수님은 그것도 몇 장 남겨 다시 가져다준다.

버스는 8시에 승차하였다. 식사 문제로 화를 내신 손 교수님이 차에 올라와 갑자기 허리가 결린다며 담이 들어 간 것 같다고 하신다. 인솔자께서 몸이 불편하면 낭패다. 내가 응급처치를 해 드릴 수 있기에 자청하여 손 교수님께 허리 결린 곳을 풀어드리겠다고 하였다. 버스 안에는 마땅한 침대가 없기에 뒷자리에 앉은 분들께 양해를 구하고 손 교수님을 뒷좌석에 편히 엎드리게 한 뒤 推拿療法을 시술해 드렸다. 손 교수님은 평생을 의자에 앉아 학문만 탐구 하신 분이라 척추가 매우 약하였다. 약 5분 정도 풀어드리니 허리가 시원하다고 하시며 저녁에도 한 번 더 해 달라고 하신다.

버스가 출발하자 손 교수님은 8시 25분에 차내 방송으로 아침 식사 문제로 소란스럽게 했다며 양해를 구하신다. 가이드에게는 계속 이런 식이면 우리가 알아서 사 먹던지 일정을 취소하고 돌아 갈 수도 있다고 하시고, 한성주 선생님에게 누가 여권을 보관하고 있는지 물어 보신다.

이 내용을 기록하는 것은, 우리 일행의 이번 답사가 단순한 관광이 아니었기에 주선하는 관광회사와 안내하는 현지 업체 등의 협조가 원만하게 이뤄지지 않았다는 것을 들었기 때문이다.

가이드는 차 안에서 오늘 일정을 설명해 주며 목적지인 集安까지는 6시간 정도 걸린다고 한다. 집안에는 고구려 시대의 무덤 외에 한 때 고구려 수도였던 국내성과 환도성이 있고, 광개토대왕과 장수왕의 무덤, 그리고 호태왕비와 5호묘의 벽화 등이 있다고 하며 그에 대한 얘기를 해주며 지금은 벽화가 손상되어 간다고 한다. 여러 가지 설명 중에 압록강과 연하고 있는 국경에는 만포항도 있다고 한다.

長白과 撫松이라는 이정표를 지나가노라니 가이드는 이곳에서 일제 강점기에 활약했던 의병장 양정우 장군에 대한 얘기를 들려준다.

양정우 장군은 포수 출신으로 사람들을 모아 의병활동을 했다. 일본 군들이 그를 생포하고자 많은 노력을 했지만 쉽게 잡히지 않았다. 일본인들은 독립군들의 식량 조달을 철저하게 차단시켰지만 양 장군이 굶어 죽지 않고 활약한 것이 매우 신기하여 그 비결을 알고자 죽이지 않고 생포하려고 했다. 그러나 끝까지 잡히지 않자 매복하여 사살할 수밖에 없었다. 죽은 양정우 장군의 배를 갈라 보니 위 속에 풀뿌리만 있었다.

내가 가이드에게 "식량이 없어서 못 먹을 정도로 보급이 안 되었다면 실탄은 어떻게 구해 싸웠느냐?"고 물었다. 가이드는 일본군들에게 빼앗아 썼다고 한다.

9시에는 松江鎭과 松江河市를 지나간다. 차 안에는 피로에 지쳐 잠자는 분들이 적지 않고 나 역시 그동안 수면 부족과 누적된 피로 때문에 졸음이 쏟아졌지만 잘 수 없었다. 평생 처음 오는 길 일 뿐만 아니라 지금 내가 만주 땅을 지나가고 있다는 사실이 매우 중요하였다.

얼마를 가다보니 撫松-松花江이라는 이정표가 나온다. 문득 생각나서 가이드에게 어제 잠자고 나온 지역을 물어보니 백두산 石花 입구로 松江이란다.

만주를 다니다 보니 길가에 있는 동네마다 '加水'라고 쓴 집이 있었다. 중국어로 '加油'가 주유소라는 것은 배웠지만 '加水'라는 단어는 생소하였다. 동네 사람들에게 식수를 공급하는 곳인가 하고 궁금해 하다가 졸다가 깨어난 가이드에게 물어보니 차에 냉각수를 보충해 주는 집이란다. 만주는 길이 멀기에 차 운행하다 보면 냉각수가 부족하여 차가 과열되는 경우가 있는데 그걸 대비하여 냉각수를 보충해 주기 위해 대기하고 있는 집이라고 한다.

가이드의 설명에 따르면, 압록강이나 두만강 등의 水源은 백두산 근처에서 발원하지만, 천지의 물이 직접 흘러가는 강은 송화강이라고 한다. 그 말을 들으며 송화강을 보니 강가에 방목하는 소와 말들이 한가롭게 풀을 뜯고 있었다. 사진을 찍었지만 너무 멀어 소인지 말인지 구분이 안 되었다. 도로 변에는 수박과 참외를 팔고 있는 주민들이 많았다. 나는 이곳의 수박과 참외를 맛보고 싶다는 생각이 들었다. 그래서 손승철 교수님에게 길가에 차 세우고 수박을 들어 보시면 어떠냐고 물으니 좋다고 하신다. 수박은 내가 사려고 했지만 더 이상 수박을 파는 노점이 보이지 않았다.

내 전화기에서는 9시 46분에 +823-32414470에서 신호가 왔지만 받지 않았다. 이후 2번이 더 왔어도 안 받았다.

10시 2분에는 손 교수님과 한동환 선생님이 만주와 북한을 비교하며 얘기하는 것을 경청했다.

10시 19분에 길가 어느 주유소에 정차하기에 화장실을 다녀왔다. 이곳의 화장실은 구식 화장실이라 작은 건물에 한쪽은 남자, 한쪽은 여자용으로 구분되었지만, 대변 칸과 소변 칸이 낮게 차단되어 대소변 보는 사람들이 모두 보인다. 마침 젊은 청년 한 사람이 쭈그리고 앉아 대변을 보고 있었는데 소변을 보러 드나드는 사람들은 자연스럽게 그의 엉덩이를 볼 수밖에 없었다. 우리 일행이 모두 들랑거리며 소변을 봤지만 그 남자는 개의치 않았다. 이 또한 오늘까지 남아 있는 만주 지역의 풍습이라 기록으로 남기는 것이다.

10시 37분에는 기사에게 시내 입구에서 정차하게 한 뒤 한성주·이홍권 선생님들이 가게에 들어가 간식을 사 온다. 주로 튀김과자만 사 오니 해병대 출신인 손 교수님은 초콜릿이나 초코파이를 사 오라고 하신다. 한성주 선생님이 다시 구입하러 간 사이에 군 복무를 오래 했던 내가 미군들의 C-레이션에는 꼭 초콜릿과 비스킷이 있다는 얘기를 했다. 두 식품은 열량이 높아 비상식량으로 많이 애용되어 왔지만 경험이 없는 사람들은 알지 못한다.

시내에서 자전거에 손수레를 결합하여 만든 운반기구도 자주 볼 수 있었고 이걸로 인력거를 만들어 돈 벌이 하는 것도 봤다. 우리 같으면 규제 받기 십상인 차량인데 이곳에서는 자주 볼 수 있었다.

白山市를 통과하며 가이드에게 이곳 인구를 물어보니 25만 명이라고 한다. 그리고 11:00~11:30 사이에 통화시를 지날 때 창 옆에 보이는 공장들이 궁금해 물어보니 이곳이 세계 제일의 철강 공장들이라 한다.

12시 10분에는 도로변에 있는 공안들이 우리 차를 세운다. 가이드의 설명을 들어보니 운전기사가 과속하였다고 한다. 운전기사는 차를 세우더니 딱지 떼러 내려간다. 우리나라는 차량이 범칙하였을 경우 운전기사는 운전석에 앉아 있고 경찰이 운전기사에게 가서 범칙금 고지서를 발급하지만 이곳은 기사가 차를 정차시켜 놓고 하차하여 공안에게 가 범칙금 고지서를 받는다. 공안들은 도로변에 햇빛 가리는 日傘을 설치하고 그 밑에 책상을 놓고 앉아 있었다. 관료의 권위의식을 느끼게 하였다.

벌금을 물어보니 중국 돈 200元이라고 한다. 우리 돈으로는 35,000圓 정도한다. 이후 버스는 계속 운행하다가 어느 길에서 갑자기 기사가 차를 돌린다. 가이드가 이 길이 아니라고 하니 기사는 기름을 넣으러 간다고 한다. 12시 35분에 어느 주유소에 도착하여 기름을 넣었다. 가이드는 운전기사를 대신하여 다음과 같이 설명해 준다.

목적지까지 시간을 맞추려면 달려야 하는데 아까 딱지 뗀 자리에서부터 다음 공안이 있는 곳까지 도착 시간을 재기 때문에 정해진 속도 대로 달릴 수밖에 없단다.

차는 계속 서행하면서 운행하다가 12시 59분에 공안들이 서 있는 곳에 정차하니 그 공안들은 의아하게 우리 버스를 본다. 기사가 하차하여 천막 안 의자에 앉은 공안에게 가서 딱지 처리를 한다. 우리 식으로 말하면 구간단속을 하는 셈이다. 정해진 시간에 도착하면 벌금이 면제되기 때문에 천천히 왔단다.

그 바람에 점심 식사 장소인 집안 시는 14시 30분경에야 도착할 수 있었다. 아침을 시원찮게 먹은 일행들은 점심도 늦게 먹게 되었다. 그래서 옛말에 "모든 불행은 항상 친구를 데리고 온다."고 했다.

14시 34분에는 집안에 도착하여 슬레이트로 엉성하게 지은 불고기 집에 들어간다. 이 집은 조선족이 운영한다고 하는데 점심때라 그런지 사람들이 많다. 우리들을 위해 입구 왼쪽에 두 자리가 마련되어 있는데 한 자리마다 쇠고기 4접시가 놓여 있지만 반찬들은 상추와 깻잎, 그리고 된장뿐이다. 나는 시장했던 터라 깻잎 위에 밥을 얹고 된장 찍은 불고기를 같이 싸서 한 입에 넣고 맛있게 씹는데 첫 술에 돌을 씹어 이가 깨질 뻔했다. 다른 분들 불쾌하지 않게 빈 그릇을 찾아 뱉었지만 위·아래 이가 얼얼하다. 바쁘게 다니는 아줌마 종업원에게 내가 돌을 씹었다고 하며 이곳 쌀에는 돌이 많은지 물어보니 그 아줌마는 밥을 바꿔 주려고만 한다. 또 돌 씹을까 겁나 조심해서 먹다가 아예 밥에 찬물을 말아 먹었다. 오늘은 이래저래 식복이 없는 날이다.

15시 5분경 식당에서 나와 보니 신동규 선생님이 먼발치에서 보인다. 그곳에 걸어가 보니 압록강 강변으로 鴨綠江이란 비석이 세워있다. 15시

부 록-답사일기 443

장군총과 기댐 돌들

10분에 강변에서 사진을 찍고 왔다.

식사 후에는 고구려 유적지를 찾아 갔다. 15시 42분에 장수왕릉에 도착하여 사진을 찍으며 장군총을 에워싸고 있는 돌들을 재려고 손가방 안을 찾아보니 기껏 갖고 온 줄자가 없다. 아무리 뒤져봐도 없어서 손 뼘으로 재봤다. 중간 정도 규격의 돌은 높이가 70cm, 가로 160~179cm, 세로는 150cm 정도 되었다. 어느 선생님이 돌의 가에 파인 홈을 보면서 고구려 사람들의 석축 기술이 뛰어나 위에 얹은 돌이 흘러내리지 않게 턱을 만들었다고 한다. 그 말을 듣고 유심히 관찰해 보니 아닌 게 아니라 모든 돌들에 턱이 있어서 흘러내리지 않도록 해 놓았다. 이 기술이라면 아무리 높이 쌓아도 무너질 일이 없겠다. 장군총 모서리에 세워 놓은 큰 돌들에 대한 의견도 있었다. 붕괴를 방지하기 위한 것이라는 말도 있고 무엇을 상징하는 것이란 말도 있으나 붕괴 방지용은 아닌 듯하였다.

15시 52분에는 옆에 있는 작은 무덤에 갔다. 이 무덤은 장수왕 後宮의 무덤이라느니 측근의 무덤이라느니 하는 여러 설이 있지만 아직 규명된 바는 없다고 한다. 다른 관광객들과 어울려 사진을 찍는데 가이드가 아래에 내려가 수박 먹으라고 부른다. 내려가 보니 손 교수님과 우리 일행 몇 분이 매점 옆에서 수박을 먹고 있었다. 내가 오전에 손 교수님께 수박 얘기를 했더니 특별히 수박을 드시는 것 같다. 손 교수님은 나에게 수박을 먹으라고 권하신다. 사소한 사람의 하찮은 말까지 마음 써 주시는 분이라는 것을 느꼈다.

장군총을 벗어나는 출구는 상점 복도를 지나도록 만들었다. 이곳에서도 건물이면 생심하는 사람의 마음을 이용하여 어떻게 하든 관광객의 주머니를 열려고 노력하는 중국인들의 계산속을 느끼게 한다. 나는 이번 답사 출발 전 가족들, 특히 막내 딸 子英이에게 여행기간에 아무 것도 사지 말라는 철저한 세뇌교육(?)을 받고 왔다. 다만 꼭 필요한 책은 구입해도 된다는 허락을 받았다. 요즘 세대는 '민주'니 '자유'니 하며 개인주의 현상이 심화되고 있지만 그것은 환상일 뿐이다. 우리가 대기권의 압력이나 지구의 중력을 벗어나면 생존할 수 없듯, 인간 사회에서도 누군가와 연계되어 나를 챙겨주고 단속해 줄 수 있는 사람들이 있다는 것이 더 행복한 일인 줄은 모르고 있다. 그러기에 나는 가장으로서 권위를 내세우기보다는 가족들에게 단속 받고 있는 것이 더 행복하다고 생각한다.

원연희 선생님은 好太王碑를 모방한 작은 碑石을 샀다. 손 교수님은 이곳에 왔으면 비돌 하나는 사 갖고 가야 한단다. 그 말씀을 듣고 비돌을 사기 위해 상점에 들러 구경하다가 16시 42분에 호태왕비각에 갔다. 밖에서 사진 촬영하는 것은 허락하지만 비각 안에서는 사진을 못 찍게 하였다. 이 땅은 물론 이 비석의 주인공은 중국과 강력하게 대결했던 우리 선조인 고구려 광개토대왕인데 지금은 그 상대국의 후손인 중국인들이 자기네 것이라며 주인의 후손인 우리를 통제하는 것이다. 내 심경이 매우 착잡했다. 그래서 다른 곳 같았으면 꼭 구입했을 탁본이나 비석들을 하나도 구입하지 않았다. 중국인 관광객들에게 열심히 호태왕비의 유래를 설명하는 중국인 여자 안내원의 말을 들어보았다. 물론 내 중국어 청취력이 뛰어나진 않지만 귀머거리도 저 욕하는 소리는 알아듣는다고 한다. 정확하게 이해한 것은 아니지만 호태왕이나 고구려의 역사가 중국의 일부 역사라며 자랑스럽게 떠들어대고 있었다. 어이없는 일이다.

호태왕비각

　15시에는 남의현 교수님과 같이 광개토대왕 무덤을 봤다. 이 무덤은 많은 부분이 허물어졌지만 장수왕 무덤보다 컸다. 남 교수님과 같이 먼저 무덤 위에 올라가보니 50대 경비원 한 명이 있다. 내가 무심코 石室 사진을 찍으려고 하니 그 관리인은 "No~!"하며 못 찍게 한다. 그래서 사진은 찍지 않고 안에 들어가 관이 놓였던 자리를 둘러 봤다. 나는 기념으로 이 경비원과 같이 사진을 찍고 싶었다. 마침 이홍권 선생이 왔기에 통역을 부탁해 경비원에게 기념사진을 찍자고 하니 그는 웃으며 안 된다고 한다. 중국은 아직도 통제가 심한 전제국가인가 보다.
　한동환 선생님이 올라와 보고 이 무덤과 비석 그리고 장군총이 일직선이라고 한다. 주변을 둘러보니 북쪽은 높은 산이고 남쪽은 강으로 풍수학적으로도 의미가 있을 것 같다. 輪圖板은 가져오지 않았지만 풍수를 보려고 무덤 위에 올라가도 되는지 물어보니 당연히 못 간다고 한다.
　어쩌다가 방향에 대한 얘기가 나왔기에 군에서 배운 독도법이 생각나 시계를 꺼내 시침을 태양에 맞추고 12시 방향과 반을 나눠 보니 강 하구 쪽이 남쪽 같다. 내가 그곳이 남쪽이라고 하니 손 교수님께서 북한이 강 너머인데 어떻게 강 하구가 남쪽이 될 수 있느냐고 하신다. 그렇지만 나는 자신이 있기에 굽히지 않고 독도법을 설명했다. 그래도 손 교수님 등은 내 말이 틀렸다고 한다. 내가 열변을 토하며 우기는데, 김보환 교수님이 내 시계를 보더니 내가 말하는 12시 쪽이 잘못되었다고 깨우쳐 준다. 그제야 제 정신이 들어 다시 확인해 보았다. 나는 시계 바늘을 조정하는 곳, 즉 3시 쪽을 12시 쪽으로 알고 우긴 것이다. 이런 멍청한 놈이 다 있나! 자기 착각에 빠진다는 것이 이렇게 무섭다. 개인은 자신만을 망치지만 정치하는 사람들은 국가를 망친다.

이후 5호묘를 견학하러 갔다. 묘실 입구에 들어서니 통로벽 좌우는 물론 위아래까지 습기가 꽉 차서 바닥은 습지 같이 물이 흐른다. 소중한 유적지를 이렇게 관리하는 이유를 알 수 없었다. 게다가 찾아오는 관광객들의 비난이 적지 않을 텐데 중국 당국은 그것을 의식하지 않는 것 같다. 묘실 안에는 습기가 더 심하여 벽화에서 물기가 뚝뚝 떨어진다. 가이드의 안내에 따르면 하얗게 보이는 부분들은 본래 청색이었는데 습기 때문에 변색된 것이라 한다. 처음 공개할 때는 이렇지 않았다는데 찬 내부에 더운 바깥의 공기가 엉겨 습기를 맺게 한단다. 예산이 좀 들더라도 환기시설을 하든지 아니면 공개를 하지 말던지 해야지 너무 관리를 잘못하고 있다. 우리나라 같으면 시민이나 언론 단체에서 가만 안 있었을 것이고, 무슨 수를 쓰더라도 당장 고쳤으련만 안타깝다. 사진에서 본 四神冢은 공개하지 않는다고 한다.

허탈한 마음으로 주차장 쪽에 와서 호태왕비 빗돌을 사려고 가격을 물어보니 비싸다. 노점에 있는 상인은 상점에서 파는 빗돌은 樹脂 제품이라 가짜 돌이지만 자기 것은 진짜 옥돌이라고 한다. 그러나 그가 보여주는 진열품 역시 상점 것이나 똑 같은 수지 제품이었다. 탁본도 매우 비쌌다. 진짜 탁본인지 모조품인지도 모를 종이 한 장에 중국 돈 300元~500元(우리 돈 50,000원~85,000원)씩 한다. 바가지 商魂이 도를 넘었다는 생각이 든다. 결국 아무 것도 사지 못했지만 상품을 구경하는 바람에 승차는 내가 가장 늦었다.

18시에는 환도산성에 갔다. 산성 입구만 둘러보고 높은 전망대는 안

집안의 압록강에서 탄 유람선과 석양

　가려는 사람들도 있지만 나는 평생 처음 와 본 유적지 인데 안 올라가보면 천추에 미련이 남을 일이라 생각되어 남의현 선생님과 같이 올라갔다. 전망대 가까이 접근하자 근처에 과일을 팔고 있는 부인네가 둘 있었다. 남 교수님과 나는 18시 7분에 전망대에 도착하여 사진을 찍고 있으니 몇 분들이 더 올라온다. 나는 내리막길에 취약하여 먼저 간다고 말씀드리고 천천히 걸어 18시 3분에 입구 쪽에 와보니 손 교수님께서 계곡물에 발을 담그고 있었다. 후끈거리는 내 두 발을 생각하니 매우 부럽다. 그래서 양말을 신은 손 교수님께 다시 발을 담그시라 부탁드려 사진을 찍었다. 망중한이란 이런 것인가 보다.
　뒤에 내려오신 분들은 전망대 근처에서 어린아이가 과일을 사라고 하는 바람에 샀다고 하며 과일 몇 봉지를 들고 와서 나눠 준다. 그걸 보고 사람의 마음을 움직이게 하는 방법을 아는 사람만이 성공한다는 생각이 다시 들었다.
　근처에 南瓮門이라는 성문 터 表石이 있었다. 이후 좀 아래로 내려와 무덤 총들이 보이는 앞에서 단체 사진을 찍고는 배를 타기 위해 강가로 이동하다가 18시 50분에는 점심때 사진 찍었던 곳에 와서 구명복으로 갈아입고 승선하였다. 저녁때라 서산에 노을이 비쳐 풍치가 아름답다. 강

북 쪽의 集安 시는 변화하지만 강 남쪽의 북한 땅은 사람이 살고 있지 않은 것 같다. 같은 시대를 살면서 정치체제에 따라 빈부의 격차가 크게 달라진다는 것을 생생하게 확인시켜 주는 현장이다. 중국도 등소평이 개혁개방을 안 했더라면 북한과 별반 다르지 않았을 것이다.

이후 숙소로 이동하여 19시 15분에 香港城假日大飯店이란 호텔에 들어가 객실에 짐을 풀었다. 우리 객실은 5층 22호실이다. 손 교수님께서는 식사 전에 허리 안마를 하자고 하셨기에 바로 손 교수님의 객실인 418호실에 내려가 허리 결린 부분을 10분 정도 풀어드렸다.

이후 저녁 먹으러 로비에 내려 간 김에 호텔 안에 있는 점포에 가서 상품들을 둘러보았다. 5호묘의 벽화들은 내부 습기로 언제 사라질지 모르겠기에 集安의 안내 책자에 담겨 있는 벽화 사진이나 보관하려고 初老의 여점원에게 가격을 물어보니 200원이라고 한다. 그러나 밥 먹으러 가는 길이라 지금은 살 수 없고 식사 후에 꼭 사겠다고 했다. 신용카드도 된다고 한다.

20시 1분에는 바로 옆에 있는 '묘향산식당'에 들어갔다. 이곳은 북한 정부가 직접 운영하는 곳이라고 한다. 낮에 한동환 선생님으로부터 이 식당에 대한 설명을 들었다. 내부에 들어가 보니 중국인 손님들이 많다. 한동환 선생님은 이곳이 북한 정부의 유일한 외화 수입원이라고 한다. 그러나 국가가 운영하는 식당이 중국인 개인들이 운영하는 식당보다 빈약하다. 왼쪽 편이 무대인줄 알고 바로 보는 자리에 앉았는데 알고 보니 우측이 무대라 장경호 선생에게 양해를 구하고 자리를 바꿔 앉았다. 북한 여자들이 무대에서 노래를 부르니 중국인들은 호응하며 박수를 치고 있다. 심부름하는 북한 여자들도 교대로 무대로 나가 노래한다. 한 선생님의 설명에 따르면 이곳에 근무하는 여자들은 북한의 예술단체 '피바다'에서 활동하는 배우들만은 못해도 그 다음 수준의 능력자들이라 한다. 내가 20시 4분에 사진을 찍으니 여자 종업원이 와서 사진 찍으면 안 된다고 한다. 유흥업소에서 사진도 못 찍게 하나 하고 의아하게 생각했는데 얼마 후에 보니 중국인들은 비디오도 찍는다. 중국인들은 마음대로 사진 찍어도 되지만 우리는 남한 사람이라 사진을 못 찍게 하는 것이다. 어처구니없는 일이다.

한동환 선생님과 북한의 체제에 대하여 얘기하였다. 북한의 정세에 밝은 한 선생님이 말하길 북한의 모든 통제는 김정일의 직접지시를 받기 때문에 중간계통의 재량권이 없다고 한다. 그 말을 듣고 군 지휘계통도 그러는지 물어보니 마찬가지라고 한다. 내가 말하길 지휘관에게 재량권이 없는 군대는 100만이 있어도 아무 소용없다고 했다.

북한 여가수 한 명이 우리 좌석에 와서 노래한다. 지금 이 식당에 한국인은 우리들뿐이라고 한다. 여가수는 우리가 유일한 한국 손님이라는 것을 알고 특별히 우리들에게 와서 흥을 돋아 주는 것이다. 부르는 노래 가사들은 잘 생각이 안 나지만 끝에 "다시 만납시다."라는 구절만은 기억이 난다. 그 여자가수에게 손 교수님이 이홍권 선생을 통해 팁을 줬지만 거절하고 받지 않는다. 자존심인지 통제 때문인지 구분하기 어려웠다. 그 여가수는 우리들과 일일이 악수를 했지만 나와 신동규 선생님은 악수하지 않았다. 말이 통하는 같은 민족인데 정치적 배타성 때문에 일부러 이질적인 격리감을 갖고 대하는 현실이 개탄스럽다.

이후 우리 일행은 21시 25분에 식당에서 나와 강변을 둘러보자며 걸어갔다. 33분에 강변에 도착하여 우리나라의 포장마차와 같은 어느 집에 가서 꼬지 등을 시켜 맥주를 마셨다. 나는 호텔 매점에서 集安의 관광책자를 산다고 약속했고 그 점포는 22시에 문을 닫는다는 말을 들었기에 손 교수님께 말씀드리고 먼저 일어나 호텔로 갔다. 그러나 막상 책을 구입하기 위해 카드로 계산하려고 하니 내가 갖고 있는 신용카드는 안 된다고 한다. 내가 서툰 중국어로 이 카드는 훈춘과 북경 등 여러 곳에서 썼다고 하자 그 부인은 로비에 앉아 있는 젊은 여점원에게 내 카드를 들고 가 물어본다. 그러나 그 여점원 역시 안 된다고 한다. 내심 잘 되었다 싶어 그냥 객실에 들어와 보니 23시 15분이다. 나중에 이 호텔도 북한 소유라 신용카드가 안 되는가 하고 한동환 선생님께 말씀드렸더니 같은 신용카드라도 되는 곳이 있고 안 되는 곳이 있다고 한다.

입고 다니는 등산 바지에 땀이 찼기에 웃옷과 같이 빨아 물기를 뺀 뒤 옷장에 넣었다. 씻고 나니 23시 30분이 넘었다. 그래서 답사일지는 내일 아침에 치기로 하고 잠을 잤다. 자다가 전화가 와 받아보니 김수정 선생이다. 내가 잠에 골아 떨어져 한 선생님이 문 두드리는 소리를 인식하지 못하자 전화벨로 깨운 것이다. 문 열어 드린 시간은 23시쯤 되었다.

2011년 8월 21일 일요일

안개 후 구름(음력 7월 22일 戊申)

한국 시간으로 5시, 이곳 시간으로는 4시가 좀 넘은 시간에 일어나 씻은 뒤 4시 50분경부터 답사일지를 작성했다. 열심히 타자하는데 6시에 기상 시간을 알리는 전화가 왔다. 일지를 작성하던 중 갑자기 한글이 꺼진다. 지금까지 타자한 내용들을 저장하지 못했기에 모두 날라가 다시 타자해야 했다. 내가 타자하는 동안 TV를 보던 한 선생님은 뉴스에서 '컴퓨터나 TV를 한 시간 할 때마다 수명이 얼마씩 단축된다'는 보도가 나왔다고 알려 준다. 맞는 말이라 공감한다고 말했다.

오늘 아침 식사는 한국 시간으로 8시부터 하라고 했었기에 현지 시간 7시에 아침 식사를 하러 호텔 2층에 있는 식당으로 내려갔다. 답사 출발한 날부터 새벽 운동을 못했기에 소화력이 떨어져 小食 했지만 다른 사람들의 식사량에 비하면 많은 량이다.

식사 후 양치질하고 나와 보니 한동환 선생님이 탁자에 미화 1$을 올려놓았다. 이후에도 나는 계속 일지를 타자하다가 7시 50분에 짐을 갖고 로비에 나와서 혼자 호텔 맞은편에 있는 국내성 유적지에는 56분에 도착하여 사진을 촬영했다.

丹東으로 이동하고자 7시 55분에 버스에 승차하여 8시에 출발하였다.

가는 길에 발굴 조사를 하고 있는 현장을 둘러보자고 했지만 지나쳐 버렸다. 아마 버스기 다른 길로 지나 온 것 같다.

단동에 도착하려면 시간이 꽤 걸린다며 도중에 햄버거를 사서 나눠 준다. 나는 받긴 했지만 소화가 안 되어 오늘 하루가 끝나는 시간까지 먹지 않았다.

8시 후에는 강에 도착한 뒤 건너가기 전 다리 입구에 차를 세웠다. 가이드는 이곳이 강변성이라고 하며 하차하여 둘러보고 가자고 한다. 그의 안내에 따라 차에서 내려 성주변을 둘러 봤다. 가이드에게 성 앞에 흐르는 강이 무슨 강이냐고 물어보니 그는 근처에 앉아 있는 初老의 두 할머니에게 물어본다. 할머니들은 "씨따허"라고 하기에 내가 수첩에 "西大河"라고 써서 한 할머니에게 보여 주며 "對嗎?(맞습니까?)"하고 물어 보니 그 할머니는 "對(맞아)!"라고 대답한다. 가이드가 중요한 지명도 모르면서 안내한다.

7시 20분부터는 차 안에서 손 교수님이 학부 학생들에게 한자를 교육 시켜야 한다고 하시며 그 중요성에 대하여 말씀하시기에 경청하였다. 손 교수님께서는 강대 사학과에서 강의하시던 초기에 아침 8시부터 한 시간 씩 四書를 교육하셨는데 그때 수강생들이 지금의 유재춘·남의현 교수님 들이라 한다. 그 뒤에는 일본어 교육도 했는데 그들이 황은영 선생님 등 이라고 하셨다. 나는 '아시아역사탐구' 수업과 시험에 대하여 의견을 말 씀드렸다. 손 교수님은 요즘 학생들은 어렵게 가르치면 이해를 못하니

국내성의 성벽

西大河 변의 성벽

쉽게 가르치라고 하신다.

집안을 벗어나는 길은 높은 산과 깊은 계곡을 통과해야 했다. 집안의 앞에는 압록강과 서대하가 있고, 뒤에는 높은 산들이 겹겹이 막혀 있어 요동에서 들어오려면 협곡을 지나야 한다. 즉 천혜의 요새인 것이다. 도로와 같이 이어지는 강변에는 옥수수 밭이 끊임없이 펼쳐져 있다.

어제 잘 잤지만 그래도 누적된 피로로 너무 피곤하여 나도 모르게 몇 번 졸았다. 구경도 잘하고 공부도 많이 했지만 피로해 쏟아지는 졸음을 극복하기는 매우 어려웠다.

10시 35분경에는 渾江口大橋를 건너가 쉬면서 공중 화장실에서 소변보고 근처 사진을 찍었다. 이정표를 보니 이곳에서 寬甸은 110km, 丹東은 192km, 大漣은 510km라고 붙어 있다. 도로 건너편 언덕 아래에 4명의 남자들이 탁자에 둘러앉아서 뭘 하고 있고, 그 앞에는 公安 차가 정차해 있다. 운전하는 공안은 차에 앉아 있고, 다른 공안 한 명이 네 명의 남자들이 하는 놀음을 구경하고 있다. 건너가 공안에게 "你好(안녕하세요)!" 하고 인사하니 그도 나에게 "니하오!"하고 대답한다. 그러면서 놀음을 설명해 준다. 이것이 麻雀이라고 한다. 깎인 언덕 돌 사이에는 물이 떨어지고 있는데 그 물 아래에 큰 물통을 놓고 물을 받고 있었다. 이 물은 마실 수 있다고 한다. 손 교수님도 와서 보시곤 "신선 놀음이구만!"하신다.

9시 50분부터는 손 교수님께서 버스대학을 진행하시겠다며 유재춘 교수님에게 강의를 부탁한다. 갑자기 임무를 받은 유 교수님은 20여분 준비를 하는 것 같더니 앞으로 나와 약 30분 이상 강의를 시작하였다. 주된 내용은 고구려가 남쪽으로 천도한 이유와 성곽의 구조에 대한 강의이다. 나는 수시로 노트하면서 강의 내용을 다음과 같이 요약해 보았다.

> 고구려 건국초기에 중심지였던 五女山城은 초기에는 좋은 입지 조건이었지만 국력이 차츰 커 가자 협소했기 때문에 이곳 집안으로 도읍을 옮겨 왔다. 이후 신라와 백제를 침공하며 남쪽으로 진출해 쌀을 얻고자

다시 평양으로 천도하게 되었다. 이곳으로부터 남으로 내려가는 길은 두 개의 통로가 있는데, 하나는 압록강 하구 의주로부터 가는 길이 있고, 다른 하나는 집안에서 강계를 지나가는 길이 있는데, 그 길에서 동쪽으로 장진강 상류를 따라 내려가면 함흥에 도달한다고 하였다.

손 교수님은 지도를 보시며 유 교수님의 강의를 경청하고 나서 짧은 시간에 많이 준비했다고 하신다.

유 교수님은 또 고구려 사람들이 군사적 지리에 밝았다고 한다. 옛 사람들은 강을 좋아했고 생존이 우선이라 도읍도 그에 따라 옮겨 다녔다고 하며 압록강 상류에는 배 없이 도강할 수 있는 곳이 있을 것이라고 한다.

다음은 성에 대한 강의를 들었다.

> 먼저 환도산성을 지어 국왕이 거주하면서 나중에 국내성을 축조했을 것이다. 그리고 방천이란 명칭은 각 성에 다 있는 보통명사이다. 고구려 성 축조의 특징은 방형인데 방형은 구획을 정확히 구분할 수 있다고 한다. 그리고 고구려 성은 치성이 발달하였다. 다른 국가인 신라의 성은 벽돌 사이에 얇은 돌을 대어 견고하게 하였다.

강의를 들으며 한참 가다보니 길가에 복숭아 파는 노점상들이 많다. 안내자는 이곳이 유명한 복숭아 과수원이라고 하며 우리들에게 한 번 사 먹어 보라고 한다.

더 가다보니 10시 45분경부터 큰 호수가 보인다. 누가 이곳이 수풍댐이냐고 물어보니 가이드가 말하길 수풍댐은 더 위쪽에 있고 이곳은 太平댐이라고 한다. 10시 51분에는 太平河 관람지에서 정차하여 댐을 보며 사진을 찍었다. 내가 복숭아를 사려고 이홍권 선생을 불러 통역시켜 20개 정도를 25元 내고 사면서 돌배 하나를 얻었다. 버스에 승차 한 뒤 차내를 다니면서 개인에게 나눠 주니 모두 씻지 않은 복숭아라 싫어한다. 손 교수님은 한데 모았다가 나중에 먹자고 한다. 나눠 준 복숭아들은 다시 회수한다. 내가 또 분위기 파악을 못했다.

한동환 선생님에게 孔子가 기장으로 복숭아를 씻어 먹는 현상을 보며 "주식으로 후식을 씻는 것은 상륜에 어긋난다."라고는 한 것을 말했더니 한동환 선생님은 그래도 기장으로 씻겠다고 한다.

단동에 가까이 접근하자 호산성을 지나가게 되었다. 이 산성은 점심 먹은 뒤 다시 와야 한단다.

13시 44분에는 단동 시내에 들어가 예약된 식당에 도착했다. 점심을 먹고 나서 송길자 씨가 복숭아를 씻어 오자고 하기에 어디서 씻는지 물어보니 화장실에서 씻으라고 한다. 나도 한 봉지를 들고 화장실에 가보니 세면대에 솔이 있어서 그 솔로 복숭아를 씻어 왔다. 그리고 한 개를 꺼내 반쪽으로 나눠 한 쪽은 내가 먹고 한 쪽은 다른 분들께 권하니 아무도 먹으려 하지 않는다. 내가 맛있다고 하니 한성주 선생님이 먹어 본다. 그러나 사실은 우리나라의 복숭아보다 맛이 없었다.

호산산성에 가면서 중국에서 신축한 성 줄기를 보니 북쪽이 아니라 남쪽으로 뻗어 있다. 이 성이 본래 중국에서 쌓은 것이라면 성의 줄기를 적 방향인 북으로 냈을 것인데 남으로 냈다는 것은 눈 가리고 아웅하는 것이라고 했다. 중국인들은 이 성이 만리장성의 동쪽 기점이라며 이름도 아예 호산성이 아닌 호산장성이라고 지어 놓고 만리장성의 축조방법 그대로 쌓아 놓았다고 한다.

14시 52분에 호산성에 입구에 도착하니 가이드가 입장권을 구입해 온다. 그의 안내를 받으며 성 안으로 들어갔다. 성벽에 올라가보니 구운 벽돌로 성을 축조했지만 벽돌을 세로로 쌓지 않고 가로 두 겹씩 쌓아 무너지기 쉬웠다. 그리고 총안구도 경사가 없어 전쟁하기 어렵게 해 놓았다. 거의 고증 없이 멋대로 날조한 것이다. 성루에는 북한 기념품을 팔고 있다. 손 교수님과 나, 한동환·이홍권 선생 등은 중간까지만 올라갔다.

산 정상까지 가고 싶었지만 계단이 가파르기에 관절염이 있는 내 무릎으로 다녀온다는 것은 무리였다.

성 너머에는 작은 물줄기가 있고 그 건너가 바로 북한 땅이라 중국과 북한이 지척이었다. 북한지역에는 옥수수를 심어 자라고 있었다. 나는 한동환 선생님에게 북한 사람들이 성을 넘으려면 사다리 하나만 있으면 될 것 같다고 했다. 중국 쪽에는 아무 것도 설치되어 있지 않고 북한 쪽에는 울타리가 있

만리장성으로 둔갑해 버린 호산성

었지만 많은 곳이 망가져 있었다. 한동환 선생님은 얼마 전 우리 언론에서 중국이 북한 쪽 국경선에 철조망을 쳤다고 보도하면서 북한과 중국의 관계악화설까지 언급했었는데 막상 와 보니 극히 짧은 곳만 북한 주민의 월경을 방지하기 위해 쳐 놓았다고 하면서 역시 현장에 와서 직접 봐야 한다는 말을 몇 번이나 되풀이한다.

15시 50분까지 출구로 모이라고 했기에 시간을 맞춰 내려갔다. 한 선생님이 근처 가게에서 빙과를 사 줘 먹으며 쉬다가 안내자를 따라 다음 장소로 이동하였다. 호산성 입구에는 무슨 조형물을 세우고 있었다. 아마 만리장성에 대한 석조물을 세우는 듯하였다. 그리고 붉은 글씨로 새겨 놓은 시비에는 이곳이 만리장성의 출발점이라고 쓰여 있었다.

역사적 사실을 왜곡하기 위해 갖은 노력을 다 기울이는 중국인들의 심경을 알겠지만 진실은 변하지 않는 것이다. 중국은 예로부터 산해관을 장성의 기점이라 자랑하며 그곳에 "天下第一關"이란 간판을 걸어 놓은

이곳이 만리장성 기점으로 날조한 詩碑

바 있다. 그리고 청나라 때 간행된 사고전서의 수많은 책 속에는 중국의 국경선에 대한 명확한 기록들이 담겨 있다. 이 사고전서 중 문연각에 소장된 것은 장개석에 의해 대만으로 옮겨 간 뒤, 1983년에 대북 상무인서관에서 數萬秩 영인하여 전 세계에 판매하였다. 전 세계 국가들이 확실한 물증을 갖고 있는데 이제 와서 역사를 날조하는 행위는 "눈 가리고 아웅!" 하는 격이다.

가이드가 안내하는 길을 따라 가다보니 성벽에 타원형의 큰 통로가 있었다. 이 통로가 있는 줄도 모르고 성벽 위에서 탈북자가 성을 넘으려면 사다리가 있어야 한다는 말을 했었다. 이 통로를 지나 강가에 가보니 "咫尺(지척)"과 "一步跨(한 걸음이면 닿는다)"라는 빗돌이 있고 그 비석에는 먼저 온 중국인 관람객들이 사진을 찍고 있다.

우리 일행이 강가에 도착한 시간은 15시 55분이다. 이곳에 와서 보니 북한과 중국의 경계는 10미터 정도밖에 안 되는 강물로 나뉘어져 있었다. 마음만 먹으면 얼마든지 북한 땅을 밟을 수 있었다. 안내문을 보니 건너편으로 무엇이든 던지지 말고 외국인과 대화하지 말라는 등의 주의사항을 써 놓았다. 중국 정부에서 한국인에 대하여 무척 신경 쓰는 것 같다.

호산성 관람을 마치고 나서 16시 12분경에는 구련성을 찾아 출발했다. 얼마간 가노라니 16시 30분부터 구련성 마을에 진입하게 되었는데 안내자가 비석이 있는 위치를 몰라 한참 동안 돌아다녔다. 남 교수님은 10년 전에 왔을 때는 단동에 살고 있는 가이드가 미리 찾아 봤기에 바로 올 수 있었다고 한다.

유적지를 표시한 비석을 찾고자 몇 번씩 버스를 돌려 오가면서 가이드와 운전자, 이홍권·송길자 씨 등이 노인이나 마을 사람들에게 유적비의 위치를 물어보았고, 그들이 알려 주는 곳을 찾아갔지만 번번이 허탕치고 말았다. 어느 곳에 정차 했을 때 노인 한 분이 지나가기에 내가 그 노인에게 구련성을 물어보니 이곳이 다 구련성이라고 한다. 다시 구련성 유적비가 있는 곳을 물어봤지만 그는 알지 못했다. 시간이 많이 흐르자 손 교수님은 찾는 것을 포기하고 가자고 했는데 이홍권 선생이 어떤 50대 남자를 만나더니 그를 버스에 태운다. 그가 비의 위치를 알고 있다고 한다. 다시 차를 돌려 마을 안쪽으로 더 들어 가자 17시 15분에 길 오른쪽에 위치한 어느 가게 처마 밑에 있는 비석 두 개를 발견하고 차를 세웠다. 구련성 마을에서 이걸 찾기 위해 한 시간 이상 헤맸다. 가이드가 모르니 아무도 찾을 수 없었던 것이다.

이 비석에는 쓰고 버린 빈 종이상자 쓰레기들이 놓여 있었고, 앞에는 오토바이 한 대가 주차되어 있어서 사진 찍을 수 없기에 그것들을 치웠다. 모두 비석을 촬영하는 사이에 나는 안내 해 준 남자를 찾아가 수첩에 "請寫, 您貴姓名(귀하의 성명을 써 주시기 부탁합니다)"이라고 써서 수첩과 필기구를 내 밀자 그는 "蘭玉明(난옥명)"이라 써 준다. 처음 王자로 썼다가 玉자로 고쳐 준다. 그에게 고맙다고 했다.

두 개의 비석은 글씨를 칠한 적색이 거의 지워져 글자를 식별하기 어려웠다. 내가 石碑의 뒷면 사진을 찍으려고 가게 안에 들어가자 여주인은 들어가 사진을 찍으라고 한다.

17시 21분에는 한성주 선생님이 카메라 건전지를 사겠다고 나에게 통역해 달라고 해서 주문해 줬다. 내가 아줌마에게 이곳은 매우 중요한 유적지라고 하니 아줌마도 "故址(유적지)!"라고 한다.

난옥명 씨가 갈 때 이홍권 선생이 수고비를 주자 그는 사양하다가 받는다. 중국인들은 모두 돈만 밝히는 줄 알았는데 이곳에서 소박한 중국인을 만나 보았다.

손 교수님은 나에게 이곳 주소와 상점의 상호 등도 찍으라고 하시기에 이미 모두 찍어 놓았다고 말씀드렸다. 유적비가 있는 위치는 九連城 郭家堡 213路이다.

돌아가는 차 안에서 내가 안내해 준 남자의 이름을 적었다고 하니 손 교수님은 "나이와 주소 연락처도 적었어야 한다."고 하신다.

18시경에는 단동시 압록강 주변에 있는 호텔 郵電大廈에 도착하여 짐을 옮겨 놓았다. 삼성급 호텔이라 별로 좋지 않다. 나는 아침에 과식하여 차에서 주는 햄버거를 안 먹었기에 방에 놓고 나갔다.

18시 30분에는 호텔 로비에 모여 발 마사지를 받으러 갔다. 손 교수님은 일이 있다며 가시지 않고 다른 몇 사람도 안 갔다. 버스기사가 업소의 위치를 몰라 가이드가 전화로 연락하니 도중에 젊은 여자가 승차하여 마사지 집을 안내한다. 간판은 "金盆발안마휴거센터"라고 되어 있다. 2층에 올라가니 칸칸 격실에 여자 종업원들이 손님을 받고 있다.

옷을 갈아입으려고 하자 한 분이 전신 마사지가 아니라 발 마사지만 해 주는데 옷을 갈아입을 필요가 있느냐고 한다. 안내자에게 물어보니 발 마사지만을 한다고 하기에 그대로 침대에 올라가 마사지를 받았다.

나는 유재춘·한문종·한동환 선생님 등과 같은 방에 들어갔는데 한 선생님이 종업원들에게 농담하며 나에게 통역하라고 한다. 한 선생님을 마사지 하는 여자는 한국말을 할 줄 알아 말을 많이 하지만 나를 마사지 하는 여자는 아무 말을 안 한다. 나의 서툰 중국어와 한국말을 할 줄 아는 여자가 하는 말을 종합해 보면 그들은 모두 30살로 결혼하여 아들이 하나씩 있다고 하며 대련에서 대학을 졸업했다고 한다. 무슨 학과를 다녔는지 물어보니 회계학과라고 한다. 그 여자가 나에게 "이 아저씨 중국말 잘 한다!"라고 한다. 남편들의 직업을 물어보니 좋지 않다고 하는 것이 없는 모양이다. 안쓰러운 생각이 들었다.

마사지 업소를 나온 시간은 19시 33분이다. 마사지를 받아 본 소감은 내가 2005년도에 북경에서 받은 것만큼 잘 하지는 못했다.

이후 식사를 하러 가서 20시 6분에는 단동에서 제일 크다는 식당 華府酒店에 도착했다. 20시 10분에 격실로 된 식당에 들어가 보니 음식이 잘 차려 있다. 그러나 맛은 새우 조리를 제외하고 다른 곳과 별 차이가 없다. 개고기 같은 것이 나와 종업원에게 무슨 고기인지 물어보니 모른다며 물으러 간다. 나는 먹지 않았다. 장경호 선생이 먹어보곤 개고기가 맞다고 한다. 손 교수님은 음식이 푸짐하게 나온다며 좋아하신다. 나는 그동안 누적된 피로 때문에 졸음이 쏟아져 참을 수 없기에 잠시 졸았다. 원연희 선생님은 "말은 들었지만 앉아서 자는 것은 처음 봤다."고 한다. 몇 개 먹지 않은 것 같은데 배가 불러 더 안 들어간다. 그동안 하루 3~5시간 정도밖에 잠을 못 잤다.

한성주 선생님이 병 꼭지를 깨야만 마실 수 있는 중국 술병을 따다가 손가락을 다쳤다. 내가 복도에 나가 "姑娘(아가씨)!"하고 종업원을 불러 한성주 선생님의 상처 난 곳을 보여주자 종업원은 밴드를 가져다준다.

손 교수님은 내게 권주를 하시며 "내일 일본 스피치 할 때 폭탄선언 하지마"하신다. 내가 언제나 충격적인 말을 잘 하는지라 이번에는 무슨 소릴 할런지 궁금하신 듯하다.

식당에서 나와 20시 38분에는 강가에 주차하고 단동철교의 야경 사진을 찍었다. 許願燈이란 것이 있는데 氣球 올리는 원리를 이용해 촛불을 공중에 날려 보내는 것이었다.

한참 동안 둘러보고 나서 숙소에 들어 온 시간은 23시가 넘었다. 손 교수님 등은 종례한다며 또 2차를 나갔지만 나는 바로 숙소에 와서 씻기만 하고 잤다. 그래서 오늘 답사일지는 타자하지 않았다. 구경과 견학은 잘하고 다녔지만 심신은 매우 피곤하다.

2011년 8월 22일 월요일

구름, 덥다가 한때 소나기(음력 7월 23일 己酉)

3시에 잠이 깨었으나 곧 일어나지 않고 더 누웠다가 4시 14분경에 일어나 답사일지를 작성하였다. 쓸 것이 많은데 머리가 맑지 못해 정리가 잘 되지 않는다.

5시 10분경에 대변을 본 뒤 씻고 나왔다. 화장실에 전기코드가 없어 객실 화장대에서 머리 드라이를 하려는데 다행히 한 선생님이 일어나 덜 미안 했다. 가방을 꾸린 뒤 6시 55분부터는 다시 답사일지를 작성했다. 아침 식사는 7시(한국 시간 8시)부터라 시간이 많이 남기에 7시 30분에 먼저 나가 주변을 돌아 다녔다. 이홍권 선생님이 어디를 바삐 간다. 모퉁이를 지나자 고서점이 있기에 들어가 책 구경을 했다. 전집 같이 몇 권씩 인쇄한 兵書 및 고문헌들을 한 질로 묶어 팔기도 한다. 兵書集에 관심이 있어 가격을 물어보니 4권 1질에 85원이라고 한다. 그러다보니 휴대폰에서 7시 50분이라고 알리는 소리가 나 책은 사지 않고 호텔로 돌아왔다.

아침 식사는 8시부터 시작했다. 식사하다가 사진 찍는다는 생각을 잊어 식당 사진은 찍지 못했다. 적당히 먹고 객실에 올라와 양치하고 8시 50분에 짐 챙기며 美化 1弗을 청소하는 사람의 팁으로 탁자 위에 올려놓았다. 로비에 내려가니 남의현 교수님이 계시기에 근처에 서점이 있다고 말씀 드리자 책을 좋아 하시는 교수님은 또 서점에 가신다. 그래서 같이 가 위치를 알려 드렸지만 둘러만 보고 바로 나오신다.

9시(한국시간 10시)에는 단교를 구경하기 위해 출발하여 14분에 도착해서 근처 사진을 찍었다. 가이드가 단교에 올라 갈 수 있는 표를 구입하기를 기다렸다가 인원을 점검한 뒤 16분에 다리 위로 올라갔다. 다리 입구에는 팽덕회 등 참전 중국 군인들을 상징하는 동상이 세워져 있는데 구호는 "평화를 위하여!"였다. 남한과 유엔군은 "자유를 위하여!"라는 구

참전 중국군들의 상징물

호를 내 걸고 싸웠다.

한 선생님은 팽덕회를 가리키며 이 사람 때문에 통일이 안 되었다고 하기에 내가 말하길 팽덕회가 아니라도 누구든 참전했을 거라고 했다.

다리가 끊어진 곳을 둘러보며 사진을 찍었다. 이 다리는 6·25 전쟁 때 중국으로부터 북한으로 전쟁 물자를 수송하던 통로였기 때문에 유엔군의 폭격에 의해 파괴되었다. 파괴된 다리를 보니 중국 쪽은 건드리지 않고 북한 쪽만 파괴하였으나 중국 측 철제 구조물에도 파편 흔적이 있다.

강 건너 수백 미터 떨어진 곳은 북한의 신의주 마을이 보이고, 강의 북쪽에는 중국의 단동시가 보인다. 중국과 북한의 도시 풍광이 너무 많은 차이가 났다. 북한 지역에서는 강가에서 돌아다니는 사람들도 있었다.

강 위에서는 군용인지 경찰용인지 알 수 없지만 몇 척의 보트들이 훈련하기에 사진을 찍었다. 27분에는 끊어진 다리 부분에 도착하였다. 가이드 송길자 씨가 나에게 철교 기둥에 생긴 파편 흔적은 무슨 폭탄을 맞아서 생긴 것이냐고 묻기에 철갑탄 탄흔이라고 했다.

북한 기차와 화물차가 옆에 건축된 단동교로 지나가기에 사진 몇 장을 찍었다.

11시에 丹東橋를 출발하여 大漣으로 가면서 중간 목표인 봉황성을 찾아 갔다. 한참 가다보니 피곤하여 나도 모르게 졸다가 잠을 쫓기 위해 어제 나눠 준 햄버거를 먹었다.
　11시 45분에는 앞에 큰 산이 보여 무슨 산인지 가이드에게 물어보니 손 교수님이 농담으로 앞산이라고 하신다. 11시 50분에는 가이드가 저 산이 鳳凰山이라고 알려 준다. 그 말을 들은 사람들은 일어나 사진을 찍는다. 봉황산은 당태종이 안시성을 공격할 때 주둔했던 곳이라고 한다. 천혜의 요새로 보이지만 한 선생님은 바위산이라 물이 없을 거라고 하고 나는 암반에도 물이 나오니 있을 거라고 했다.
　12시 18분에 봉황산 입구를 지나 邊門鎭 터를 찾았다. 터의 앞에는 철도가 가로 질러가고 있고, 건널목에는 초소가 있다. 이곳에서도 변문진 비석을 못 찾아 한동안 동네 사람들에게 물었다.
　12시 40분에 누군가가 길뚝에서 눕혀진 채 반쯤 묻혀 있는 빗돌을 발견하여 사진을 찍었다. 변문진이라고만 새겨 있고 러시아 글자도 있는 것이 오래된 것이 아니다. 짐작컨대 세월이 흘러도 인위적으로 공사하지 않는 한, 길의 흐름은 바뀌지 않으니 이곳이 변문진이 있던 자리 같다.
　사진을 찍고 나서 돌아올 때는 성벽을 찾아 갔다. 운전기사는 좁은 길로 들어가기 싫은 지 입구에서 마을 사람들에게 버스를 돌려 나올 수 있는지 묻는다. 사람들이 차를 돌려 나올 수 있다고 하니 그제야 들어간다. 얼마 안 가자 중국군 부대 정문이 나온다. 운전자는 여기서도 정차하더니 중국 군인을 불러 차가 들어 갈 수 있는지 묻는다. 그러자 그 군인은 차는 들어가지 못하게 통제한다고 알려 준다. 이홍권 선생들이 차에 내려 군인에게 걸어서 들어가도 되는지 물어보니 걸어서도 못 들어간다고 한다. 그래서 하는 수 없이 13시경에는 차를 돌려 나와야 했다. 내가 차창 커튼 사이로 사진 찍으려 하자 손 교수님께서 화를 내시며 "저들에게 걸리면 아주 고생해!"하신다. 내가 말하길 "한국군 부대는 면회 가서 부대 정문 밖에서 사진 찍어도 되는데요!"했다. 답사가 끝난 뒤 구글어스

봉황성의 서문

로 검색해 본 한동환 선생님은 이 부대가 탄약부대였다고 알려 준다. 그렇다면 일반 차량이나 민간인들은 당연히 들어갈 수 없다.

13시 15분에 봉황산 출입문에 도착하여 상점을 둘러보고 기념품 판매장에도 가봤다. 몇 사람이 봉황성 지도를 갖고 다닌다. 전동차 입장권을 받는 곳에 실장갑과 봉황성 지도가 있어 한 장 집어 들고 표 받는 남자에게 파는 것인지 물어봐도 내 말을 알아듣지 못한다. 그래서 한 장 가졌지만 아무 말 않는다. 다른 사람들은 가게에서 3元 주고 사 왔다고 한다.

산 중턱에 성문이 보였다. 성문을 보러 가겠다는 마음과 날이 덥고 위치가 높아 가기 싫어하는 마음들이 반반이다. 그러다가 전동차가 성문을 지나 절까지 올라간다는 것을 알았다. 가이드는 올라가는 것을 좋아하지 않는다. 전동차 승차권 구입은 예정에 없던 것이라 누가 끊느냐 하다가 우리 돈으로 구입했다. 교수님은 아침에 유람선을 안 타서 가이드 기분이 안 좋다고 하신다. 13시 36분에 전동차 2대로 승차하여 봉황성으로 올라가다가 45분에 성문에 도착하자 잠시 하차하여 주변을 둘러보며 사진을 찍었다. 성문은 걸어서 통과했다. 성문을 지나고 나니 다시 입장권을 받는다. 그리고 타고 온 전동차를 다시 타고 올라 가다가 인공으로 만든 연못 속에 세운 불상을 봤다. 근처에는 승려들이 앉아 있었다.

14시 경에 종점에 도착해 위로 올라가보니 한 사람이 목에 줄을 맨 원숭이를 앉혀 놓고 밥을 주는데 그 원숭이는 자식같이 잘 받아먹는다. 신기해서 사진을 찍었다.

위에 朝陽觀이라는 도교 사원이 있다. 도교 사원은 한 번도 구경한 일이 없기에 계단을 따라 올라가 14시 2분에 안에 들어가 보니 사원 문 앞에 도사 한 명이 앉아 있다. 옆에 작은 안내 책자들이 있어 파는 것이냐고 물어보니 그냥 갖고 가라고 한다. 4권을 들고 그에게 필담으로 "道敎廟(도교 사원입니까)?"냐고 써 보이니 그렇다고 하며 나에게 도교를 믿는지 묻는다. 내가 대답해도 발음이 정확하지 않아 알아듣지 못하기에 필답으로 안에 모신 神像이 "玉帝呢(옥황상제 인가요)"하고 물으니 옥제묘는 옆 건물이라고 한다. 나에게 도교를 믿는지 물어 "我有很關心 沒有接近機會(관심이 매우 많지만 접해 볼 기회가 없었습니다)"라고 썼다. 그는 고개를 끄떡인다. 그에게 "謝謝(감사합니다)!"하고 나왔다.

사원을 나오자 밖에서 나를 찾는 사람들이 올라오기에 서둘러 내려갔다. 다시 전동차를 타고 내려가는 길에 손 교수님께서는 운전하는 여자 기사에게 이 전동차도 기어가 있는지 물어보라고 하신다. 그리고 봉황산은 하루에 몇 번씩 오르내리는지 물어보라고 하시기에 생각하다가 겨우 말을 걸어 물어봤으나 여자 기사는 내 발음을 못 알아듣는다. 그러자 모두 웃는다. 내가 수첩에 "一天幾次往來(하루에 몇 번이나 다닙니까)?"라고 써 보이자 그제야 7~8번 오르내린다고 말하기에 통역해 주니 손 교수님은 "필담이 최고야!"하신다. 나는 또 "這車可能變速呢(이 차 변속이 가능합니까)"라고 써 보이자 그는 3단까지 가능하다고 하여 알려 줬다. 내가 말하길 마사지 업소에서는 한국 사람을 많이 상대하기에 한국식 발음을 알아들었지만 다른 곳에서는 한국식 중국어 발음을 못 알아듣는다고 했다.

다시 버스에 승차하여 다음 장소로 이동했다. 손 교수님께서 점심은 아무거나 현지식으로 맛보자고 하시어 가이드의 안내를 받아 점심을 사 먹으려고 봉황시에 들어서니 학교가 있고 많은 학생들이 무리를 지어 지나간다. 한 선생님은 자전거 택시를 가리키며 모타 달린 것과 기어 변속이 가능한 것, 기어가 없는 것들을 구분하여 일러 준다. 아닌 게 아니라 자전거 앞에 손수레를 달아 택시처럼 사람들을 태우고 다닌다. 옛날 人力車가 개발된 것이다. 시내 거리가 매우 혼잡스러운 것이 교통신호나 법규는 아예 없는 것 같다. 중앙선은 있지만 사람이나 차들이 마음대로 지나다닌다.

가이드는 이 지역을 몰라 한참 다니며 가주우육면(加州牛肉面)을 파는 집을 묻다가 겨우 한 집을 발견하여 우측에 버스를 세우고 가이드가 먼저 식당을 알아보러 들어가다가 자전거 타고 나오는 어떤 부인과 부딪쳐 자전거가 넘어지면서 그 부인도 쓰러졌다. 그 아줌마는 정말인지 꾀병인지 한참을 안 일어난다. 가이드가 200元 정도 꺼내 주고 무마하는 것 같다.

14시 57분에 식당에 들어가 가주우육면을 먹었다. 우동 가락 같이 굵은 국수를 쇠고기 국물로 말아주는데 입맛에는 맞지 않지만 먹을 만 했다.

15시 27분에 식당에서 나와 다시 버스를 타고 출발하면서 손 교수님께 오늘 점심은 현장 감각이 있어 의미가 있었다고 하며 고급 음식점보다 이런 곳이 더 좋다고 말씀 드렸다.

길을 가다가 기사가 길을 묻기 위해 어느 주유소에 들러 16시 40분부터 10분간 주차한다. 기사는 길을 묻고 우리는 소변을 봤다. 가이드가 답사하는 전 지역을 알지 못하니 운전기사가 길을 묻고 다닌다. 가이드가 아니라 통역자를 데리고 다니는 것 같다. 그러나 통역 문제는 연길에서 태어나 대학까지 다녔다는 이홍권 선생이 있고 롯데 관광에서 따라 온 송길자 씨도 중국어를 잘 했다. 가이드는 제 역할을 하지 못한 셈이다.

　차가 달리는 중에 15시 30분부터 한 시간 정도 소나기가 내리는데 기사는 윈도우 브러쉬를 쓰지 않기에 이 차에 장착되지 않은 줄 알았더니 나중에 보니 두 개 다 있었다. 그걸 보고 고장났나? 하는 생각도 들었다.

　16시 30분에는 고속도로에 진입하기 위해 大孤山火車站을 통과하자 한 선생님은 그 산이 봉황산과 같다고 한다. 나는 봉황산이 아니라고 했다. 손 교수님은 남의현 교수님을 불러 버스대학을 진행하라고 하신다. 남의현 교수님은 명청대와 관련지어 이 지역의 특성에 대해 강의 하셨으나 차내 방송 상태가 안 좋아 잘 알아들을 수 없었다. 강의 내용은 다음과 같다.

> 변방 지역에 대한 중국의 역사 재편은 경제 개발과 깊은 관련이 있다. 명청 시대의 영토 관념은 지역 또는 지대라는 용어를 사용하면서 국경을 표현하기 시작했는데, 바다에서는 어떻게 사용했을까? 명청 시대에 중국과 조선의 경계를 정계비로 명시했지만 실제 정확한 개념은 없었다.

　손 교수님께서 강의를 잘했다고 평하시면서 중국과 조선 양국의 경계 인식은 서로 달랐다고 하신다.

　16시 37분부터 17시 37분까지 엄찬호 선생님이 한국현대사를 강의하였다. 손 교수님은 세 분 모두 준비할 시간이 없었는데 강의를 아주 잘 했다고 칭찬하신다. 강의가 끝나자 버스는 어느 휴게소에 도착한다. 이곳 상점에도 상호 다음에 '超市'라는 글이 있다. 중국 상점에는 '超市'라는 간판 글자가 많이 쓰였는데 우리말로 '슈퍼마켓'이란 뜻을 갖고 있는 것 같다.

　손 교수님은 가이드의 신상을 물어 보신다. 그는 올해 나이 30살로 10개월 된 딸이 있다고 하며 우리들을 안내하고 나면 12시간 동안 기차를 타고 연길로 가야 한단다.

한참 달려가고 있는데 18시에는 우측 먼 앞산에 석양이 진다. 가이드는 저 곳이 비사성이라고 알려줘 사진을 찍었다.

　18시 23분에는 버스 기사가 차에 주유하는 동안 우리 일행은 휴게소 안에 들어갔다. 매장에 중국고속도로 지도가 진열되어 있는 것을 보신 손 교수님은 한성주 선생님에게 그 책을 구입하라고 하신다. 다른 분들도 구매하여 몇 권 팔렸다. 커피를 사 나눠 주기에 나도 하나 마셨다. 나는 커피를 마시면 잠을 못자는 체질이라 잘 마시지 않지만 오늘 저녁은 마지막 날이라 아무래도 늦게 잘 것 같기에 졸음을 쫓기 위해서 마셨다.

　문득 생각난 것이 있어서 손 교수님께 말씀드리길, "블라디보스토크에서부터 버스 속도계에 있는 거리를 적어 갖고 다녔으면 우리가 얼마나 다녔는지 정확한 거리를 알 수 있었을 텐데 아무도 그 생각을 못 했습니다."고 했다. 그 말씀을 드리고 나서 가이드를 통하여 버스기사에게 우리가 다닌 길을 물어보니 그는 백두산에서 대련까지는 대략 1,100km를 달렸다고 한다. 그의 말이 맞다면 백두산은 우리 여정의 중간 지점에 해당하니 우리 일행이 답사한 거리는 대략 2,000km로 5,000리를 달린 것 같다고 손 교수님께 말씀 드렸다.

　19시 16분에 앞 우측 산에 노을이 진다. 가이드는 저 산이 비류성이라고 한다.

　20시 10분에 호텔이 들어왔다. 저녁 먹으러 갈 때는 분홍색 반팔로 갈아입고 나갔다. 20시 56분에 天天漁港이라는 식당에 도착해보니 매우 고급 식당이다. 지금까지 가 본 식당 중 가장 고급이다. 한 가지씩만 먹어도 배가 불렀다. 보이차를 마실 때 마다 웨이터가 따라 주는 것이 손님 접대도 무척 신경을 쓰고 있다는 것을 알 수 있었다. 식사가 끝날 무렵 손 교수님께서 나에게 축배를 제의하라고 하셨다. 그래서 축배를 하기 위해 일어나 먼저 손 교수님께 "선생님 일분스피치는 언제 합니까?"하고 묻자 "내일!"이라고 하신다. 손 교수님은 답사나 회식 때마다 각 개인들에게 꼭 일분 스피치를 시키시기 때문에 그에 대한 준비도 해야 한다.

그래서 내일 할 말을 남겨 놓고 축배 전에 다음과 같은 소감을 먼저 발표하였다.

저는 이번 답사에서 개인적으로 느낀 소감으로, 한 가지 미비점과 세 가지 기적을 말씀 드리겠습니다. 한 가지 미비점은 사소한 것이지만 이번 답사 일정 중 블라디보스토크를 제외하곤 가이드가 없었다는 것입니다. 롯데관광에서 나온 송길자 선생님이나 현지 가이드로 나온 박철 선생도 여행자 입장에서 다녔지 가이드 역할을 제대로 하지 못했습니다. 이것이 옥에 티입니다.

세 가지 기적은 첫째, 저는 제 인생을 통하여 와 볼 수 없는 여행을 했습니다. 이것은 신의 가호가 없었다면 불가능했던 기적입니다. 둘째, 백두산 천지는 자연이 만든 기적이었습니다. 정말 신령스럽고 신비한 곳이었습니다. 셋째, 날씨입니다. 출발 전에 몇 달 동안 비가 내려 굉장히 걱정을 했는데 기적 같이 날씨가 좋았습니다. 신의 가호가 아니면 이 역시 불가능 한 일입니다. 이번 답사는 매우 중요한 의미를 갖고 있습니다. 아는 것이 적은 제가 볼 때 혜초의 왕오천축국전이나 박지원의 열하일기, 신숙주의 해동제국기 등은 한 개인이 쓴 기록이지만 지금 국보와 같은 존재가 되었습니다. 이번 답사는 연해주 블라디보스토크에서부터 요동반도 대련까지 장장 5,000여리 지역을 둘러 봤는데, 견문이 부족한 제가 알기로 누구도 이러한 답사를 했다는 말을 아직 듣지 못했습니다. 그래서 저 같은 사람이야 별 볼일 없지만 앞에 계신 여러 선생님들께서 각자 갖고 계신 식견을 바탕으로 답사 일지를 쓴다면 열하일기나 해동제국기 보다 더 좋은 책이 나올 것이라 믿고, 그것은 세계적인 베스트셀러가 될 것이라 봅니다. 그래서 저는 그 책을 기대하겠습니다. 그런 의미로 축배의 구호는 '역사를 위하여!'라고 하겠습니다.

말이 끝나고 나서 "역사를! 위하여!"라고 축배를 한 뒤 모두 박수를 쳤다.

　식사를 마치고 호텔에 왔지만 아무도 객실로 들어갈 생각을 안 한다. 그래서 손 교수님과 같이 거리를 둘러보러 나가 노점들을 구경했다. 나는 손 교수님께 "교수님이 아니셨으면 이번 기적은 없었습니다. 춘천에 가시면 이번 주에 한동환·원연희 선생과 같이 점심이나 저녁 식사 한번 하시죠!"하니 "좋아요!"한다. 얼마를 가자 생선회 집들이 즐비하다 그 사이를 지나노라니 젊은 청년들이 호객을 하는데 행인을 붙잡고 끈다. 어느 곳에선 20대 후반으로 보이는 건장한 남자가 손 교수님을 끌어당기니 교수님이 매우 불쾌해 하신다. 바로 뒤에 있던 내가 손짓으로 나에게 오라고 했더니 그 남자는 나에게 와서 내 손을 잡고 들어가자고 한다. 나는 "的了! 的了!(됐어! 됐어!)"하며 그냥 지나가려는데 그 청년이 내 손을 힘차게 잡아끄는 것이다. 그의 힘이 보통이 아니었다. 그래서 나도 힘을 주어 그의 손을 뿌리쳤더니 더 힘을 쓴다. 안 되겠다 싶어 강하게 힘을 주어 그의 손을 꺾었다. 그러자 그 청년은 내 힘을 이기지 못하고 가 버린다. 손 교수님께서는 "이곳은 불안해서 안 되겠구만!"하고 걸음을 돌이키신다. 다시 그 친구가 있는 곳을 지나가니 그 친구는 왜소하고 늙은 내게 밀렸던 것이 이상했는지 또 나에게 와 내 손을 잡고 힘을 써 본다. 얼굴은 웃지만 손에는 매우 강한 힘을 쓰고 있다. 그래서 나도 웃으며 강하게 힘을 써 그의 손목을 비틀자 더 대항하지 못한다.

　호텔 객실에 왔지만 2차를 가기 위해 머뭇거리는 사람들에게 손 교수님은 몸이 안 좋다며 객실로 올라가신다. 나도 따라 올라 왔다. 씻으려고 하는데 한동환 선생님이 와서 오늘 밤은 우리들이 교수님을 모셔야 한다며 우리가 분위기 만들어 드리자고 한다. 그 말을 듣고 다시 옷을 입은 뒤 로비에 내려갔더니 1층에 남의현·엄찬호 선생님이 있고, 김보한 교수님과 장경호·이홍권 선생 등이 승강기를 타려고 한다. 그들은 우리 얘기를 듣고 생각하다가 의논해 보자며 객실로 올라간다. 한 선생님과 바람이나 쐬자고 나가보니 이미 들어간 줄 알고 있던 유재춘 교수님이 돌아

다니신다. 한 선생이 말씀드리자 유 교수님은 생각해보자며 10층에 올라간다. 그곳에는 남의현·엄찬호·한성주 선생님 등이 안 들어가고 있었다. 우리에게는 객실에서 기다리라고 하여 객실에서 10여 분 정도 기다리니 전화가 울린다. 한동환 선생님이 받더니 그냥 자라고 한단다. 그래서 23시 40분경에 잠을 청했다.

2011년 8월 23일

화요일, 맑고 덥다가 오후 구름(음력 7월 24일 庚戌)

눈 떠 시간을 보니 5시가 다 되어 간다. 일어나 답사일지를 작성하다가 6시부터 씻고 머리 손질을 하고 나오자 한 선생님도 일어난다. 한 선생님의 말에 의하면 어제 선생님들은 밖에 나가지 않고 유재춘 교수님 방에서 한 잔 했다고 한다. 다른 사람들의 행동에 관심이 없는 나에 비해 한동환 선생님의 정보 수집 능력은 대단하였다.

짐을 챙겨 놓고 8시경부터 답사일지 작성을 계속했다. 한 선생님은 중국 인터넷 망을 검색해 보니 조선족이 운영하는 고려민속박물관이 6월 22일에 영성자 민속박물관 내에 개관했다고 알려 준다.

8시 16분에는 김수정 선생이 들어와 할 일이 있다며 잠깐 넷북을 쓸 수 있는지 물어본다. 나는 저녁과 아침으로 사용해도 시간이 부족한 줄 아는 한동환 선생님이 자기 넷북을 이용하라고 빌려 주었다.

이곳 시간 7시 50분(한국 시간으로 8시 50분)에 2층 식당으로 아침 먹으러 가보니 우리 일행들은 먼저 뷔페식으로 준비된 아침을 먹고 있었다.

김보한·한문종 교수님은 항상 같이 다닌다. 오늘 아침은 그분들과 같은 식탁에서 먹으며 연세를 물어 보았다.

나는 한 접시를 다 먹고 다시 한 접시를 떠 왔는데 손 교수님과 이홍권 선생이 와서 식사하기에 같이 합석하였다. 손 교수님은 죽만 드시고 있다. 식사가 끝나 한동환 선생님과 같이 올라오며 손 교수님께서 말씀

하시는 것을 들어보니 어제 먹은 것이 체하였다고 한다. 내가 "그러시면 저를 부르시지요. 급체 같으면 제가 풀어드리겠습니다."하고 손 교수님이 잠잤던 18층에 따라 올라가 옷을 벗게 하고 맥을 짚어보니 급체는 아니고 술독이라 장에 열이 높다. 그래도 소화를 촉진시켜 드리기 위해 몇 군데 지압을 했지만 가라앉지 않는다. 그래서 손가락을 따 보자고 말씀 드린 뒤 침을 가지러 16층에 내려와 가방 안에 둔 침을 찾아보니 내 가방은 정리가 안 되어 찾을 수 없다. 한동환 선생님에게 바늘 있는지 물어보니 휴대용 반짇고리가 있다며 찾아 준다. 그걸 받아 다시 올라 갔지만 이번에는 내가 어느 방에서 나왔는지 알 수 없어 몇 번 찾아 다녔다. 다행히 손 교수님 방문이 열려 있기에 들어가 양팔의 엄지손가락을 따 드렸지만 체하지 않아서 붉은 피만 나온다.

그러다 보니 모이라는 시간이 늦었다. 서둘러 내가 묵었던 객실에 내려가 가방을 챙겨 나갔다. 손 교수님은 나보다 먼저 와 계셨다. 그 사이 내 휴대폰은 10시 4분부터 +821-13678626, +823-32414470에서 5회 4480에서 1회 다시 4470에서 1번을 신호 보냈지만 받지 않았다.

10시 7분에 호텔을 출발하면서 어제 저녁에 찍지 못한 호텔 사진을 찍어 나중에 확대시켜 이름을 확인해 보니 智選假日酒店이었다. 차 안에서 손 교수님은 이제 트림이 나왔다고 하신다. 내가 말씀 드리길 "그동안 매일 독한 술을 마신데다 피로가 누적되어 소화력이 약해지신 겁니다. 저도 1주일 정도 운동을 안 했더니 식사량이 반으로 줄었습니다."했다.

10시 15분에 어느 교차로를 지나가노라니 여자 경찰이 교통정리를 하고 있었다. 우리나라에서는 보기 어려운 장면이라 사진을 찍었다. 안내자 가이드는 근처 관공서로 사용하는 건물을 가리키면서 일제가 지은 것이지만 일제의 치욕을 잊지 말자며 그대로 사용하고 있다고 한다. 일제의 치욕을 잊지 않기 위해 사용하는 것인지 아니면 돈이 없어 그대로 쓰는 것인지 몰라도 지은 지 7~80년은 족히 되는 건물들이지만 외관상으로는 멀쩡하였다.

여순 감옥의 건물

　10시 44분에는 어느 대학을 지나가기에 사진촬영을 하였다.
　11시 25분에 여순 감옥에 도착하였다. 가이드가 표를 구입해 오자 인원수를 확인 받으며 입장했다. 먼저 기념비 앞에서 사진을 찍었다. 그리고 1층 입구로 들어가 관람순서대로 관람하였다.
　가장 눈에 잘 띈 것은 수감인들이 입던 옷들이다. 그 옷들은 걸레로도 쓸 수 없을 정도로 허술하였다. 수감인들이 생활하던 방을 보니 변기로 사용하였을 통 2개와 짚신 몇 켤레가 있었다. 이곳에 수감된 사람들은 범죄자들이 아니고 한국이나 중국의 애국지사들로 일제가 볼 때는 정치범이라 할 수 있는데 짐승우리와 같은 곳에 가두어 놓고 짐승이하로 취급했던 것이다.
　11시 41분에는 안중근 의사가 쓰던 방을 봤다. 책상 위에 붓과 종이 등이 있다. 일제가 운영하던 이 악랄한 감옥에서도 안중근 의사는 매우 중요한 인물이라 그래도 특별 대우를 했음을 알 수 있었다.
　11시 46분에는 고문실을 둘러봤다. 여러 가지 고문도구가 있었지만 일제가 남겨 놓지 않은 더 악랄한 고문도구들도 많이 있었을 것이라 추

안중근 의사가 쓰던 책상　　　　수감된 사람들이 입었던 옷가지

측할 수 있었다.

　11시 58분에 사형장을 관람했다. 교수대 밑에는 겨우 사람 하나 넣을 수 있는 원통이 있는데 치형된 사람을 이곳에 넣어 매장했다고 한다. 일본 사람들은 한국이나 중국의 애국지사들을 죽인 다음에도 편히 눕혀 매장하지 않고 시신을 통 안에 쑤셔 넣은 뒤 거꾸로 묻었던 것이다. 죽어서까지 고통을 받게 하려는 악랄한 심사가 아닐 수 없다.

　12시 11분엔 안 의사 기념관에 들어가 살펴봤다. 중국의 통치를 받는 이곳에 이런 기념관이 설립될 수 있었던 것은 우리의 노력도 컸지만 그보다 안중근 의사가 우리나라뿐만 아니라 이곳 중국에서도 추앙받는 偉人이었기 때문일 것이다.

　안 의사 기념관을 나와 찾아 간 곳은 고려박물관이다. 한동환 선생이 얼마 전에 TV에서 개장했다는 소식을 보고 손 교수님께 말씀 드려 찾아가는 것이다. 손 교수님은 고려 민속촌을 가는 길에 12시 40분부터 차 안에서 1분 스피치를 하라고 하신다. 왼쪽 맨 앞자리에 앉은 나부터 순서가 돌아왔기에 내가 먼저 발표를 해야 했다. 나는 마이크를 잡고 다음과 같이 말하였다.

　　　홍을표입니다. 어제 축배를 제의할 때 오늘 1분 스피치가 있어서 결론
　　을 말씀드리지 않았는데 지금 그 결론을 말씀드리겠습니다.

저는 무신론자라 신의 존재를 믿지 않습니다. 그런데도 신의 가호라고 말한 것은 신이란 대명사를 빌려 이번 일에 대한 고마움을 은유법으로 표현한 것입니다. 제가 얼마 전에 텔레비전을 보니 미국인 어느 의사가 북한 땅을 찾아가 눈이 안 보이는 사람들을 모아 한두 달 동안 열심히 치료해 눈을 뜨게 해주었는데 그들은 눈을 뜨자마자 김일성과 김정일 초상화 앞에 가서 수령어버이가 눈을 뜨게 해 주서서 감사하다며 수없이 절하는 것을 보고 황당하다고 생각했습니다. 이번 일도 그렇습니다. 블라디보스토크를 시작으로 이곳 대련까지 5,000리 여정을 답사 할 수 있었던 데는 물론 여러 선생님들께서 나름대로 맡은 바 일을 잘 해 주신 덕분으로 알고 있습니다. 그래서 여러 선생님들께 감사드립니다. 그러나 뭐니뭐니 해도 이번 답사를 계획하시고 추진하시며 또 인솔하신 손승철 교수님의 노고가 가장 크다고 생각됩니다. 손 교수님이 아니시면 이 모든 일들이 이루어 질 수 없었을 것입니다. 그러니 손 교수님께 우리 모두 뜨거운 감사의 박수를 보내 드립시다.

내 말이 끝나자 모두 박수를 친다. 박수가 끝나기에 말을 이어갔다.

저의 소감은 어제 다 말씀 드렸기 때문에 이걸로 마치겠습니다. 감사합니다.

소감을 마치자 박수를 쳐 준다. 뒤에 한동환, 원연희 선생님 등으로 돌아가면서 소감을 발표하지만 한결같이 손 교수님께 감사를 드리는 내용이다.

고려박물관은 13시 8분에 도착하여 단체로 입장권을 구입해 들어갔다. 1층을 먼저 보려고 했지만 안내인들은 맨 나중에 1층을 관람하라고 하여 2층에 먼저 올라갔다. 2층에는 여러 가지 도자기와 유물들이 있었으나 우리들이 기대하는 역사 자료는 찾아보기 어려웠다. 이 박물관은

고려박물관의 입구

한 개인이 수집한 것들이라고 한다. 두루 둘러 본 다음 내려간 1층에는 중국인들의 거주지와 생활양식을 재현해 놓았다. 이곳에서 한동환 선생님과 김보환 교수님 등 몇 명이 늦게 나와 기다렸다. 박물관 옆에는 큰 사찰이 있었다. 안에 들어가 보지 않았지만 박물관 2층에서 찍은 사진만 봐도 규모가 크다는 것을 짐작할 수 있었다. 여행 후 한동환 선생님이 구슬어스에서 검색해 보여 주는 위성사진을 보니 생각했던 것보다 규모가 컸다.

점심은 대련 시내에 들어가 먹었다. 14시 11분에 "고향집"이란 한국인 음식점에 들어가 미리 예약한 돌솥비빔밥을 먹었다. 모처럼 우리 음식을 먹으니 밥맛이 좋았다. 식사 후 밖에 나와 나무그늘에서 쉬는데 무슨 페인트 냄새 같은 것이 계속 날아와 불쾌하게 한다. 신동규 교수님은 돌 자르는 공사 현장에서 돌가루가 바람에 날려 오는 것이라고 한다. 지금 만주는 한창 개발 중이어서 가는 곳마다 공사장을 볼 수 있었다.

비행기 탑승까지 시간이 있으니 쇼핑하러 가자고 한다. 대련시의 번화가를 찾아간 우리 일행은 15시 5분에는 어느 큰 점포 앞에서 하차해 각자 자유롭게 둘러 본 뒤 16시에 다시 이 자리로 모이자고 한다. 나와 한동환 선생님은 손 교수님과 이홍권 선생을 따라 다녔다. 몇 층을 오르내리다가 月餠 파는 곳에 들어가 봤다. 호화롭게 포장된 많은 상품들이 진열되어 있었다. 손 교수님은 이홍권 선생에게 우리 일행 수만큼 월병을 구입하라고 하신다. 이홍권 선생이 흥정하더니 10갑을 구입하면 5갑을 그냥 준다고 한다. 운전기사와 가이드 두 사람 몫까지 17갑을 구입하신다. 한 갑에 중국 돈 138元(우리 돈으로 23,462원)이라고 하고 10개를 사면 15개를 그냥 준다고 하니 평균치로 보면 한 갑에 우리 돈 15,640원 정도다.

나는 그 사이에 우측 바지에 묻은 오물을 닦으려고 화장실을 찾았다. 마침 엄찬호 선생님도 화장실을 가고 싶어 하기에 같이 화장실을 찾아가서 바지에 묻은 오물을 닦았다.

다시 손 교수님이 계신 곳에 갔더니 구입한 월병을 몇 사람이 나눠 들고 나오기에 나도 남는 몇 개를 들었다.

14시 56분에 밖에 나오자 손 교수님은 쉴만한 커피점을 찾아보라고 하신다. 이홍권 선생이 길 건너에 있는 커피점을 가보더니 사람들이 꽉 찼다고 한다. 이 선생님은 우리가 둘러본 건물 2층에 빙과 등을 파는 곳이 있으니 그리 올라가 쉬자고 하여 다시 올라가 보니 객석에는 빈자리가 많다. 한성주·이홍권·장경호 선생은 매장 둘러보러 간 사이에 나와 한동환 선생님이 손 교수님을 모시고 앉았다. 우리는 냉커피를 시켰지만 교수님은 속이 안 좋은지 더운 커피를 시켰다. 손 교수님이 피곤한 듯 하시기에 자리에 누우시라 하고 나와 한동환 선생이 앉아 얘기하며 지켜드렸다.

이 가게 이름은 福假新電子商店이었다. 한참 있으니 한성주 선생님들이 왔다. 한동환 선생님이 우리도 둘러보자고 하기에 따라 다니며 전자 상품들을 구경했다.

17시 10분 전에 밖에 나가 버스를 기다렸다가 17시에 승차하였다. 버스는 대련국제 공항으로 달려 17시 25분에 도착한다.

버스에서 내릴 때 운전기사에게 중국어로 이 선물은 손 교수님이 주는 것이라는 설명을 해 줬지만 기사가 내 말을 알아듣지 못한다. 송길자 씨가 "送給你(당신에게 주는 것이다)"라고 하니 바로 알아듣는다. 그 간단한 단어가 선뜻 생각나지 않았다.

6일 동안 같이 생활한 가이드와 운전기사에게 작별의 악수를 했다. 17시 23분경에 여행 가방을 발송하려는데 가이드 송길자 씨는 화물로 발송하는 여행 가방에는 라이터와 건전지를 넣을 수 없다며 미리 꺼내라고 한다. 시한폭탄 장치로 쓸 수 있기 때문이란다. 그래서 바닥에 가방을 열고 플래시와 마우스에 있는 건전지를 꺼내고 예비 건전지까지 꺼내느라 한참 헤맸다. 신동규 선생님은 검색대에서 장난감 권총을 압수당했다. 그 권총은 라이터 기능이 있다고 한다.

승객 검사대를 통과하기 위해 기다렸다. 내 우측에도 다른 직원이 검색대를 열고 검색하기에 그리 갈까 하다가 한 사람만 통과하면 내 차례라 그냥 서 있었다. 내 차례가 되어 내가 내민 여권을 보던 여자 직원이 "奇怪(이상해)!"하면서 남자를 불러 컴퓨터 화면을 보여주자 남자 직원은 나를 조사실로 따라 오라고 한다. 그러나 사무실 안에는 못 들어가게 하고 밖에 있는 의자에서 기다리라고 한다. 송길자 씨가 와서 자기도 걸렸다고 걱정 말라고 한다. 나는 "신경 안 써요 안 되면 며칠 더 있다 가죠!"했다. 송길자 씨가 나에게 한국 신분증 있는지 물어보기에 모두 놓고 왔다고 하였다.

한참을 기다리게 하더니 나중에 그냥 가라고 하여 다시 여자 직원에게 가서 여권에 확인 날인을 받아 통과했다.

신체 검색대에서는 몸 검색하는 여자 직원이 내 허리에서 자꾸 소리가 난다며 이상하게 여기기에 중국어로 적당한 표현이 얼른 생각나지 않아 한국말로 몇 번 "허리수술"이라고 했더니 알아듣고 통과시킨다. 허리 수술 후 제주도에 다녀오면서 김포공항과 제주 공항 검색도 그냥 통과했고, 대마도를 오고 갈 때도 이상 없었으며 러시아와 중국 국경을 통과할 때도 아무 일 없었는데 이곳에서만 허리 수술한 것을 잡아낸다. 이곳 기계가 더 좋은가 보다.

　2번 탑승 홈에서 대기하며 기념품 사려고 둘러봤지만 살 만한 것이 없다. 남의현 선생님이 茶를 구입하기에 살까 했으나 연구실에 茶가 많아 그만두었다. 남의현 교수님에게 선물로 쓸 마땅한 것이 없다고 하니 남 교수님은 김보한 교수님이 85원하는 중국 술 두 병을 샀다며 그걸 사라고 하신다. 남은 돈이 있기에 18시 47분에 인민폐 170원을 주고 술 두 병을 구입했다.

　비행기는 18시 15분에 탑승하였다. 내 자리는 중국 남방항공 CZ675기 S석으로 37열 B석에 앉았다. 이 자리는 객실 왼편으로 날개 바로 앞부분이다. 왼쪽 창가에는 원연희 선생님이 앉고, 내 우측에는 한문종 교수님이 앉았다. 그 건너편에는 한동환·신동규·김수정 선생 순으로 앉았다. 기내에 탑승할 때 나눠 준 입국신고서를 작성하였다. 원연희 선생님은 한동환 선생님에게 작성해 달라고 부탁한다.

　이륙 전에 앞 의자 뒤편에 달려 있는 받침대를 펴고 넷북을 꺼내 타자하자 승무원들이 와서 받침대를 접으라고 해 다시 접었다. 비행기는 19시 39분에 움직이기 시작하여 43분에 이륙을 시작한다. 저녁때라 날이 어두워지기 시작해 대련시내는 잘 보이지 않았다.

　비행기가 고도에 안정하자 나는 넷북을 꺼내 일기를 타자하기 시작했지만 얼마 안 되어 승무원들이 기내식으로 햄버거와 음료수를 나눠 준다. 나는 주스를 달라고 하며 타자를 중단하고 받아먹었다. 한동환 선생님은 한문종 교수님과 쉬지 않고 얘기한다. 원연희 선생님은 한동환 선생님의 체력이 대단하다고 한다.

　인천공항에는 20시 39분에 착륙하였다. 입국 수속 장소에 도착한 시간은 20시 45분으로 대련과 인천공항은 한 시간이 채 안 걸린다.

　입국 수속을 밟고 나서 공항 내에서 운행되는 열차를 타고 안에 들어가 21시 5분에 11번에서 가방을 찾아 나왔다. 김수정 선생이 대련에서 인천까지 1시간 걸린다고 했을 때 나는 2005년도 경험을 기억해 2시간이라고 우겼는데 오늘 보니 1시간도 안 걸린다. 내가 김수정 선생에게 그 말을 했더니 그때는 시차 때문에 착각했을 거라고 한다. 김수정 선생은 어머니가 마중 나와 먼저 인사하고 갔고, 신동규·김보한·한문종 교수님도 인사하고 헤어졌다.

춘천에 가기로 한 버스는 우리가 나온 시간보다 5분 정도 늦게 도착하였다. 송길자 씨는 버스가 오자 우리에게 작별 인사하고 간다.

버스는 중형이었으나 짐칸이 없어 가방들은 운전석 옆에 실었다. 나는 손승철 교수님이 사 준 선물이 찌그러지면 안 되기에 기사에게 쭈그러지는 것이 있으니 다른 것을 올려놓지 말라고 했다.

한동환 선생님은 차 안에서 나에게 선물 안 샀느냐고 묻기에 "손 교수님이 주신 선물이 있잖습니까! 그보다 더 좋은 선물이 어디 있습니까? 딸들이 아무 것도 사 오지 말라고 신신당부 했습니다."했다.

21시 4분에 막내 딸 자영이 등과 문자를 주고받았다.

강원대학교에 도착한 시간은 23시다. 한성주 선생님은 김대기 선생님 등이 있어서 짐 나르러 온다고 한다. 221호실을 보니 불이 켜 있다. 김대기 선생님을 만나 인사한 뒤 김 선생님의 차에 남의현 선생님과 같이 타고 귀가했다.

혜영이가 강대로 태우러 올 것이라 23시 55분에 문자를 보내 "집에 도착했다."라고 알려줬다. 집에 도착한 시간은 24시가 넘어서이다. 자영

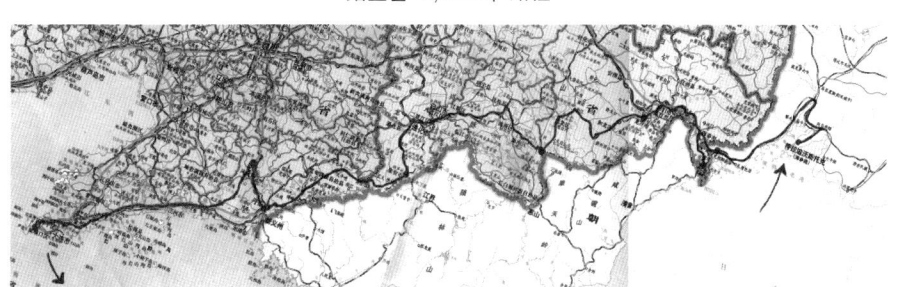

踏査한 5,000리 路程

이가 나와서 잘 다녀왔느냐고 인사한다. 여행 가방은 신발장 앞에 놓고 먼저 씻고 나와 자영이가 데워 준 돼지고기찌개로 저녁을 먹으며 여행 얘기를 했다.

마무리하며

이번 답사는 평생 가 볼 수 없는 곳을 꿈 같이 다녀왔다. 그것도 내 60회 생일날 출발하여 큰 생일 선물을 받은 기분이다. 이 답사는 계획된 대로 잘 진행되었다. 약간의 미비점이라면 만주지역 가이드로 나온 사람이 충분한 현장 지식이 없었다는 점이다.

답사를 통하여 가장 크게 느낀 소감은 국력이다. 연해주는 여진과 숙신 말갈의 땅이었지만 지금은 러시아 영토로 정착되어 가고 있었다. 만주도 본디 고구려와 발해가 웅거했던 우리 땅이었고 청나라가 기반을 다진 곳이지만, 지금은 중국이 자기 영토로 둔갑시키기 위해 수많은 중국인들을 이주시켜 경제를 발전시키면서 만주의 중국화를 위해 박차를 가하고 있다. 그리고 역사까지 왜곡시키고 있는 현장을 아래의 路程과 같이 생생하게 확인하고 왔다.

孫文이 恢復中華라는 구호를 내 걸고 이민족인 만주족을 몰아내기 위해 혁명하자고 주장한 것이 1920년대로 지금부터 100년이 채 안 되는 세월이다.

청의 지배를 받던 시절의 중국인들에게 만주는 異域이고 만주족은 배척해야 할 이민족이었으나 거꾸로 중국이 만주를 지배하자 그 넓은 땅들이 모두 중국 영토라 주장하면서 만주에 거주하던 주민들을 漢族으로 만들어가고 있다. 桑田碧海란 이걸 의미하는 것 같다. "영토나 국경에 대한 개념은 과거보다는 현실이 더 중요하다."는 손승철 교수님의 말씀과 같이 국력만이 모든 것을 해결해 준다. 나는 "머지않은 시기에 연해주와 만주 일대가 다시 우리의 영역이 될 날이 반드시 올 것이다."라고 확신한다. 그것은 블라디보스토크에서 본 러시아 인들은 침체되어 희망이 없는 것 같이 보였고, 드넓은 만주 대륙은 언제까지 중국의 통제를 받지 않을 거라는 강한 희망을 느꼈기 때문이다.

끝으로 어려운 여정을 무사히 잘 마치고 돌아오신 모든 분들께 감사드린다. 특히 이 답사를 계획하고 인솔하신 손승철 교수님, 나는 "젊은 학생들에게 기회를 주세요"하고 사양했지만 "기회란 균등하게 돌아가야 한다."며 쓸모없는 사람을 데리고 가 주신 손승철 교수님께 다시금 깊이 감사드린다.

집필진

연구책임자
- 손승철(강원대학교 사학과 교수)
  성균관대학교 사학과 동·대학원 졸업(문학박사)
  일본 東京大學·北海道大學·九州大學 연구교수
  한일관계사학회 회장
  한일역사공동연구위원회 위원
  (현) 국사편찬위원회 위원

공동연구원 및 전임연구원(8명, 가나다순)
- 김보한(공동연구원, 단국대학교 교양기초교육원 교수)
- 남의현(공동연구원, 강원대학교 사학과 교수)
- 민덕기(공동연구원, 청주대학교 역사문화학과 교수)
- 신동규(공동연구원, 동아대학교 국제학부 일본학전공 교수)
- 엄찬호(공동연구원, 강원대학교 인문과학연구소 HK연구교수)
- 유재춘(공동연구원, 강원대학교 사학과 교수)
- 한문종(공동연구원, 전북대학교 사학과 교수)
- 한성주(전임연구원, 강원대학교 사학과 강사)

- 홍을표(〈부록-답사일기〉, 강원대학교 사학과 강사)

중·근세 동아시아지역의 해륙 경계분쟁

값 36,000원

2013년 7월 3일 초판 인쇄
2013년 7월 11일 초판 발행

엮 은 이 : 손 승 철
펴 낸 이 : 한 정 희
펴 낸 곳 : 경인문화사
편   집 : 신학태 김지선 문영주 송인선 조연경 강하은
           서울특별시 마포구 마포동 324-3
           전화 : 718-4831~2, 팩스 : 703-9711
           http://www.kyungin.mkstudy.com
           E-mail : kyunginp@chol.com
등록번호 : 제10-18호(1973. 11. 8)

ISBN : 978-89-499-0950-9 93910
ⓒ 2013, Kyung-in Publishing Co, Printed in Korea
※ 파본 및 훼손된 책은 교환해 드립니다.